Cécile,

Je tiens à te remercier
d'avoir contribuer au développement
de notre Caisse et au mieux des gens.
Pour toi nous permettent de grandir
de s'améliorer en fait devenir meilleur à
chaque moments.

Merci pour ton soutien durant les 15 années
que nous avons partagées.

Merci de m'avoir fait confiance.

Je te souhaite de merveilleux
moments pour ton changement
de vie.

[illegible] Dugas
2013-02-24

TRÉSORS DE CHINE

LES SPLENDEURS DE LA CHINE ANCIENNE

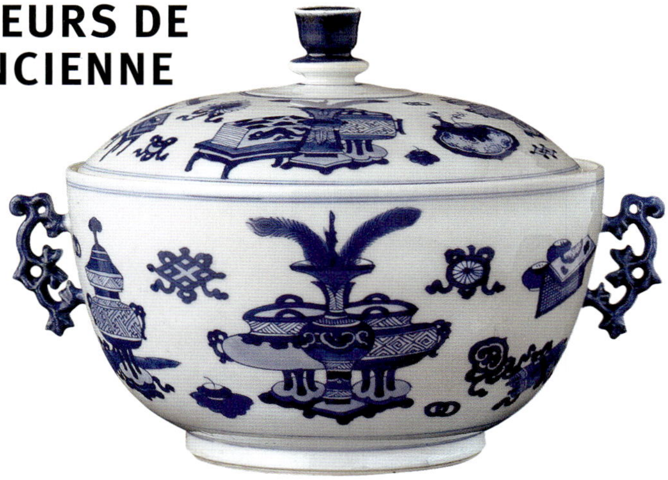

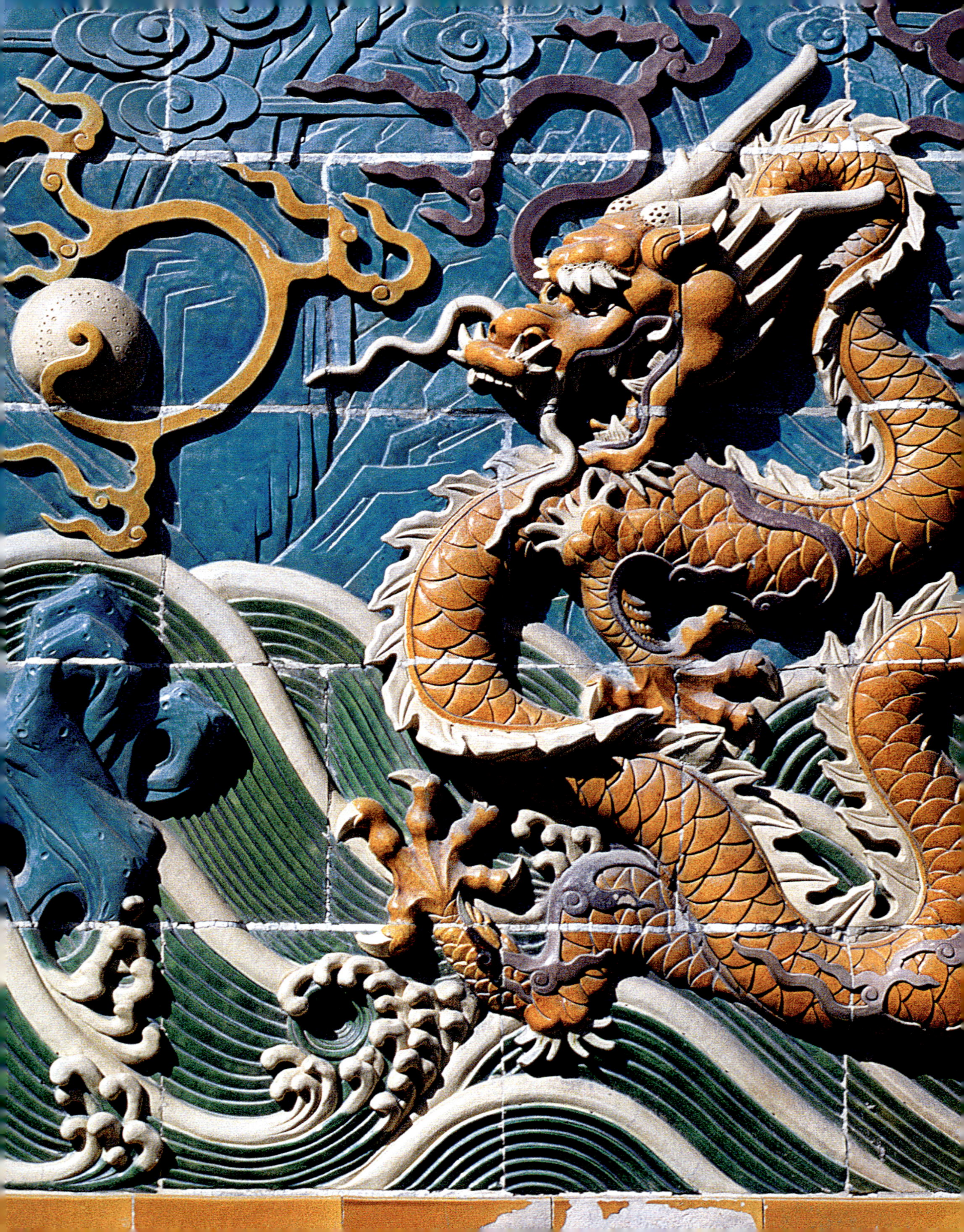

TRÉSORS DE CHINE

LES SPLENDEURS DE LA CHINE ANCIENNE

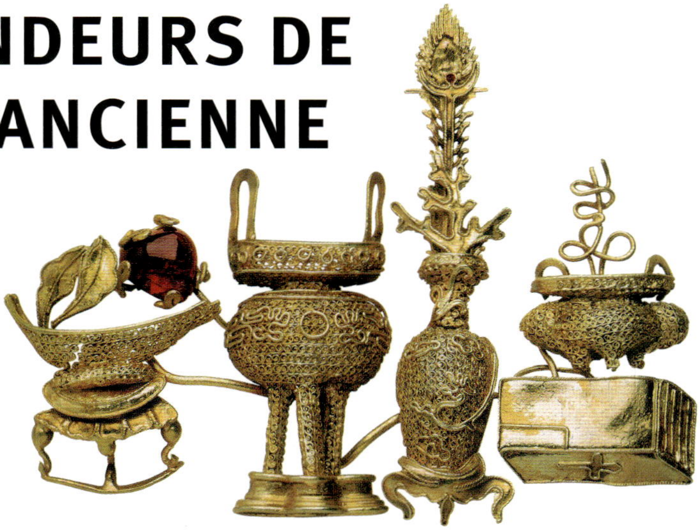

Traduction française : Géraldine Bretault

h.f.ullmann

Cet ouvrage est paru sous le titre original
Treasures of China

Responsable de l'édition : Peter Bently
Maquette : Rebecca Johns
Directeur éditorial : Christopher Westhorp
Directeur artistique : Manisha Patel
Consultant : John Peacocke
Iconographie : Julia Ruxton
Illustrations : Cecilia Carey et Jantje Doughty (motifs), Sallie Alane Reason (cartes), Yukki Yaura (calligraphie)

Pour la traduction française :
Secrétariat d'édition : Catherine Duras
Composition : Nord Compo, Villeneuve-d'Ascq

h.f.ullmann is an imprint of Tandem Verlag GmbH
Réalisation complète : h.f.ullmann publishing, Potsdam, Allemagne

Printed in China

ISBN : 978-3-8331-4694-7

10 9 8 7 6 5 4 3 2 1
X IX VIII VII VI V IV III II I

LÉGENDES PAGES 1 À 4

Page 1 : Bol avec couvercle bleu et blanc décoré d'un motif floral *bogu*; début du XVIIIe siècle, règne de Kangxi.

Page 2 : Dragon impérial à 5 griffes, en terre cuite vernissée, provenant d'une frise de la Cité interdite à Pékin.

Page 3 : Ornement de coiffure en filigrane d'or, fin de la dynastie Ming, v. 1600.

Page 4 : Avalokiteshvara, guide des âmes. Encre sur soie. Provenant de la grotte 17 à Mogao, près de Dunhuang, début du Xe siècle.

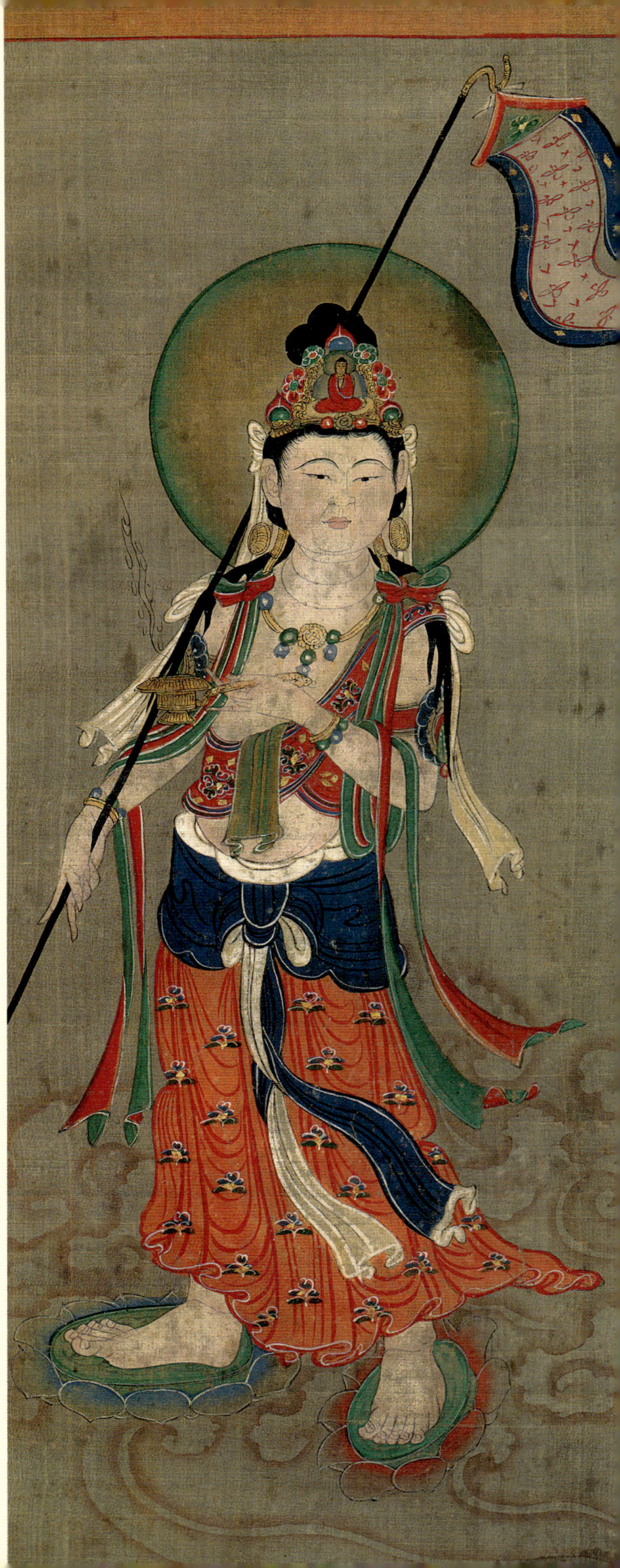

龍

SOMMAIRE

INTRODUCTION

Le miracle chinois

PAGE DE DROITE
La vallée fertile du fleuve Jaune dans la province du Qinghai. Le mot « Chine » vient du nom des Qin, première dynastie impériale. Les Chinois, quant à eux, appellent leur pays Zhongguo (« empire du Milieu »), terme qui désignait les États situés au cœur du bassin du fleuve Jaune avant l'unification imposée par les Qin en 221 av. J.-C.

La culture chinoise est la seule grande civilisation de l'Antiquité à avoir survécu jusqu'à notre époque. Son territoire immense s'articulait autour de bassins fluviaux dépourvus de relief, notamment ceux du fleuve Jaune au nord et du Yangzi au centre. Ces deux grands fleuves traversent le pays d'ouest en est, dans toute sa largeur. D'autres grandes rivières, comme celle des Perles, prennent source dans les chaînes de montagnes du Sud et du Centre, pour se déverser dans la mer de Chine méridionale.

Ce cadre géographique unique réunissait toutes les conditions physiques et humaines favorables à l'éclosion de la civilisation. Dès le néolithique, les Chinois occupaient les bassins des grands fleuves et les vallées des chaînes montagneuses. Ils se nourrissaient essentiellement de céréales (millet, puis blé et maïs dans le bassin du fleuve Jaune et les régions contiguës ; riz dans la vallée du Yangzi et plus au sud) et de légumes. Ils consommaient aussi de la volaille, du porc et du poisson. Les produits laitiers, qui jouent un rôle prépondérant en Occident et en Asie du Sud, ne faisaient pas partie de leur alimentation, et encore aujourd'hui le mouton et le bœuf sont rarement consommés dans certaines régions du pays. Autrefois, la Chine comportait davantage de forêts, avant qu'une pénurie de bois de chauffage dans les plaines ne donne naissance à la coutume chinoise de couper les aliments menu, pour permettre une cuisson rapide et économe. Ce facteur a été décisif dans l'évolution de la cuisine chinoise si originale.

La Chine était séparée des autres civilisations par des steppes et des déserts faiblement peuplés à l'est et au sud-ouest, ainsi que par d'imposantes chaînes de montagnes. Néanmoins, ces régions n'étaient pas infranchissables et, au fil des siècles, des voyageurs, des missionnaires bouddhistes et des pèlerins les traversèrent fréquemment d'ouest en est et inversement, le long d'iti-

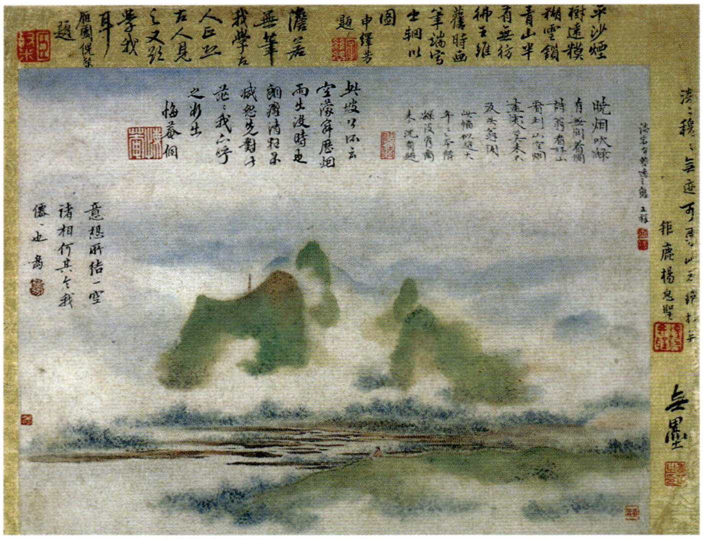

CI-DESSOUS
Le paysage chinois a été une source d'inspiration artistique pendant des siècles. Cette scène de Hu Youkun (XVIIe siècle) aest de style *moqu*, littéralement « sans ossature », c'est-à-dire que les formes sont créées par des dégradés de lavis, sans contours. Normalement employé pour les fleurs, ce style confère à l'œuvre une qualité aérienne.

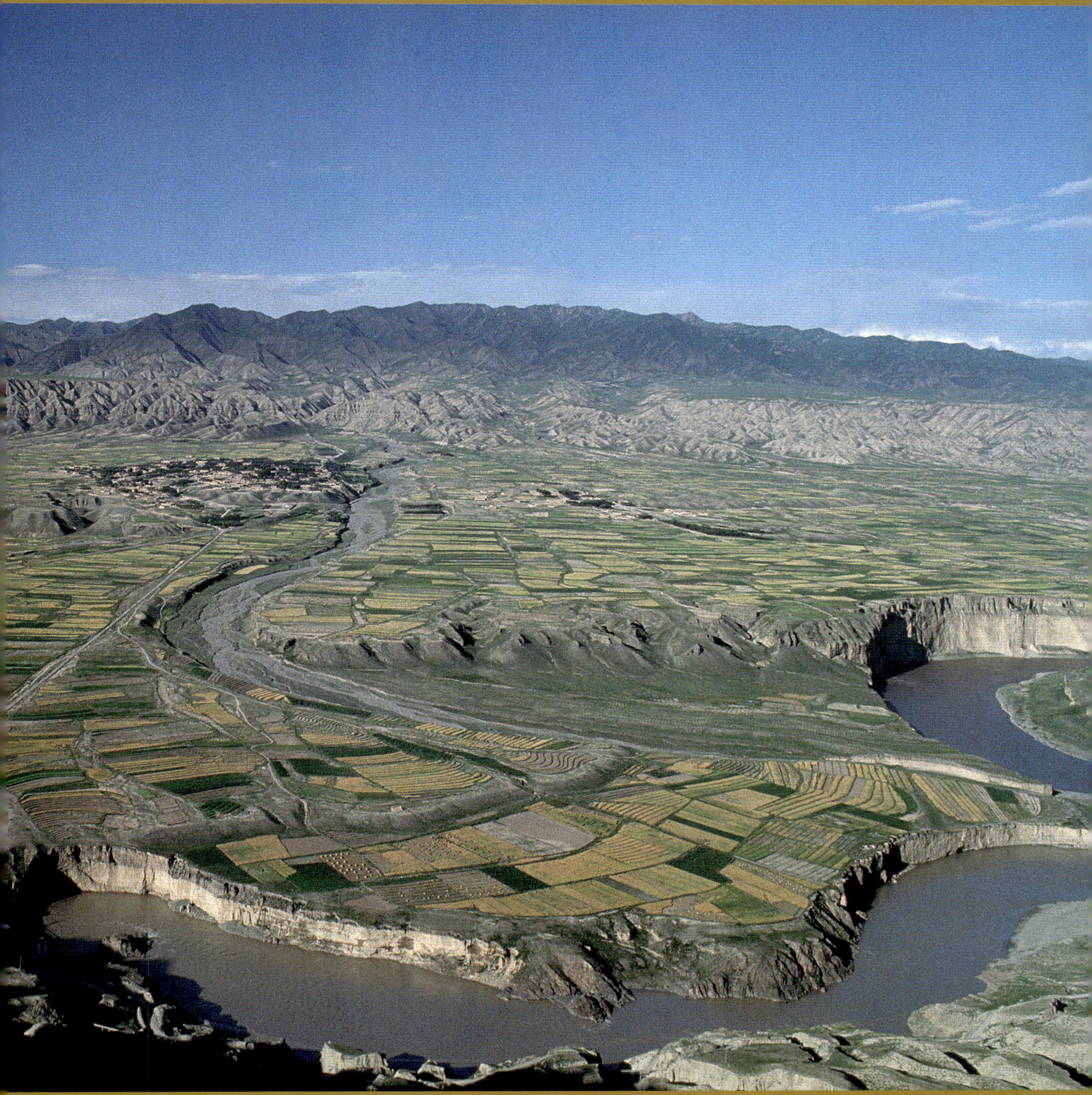

néraires balisés. Le plus célèbre était la route de la Soie, que les marchands empruntaient pour transporter les soies précieuses vers l'Asie de l'Ouest et l'Europe. En raison des grandes distances et du faible nombre d'infrastructures logistiques, la Chine ne fut jamais menacée d'invasion depuis l'ouest. Seules quelques tribus nomades du Nord, comme les Mongols et les Mandchous, réussirent à lever des armées assez puissantes et mobiles pour conquérir la Chine. Mais comme le dit le chef d'une de ces invasions, si la Chine se conquiert à cheval, elle ne se gouverne pas à cheval : la seule façon de gouverner la Chine était d'adopter les systèmes culturel et politique chinois.

CI-DESSOUS
Au cours des périodes Shang et Zhou, la fonte d'objets en bronze à des fins rituelles atteignit un niveau technique très élevé (voir p. 26-29). Cette hache rituelle en bronze porte un masque stylisé connu sous le nom de *taotie*. Le motif de cette créature mystérieuse au regard fixe est présent dès la culture Erlitou, à la fin du néolithique (voir p. 16).

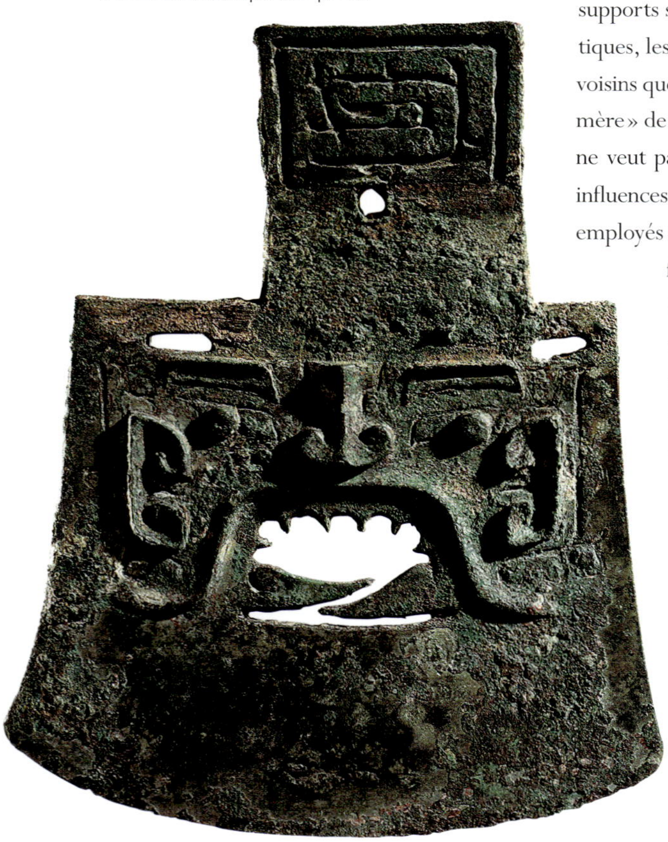

UNE CIVILISATION UNIQUE

Cet ouvrage propose un panorama de la civilisation chinoise de ses origines à la dernière dynastie impériale des Qing, c'est-à-dire du néolithique au début du XXe siècle. Des exemples exceptionnels de son riche patrimoine artistique viennent enrichir le texte. Tous les supports sont représentés, y compris l'architecture. Uniques et caractéristiques, les arts chinois exerçaient autrefois une telle fascination sur les pays voisins que, pendant des siècles, la Chine fut considérée comme la « culture mère » de l'Asie orientale, jusqu'en Corée, au Vietnam et au Japon. Ce qui ne veut pas dire que les artistes et les artisans chinois étaient fermés aux influences étrangères, que ce soit au niveau des techniques, des supports employés ou des sujets. Ainsi, les techniques iraniennes du travail de l'argent furent largement assimilées par les Tang (voir p. 102). Le cloisonné fut également importé à travers l'ouest de l'Asie depuis son lieu d'origine, Byzance (voir p. 168). À partir du XVIIe siècle, les peintres chinois subirent l'influence des styles de peinture occidentaux, introduits par les missionnaires jésuites à la cour des Qing. Tout au long de son histoire, la Chine a su faire preuve d'innovation, au moins dans certaines régions ou parmi certains groupes d'artistes, pour enrichir sa propre culture.

La civilisation chinoise se caractérise également par le niveau élevé de ses compétences techniques, qui se développèrent dès la préhistoire et se perfectionnèrent au fil des siècles. En termes de qualité, les récipients en bronze qui furent produits par les artisans chinois il y a près de trois mille ans n'ont jamais été dépassés à ce jour. L'Occident mit plusieurs siècles pour découvrir le secret de produc-

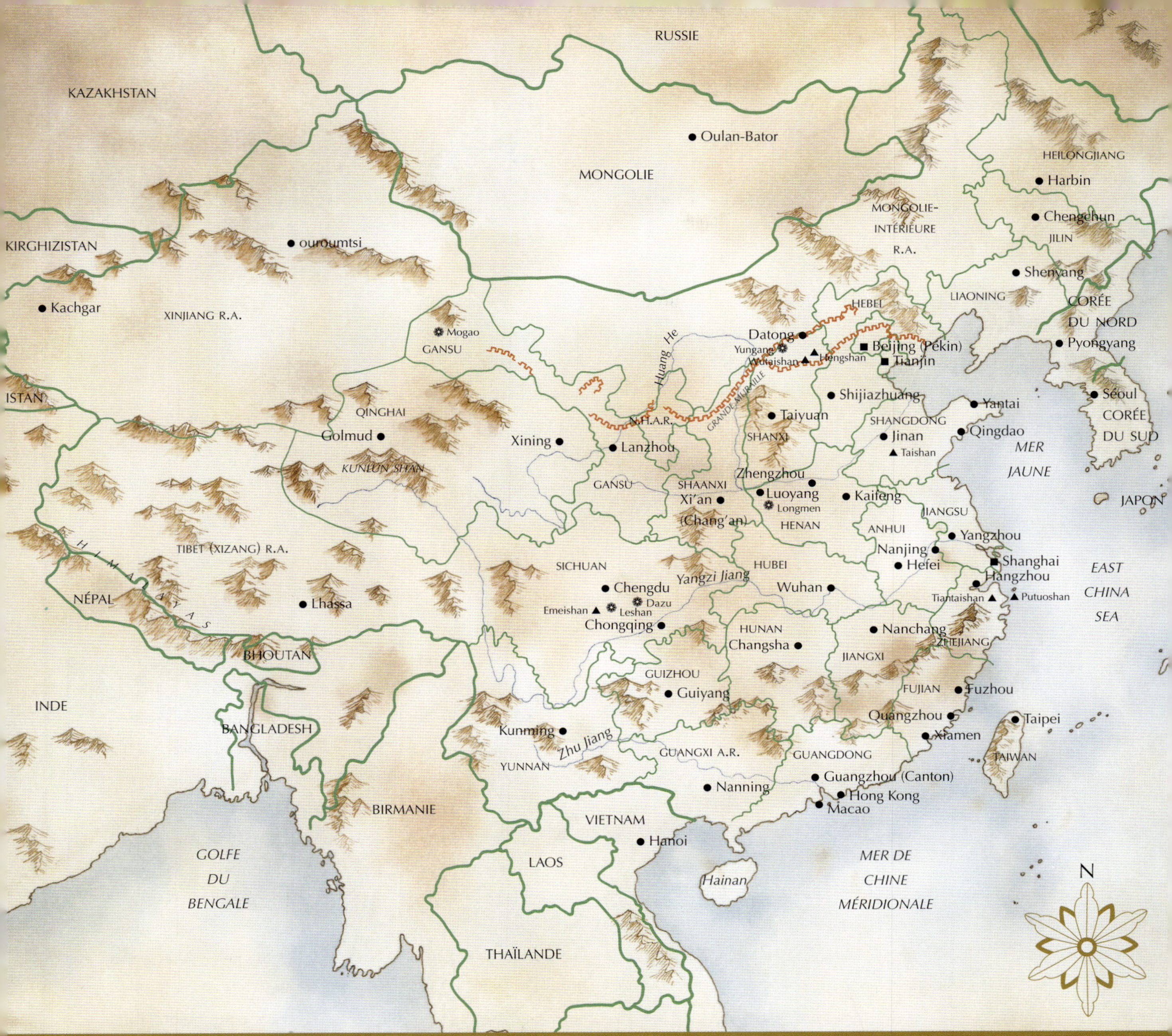

Carte de la Chine actuelle. La République populaire de Chine occupe à peu près le même territoire que la dernière dynastie impériale des Qing. La plupart des provinces de la Chine moderne existent depuis longtemps en tant que régions culturelles distinctes, mais elles ne sont devenues des divisions administratives officielles que sous les Ming. Les 13 provinces et les 2 régions métropolitaines (autour des deux capitales Ming, Nanjing et Beijing) existent encore aujourd'hui, si ce n'est que 2 provinces Ming ont été divisées, formant un total de 17 provinces. L'annexion du Tibet, de la Mongolie, de la Mandchourie, de Taiwan et des terres d'Asie centrale sous les Qing ajouta 11 provinces. Aujourd'hui, 30 divisions régionales ont le statut de province : 3 régions métropolitaines (Beijing, Shanghai, Tianjin), 22 provinces et 5 régions autonomes (Tibet, Xinjiang, Ningxia, Mongolie-Intérieure et Guangzi).

LÉGENDE DE LA CARTE

Qinjiang	Province/région autonome
R.A.	Région autonome
R.A.H.N.	Région autonome Hui du Ningxia
●	Ville
■	Ville métropolitaine
▲	Montagne sacrée
✲	Autre site d'intérêt culturel

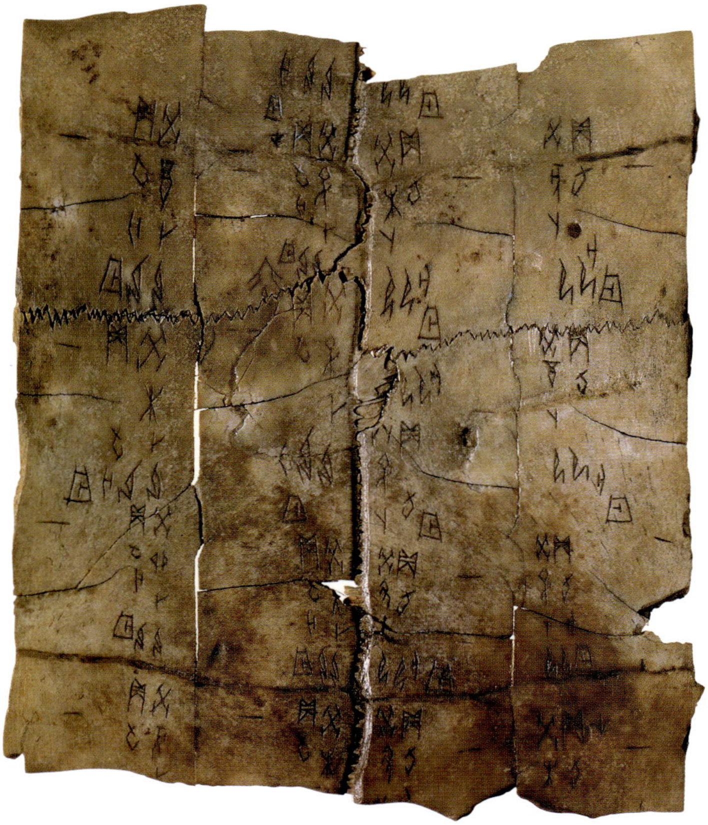

CI-DESSUS
Les plus anciens exemples d'écriture ont été retrouvés sur des os divinatoires de la dynastie des Shang (voir p. 21), datant du premier âge du bronze. Sur ces os, l'origine de la plupart des pictogrammes est claire : ils sont la représentation littérale de ce qu'ils désignent. Os divinatoire, dynastie des Shang, 1500-1000 av. J.-C.

tion de la vraie porcelaine translucide, dans une qualité équivalente à la porcelaine chinoise du XIe siècle. Les Chinois furent les premiers à couler du fer et à forger de l'acier, les premiers à fabriquer du papier et de la poudre, les premiers à utiliser la boussole et les premiers à imprimer des livres. À beaucoup d'égards, jusqu'à la révolution industrielle des XVIIIe et XIXe siècles, la Chine était techniquement en avance sur l'Europe occidentale.

LA LANGUE CHINOISE

Autre aspect unique de la civilisation chinoise : son système d'écriture. Il existe de grandes divergences dans la langue parlée, composée de dix dialectes suffisamment distincts les uns des autres pour qu'on puisse les considérer comme des langues à part entière, comme le cantonais, le shanghaïen (ou Wu) et le mandarin. On recense aussi d'innombrables sous-dialectes. Toutefois, aux yeux des érudits chinois, ces différences linguistiques ont toujours eu peu importance, car l'écriture du chinois n'est pas phonétique mais idéographique, si bien que le même texte peut être lu dans n'importe quel dialecte. Tous les dialectes chinois sont monosyllabiques et disposent essentiellement du même répertoire de syllabes signifiantes, chacune étant représentée par un caractère. Les syllabes ont une prononciation parfois très différente (par exemple, les chiffres de un à trois sont *yi*, *er*, *san* en mandarin et *yat*, *yi*, *sam* en cantonais), mais s'écrivent toujours avec le même caractère. Ainsi, s'il est très difficile de réussir à parler couramment le chinois, le système d'écriture a l'avantage d'être le même pour tous les Chinois, quel que soit le dialecte qu'ils parlent. Cette particularité a largement contribué à forger l'identité nationale chinoise au cours des siècles. Vieux de trois mille ans, le système d'écriture est un des plus anciens encore utilisés dans le monde. Depuis son apparition à l'âge du bronze, ses caractéristiques fondamentales n'ont pas changé, même si la forme de certains caractères a évolué. La première dynastie impériale de la Chine, celle des Qin (221-207 av. J.-C.), a normalisé l'écriture, et les dynasties suivantes ont perpétué la tradition d'un système unifié, si bien qu'aujourd'hui il est presque possible de déchiffrer des écrits chinois datant d'il y a plus de deux mille ans. Le grand nombre d'idéogrammes chinois et la multiplicité de leurs formes ont favorisé l'essor de l'art de la calligraphie, auquel les empereurs s'efforçaient d'exceller (voir p. 110 à 113). Elle demeure aujourd'hui un des arts majeurs de la Chine.

Dans cet ouvrage, les termes chinois sont transcrits en hanyu pinyin (« épeler les sons »), ou pinyin. Ce système de romanisation a été introduit par le gouvernement chinois dans les années 1960 pour fixer une norme internationale et uniformiser la prononciation du Putonghua (« langue commune »), une variété de mandarin déclarée langue officielle d'intérêt général pour le gouvernement, l'éducation et les médias. Le pinyin est plus simple que les systèmes de romanisation antérieurs, mais certaines lettres nécessitent une explication. Par exemple, c se prononce *ts*, q à peu près *tch* (comme dans tchèque) et x correspond au son *sh* ou *ch* chuinté.

CI-DESSOUS
Admonitions aux femmes de la cour impériale (détail), copie d'un rouleau horizontal du peintre Gu Kaizhi (344-405) de la dynastie des Jin. Gu était réputé pour ses portraits à la fois ressemblants et capables d'exprimer la personnalité du sujet. Aucune de ses œuvres originales ne subsiste (voir aussi p. 64).

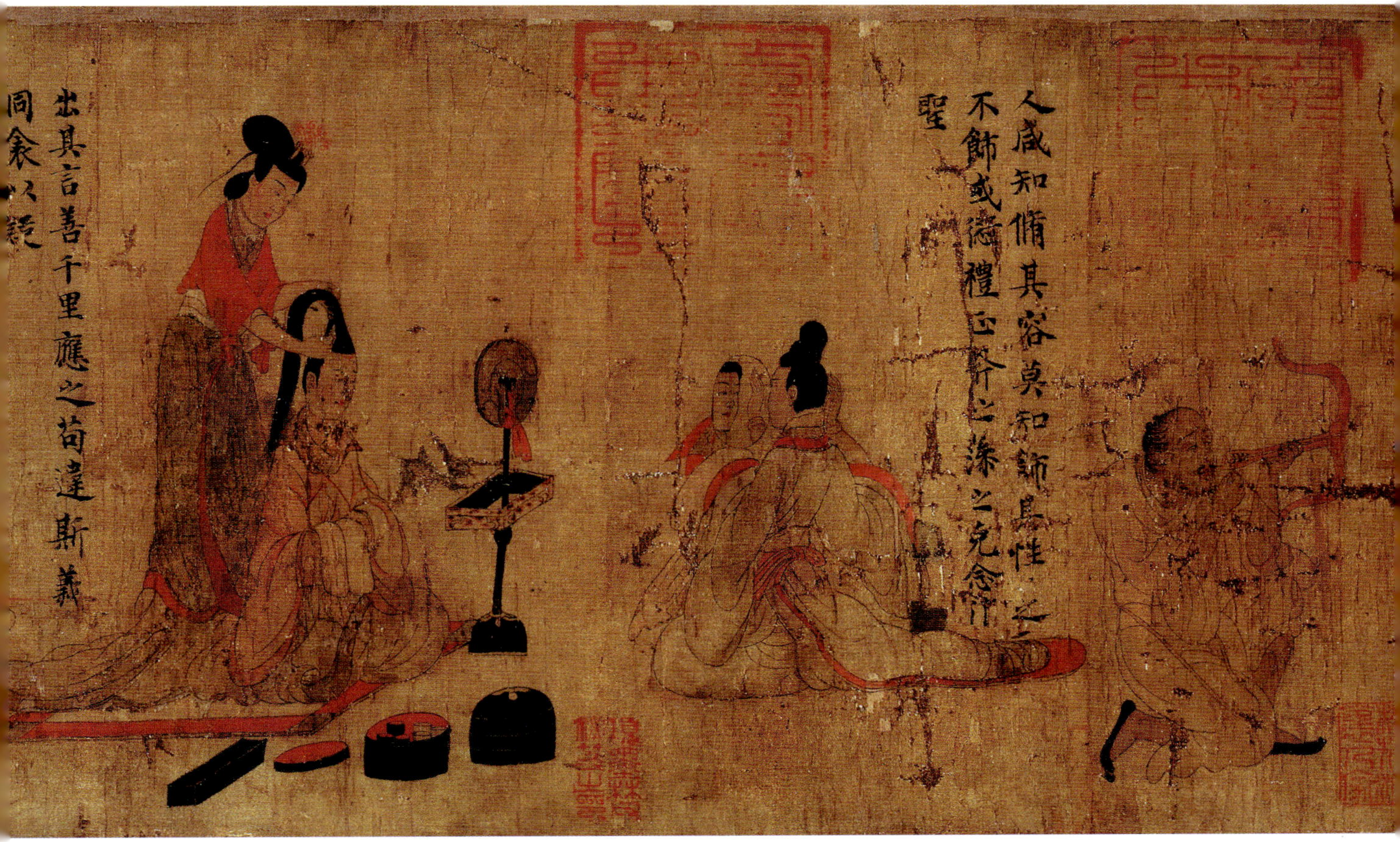

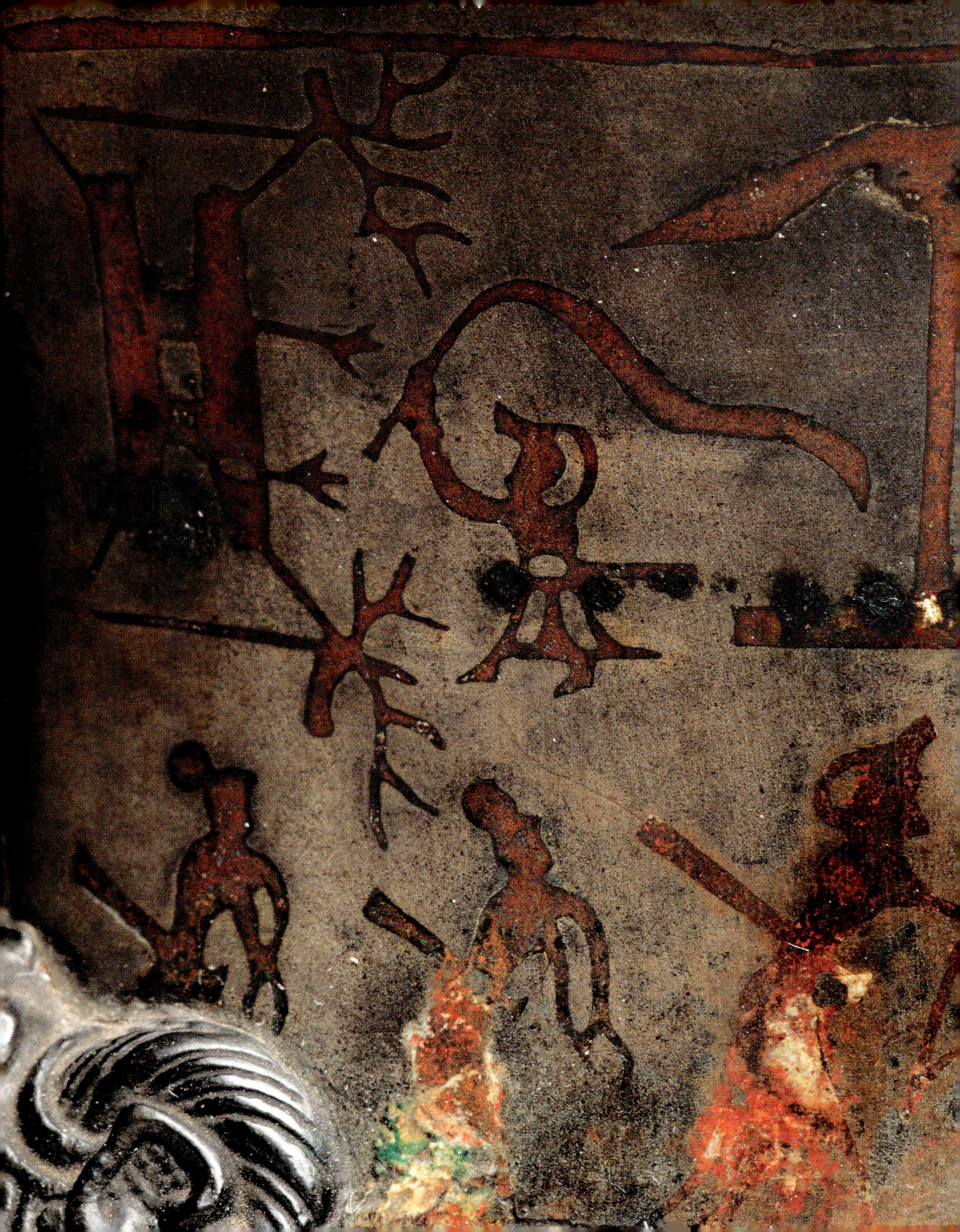

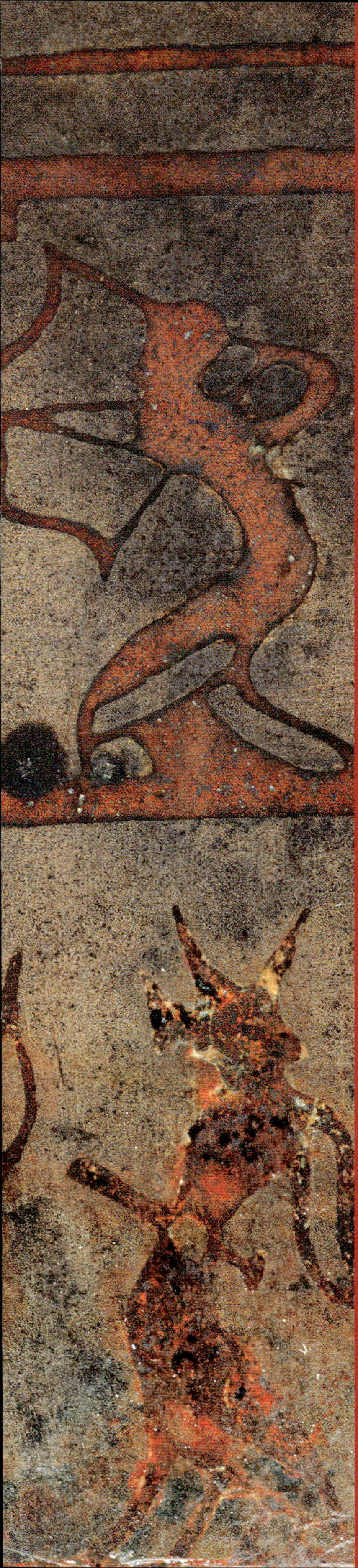

CHAPITRE I

LES ORIGINES

DE LA PRÉHISTOIRE
À 221 AV. J.-C.

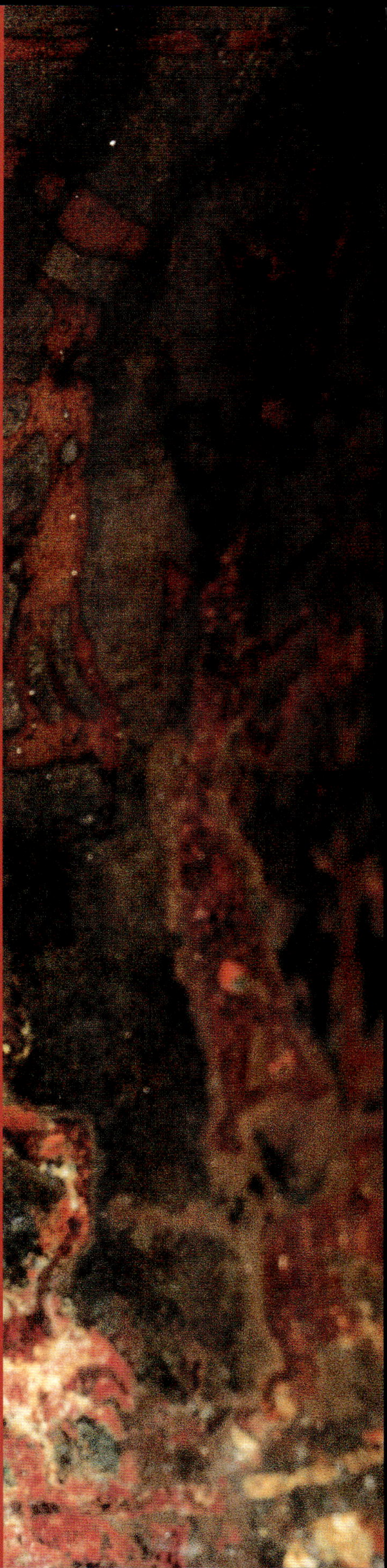

夏

LE BERCEAU D'UNE CIVILISATION

Préhistoire et légende jusqu'à 1500 av. J.-C. environ

PAGE DE DROITE
Vase en terre cuite couvert de beaux motifs peints, trouvé sur le site du néolithique tardif de Machangyuan dans le district de Minhe, province du Qinghai. Culture de Majiayao, vers 2200-2000 av. J.-C.

CI-DESSOUS
Certains dessins peints sur ce bol représentent des poissons. Découvert à Banpo près de Xi'an, dans la province du Shaanxi, ce bol faisait partie du couvercle d'un cercueil. Culture de Yangshao, période néolithique.

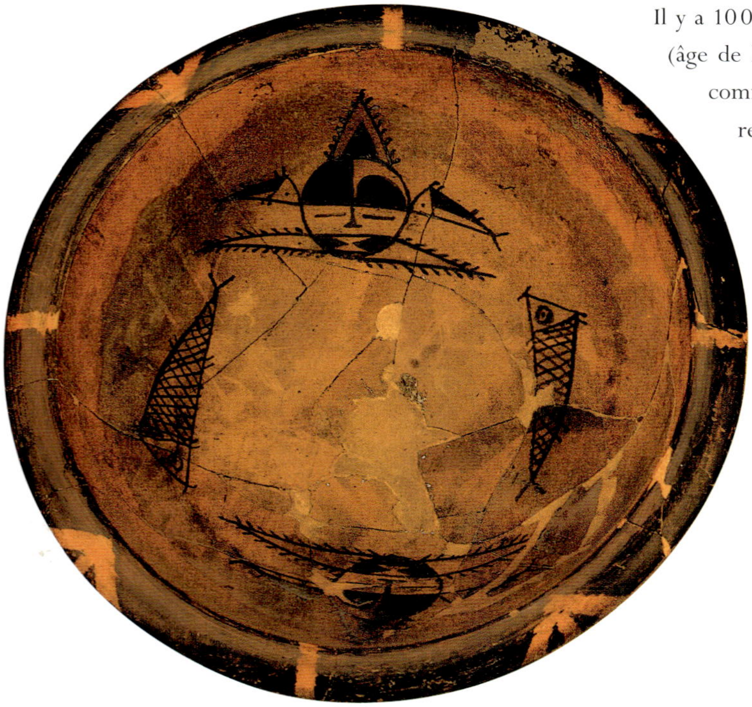

夏 Le plus ancien hominien retrouvé en Chine, appelé l'Homme de Yuanmou, vivait il y a 1,7 million d'années. Il s'agit d'un des premiers représentants de l'*Homo erectus*. Plus tard, il y a 250 000 à 400 000 ans environ, est apparu le célèbre Homme de Pékin *(Homo erectus pekinensis)*, dont les restes et les artefacts furent découverts dans une grotte à Zhoukoudian (Choukoutien), près de Beijing (Pékin), dans les années 1920. Selon toute vraisemblance, l'Homme de Pékin savait utiliser le feu, et le grand nombre d'ossements et de graines de fruits retrouvés dans sa grotte indiquent qu'il était un chasseur-cueilleur. Malheureusement, tous les os découverts à Zhoukoudian furent perdus pendant la Seconde Guerre mondiale.

Sur le même site, dans une strate supérieure, quelques-uns des plus anciens vestiges d'hommes modernes *(Homo sapiens)* furent mis au jour. Les hommes de cette époque étaient capables de créer du feu et de le manipuler. Ils possédaient de nombreuses armes de chasse sophistiquées, comme des arcs et des flèches ou des harpons pour pêcher de gros poissons. Ils fabriquaient des outils domestiques en pierre, en os et en corne. Des indices montrent que les premiers hommes modernes de Zhoukoudian avaient déjà une notion de l'âme et de son existence après la mort.

Il y a 10 000 ans environ, au début de la période néolithique (âge de la pierre polie), les habitants de la Chine actuelle commencèrent à se sédentariser au sein de communautés relativement importantes. Ils pratiquaient la culture sur brûlis, labouraient la terre et élevaient des animaux domestiqués (chiens, cochons, poulets). Leur maîtrise technique se déploya, incluant le tissage, la menuiserie, la poterie au tour et la fonte du cuivre. Au néolithique tardif, la population se propagea rapidement et quelques clans s'installèrent dans différentes régions, ce qui entraîna des rivalités et des conflits claniques ainsi que l'émergence de chefs de clans, qui durent construire des forteresses pour assurer leur défense.

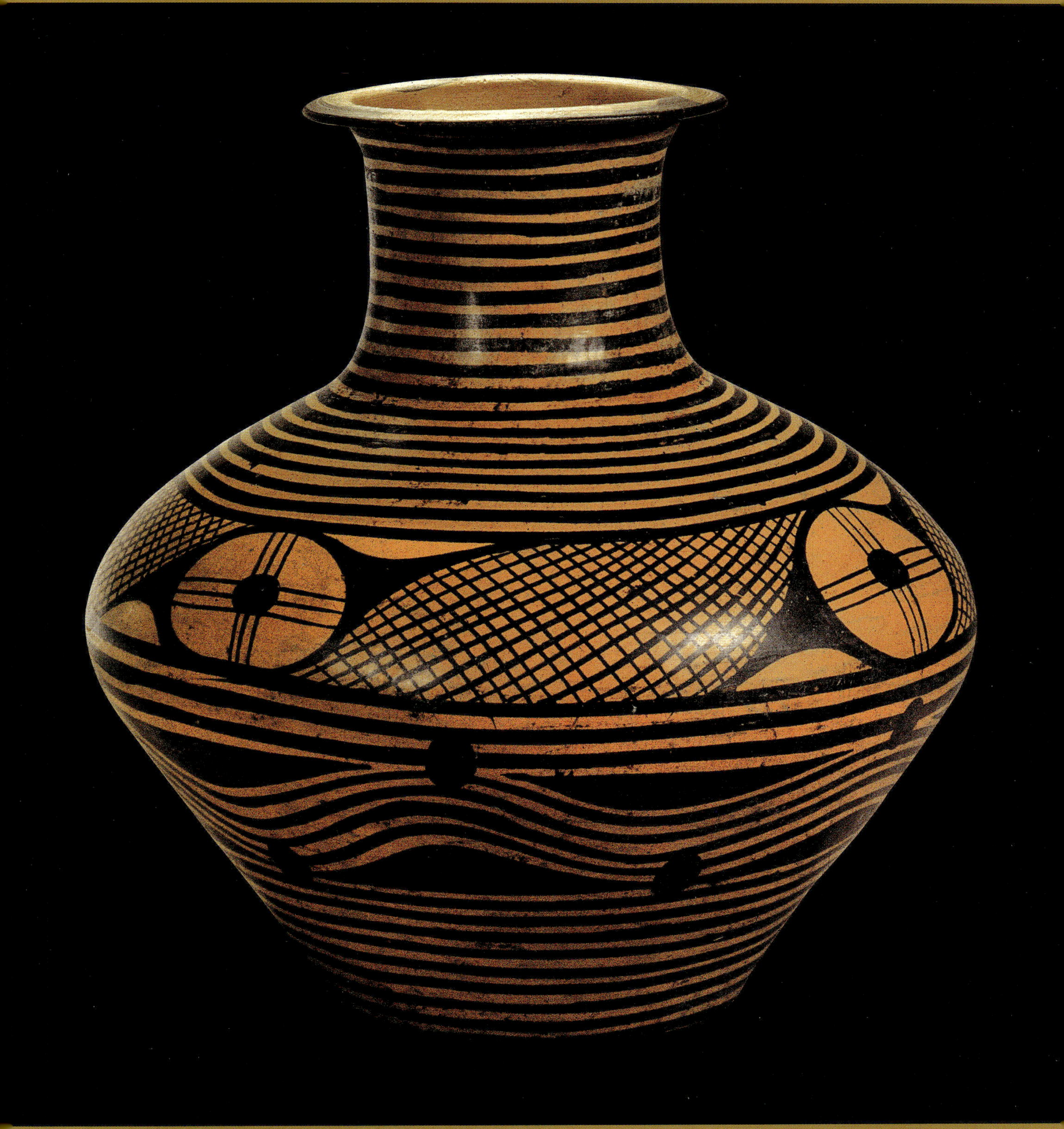

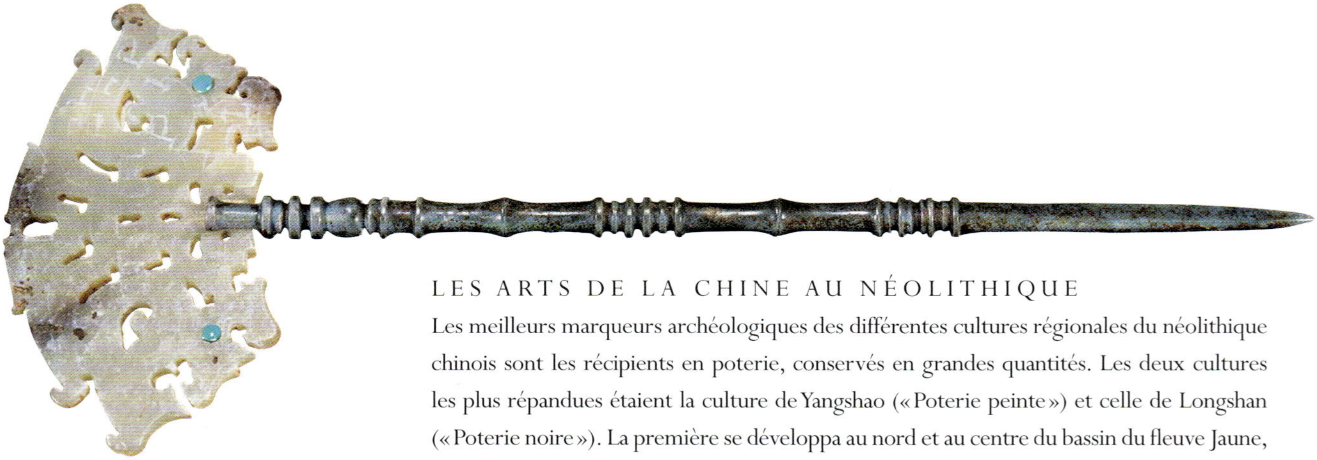

CI-DESSUS
Ornement capillaire découvert en 1989 dans une tombe de la province du Shandong. Il reposait près du crâne du défunt, mais on ignore s'il fut porté ou fabriqué spécifiquement pour la sépulture. Ce site funéraire est un des plus vastes de la phase Longshan du néolithique tardif. Jade avec incrustations de turquoise, vers 2000 av. J.-C.

LES ARTS DE LA CHINE AU NÉOLITHIQUE

Les meilleurs marqueurs archéologiques des différentes cultures régionales du néolithique chinois sont les récipients en poterie, conservés en grandes quantités. Les deux cultures les plus répandues étaient la culture de Yangshao («Poterie peinte») et celle de Longshan («Poterie noire»). La première se développa au nord et au centre du bassin du fleuve Jaune, dans les provinces actuelles du Gansu, du Shaanxi et du Henan. Elle produisait une poterie peinte de gros motifs rouges ou noirs, souvent abstraits, mais qui incluaient parfois des visages humains, des animaux, des oiseaux ou des poissons (voir ill. p. 14). Les motifs pisciformes annoncent en partie le décor de la poterie chinoise moderne.

La culture ultérieure de Longshan apparut d'abord dans l'actuelle province du Shandong, à l'est. Comme son nom le suggère, cette culture produisait une poterie noire, solide et de très haute qualité, aux parois minces, cuite à une température plus élevée que celle de Yangshao. Par la suite, la population Longshan migra vers l'ouest, et des exemples de leur poterie noire ont été retrouvés au cœur de la région du fleuve Jaune, recouvrant les artefacts des Yangshao autochtones.

À la fin du troisième millénaire avant notre ère, une troisième phase néolithique, appelée Erlitou, s'épanouit dans le district de Yanshi, dans la province du Henan. Un grand nombre de récipients en bronze furent découverts sur le site éponyme : il s'agit des plus anciens bronzes retrouvés en Chine. Le peuple d'Erlitou produisit également des objets en jade, ou néphrite. Cette pierre dure et translucide était de couleur blanche, gris-vert ou verte. Le jade a toujours eu une grande valeur aux yeux des Chinois pour sa beauté et son caractère durable. Symbolisant les vertus de pureté, d'humanité, de justice et de courage, il fut travaillé tout au long du néolithique. Certains objets en jade étaient purement décoratifs, alors que d'autres avaient une fonction rituelle. Le culte des ancêtres, pratique religieuse la plus ancienne et la plus répandue en Chine, apparut probablement à cette période.

MYTHE ET LÉGENDE : LA DYNASTIE DES XIA

D'après la mythologie chinoise, les premiers maîtres de la Chine furent les célèbres Trois Augustes, Fuxi, Shennong et Huangdi, qui introduisirent les arts de la civilisation. Leurs successeurs appelés les Cinq Empereurs auraient présidé à un âge d'or du bon gouvernement. Le cinquième de ces monarques, l'empereur Shun, souhaitait mettre fin à une longue période d'inondations incessantes. Il chargea un personnage appelé Yu le Grand de trouver le moyen de régulariser le cours des grands fleuves. Au bout de treize ans d'un travail acharné qui le laissa épuisé, Yu y parvint enfin en creusant des canaux qui permettaient de drainer les eaux jusqu'à la mer. La légende raconte que Yu, dévoué à sa tâche, serait passé plusieurs fois devant sa maison sans songer à se reposer.

Pour le récompenser, Shun le désigna pour lui succéder. Il devint le premier empereur des Xia, la première dynastie chinoise selon la tradition. Yu aurait régné pendant sept ans avant que son fils lui succède. Quelle que soit la véracité de cette légende – les touristes visitent toujours la tombe supposée de Yu près de Shaoxing, dans la province du Zhejiang –, il est quasiment certain qu'une tribu portant le nom de Xia a établi sa domination sur les plaines centrales de la Chine au XXIe siècle av. J.-C., ce qui coïncide avec la période de la culture Erlitou. Il est possible que le site d'Erlitou ait été le centre du pouvoir des Xia.

La légende de Yu le Grand révèle une préoccupation constante des souverains chinois : celle de la gestion des crues qui dévastaient périodiquement les plaines. La nécessité de mettre en œuvre une action collective pour maîtriser les inondations a toujours été un souci majeur des gouvernements chinois, jusqu'à aujourd'hui, comme en témoigne le projet controversé des Trois Gorges qui vise à empêcher la crue du Yangzi.

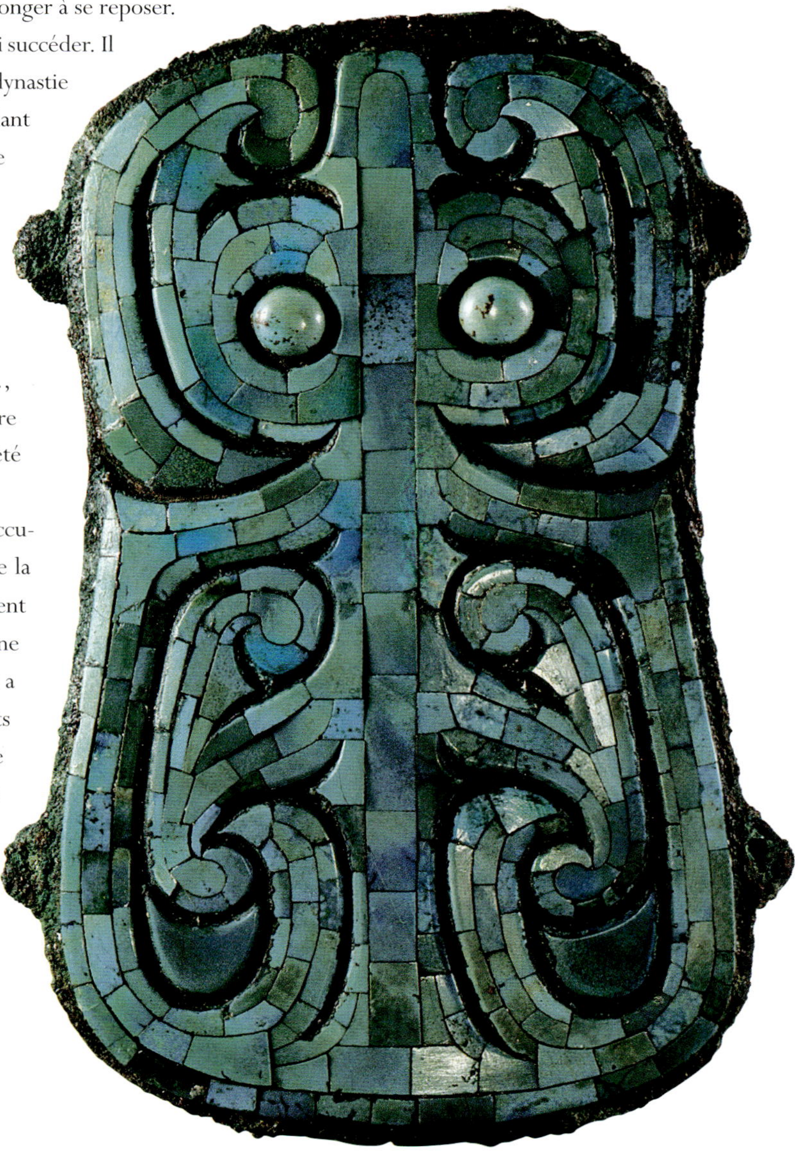

À DROITE
Découvert en 1959, le site d'Erlitou dans la province du Henan a produit les plus anciens objets en bronze chinois, dont cette plaque ornementale de 14,4 cm de long environ. Les incrustations de turquoise représentent un masque d'animal. Culture d'Erlitou, vers 2000-1600 av. J.-C.

商

LES SERVITEURS DU SEIGNEUR D'EN HAUT

La dynastie des Shang (v. 1500 – 1050 av. J.-C.)

CI-DESSOUS
Cette tête de « monstre » finement sculptée, datant du néolithique tardif, associe des traits anthropomorphes et des défenses, ou crocs. Ce genre de masques fit l'objet d'une grande curiosité au cours des périodes successives, alors même que leur fonction originelle demeure inconnue. Peut-être étaient-ils prophylactiques, destinés à éloigner les démons et à porter chance. La tête évoque les masques *taotie*, apparus sur la vaisselle des Shang et des Zhou. Leur fonction était peut-être similaire. Jade, néolithique tardif, vers 2000 av. J.-C.

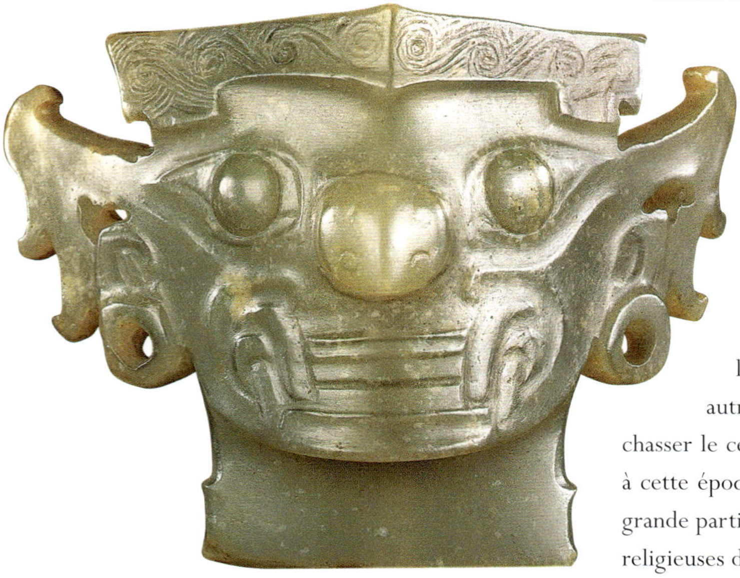

商 La tribu des Shang, originaire de l'actuel Shandong à l'est de la Chine, déplaça à deux reprises sa capitale, d'abord à Zhengzhou, dans l'est du Henan, puis encore plus à l'ouest, au-dessus du fleuve Jaune (Huang He). À Zhengzhou, les vestiges des remparts de la ville Shang atteignent parfois 18 mètres d'épaisseur. Les murs semblent avoir été alignés selon les axes nord-sud et ouest-est, caractéristique récurrente des villes chinoises tout au long de l'histoire. La fouille du site révéla également des moules destinés à la production de bronzes, ainsi que de nombreux objets en bronze et en terre. La production de bronze est attestée à la fin du néolithique, notamment par la culture d'Erlitou (voir pp. 16-17), mais l'âge du bronze en Chine débuta véritablement sous les Shang, qui conquirent les derniers établissements néolithiques vers 1500 av. J.-C.

Après leur seconde migration, les Shang vainquirent les Xia et fondèrent la dynastie des Shang (v. 1500-1050 av. J.-C.). Ils établirent leur capitale près de l'actuelle Anyang et dominèrent pendant plus de cinq siècles une vaste région qui englobait le nord et le centre du pays. Il s'agit de la première dynastie historique de la Chine, dont l'existence est attestée par des textes écrits et des témoignages archéologiques. Les Shang ont profité des progrès de la culture de Longshan du néolithique tardif (voir p. 16), comme le prouvent les éléments communs aux deux cultures, notamment les murs en terre damée et l'usage des os divinatoires (voir p. 21), même si ceux des Longshan étaient dépourvus d'inscriptions.

La société Shang était hiérarchique et aristocratique, organisée autour d'un roi. Les aristocrates, dotés de titres et parfois de territoires à gouverner, demeuraient les sujets du roi Shang. Le roi et l'aristocratie conduisaient des chars à deux chevaux pour la guerre et la chasse. Leurs armes comptaient entre autres les puissants arcs rétroflexes, qui servaient aussi à chasser le cerf, le buffle, l'ours, le tigre et le sanglier, abondants à cette époque. Les gens du commun vivaient et travaillaient en grande partie comme leurs ancêtres au néolithique. Les pratiques religieuses des Shang reposaient essentiellement sur la vénération

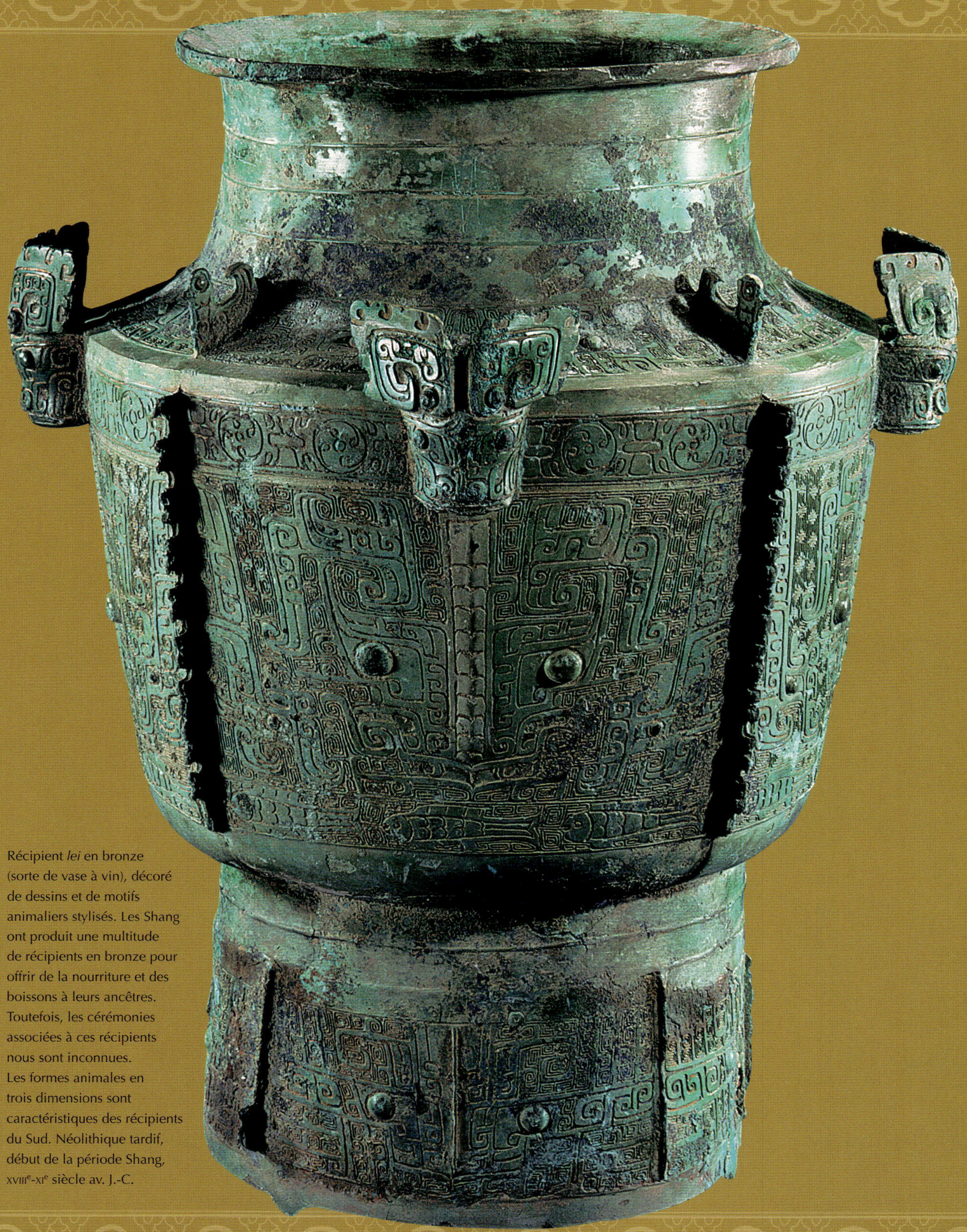

Récipient *lei* en bronze (sorte de vase à vin), décoré de dessins et de motifs animaliers stylisés. Les Shang ont produit une multitude de récipients en bronze pour offrir de la nourriture et des boissons à leurs ancêtres. Toutefois, les cérémonies associées à ces récipients nous sont inconnues. Les formes animales en trois dimensions sont caractéristiques des récipients du Sud. Néolithique tardif, début de la période Shang, XVIIIe-XIe siècle av. J.-C.

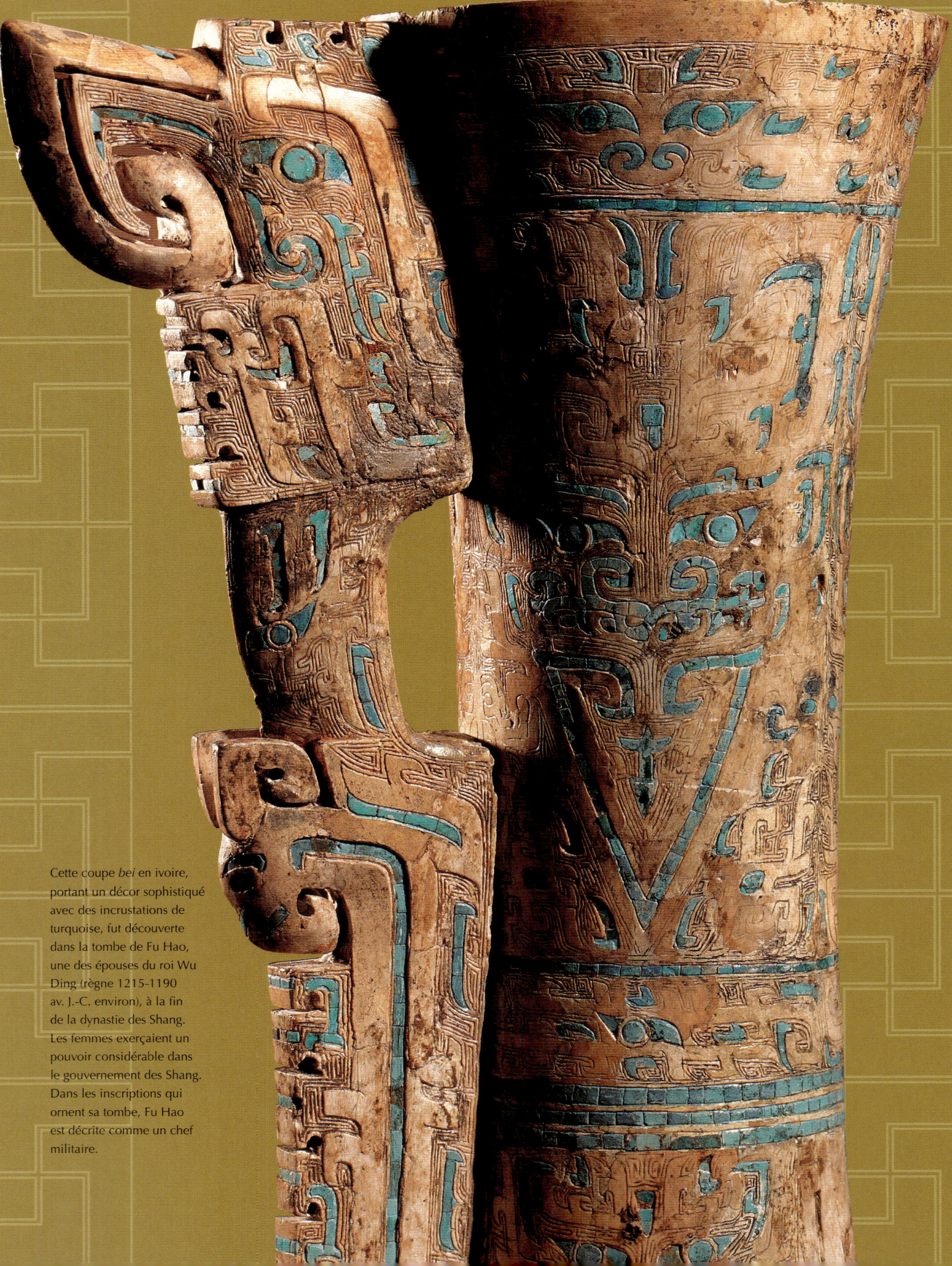

Cette coupe *bei* en ivoire, portant un décor sophistiqué avec des incrustations de turquoise, fut découverte dans la tombe de Fu Hao, une des épouses du roi Wu Ding (règne 1215-1190 av. J.-C. environ), à la fin de la dynastie des Shang. Les femmes exerçaient un pouvoir considérable dans le gouvernement des Shang. Dans les inscriptions qui ornent sa tombe, Fu Hao est décrite comme un chef militaire.

des ancêtres, dont ils invoquaient l'aide à travers des sacrifices et des prières. Le roi dirigeait les cérémonies les plus solennelles, au cours desquelles une quarantaine de bœufs pouvaient être sacrifiés pour un ancêtre royal. Les offrandes sacrificielles étaient offertes dans des récipients en bronze élaborés (voir pp. 26-29).

QUAND LES OS DIVINATOIRES PARLENT

Par le biais des oracles, le roi cherchait à entrer en communication avec ses ancêtres. Plus de cent mille os divinatoires, pour la plupart des omoplates de bœufs ou des plastrons de tortues, ont été retrouvés. Lorsque le roi consultait l'oracle, sa question pour l'ancêtre était inscrite sur l'os, qui était ensuite percé d'un trou. Une barre en métal chauffée était enfoncée dans le trou, faisant craquer l'os. Un augure interprétait ces craquelures pour déterminer la réponse de l'ancêtre, qui était ensuite inscrite sur l'os. Ces inscriptions oraculaires sont le plus ancien exemple attesté d'écriture chinoise et constituent les premières archives historiques de la Chine. Les questions avaient parfois trait aux affaires d'État, comme le choix des moments propices à la chasse ou aux expéditions militaires, mais le roi posait également des questions d'ordre personnel concernant les naissances, les rêves, les maladies et même les rages de dents.

Ces pratiques divinatoires étaient l'apanage d'une sorte de collège de spécialistes, également responsables du calendrier. Les Shang avaient deux systèmes de numération – décimal et duodécimal – encore utilisés aujourd'hui séparément ou conjointement selon le contexte. Le calendrier reposait sur le système décimal, qui permettait de compter le nombre de jours et de décades que comportait l'année. Le nom officiel de chaque roi Shang incluait un multiple de dix qui désignait le jour où son sacrifice devait être pratiqué.

Outre les ancêtres, les divinations servaient aussi d'autres cultes. L'un d'eux célébrait une divinité supérieure appelée Shangdi (Souverain d'en haut), protecteur de l'ordre naturel et de l'ordre humain (y compris les villes et les armées), et qui semble avoir été considéré comme un ancêtre éloigné. D'autres divinités coexistaient : les dieux des quatre points cardinaux, les déesses-mères de l'Orient et de l'Occident, les montagnes sacrées, le fleuve Jaune, et ainsi de suite. Les chamans et les sorciers abondaient et les cultes animistes locaux étaient très nombreux.

Les rois Shang étaient enterrés avec des « compagnons de mort » – des proches, des chevaux et des chars, ainsi que des gardes armés des pieds à la tête. Par ailleurs, des hommes des couches sociales inférieures étaient parfois mis à mort en guise d'offrande sacrificielle. Ces pratiques disparurent avec la dynastie des Zhou.

CI-DESSOUS
Les Chinois anciens préféraient le bronze et le jade à l'or, qui servait essentiellement d'ornement. Mais à partir des Zhou orientaux, son usage se répandit pour la production d'objets, comme cet étonnant manche d'épée ajouré, coulé en or. Trop fragile pour être utilisé, il s'agit probablement d'un objet funéraire ou de parade. Zhou orientaux, vers 500 av. J.-C.

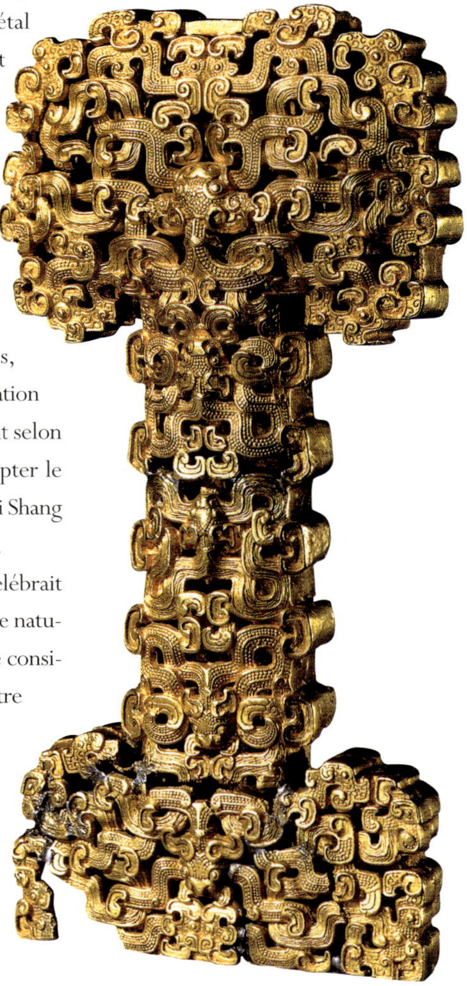

周

UN ÂGE DE PHILOSOPHIE ET DE GUERRE

La dynastie des Zhou, 1050-221 av. J.-C. environ

CI-DESSOUS
Cette tête de taureau a été retrouvée dans ce qui était peut-être la sépulture d'un cheval et d'un char, à proximité des tombes de la région de Luoyan, la capitale des Zhou orientaux. Ces tombes sont probablement celles des rois Zhou, d'où la qualité élevée des bronzes qu'on y a retrouvés. La tête de taureau ornait probablement un des moyeux du char. Les yeux étaient à l'origine sertis de pâte de verre, aujourd'hui désagrégée. Bronze avec incrustations d'or et d'argent, période des Zhou orientaux, IVe-IIIe siècle av. J.-C.

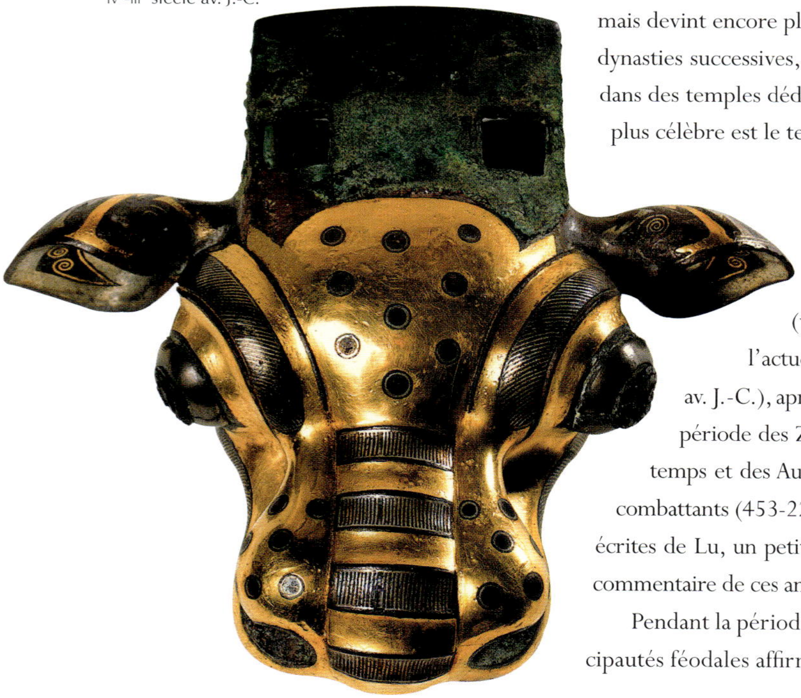

Les Zhou étaient originaires des provinces actuelles du Gansu et du Shaanxi, dans le Nord-Ouest. Ces terres étaient propices à l'élevage des chevaux et les Zhou mirent probablement à profit leur mobilité supérieure. Au milieu du XIe siècle, le roi Wu des Zhou vainquit le dernier roi Shang, Zhou Xin, et fonda une nouvelle dynastie dont la capitale était proche de Xi'an, dans le Shaanxi. Le frère de Wu, le duc de Zhou, consolida le pouvoir de la dynastie. Il instaura également les rites et la musique rituelle que les générations ultérieures, sous l'influence de Confucius (voir p. 24), considéraient comme emblématiques de la vertu des fondateurs de la dynastie des Zhou.

Dès ses débuts, le régime des Zhou était moins centralisé que celui des Shang. Le roi accorda différents fiefs à des branches de sa famille, ainsi qu'à ceux dont les ancêtres avaient été proches des premiers rois Zhou.

La divinité la plus importante pour les Zhou était le Ciel (Tian), vénéré en tant que force cosmique primordiale. Shangdi ne fut pas immédiatement délaissé, mais devint encore plus distant. Dans les rites des Zhou et de toutes les dynasties successives, le roi ou l'empereur offrait des prières annuelles dans des temples dédiés au Ciel pour demander de bonnes récoltes. Le plus célèbre est le temple du Ciel à Pékin (voir pp. 158-161).

UNE ÉPOQUE DE CONFLITS

La dynastie des Zhou est divisée en deux grandes périodes, celle des Zhou occidentaux (v. 1050-770 av. J.-C.), avec leur capitale près de l'actuelle Xi'an, et celle des Zhou orientaux (770-221 av. J.-C.), après le transfert de la capitale vers l'est, à Luoyang. La période des Zhou orientaux se divise entre la période des Printemps et des Automnes (770-481 av. J.-C.) et celle des Royaumes combattants (453-221 av. J.-C.). La première doit son nom aux annales écrites de Lu, un petit État de la province du Shandong. Par la suite, un commentaire de ces annales en fit une chronique de toute la période.

Pendant la période des Printemps et des Automnes, plusieurs principautés féodales affirmèrent *de facto* leur indépendance, ce qui affaiblit

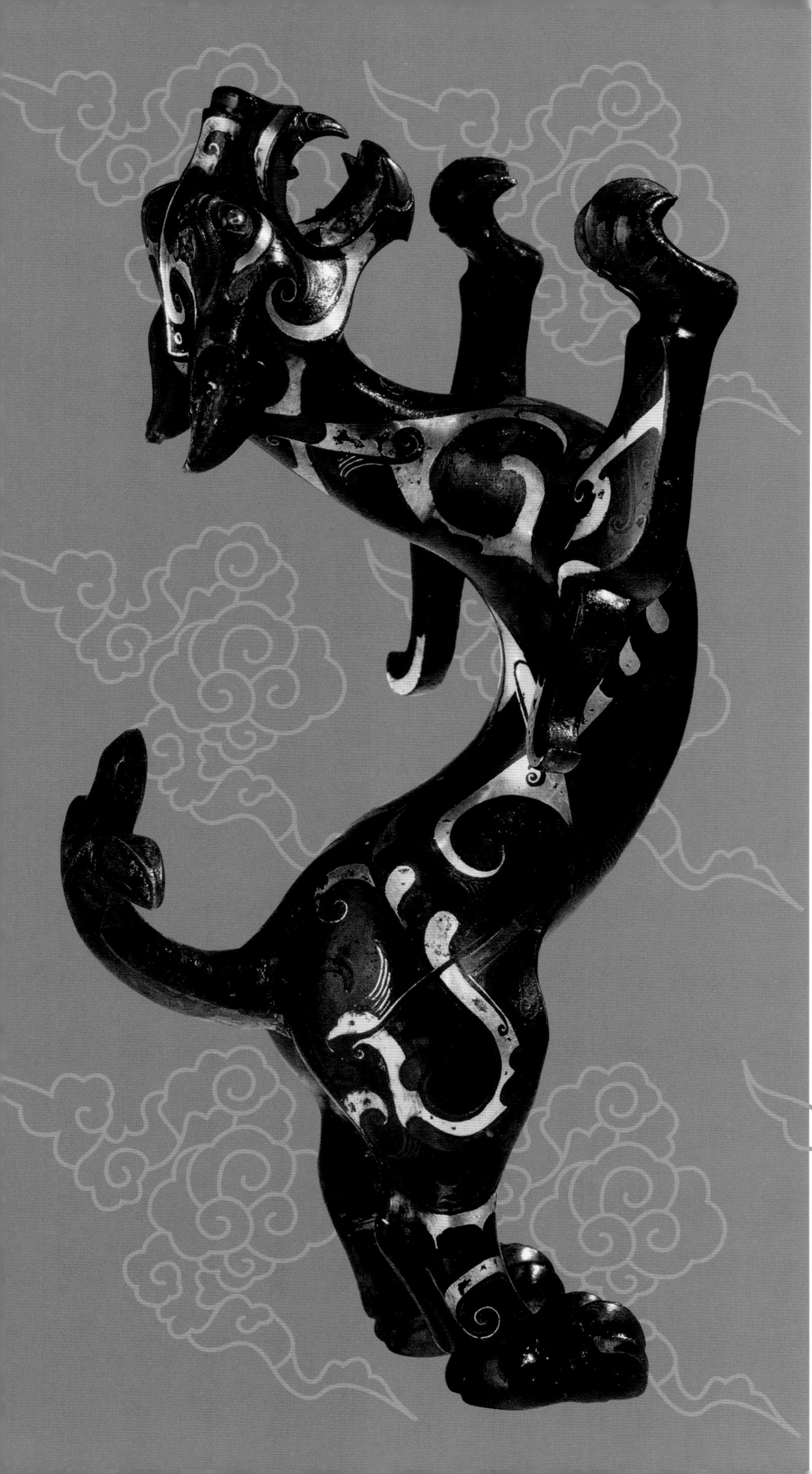

CI-CONTRE
Les artisans chinois maîtrisaient la technique des incrustations dès le néolithique tardif (avant 1500 av. J.-C.), mais il faudra attendre la période des Zhou orientaux, vers le ve ou le ive siècle av. J.-C., pour voir l'usage du bronze incrusté d'or et d'argent se généraliser. Ainsi, ce félin bondissant plein de vitalité est orné de figures stylisées (des oiseaux et des serpents) et de motifs abstraits. Il servait probablement de support à un plateau. Ce genre d'animaux aux motifs incrustés servait aussi à décorer les pieds et les coins de table. Bronze incrusté d'or et d'argent, période des Zhou orientaux, ive-iiie siècle av. J.-C.

le pouvoir des rois Zhou. Avec le temps, les luttes des princes pour la suprématie s'intensifièrent, et le roi Zhou ne fut plus qu'un chef symbolique.

Sous les Zhou orientaux, les principautés avoisinant la capitale des Zhou furent baptisées « les États centraux » (Zhongguo), termes parfois traduits par « empire du Milieu », qui désigne aujourd'hui toute la Chine. Mais certaines principautés bien plus vastes connaissaient un pouvoir grandissant, comme en témoigne le nombre de chars qu'elles détenaient. Au nord, il y avait les Jin (dans la province actuelle du Shanxi), à l'est les Qi (dans le Shandong), et au sud les Chu (dans le cours moyen du Yangzi). Ces États s'affrontaient souvent, mais scellaient parfois des alliances. Sous la contrainte, il leur arrivait même de reconnaître la suprématie de l'un d'entre eux, alors appelé *ba*. Les Qi comme les Jin connurent ce statut au cours du VIIe siècle.

LES PENSEURS EN TEMPS DE GUERRE

La dernière période des Zhou orientaux est appelée l'époque des Cent écoles de pensée, et fut une période de grande liberté intellectuelle et de créativité, en particulier dans les domaines de la politique et de la philosophie morale.

Vers la fin de la période des Printemps et des Automnes, le petit État de Lu était la patrie d'un des plus grands penseurs de l'histoire chinoise : Kongzi, ou Kong Fuzi (Maître Kong, 554-479 av. J.-C.), mieux connu en Occident sous le nom de Confucius. Les *Analectes [ou Entretiens]* (*Lunyu*), une compilation de ses sentences, ont été décrits comme le livre le plus influent de l'Asie de l'Est. Le message de Confucius inspira nombre de ses contemporains, indiquant que chacun doit agir conformément à la place qu'il occupe dans sa famille et dans la société, et doit être guidé par le *ren* (bonté, générosité) et le *yi* (la droiture), et non son intérêt personnel. Il déplorait la chute de l'ordre ancien à l'origine des guerres de son époque et préconisait le retour à une société régulée par les rituels des premiers Zhou, qu'il révérait.

Confucius ne parvint pas à convaincre les États chinois contemporains d'adopter ses principes. Après sa mort au contraire, pendant la période des Royaumes combattants, les guerres et le chaos qu'il abhorrait ne firent que s'intensifier. Pourtant, des membres de l'école confucéenne, comme Mencius (Mengzi, 372-v. 289 av. J.-C.) et Xunzi (v. 310-215 av. J.-C.), perpétuèrent sa tradition. Mencius poursuivit notamment l'activité missionnaire de son

CI-DESSOUS
Au cours de la période des Zhou orientaux, les armes prestigieuses, comme cette épée à double tranchant, étaient souvent ornées de métaux et de pierres précieuses. L'emploi du jade, associé à l'immortalité, était peut-être destiné à protéger son propriétaire pendant les combats. Bronze décoré avec de l'or, de la turquoise et du jade. Dynastie des Zhou orientaux, V^e^-IIIe siècle av. J.-C.

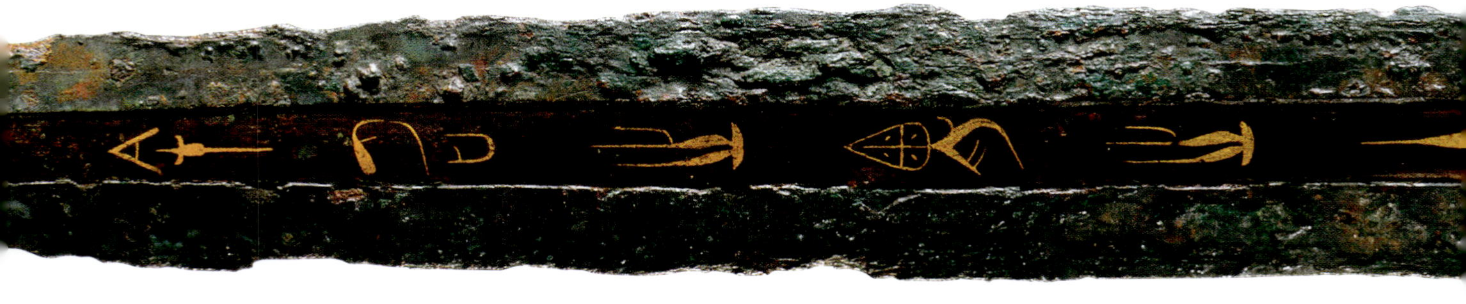

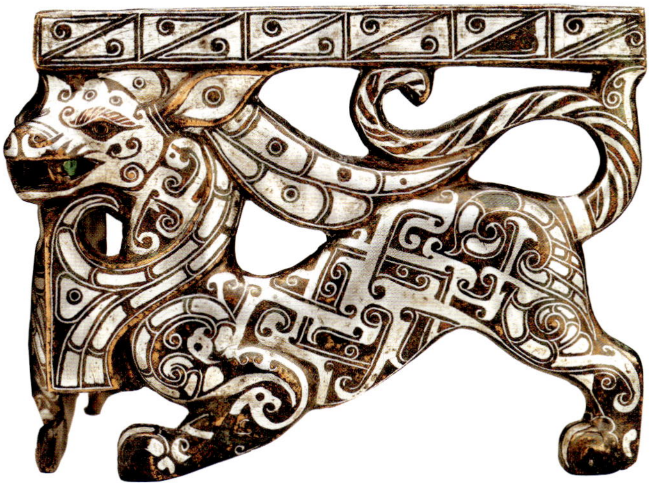

guide spirituel, exhortant (en vain) les souverains à montrer l'exemple, avec une générosité censée assurer à leurs régimes le soutien populaire, «comme l'eau qui coule vers l'aval».

L'école de Mozi, un ingénieur militaire qui conçut des systèmes de défense pour les États ou les villes, était à certains égards encore plus utopique. La recette de Mozi pour la paix consistait à supprimer les restrictions dues au statut et à traiter chacun avec le même respect.

La troisième grande école de philosophie était le Dao (taoïsme). Les cultes mystiques et la sorcellerie évoluèrent pour constituer une philosophie morale complète au cours de la période des Royaumes combattants. Les deux grands philosophes du taoïsme, Laozi («Vieux Maître») et Zhuangzi, rejetaient l'accent moralisateur du confucianisme et l'aspiration au pouvoir et à la prospérité, préconisant une vie simple, en harmonie avec la nature. Ils estimaient que le souverain n'avait pas à s'ingérer dans la vie de ses sujets.

CI-DESSUS
Plaque ornementale en bronze incrusté d'or et d'argent, épousant la forme d'un tigre aux mâchoires ouvertes, féroce roi des animaux chinois. S'il pouvait incarner le danger, le tigre était aussi un symbole protecteur. Cette dualité en faisait un motif idéal pour les amulettes, et des ornements en forme de tigres accompagnaient souvent les morts dans la tombe. Zhou orientaux, période des Royaumes combattants, vers le IVe siècle av. J.-C.

L'École des légistes avait une position presque opposée. Elle prônait qu'un ordre juste découle de l'application stricte de lois précises, les besoins de l'État primant sur ceux de l'individu. Dans le contexte de l'époque, ces préceptes semblaient logiques aux yeux des souverains des Qin, qui firent du légisme leur doctrine d'État.

Les guerres incessantes de la fin des Zhou orientaux, et en particulier les exigences des militaires, minèrent le pouvoir de l'aristocratie traditionnelle, dont le mode de guerre ritualiste devint anachronique. Les guerres n'avaient plus pour enjeu l'honneur, mais des territoires. Au milieu du IIIe siècle av. J.-C., le nombre d'États avait considérablement diminué, les plus petits étant absorbés un par un par les plus gros. Sept seulement subsistaient. Six d'entre eux comprirent rapidement que le principal péril venait de l'État des Qin au nord-ouest, terre d'origine des Zhou. Les États cherchèrent en vain à conclure des alliances contre les Qin, mais durent affronter un rival redoutable en la personne du roi Zheng des Qin, qui avait accédé au trône en 247 av. J.-C. Zheng annexa les six États un par un, jusqu'à la défaite du dernier, celui des Wei, en 221 av. J.-C., qui consacra l'unification de la Chine.

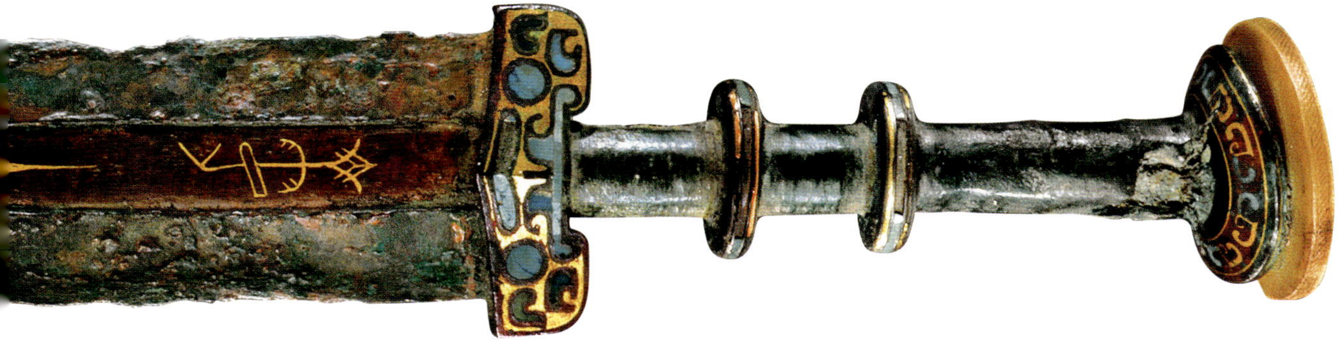

LES BRONZES RITUELS

Des offrandes aux ancêtres

Au cœur des croyances populaires chinoises traditionnelles réside l'idée que l'existence des individus se prolonge après la mort, et que les morts influencent le destin des vivants. Sous les dynasties des Shang et des Zhou, voire avant, les cérémonies en l'honneur des ancêtres semblent avoir été la priorité des souverains et des nobles, avant toutes les autres activités, y compris la guerre. Ainsi, la construction des temples pour les ancêtres primait sur celle des palais. Des documents ultérieurs de la dynastie des Han indiquent que la salle principale, invariablement située au milieu du temple au nord, était dédiée aux ancêtres fondateurs. Les salles des générations suivantes étaient disposées sur deux rangées nord-sud de chaque côté, et étaient parfois remplacées au fil du temps. Seul le souverain pouvait offrir des sacrifices aux anciens rois. Les familles offraient des sacrifices à leurs propres ancêtres.

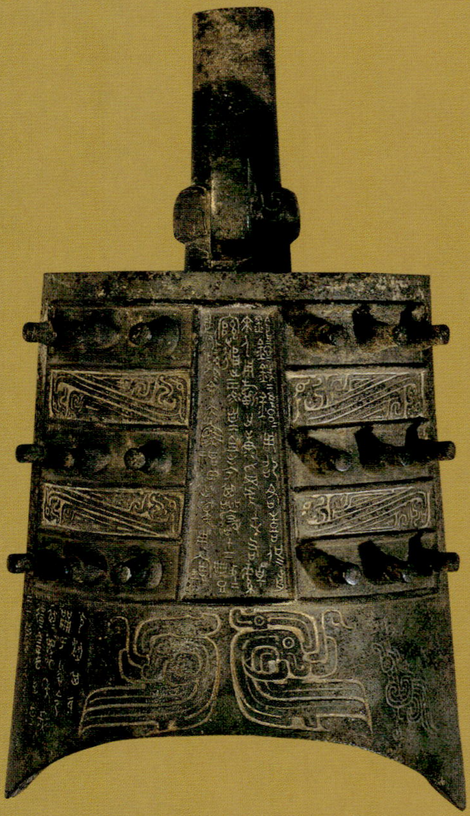

CI-DESSOUS
Détail d'un *hu*, grand vase à vin, décrivant une cérémonie élaborée, peut-être un rite ancestral aristocratique. Les personnages représentés sont en train de faire sonner des cloches rituelles semblables à l'illustration ci-contre. Bronze incrusté de cuivre, période des Zhou orientaux, vers 500-350 av. J.-C.

À DROITE
Le culte des ancêtres et les autres rites nécessitaient entre autres l'utilisation d'instruments musicaux, comme cette cloche *(zhong)*. Celle-ci est décorée de dragons et porte une inscription dans un cartouche. Elle était suspendue à une corde pour être frappée. Bronze, période des Zhou orientaux, IX-VIIIe siècle av. J.-C. environ.

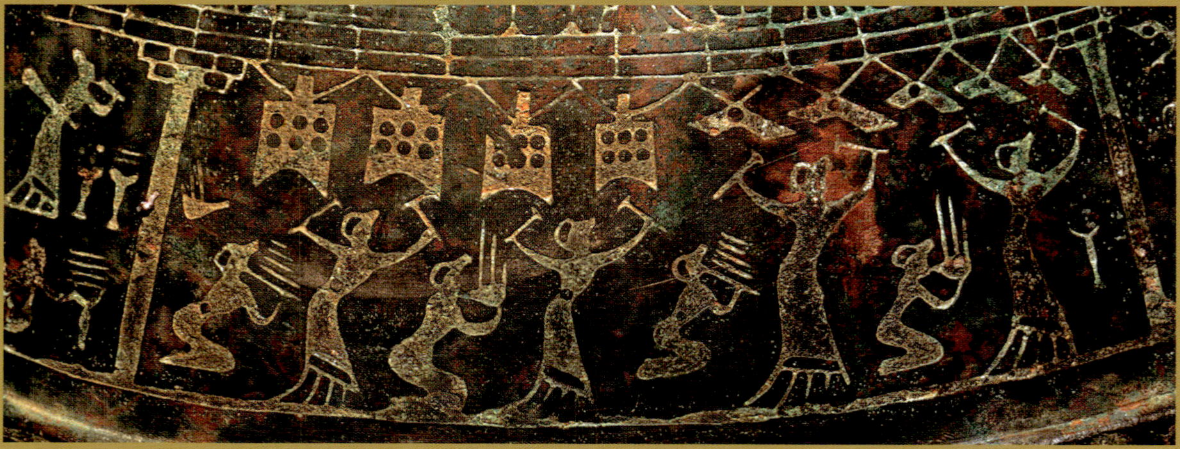

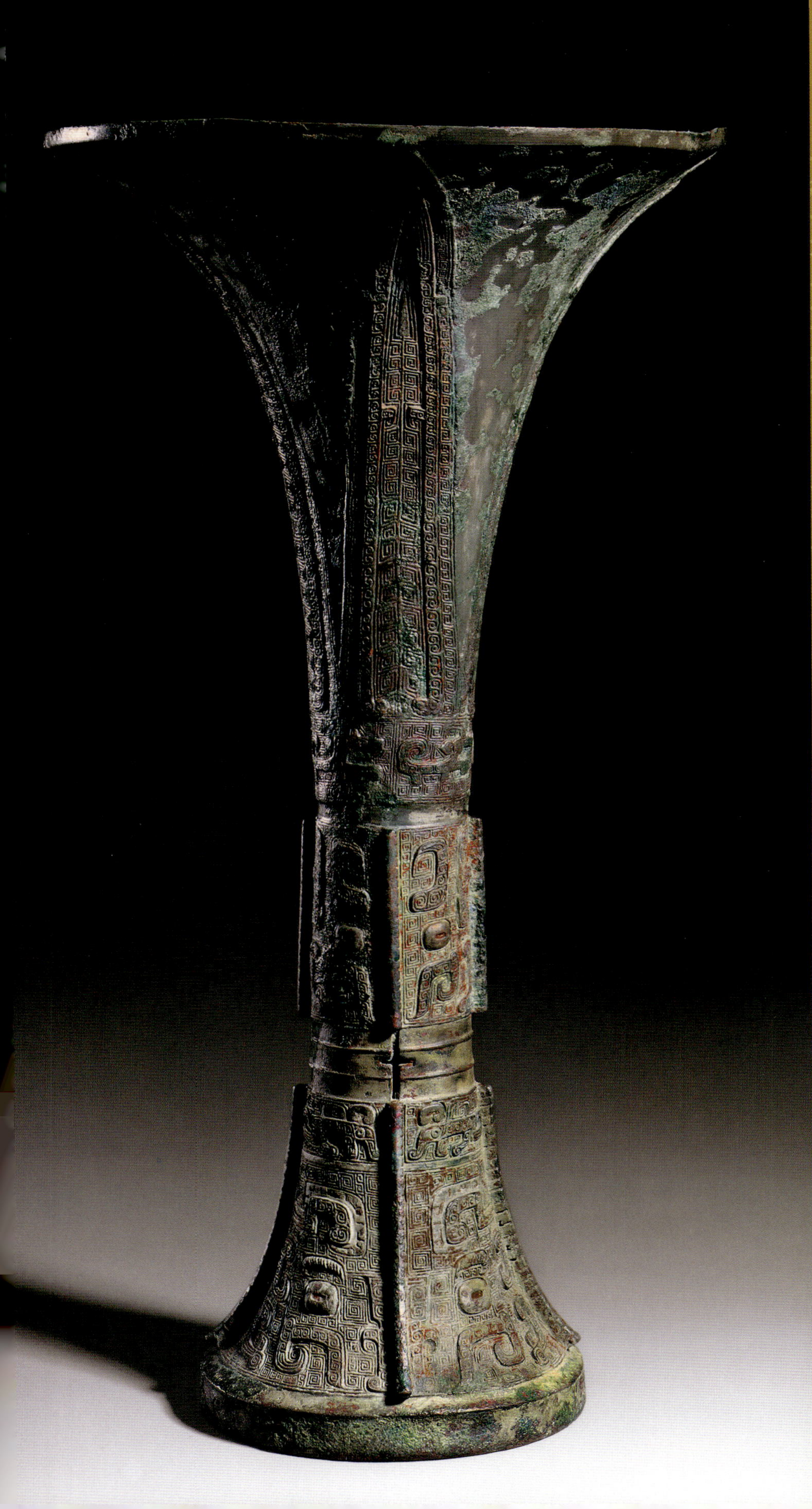

À GAUCHE
Ce récipient fait partie d'une paire de vases appelés *gu*. Ces gobelets rituels servaient peut-être à offrir des libations au mort lors d'un banquet donné pour les ancêtres. Le *gu* est décoré avec le motif mystérieux et stylisé du *taotie*. La forme incurvée du *gu* est attestée dès le début de la culture d'Erlitou. Période Shang, vers 1200 av. J.-C.

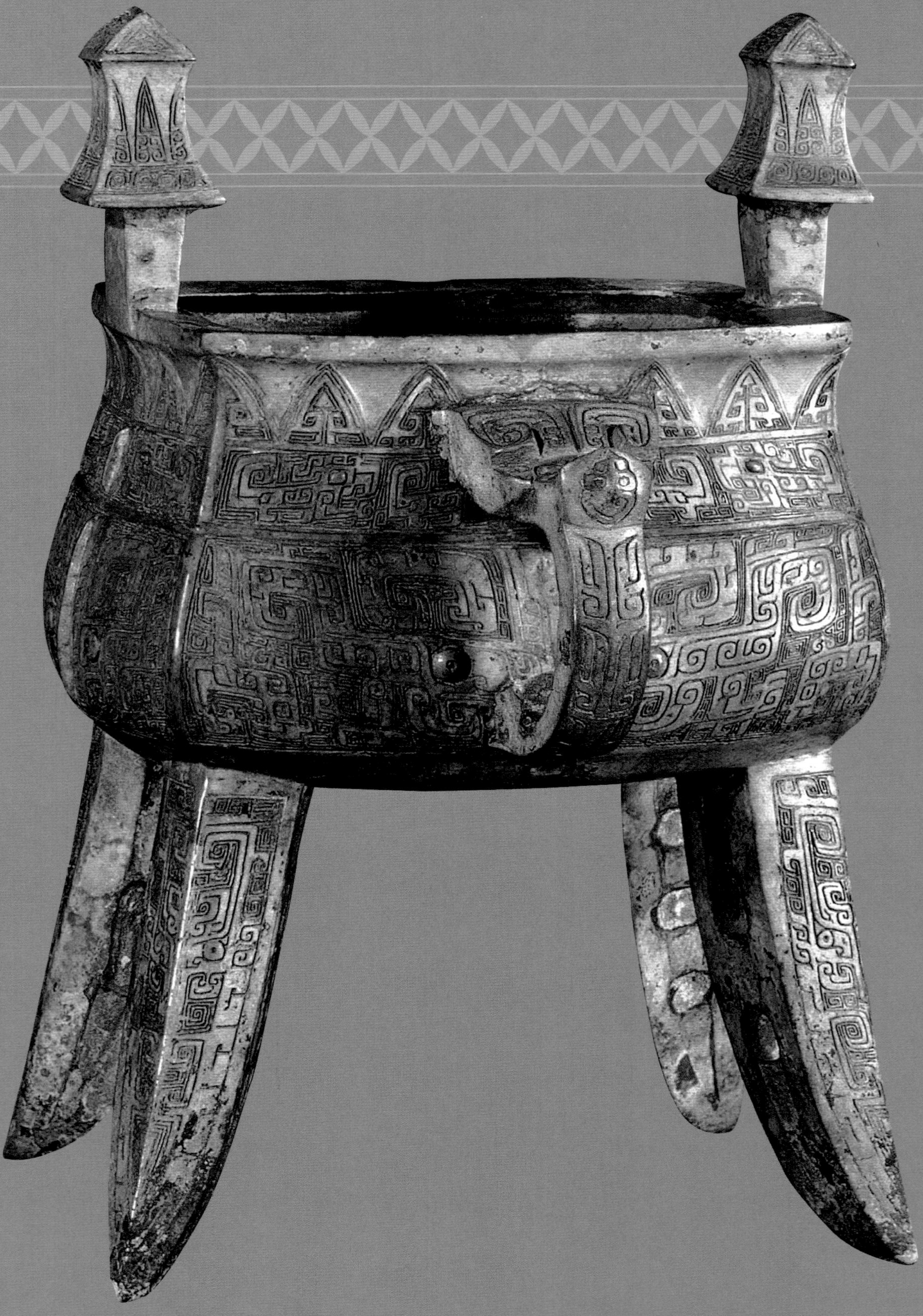

Le culte des ancêtres consistait en de grands banquets dont le ou les ancêtres étaient les invités d'honneur. Pour les impressionner, la nourriture était servie dans la vaisselle la plus précieuse, en terre cuite au néolithique, puis en bronze sous les Shang et les Zhou.

Aucun écrit relatant le protocole de ces cérémonies n'a été conservé, mais il était certainement très élaboré et raffiné. Un récit du *Livre des chansons* (*Shi Jing*, aussi appelé *Les Classiques de la poésie*), compilé pendant la période des Zhou occidentaux, déclare que « chaque coutume et chaque rite est observé, chaque sourire et chaque mot à leur place ». Un récit postérieur montre qu'un geste aussi simple que la façon de servir le vin à un convive respectait un protocole très précis. L'acmé de la cérémonie était peut-être le moment où le prêtre officiant transportait solennellement un message de vœux à l'ancêtre et revenait avec sa réponse. Celui-ci remerciait son descendant pour la nourriture et la boisson, et le félicitait d'avoir observé correctement les rituels, en lui accordant de nombreuses bénédictions.

Le souci du détail explique pour partie la vaste typologie des bronzes rituels recensés pour la préparation et le service des offrandes. La solennité de l'instant interdisait toute économie lors de leur production.

DES CHEFS-D'ŒUVRE EN MÉTAL

Les récipients en bronze étaient fondus avec beaucoup d'habileté dans des moules en argile. Les différentes sections étaient ensuite soudées. Certains avaient des rebords prononcés aux angles. On distingue plusieurs grandes catégories de récipients, pour la cuisine, le service et la boisson, dont les noms différaient selon la fonction et le type. Plusieurs formes des premiers récipients dérivent clairement des précédents en poterie, mais les bronzes développèrent rapidement leurs caractéristiques propres. Le motif le plus courant était un masque d'animal stylisé appelé *taotie*, aux yeux fixes. On ignore de quel animal s'inspirait le *taotie*, mais il fut ensuite doté d'un corps constitué de motifs curvilignes enroulés autour du récipient. Certains éléments du *taotie* se rapprocheront par la suite du dragon. On trouve aussi d'autres motifs zoomorphes et de rares visages humains.

Malgré une faible évolution de la technologie du bronze entre les Shang et les Zhou, les bronzes de ces derniers portent parfois des inscriptions à l'intérieur, indiquant l'occasion pour laquelle le bronze a été moulé ou évoquant les exploits d'un guerrier. On remarque aussi la variété grandissante du répertoire iconographique, incluant parfois des oiseaux stylisés et des animaux exotiques du Sud.

PAGE DE GAUCHE
Le chaudron à quatre pieds, ou *fang ding*, était un des récipients destinés à contenir les offrandes de nourriture lors des rituels ancestraux. Comme beaucoup des bronzes rituels, sa forme dérive de la poterie primitive de la période néolithique, mais elle aurait été trop complexe à produire en céramique. Bronze, période Shang, vers 1500-1050 av. J.-C.

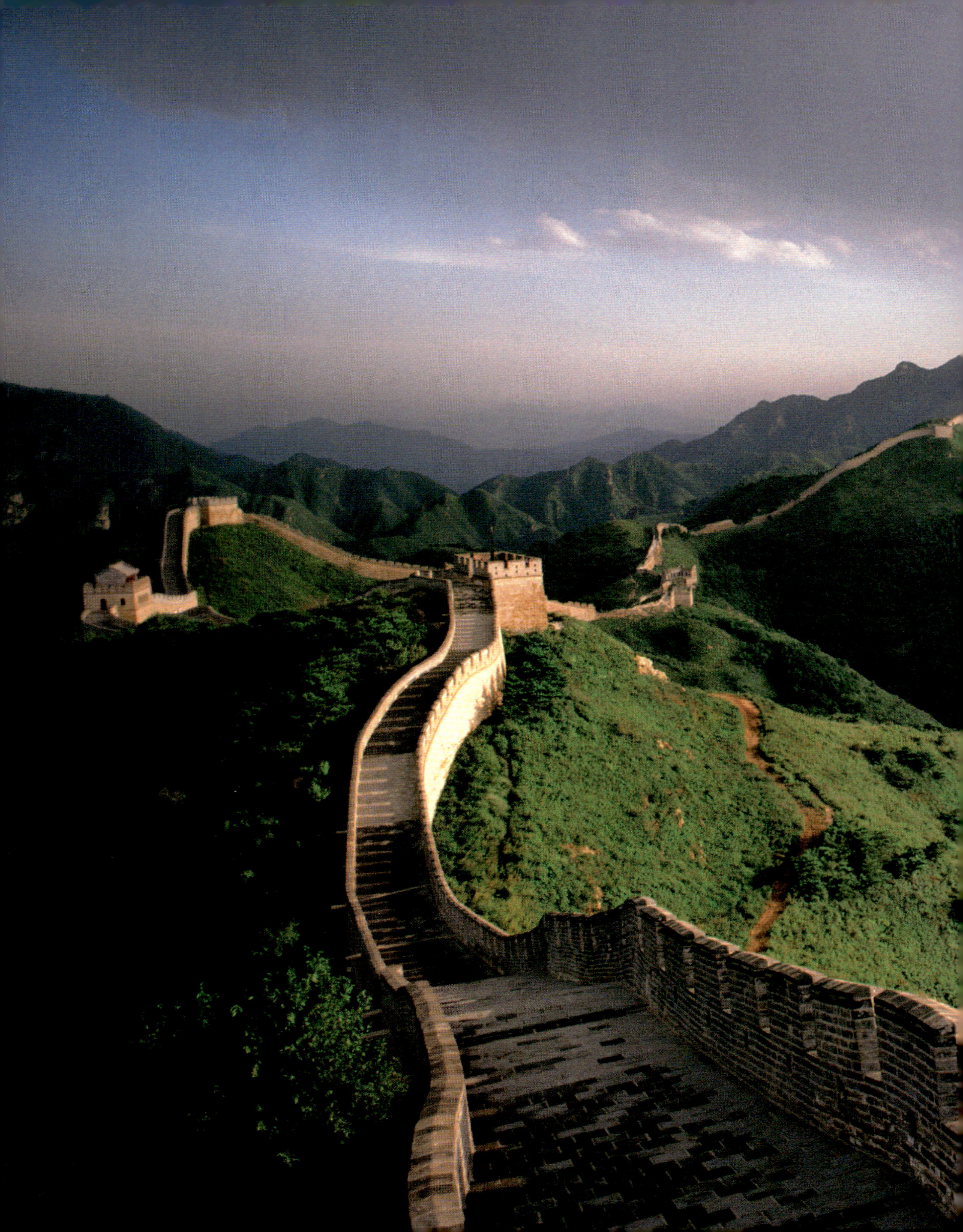

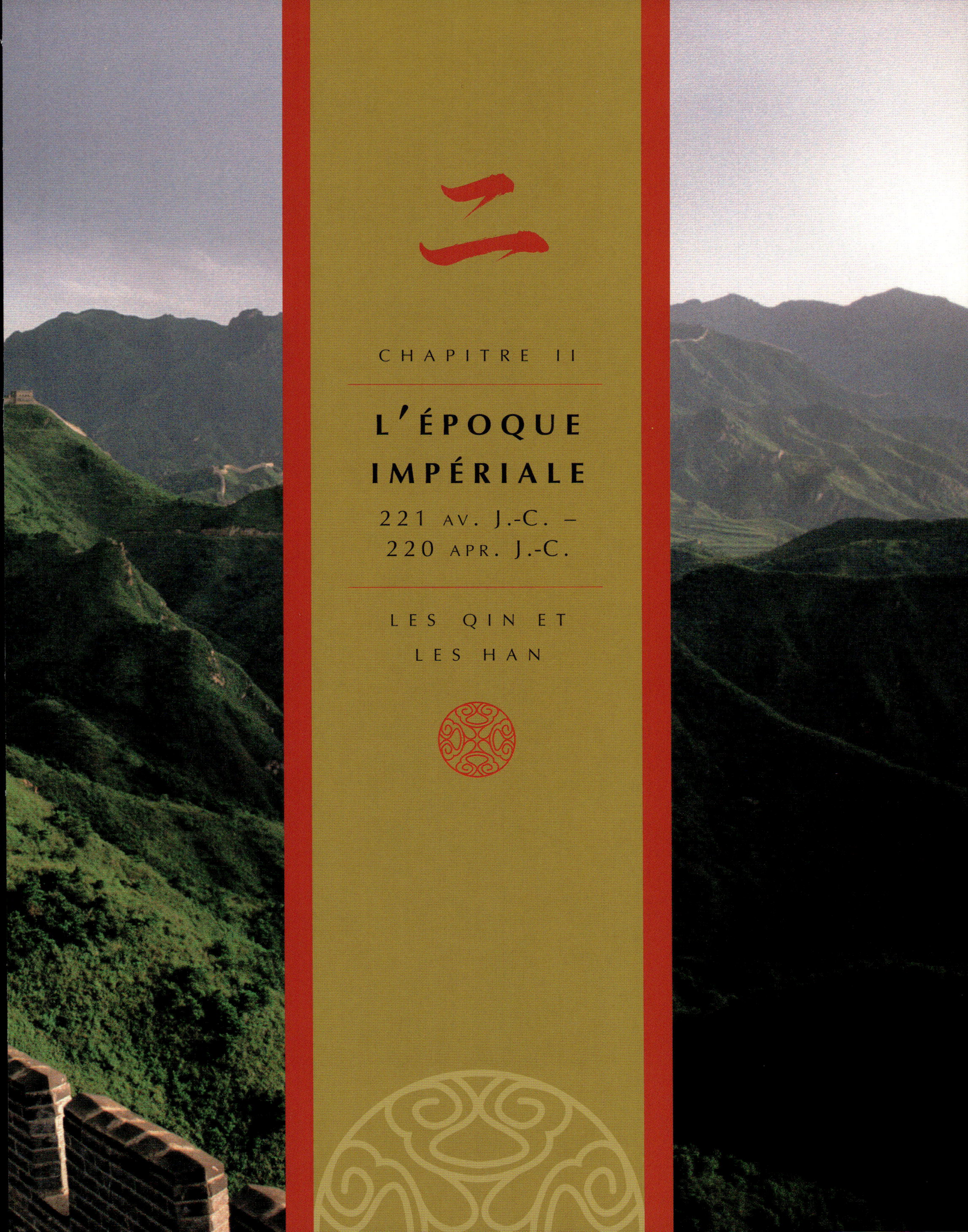

二

CHAPITRE II

L'ÉPOQUE IMPÉRIALE

221 AV. J.-C. – 220 APR. J.-C.

LES QIN ET LES HAN

秦

LE PREMIER EMPEREUR

La dynastie des Qin (221-206 av. J.-C.)

CI-DESSOUS
La Grande Muraille à Gubeikou, dans la province du Hebei, à 128 km au sud-est de Pékin. Shi Huangdi créa la première « Longue Muraille » en terre tassée au IIIe siècle av. J.-C., en reliant et en prolongeant les murs frontaliers situés au nord des États qu'il avait conquis. La muraille fut plusieurs fois reconstruite par les dynasties suivantes, notamment par les Ming, qui fortifièrent ce tronçon en 1567.

秦 Pendant la dernière décennie de la période des Royaumes combattants, le roi Zheng de l'État de Qin annexa les six États rivaux. Il emprisonna leurs élites et fonda le premier État unifié et centralisé de l'histoire de la Chine. En 221 av. J.-C., Zheng prit le titre de Qin Shi Huangdi, « le Premier empereur [de la dynastie] des Qin ». Par la suite, tous les monarques chinois portèrent le titre de *huangdi* (littéralement « souverain suprême »). Le mot « Chine » dérive du nom *Qin*.

Shi Huangdi établit sa capitale à Xianyang, près de l'actuelle Xi'an. Un de ses premiers actes, symbole visible de l'unité qu'il était déterminé à imposer, fut de détruire les murs de frontière défensifs qui séparaient les États rivaux récemment annexés. L'empereur conserva toutefois les murs frontaliers entre les États chinois et les noma-

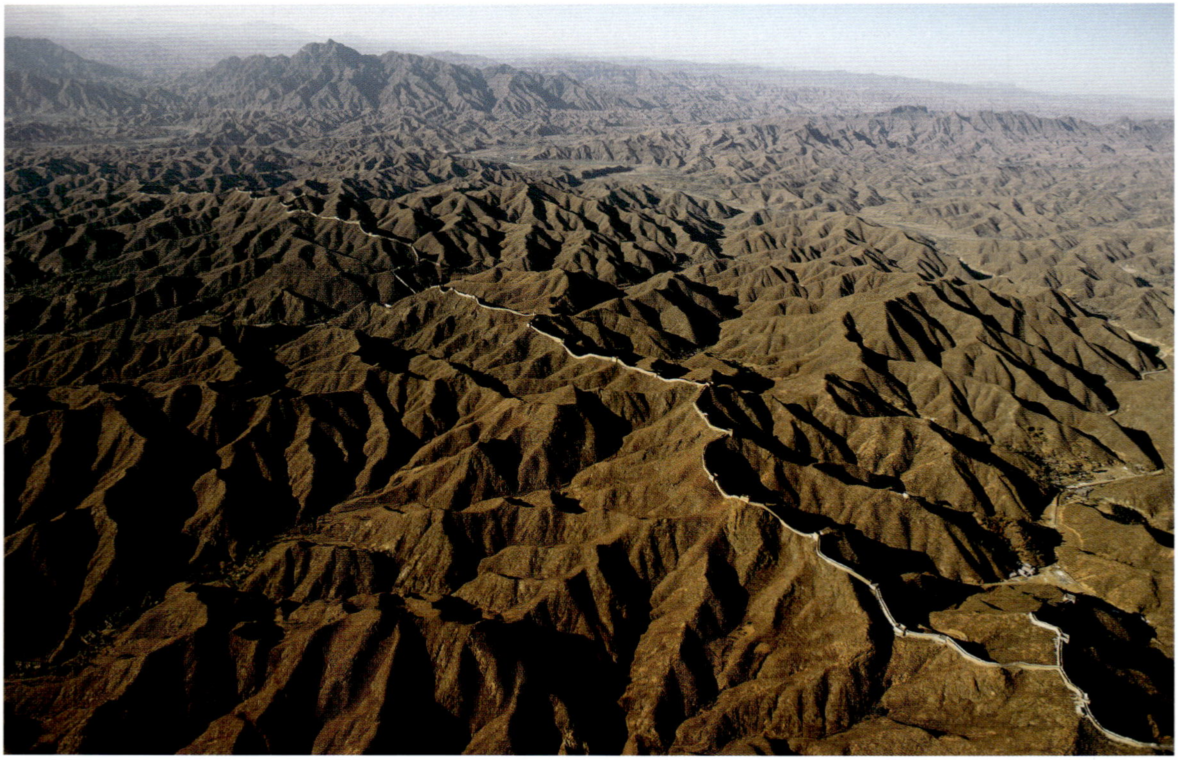

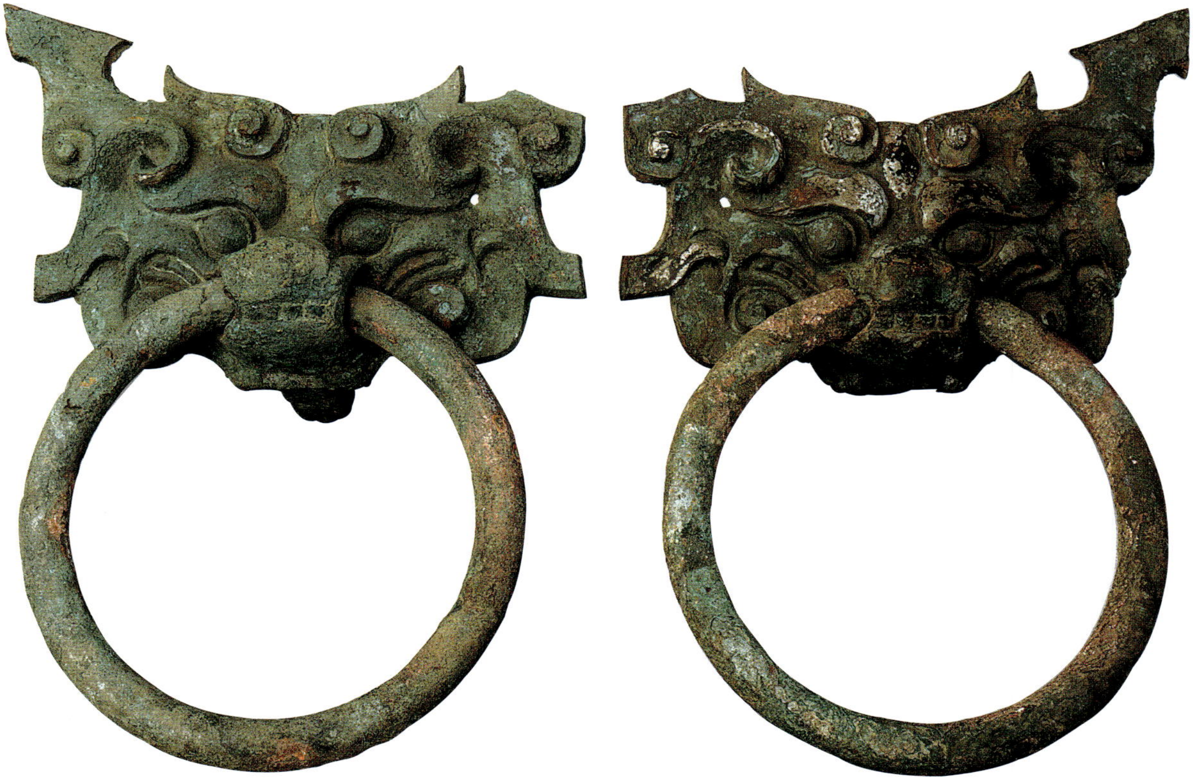

des au nord, qu'il décida ensuite de relier et de prolonger pour former la première Grande Muraille de Chine.

CI-DESSUS
Paire de poignées en bronze ornées de têtes d'animaux, provenant d'un objet funéraire. Elles avaient probablement une fonction symbolique protectrice. Fin de la dynastie des Qin ou début de la dynastie des Han, v. 250-100 av. J.-C.

UNITÉ ET RÉFORME

Les concepts politiques qui régissaient le nouvel État unifié avaient déjà été formulés plus d'un siècle avant la conquête par un conseiller royal de l'État de Qin, Shang Yang, ou seigneur de Shang. En accord avec ses préceptes, Shi Huangdi divisa son royaume en un système de préfectures et de districts, administrés par des gouverneurs nommés par le pouvoir central. Il construisit aussi un réseau de routes et de canaux pour relier les différents centres de population.

Sur les conseils de son Premier ministre Li Si, l'empereur prit plusieurs mesures destinées à rendre le démantèlement du nouvel empire plus difficile, la principale étant l'unification de l'écriture chinoise. Pendant la période de rivalités entre les États, certains avaient développé leur propre style d'écriture, rendant parfois leur déchiffrage incompréhensible ailleurs. Qin Shi Huangdi demanda à ses scribes de dresser la liste officielle des caractères calligraphiques dans un style uniforme. Même s'il y eut des modifications sous la dynastie suivante des Han, la Chine a conservé le principe d'une écriture unifiée jusqu'à nos jours. De même, les États produisaient des pièces de monnaie en métal de formes variées : épées ou différents outils. Shi Huangdi instaura une nouvelle monnaie en bronze unifiée, compo-

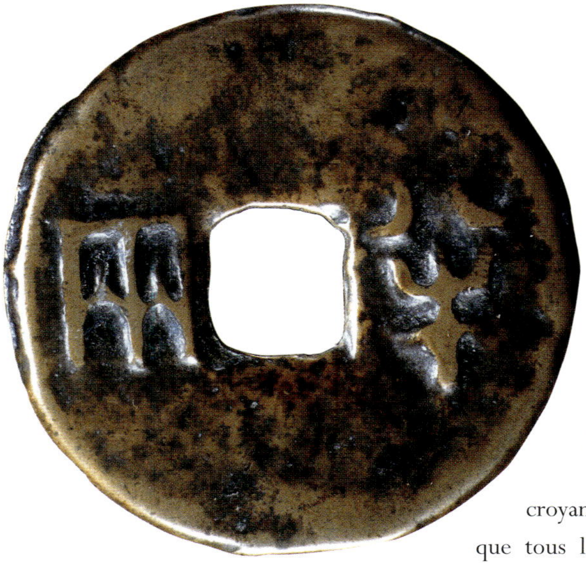

sée de pièces circulaires percées d'un trou carré. Cette forme perdura jusqu'au XXe siècle.

L'empereur se conformait à la philosophie légiste, qui encourageait l'action concrète du souverain et interdisait tous les livres ne traitant pas de médecine, d'agriculture ou de divination. Il limita les activités des écoles de philosophie non légistes ; il est notamment célèbre pour avoir ordonné la destruction des classiques confucéens et fait enterrer vivants plusieurs grands érudits confucéens.

Cependant, Shi Huangdi fit preuve d'une croyance en une vie dans l'au-delà plus puissante que tous les autres souverains de l'histoire chinoise. Il ordonna la construction d'un vaste mausolée près de Xi'an, gardé par une immense armée de guerriers en terre cuite (voir pp. 36-41), et dont la fouille n'est pas achevée.

TROUBLES ET CHUTE

Afin de mener à bien les projets de construction monumentaux de l'empereur, ses fonctionnaires recrutèrent des centaines de milliers de travailleurs. Néanmoins, les punitions infligées au moindre délit étaient si dures qu'elles provoquèrent des insurrections et des tentatives de meurtre. Lorsque l'empereur décéda au cours d'une visite en Chine orientale en 210 av. J.-C., Li Si garda le secret sur sa mort jusqu'au retour du gouvernement à Xianyang, par crainte des troubles. Le huitième fils de l'empereur, Huhai, fut intronisé à la hâte sous le nom de Er Shi Huangdi (« Second empereur », 210-206 av. J.-C.). Presque immédiatement, Er Shi dut affronter une vague de soulèvements. La principale révolte était conduite par un fonctionnaire mineur nommé Liu Bang, qui attaqua et occupa Xianyang avant de renverser la dynastie Qin en 206 av. J.-C. Pour quelque temps, l'unité récente de la Chine fut anéantie.

CI-DESSUS
La pièce *banliang* (demi-once) des Qin devint l'unité monétaire officielle après l'unification de la Chine par la dynastie en 221 av. J.-C. La pièce ronde et le trou carré semblent refléter les croyances traditionnelles associées au ciel circulaire et à la terre carrée. Ou bien le trou était peut-être purement fonctionnel. En effet, après avoir été coulées dans des moules, les pièces devaient être limées : en les enfilant sur une tige de section carrée, il était possible d'en limer plusieurs à la fois. On lit les caractères *ban* (moitié, gauche) et *liang* (once). Bronze, État de Qin, IIIe siècle av. J.-C.

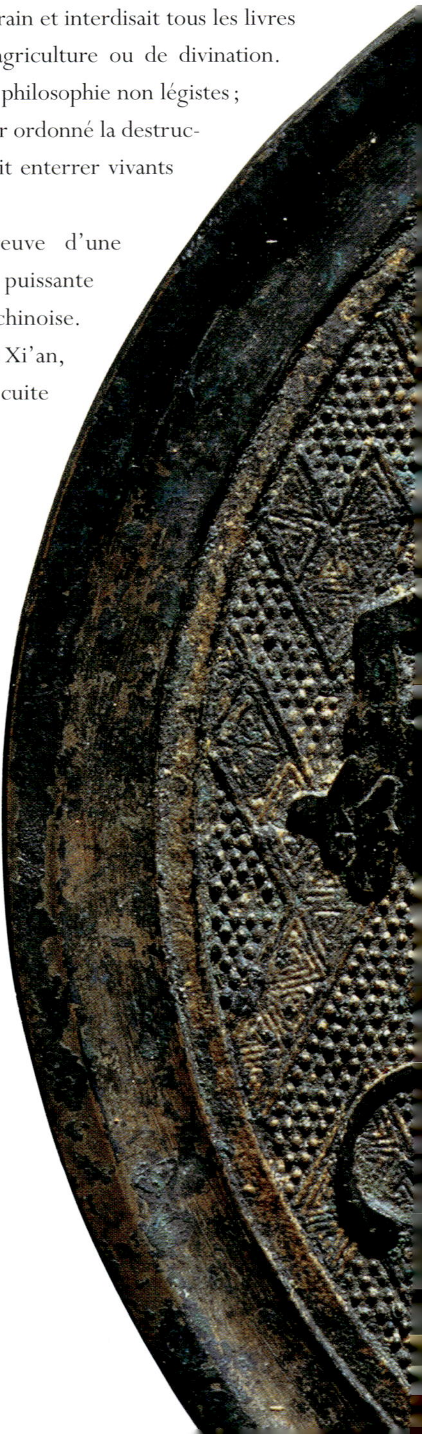

PAGE DE DROITE
Revers d'un miroir en bronze incrusté de guerriers qui pourchassent des félins. Le miroir fut retrouvé dans une tombe Qin de la période des Royaumes combattants (453-221 av. J.-C.) à Shuihudi (Hebei). La montagne sacrée au centre, symbolise peut-être un désir d'harmonie avec le cosmos et les forces spirituelles.

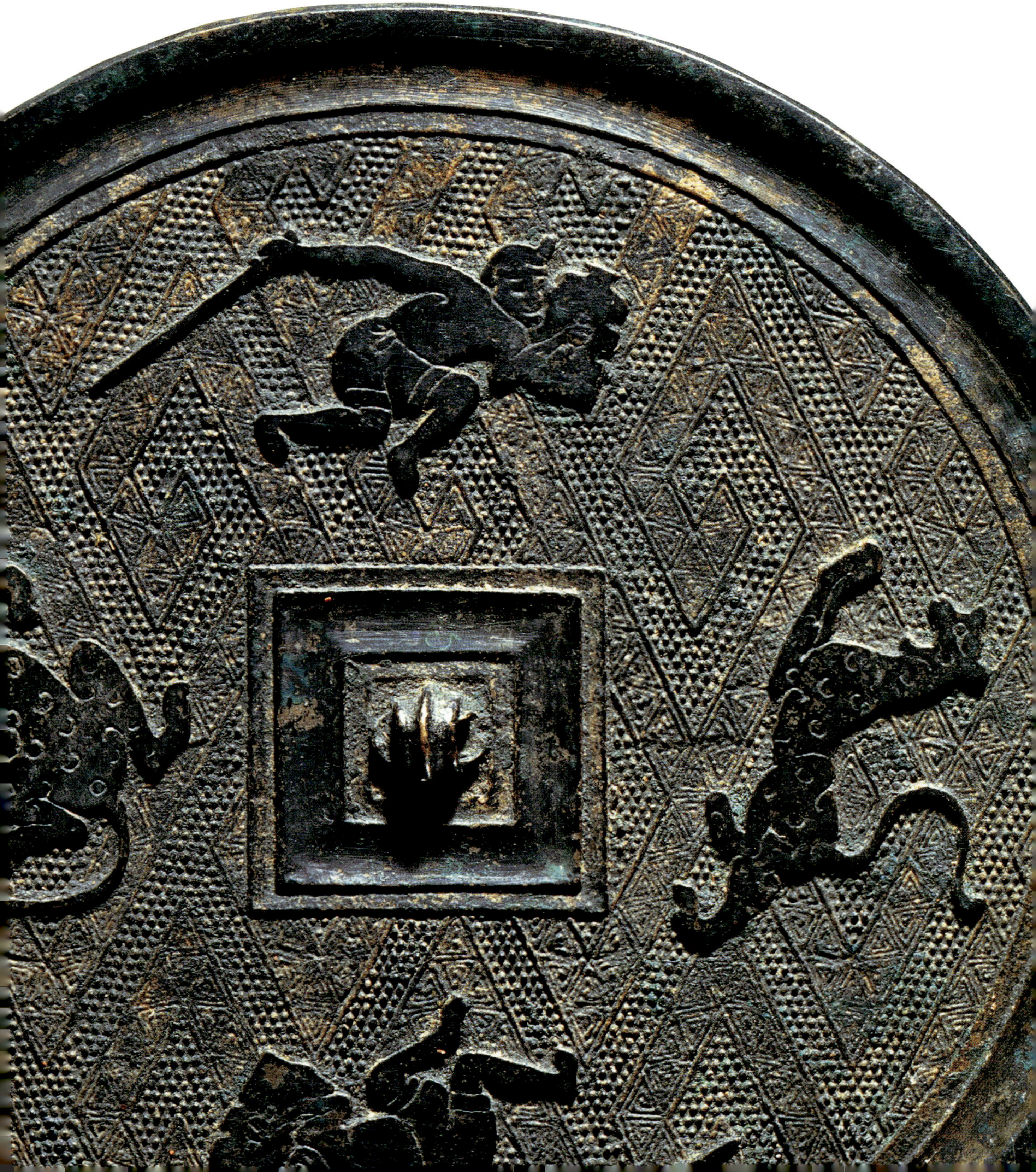

L'ARMÉE EN TERRE CUITE DE QIN SHI HUANGDI

Une force pour l'au-delà

Le Premier empereur Shi Huangdi mourut lors d'une expédition dans l'est de la Chine en 210 av. J.-C. Craignant des troubles, le petit cercle de conseillers de l'empereur ne voulut pas se hasarder à annoncer sa mort avant d'avoir rapatrié sa dépouille à Xianyang et assuré sa succession. On raconte que le Premier ministre Li Si avait insisté pour que le voyage du retour se déroule aussi normalement que possible et continuait d'entrer dans la voiture de l'empereur pour s'entretenir avec son maître. Lorsque le corps de l'empereur commença à se décomposer, Li Si ordonna aux charrettes de poisson de se placer devant et derrière la voiture impériale pour dissimuler l'odeur.

Le plan fonctionna, et Li Si parvint à rapatrier la dépouille impériale dans la capitale pour qu'elle soit inhumée dans la tombe en construction depuis une dizaine d'années. Le mausolée se trouve sous un monticule artificiel à l'est de la ville moderne de Xi'an, non loin d'une colline appelée Lishan. Le dernier lieu de repos de l'empereur n'a jamais été ouvert et les autorités chinoises rechignent à le fouiller intégralement avant d'être sûres que les technologies de conservation sont suffisamment avancées pour garantir l'intégrité du contenu au cours du processus.

D'après les *Mémoires historiques* de Sima Qian, rédigés sous la dynastie des Han deux siècles après la mort de l'empereur, Shi Huangdi recruta 700 000 hommes originaires de toute la Chine pour travailler dans la tombe, qui fut remplie d'objets précieux. La structure elle-même était dotée de dispositifs ingénieux. L'empereur ordonna l'aménagement de trappes équipées d'arbalètes afin de déjouer les éventuels pilleurs de tombes. À l'intérieur, les constellations célestes brillaient sur le plafond et les régions terrestres étaient tracées sur le sol. Cette représentation du cosmos chinois incluait les grands fleuves du pays, symbolisés par du mercure qui se déversait dans un océan miniature grâce à des dispositifs mécaniques. Tant que la tombe n'est pas fouillée, la véracité du récit de Sima Qian est impossible à vérifier, mais les scientifiques ont récemment détecté des traces de mercure dans la terre environnante.

À DROITE
Deux vues de l'immense armée en terre cuite du Premier empereur dans la fosse n° 1. Découverte en 1974 et couvrant une superficie équivalente à deux terrains de football, la fosse contenait 6 000 statues, chevaux et chars grandeur nature. Ils étaient alignés au milieu des débris carbonisés de la toiture d'origine, qui a brûlé lors du pillage du complexe funéraire, quelques années après la mort de l'empereur.

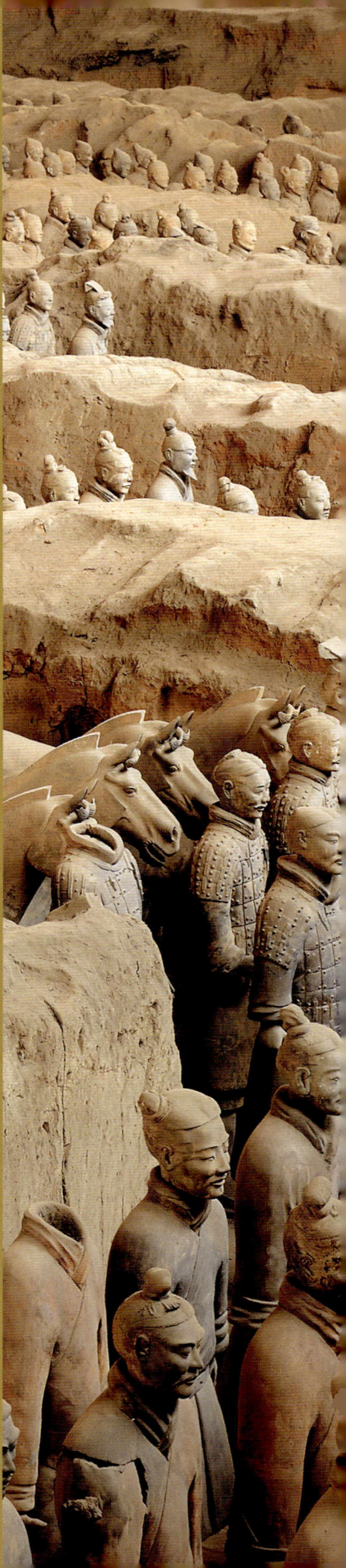

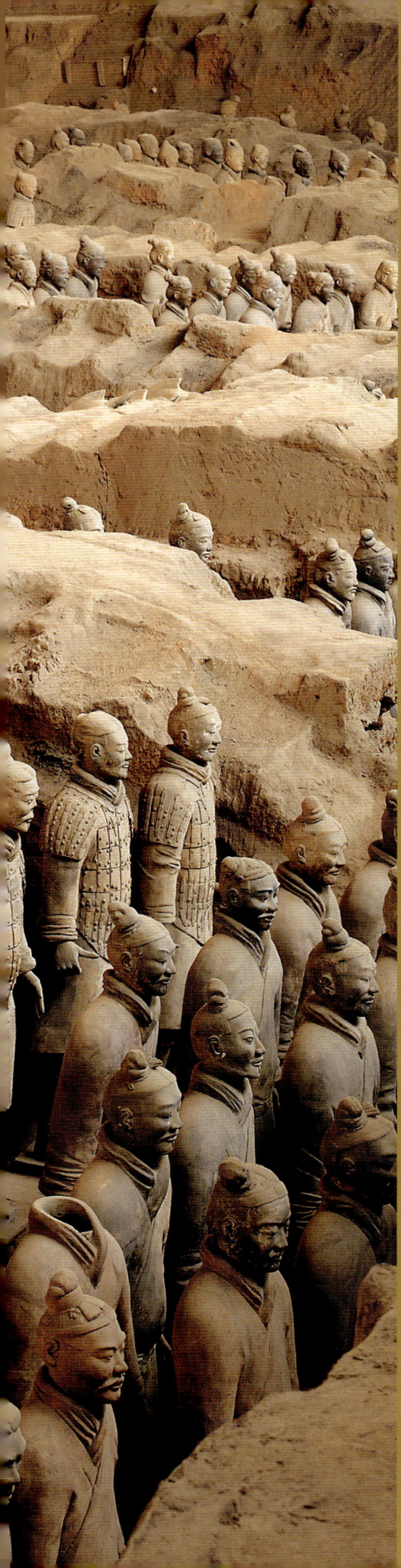
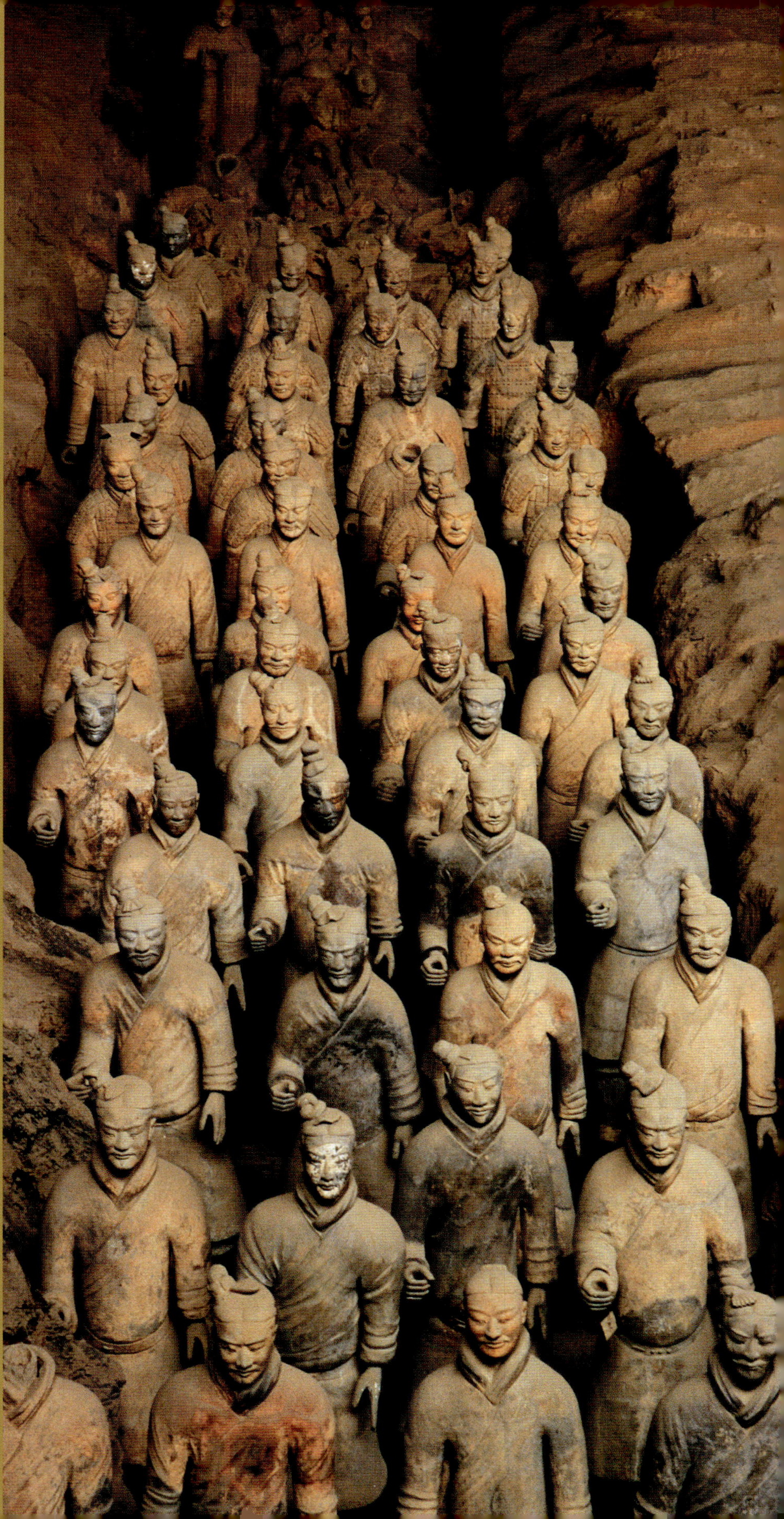

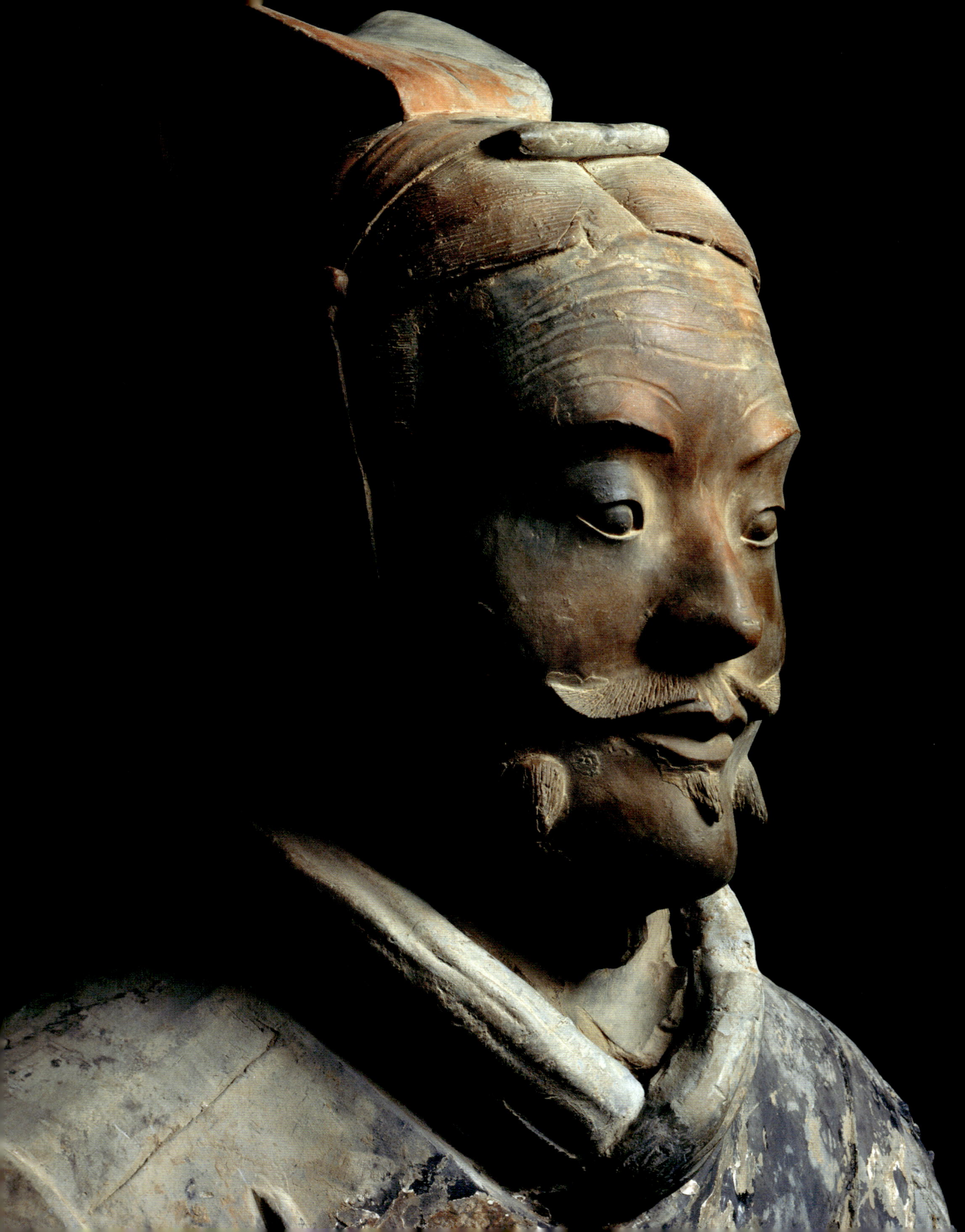

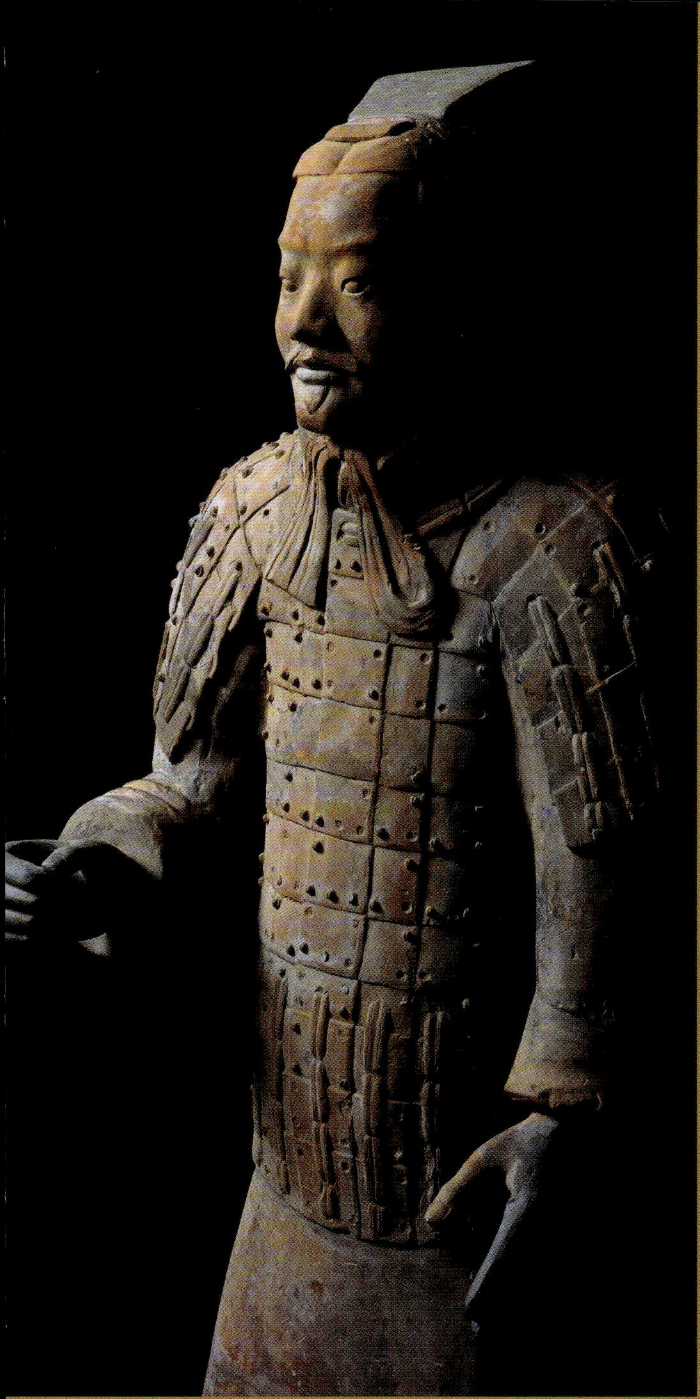

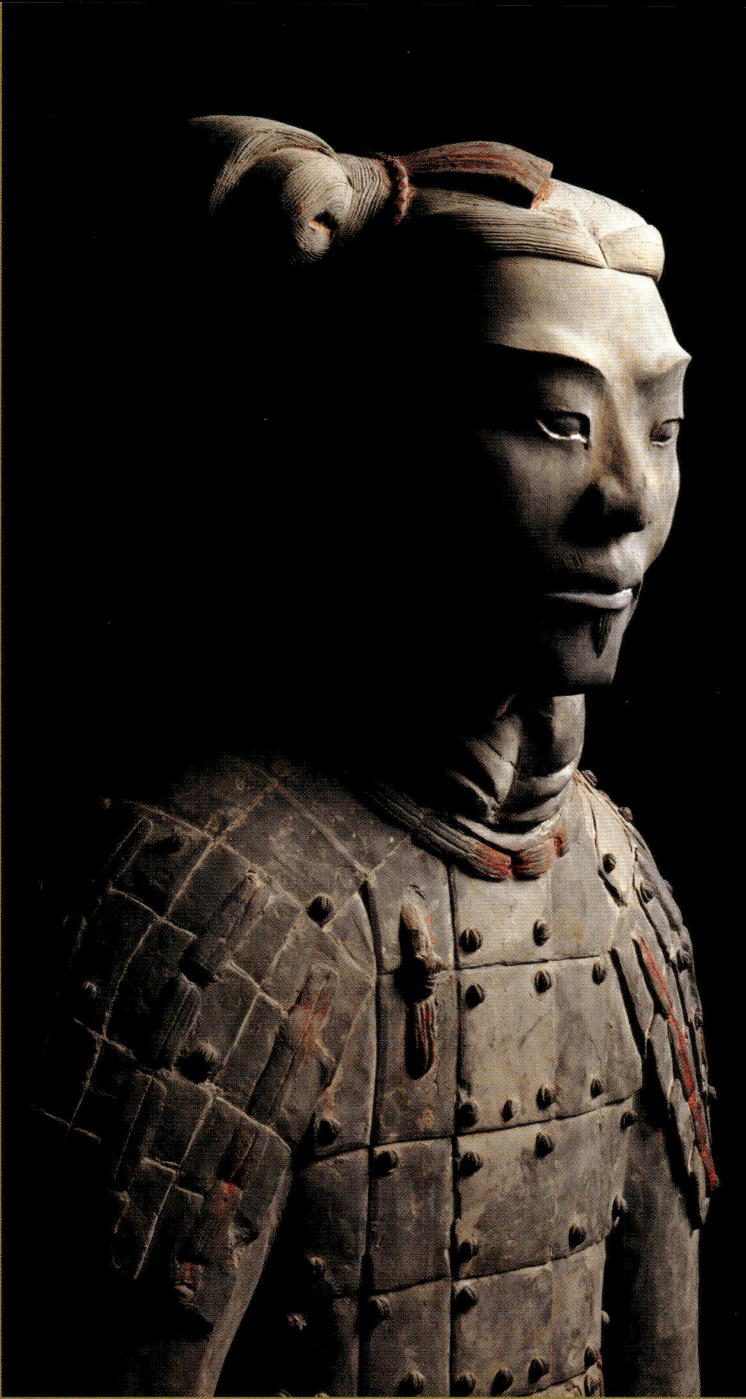

À GAUCHE ET CI-DESSUS

Les soldats en terre cuite du Premier empereur ont été produits en série au moyen de moules grandeur nature pour les figures de base. Les bustes, les membres et les têtes étaient fabriqués séparément avant d'être assemblés. Pour donner l'impression d'une véritable armée, la taille et la posture des statues varient entre les fantassins debout et les archers agenouillés. Le nez, les oreilles et les chevelures étaient collés sur les têtes à l'aide d'un engobe d'argile épais ; le visage, les mains et la coiffure de chaque guerrier étaient modelés individuellement. La statue brute obtenue était alors entièrement revêtue d'une couche d'argile, dans laquelle étaient sculptés les détails des uniformes et de l'armure, selon le rang. Après cuisson, les statues étaient peintes de manière réaliste avec de la peinture à base de laque, dont certains guerriers portent encore les traces. Enfin, elles étaient équipées d'armes en bronze et alignées en ordre de bataille dans les fosses.

CI-DESSOUS
Non loin de l'armée en terre cuite, une autre fosse contenait près de 90 armures en « écailles de poisson » destinées aux soldats et aux chevaux, ainsi qu'une quarantaine de casques et divers accessoires. Les armures étaient fabriquées en plaques de calcaire reliées par du fil de cuivre, sans doute pour imiter celles en cuir que portaient les membres de la garde impériale.

UNE ARMÉE SOUS TERRE

Le mausolée comprend plusieurs grandes fosses souterraines. La première fut découverte en 1974 près de Xi'an, dans le district de Lintong (Shaanxi), par des paysans qui creusaient un puits. Lorsque les archéologues fouillèrent ces fosses, ils eurent la surprise de découvrir une armée entière de soldats en terre cuite grandeur nature, ensevelis en ordre de bataille, destinés à assurer la sécurité de l'empereur dans l'au-delà. La garde, dont l'effectif s'élève actuellement à huit mille hommes, réunit des officiers ainsi que différents corps d'armée : des cavaliers, des archers et des soldats d'infanterie, armés d'épées et de lances. Les corps des soldats, dont beaucoup portent

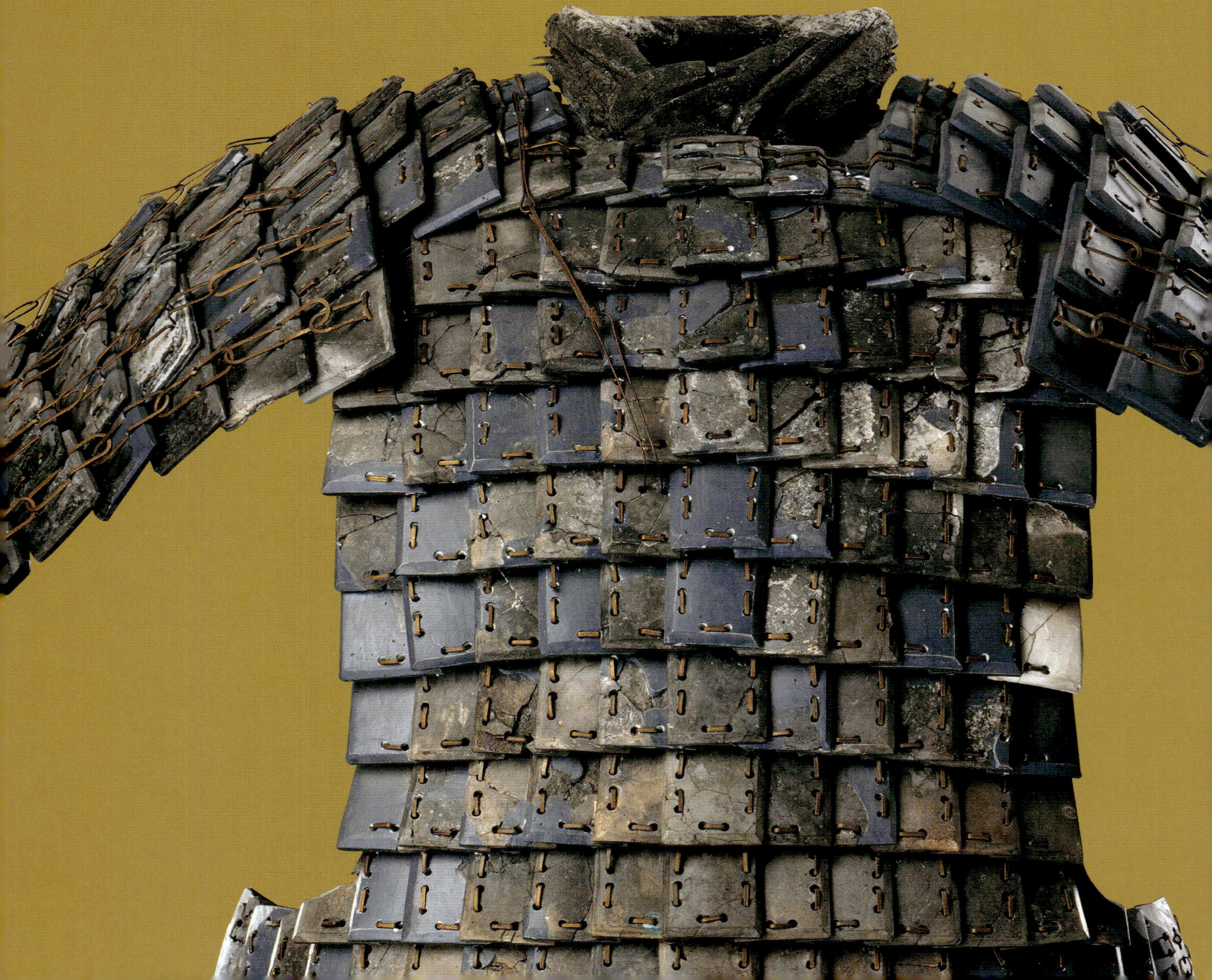

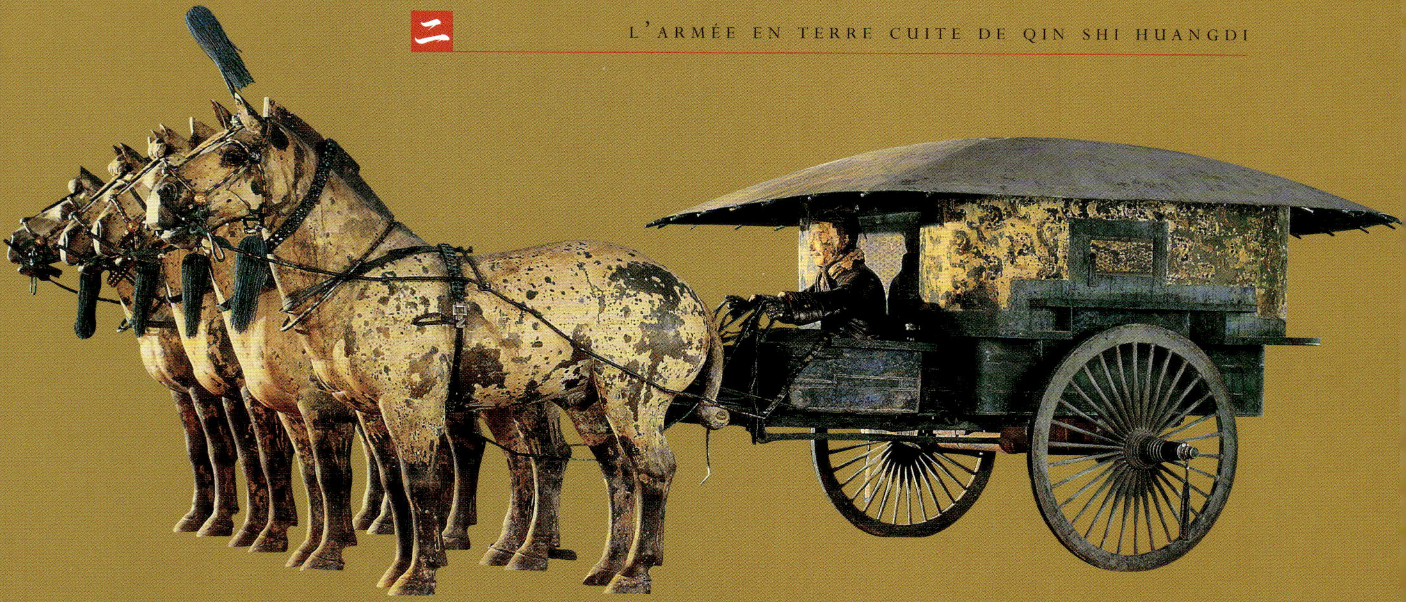

CI-DESSUS
Modèle en bronze du quadrige de l'empereur, complété par quatre chevaux délicatement modelés mesurant 62 cm de haut, et un cocher. Les fenêtres et les portes munies de charnières sont ornées de motifs représentant des dragons et diverses créatures. Plus petit et élaboré que les bronzes antérieurs typiques, ce modèle a été réalisé selon les techniques de fonte et d'assemblage du bronze les plus avancées.

des armures en « écailles de poisson » savamment reproduites, sont constitués de parties standardisées. En revanche, les visages individualisés furent probablement modelés d'après nature ou à partir de portraits de ces hommes. Une étude a montré que l'argile dont sont faits les guerriers provient de la colline voisine de Lishan. Les artisans Qin résolurent le problème de la stabilité de ces statues en argile en concevant des corps et des bras creux sur des jambes pleines. Les corps et les têtes produits en série étaient assemblés au moyen de bandes d'argile. Ensuite, les autres éléments, comme les coiffures souvent élaborées, étaient sculptés et moulés. Pour finir, les figures assemblées étaient cuites à haute température puis peintes.

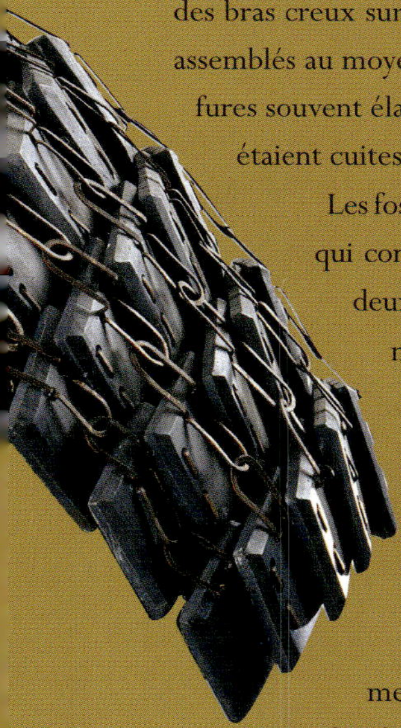

Les fosses des guerriers mesuraient 5 mètres de profondeur et la plus grande, qui contient 6 000 hommes et chevaux, a une surface de 1,6 hectare. Une deuxième fosse contenait 1 400 figures et une troisième, l'unité de commandement avec des officiers de haut rang, des officiers subalternes et un quadrige. Le sol des fosses était pavé de briques, mais le toit en bois qui les recouvrait a brûlé en grande partie lors du pillage de la tombe impériale et de ses bâtiments annexes par des armées rebelles à la fin de la dynastie des Qin. Un grand nombre de statues furent cassées, mais elles ont été minutieusement reconstituées.

On a également retrouvé les vestiges de plusieurs petits bâtiments qui n'étaient pas enterrés. Ils servaient probablement à héberger les fonctionnaires chargés de superviser les rites funéraires de l'empereur. Parmi les plus petites fosses, l'une contenait une réplique en bronze du quadrige de l'empereur, reproduit dans ses moindres détails. De vrais chevaux furent enterrés dans d'autres fosses, ainsi que des cercueils contenant des animaux exotiques de la ménagerie personnelle de l'empereur.

汉

LE MANDAT CÉLESTE

La dynastie des Han occidentaux, 206 av. J.-C.- 8 apr. J.-C.

CI-DESSOUS
Costume funéraire et la tête en bronze de la princesse Dou Wan (morte vers 100 av. J.-C.), épouse du prince Liu Sheng (mort en 114 av. J.-C.), de la dynastie des Han occidentaux. Ils portaient tous deux un linceul constitué de plaquettes de jade reliées par des fils d'or. Le jade était censé préserver le corps après la mort. Découvertes en 1968 dans le district de Mancheng (province du Hebei), les sépultures inviolées du couple royal ont livré une multitude d'objets précieux.

汉 Pendant les quatre ans qui aboutirent à la défaite de l'armée des Qin menée par le Second empereur en 206 av. J.-C., Liu Bang parvint à éliminer son principal rival parmi les chefs rebelles. La fondation de sa capitale à Chang'an (l'actuelle Xi'an) marque le début de la dynastie des Han, qui régna sur la Chine pendant près de quatre siècles (206 av. J.-C. – 185 apr. J.-C.). Comme les Zhou, cette dynastie est divisée en deux périodes : les Han occidentaux et les Han orientaux.

Liu Bang réaffirma l'unité chinoise en reconduisant la plupart des institutions introduites par le Premier empereur, y compris la division du territoire en préfectures et en districts. La dynastie des Han renforça encore l'État en instituant un système de taxes uniformisé, grâce à un recensement détaillé de la population, que les historiens jugent aussi précis que ceux de notre époque.

À la différence des Qin, l'empereur accorda des fiefs à des membres de la famille royale mais aussi à ses compagnons d'armes. Ces fiefs couvraient l'essentiel de son ter-

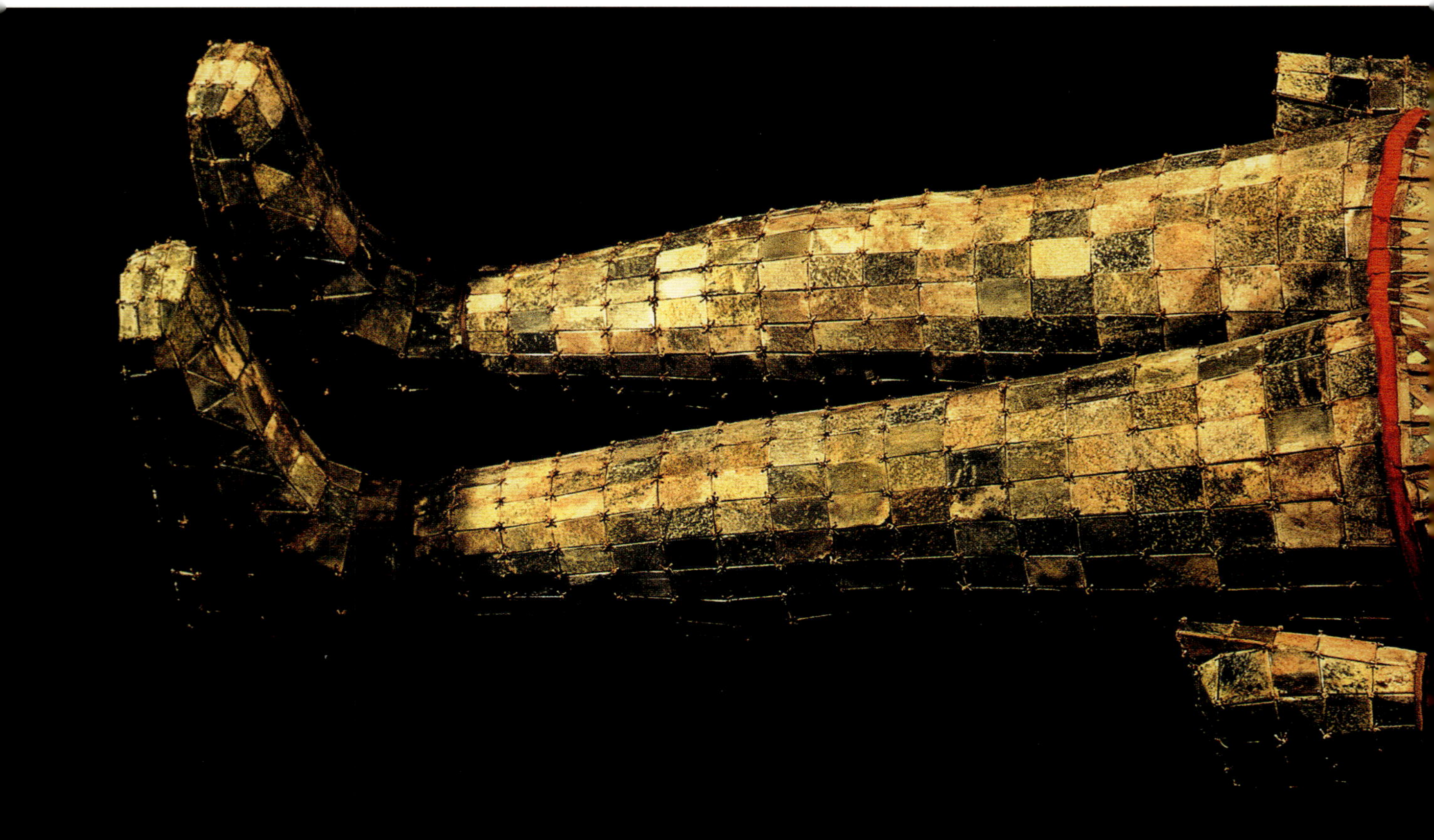

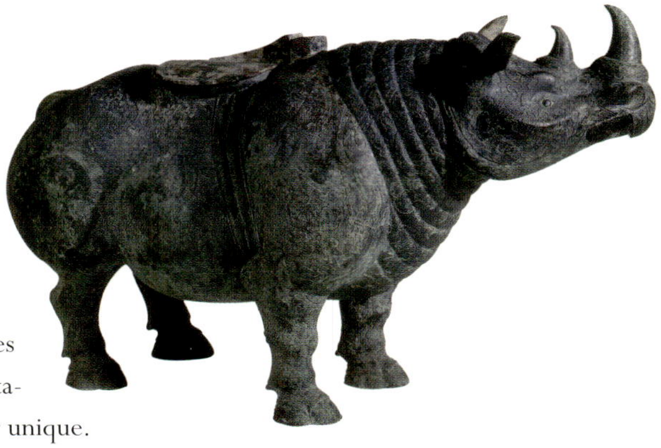

ritoire, mais leur administration restait aux mains des fonctionnaires impériaux. Les seigneurs à la tête de ces fiefs ne disposaient pas du même pouvoir que les princes au temps des Zhou orientaux. Pourtant, quarante ans plus tard, ils menacèrent la dynastie à leur tour, et les empereurs Han tentèrent de limiter leur pouvoir. L'empereur Wu Di (règne 141-87 av. J.-C.) prit des mesures pour briser la mainmise des princes sur leurs fiefs en décrétant que leurs terres devaient être partagées équitablement entre leurs fils au lieu d'êtres léguées à un héritier unique.

Quelques-unes des lois les plus dures des Qin furent abrogées, comme la proscription des livres non légistes. Wu Di alla même plus loin en adoptant le confucianisme comme doctrine d'État et en interdisant les écoles de pensée non confucéennes. Dès lors, le confucianisme acquit une place prédominante en Chine et les classiques confucéens devinrent la base de l'éducation chinoise jusqu'à la fin de l'époque impériale.

Pour stabiliser les finances nationales et financer la lutte contre les tribus menaçant les frontières septentrionales du pays, les Han imposèrent le monopole de l'État sur le commerce du sel et du fer. L'État établit quarante-huit fonderies, qui employaient des milliers de travailleurs. Quant aux industries non soumises au monopole, comme le

CI-DESSUS
Récipient à vin *(zun)* en forme de rhinocéros décoré de motifs de nuages, provenant du district de Xinping dans la province du Shaanxi. Bronze incrusté d'or et d'argent, dynastie des Han occidentaux, IIe-Ier siècle av. J.-C.

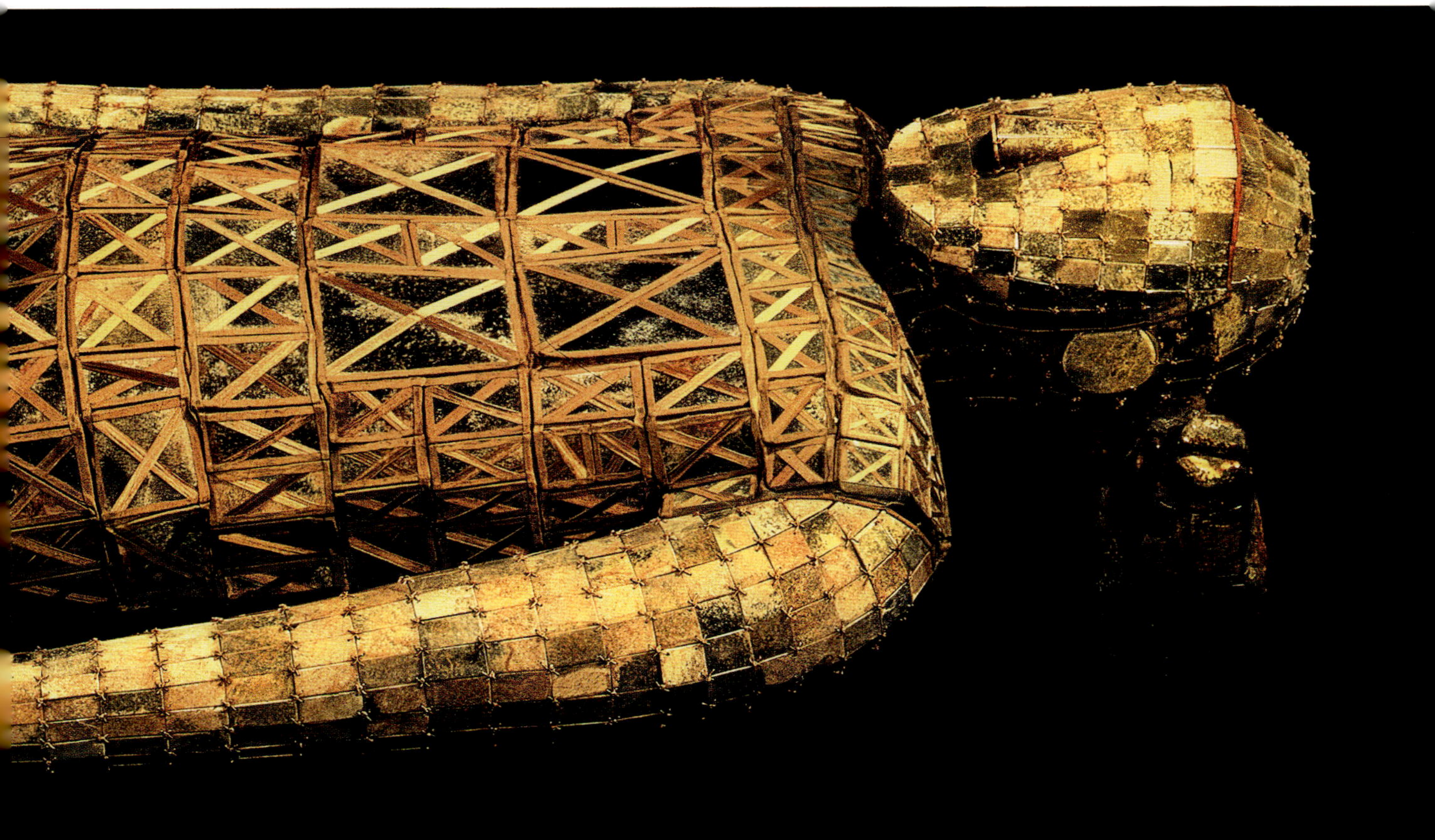

tissage de la soie et la production du laque, elles étaient aux mains de riches marchands qui ouvrirent des centaines d'ateliers. Le monopole dura un siècle, mais même avant son terme, l'État avait institué ses propres ateliers pour la production de soies précieuses, et des fonderies privées commençaient à apparaître.

L'EXPANSION EN ASIE

À la chute des Qin, plusieurs tribus nomades du Nord formèrent une confédération connue sous le nom de Xiongnu, qui faisait peser une menace croissante sur l'État. Les dynasties chinoises imaginèrent deux stratégies pour les contrer. Du temps où l'empire était relativement faible, elles tentèrent d'acheter les nomades par des présents de soieries, d'alcool, de riz, etc., voire en offrant une fiancée royale chinoise à un souverain nomade, comme en 198 av. J.-C. Cet événement est encore évoqué dans la littérature et le théâtre chinois.

Par la suite, gagnant de l'assurance, les Chinois lancèrent des expéditions militaires en vue de prendre le contrôle des territoires de ces tribus. Ainsi, en Asie centrale, les Han dépêchèrent des troupes afin d'entrer en relation avec le peuple des Yue Zhi, également appelés en Occident les Indo-Scythes, ennemis de longue date des Xiongnu.

CI-DESSOUS
Un faisan, un dragon et un tigre figurent sur cet ornement élaboré de chanfrein *(danglu)*, qui était pendu entre les yeux du cheval. Bronze et feuille d'or, dynastie des Han occidentaux, v. Ier siècle av. J.-C.

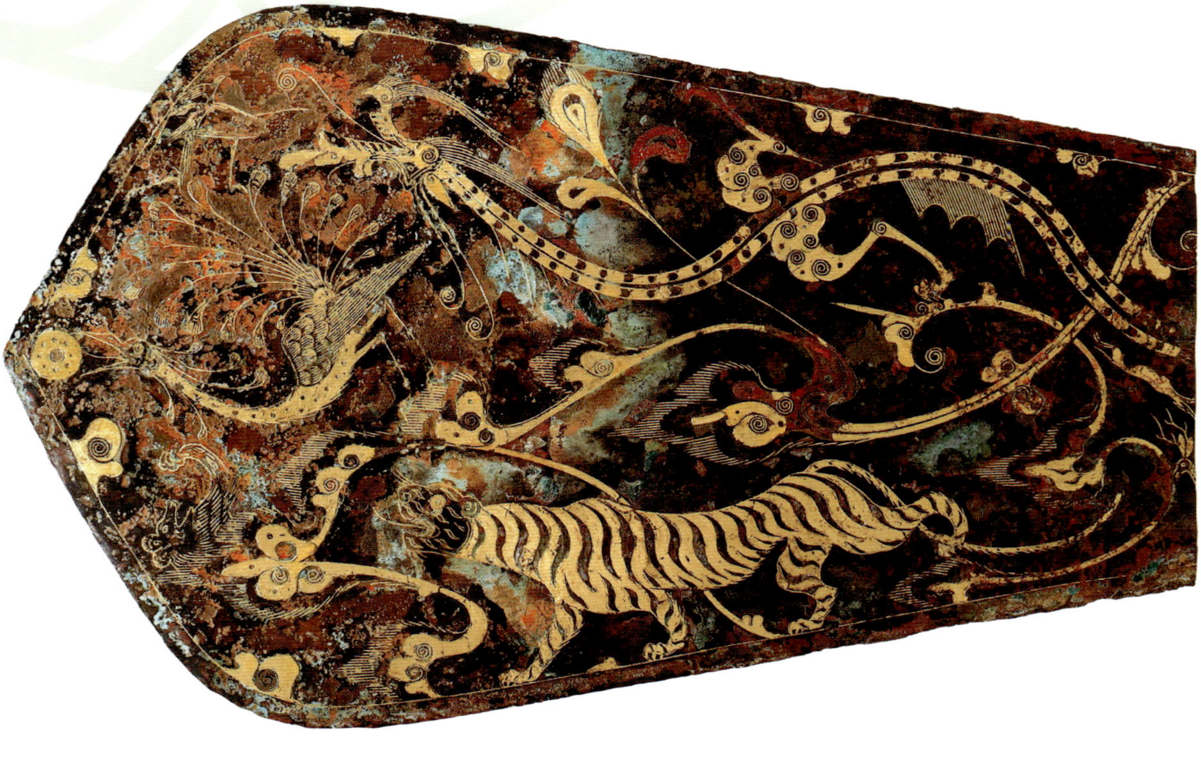

En 127 av. J.-C., les Han lancèrent une offensive décisive contre les Xiongnu, qui en douze ans avaient cessé de menacer le Nord. À la suite des expéditions des Han, des milliers de Chinois vinrent s'installer au nord-ouest aux frontières des territoires Xiongnu. La plupart étaient des fermiers-soldats qui cultivaient la terre en temps de paix, mais restaient prêts à se mobiliser si des hostilités se déclaraient.

Les Han renforcèrent leur présence en Asie centrale. Sans exercer directement le pouvoir dans ces régions, ils placèrent des garnisons à des points stratégiques sur les principales routes de la Soie et affirmèrent leur domination sur toute la région. Outre l'Asie centrale, les Han étendirent aussi leur commerce et leur influence vers la Mandchourie et la Corée au nord-est, et vers les frontières du Vietnam et de la Birmanie au sud-ouest.

DES RICHESSES POUR LES MORTS : LES ARTS DES HAN

Ce que nous savons de l'évolution artistique sous la dynastie des Han dérive essentiellement des objets funéraires retrouvés dans leurs tombes. Sous les Han, les conceptions funéraires des Chinois évoluèrent, conduisant à une hausse du nombre et de la nature de ces artefacts. Il n'était plus nécessaire, désormais, de déposer des objets en bronze pré-

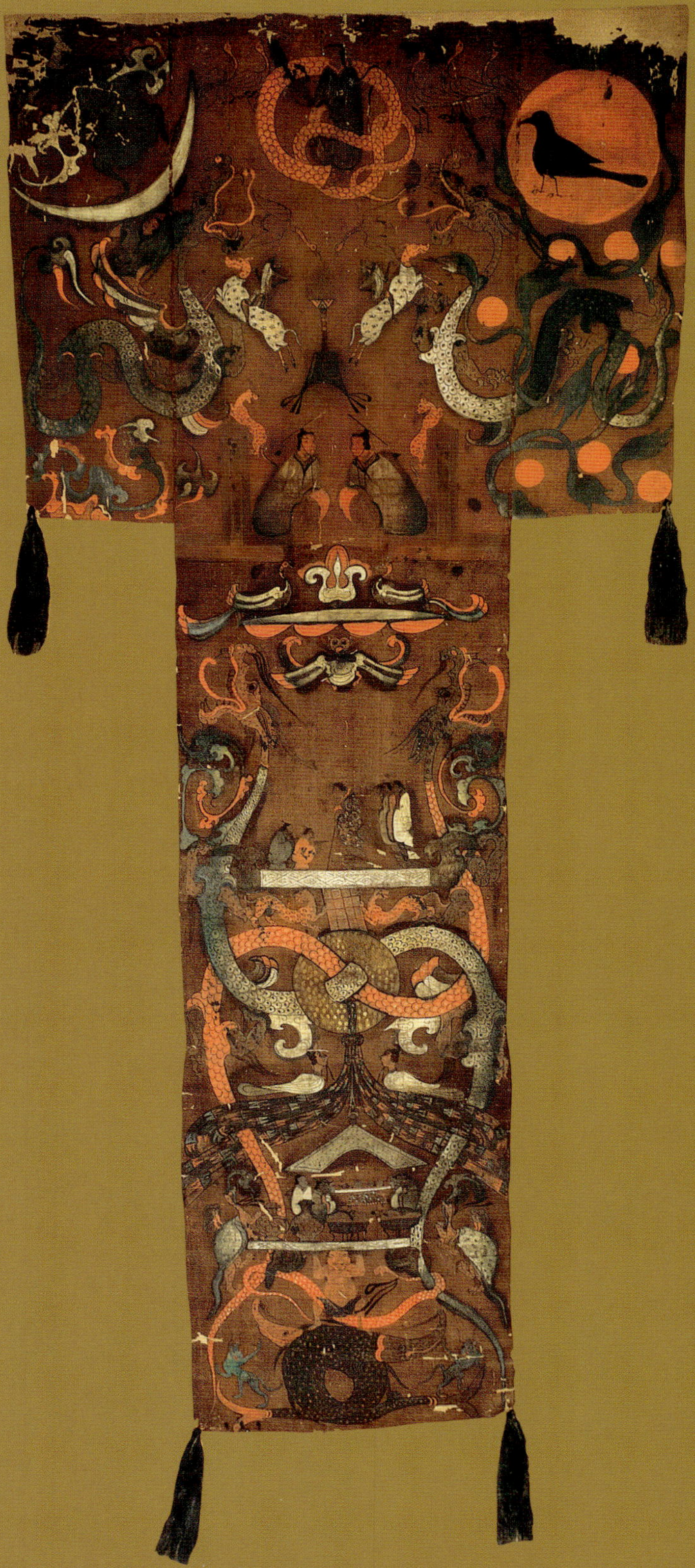

À DROITE
Bannière funéraire en soie peinte découverte en 1972 dans la tombe de la dame Dai (morte vers 166 av. J.-C.), à Mawangdui près de Changsha, dans la province du Hunan. Il s'agit certainement d'une représentation de l'univers, qui réunit le monde souterrain (partie inférieure), la surface de la terre (au centre) et les cieux (partie supérieure).

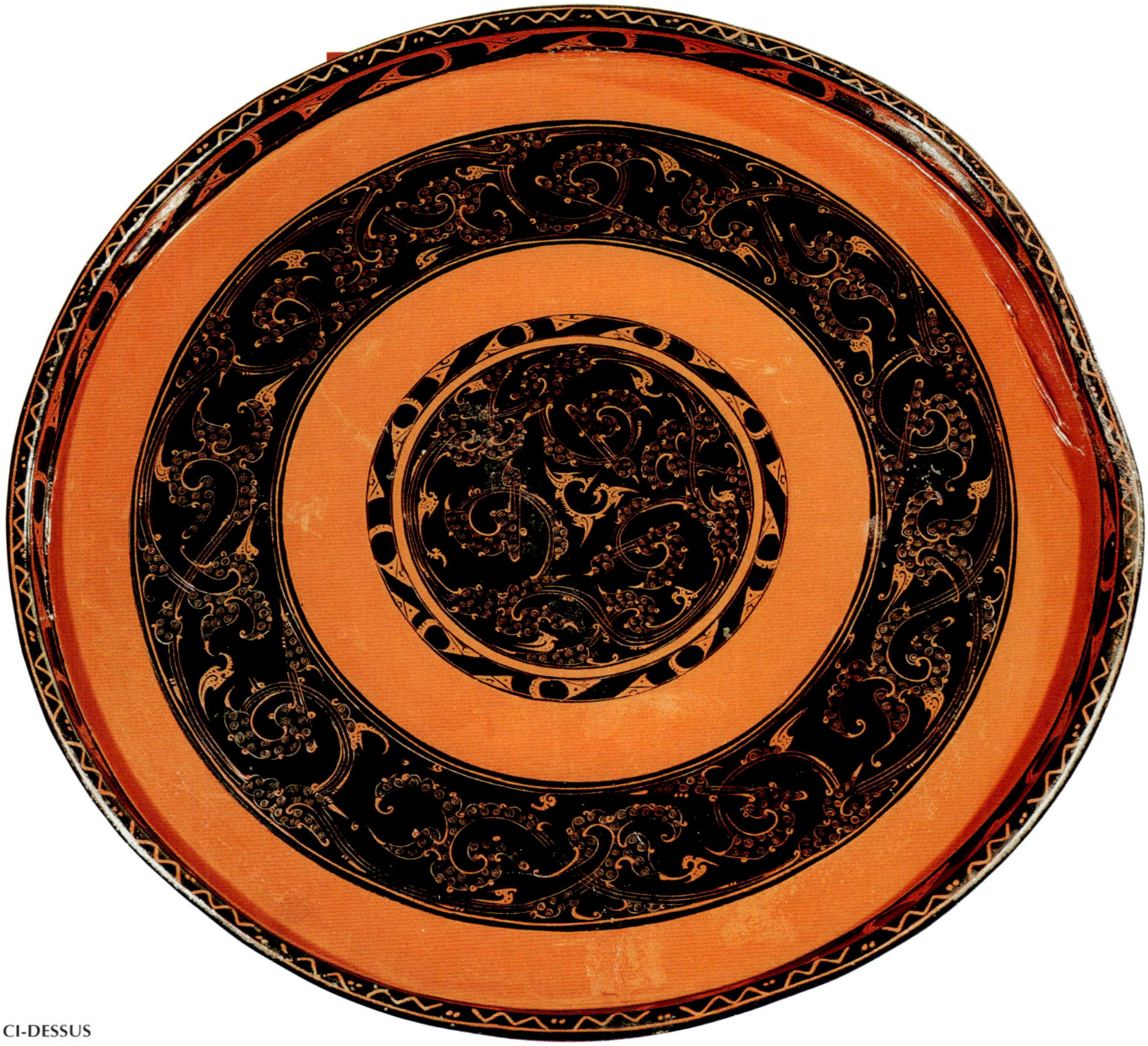

CI-DESSUS
Sous la dynastie des Han occidentaux, l'art du laque devint une discipline colorée et hautement technique. Les plats, les bols et autres objets en bois laqué étaient très recherchés. Le décor pouvait représenter des motifs enroulés dynamiques, comme sur ce plat, ou des créatures réelles ou imaginaires. Dynastie des Han occidentaux, IIe-Ier siècle av. J.-C.

cieux dans les tombes ; des modèles moins onéreux en poterie ou en bois représentaient les besoins du défunt dans l'au-delà. Ces objets étaient déjà présents dans les tombes de la période des Royaumes combattants, mais leur importance et leur excellence artistique atteignirent leur apogée sous les Han. On a retrouvé des figurines en terre cuite (serviteurs, musiciens, artistes, animaux) et des copies d'objets usuels.

Les Chinois de la dynastie des Han n'étaient soumis à aucune autorité religieuse prescrivant la nature de l'au-delà, si bien que leurs tombes reflètent la diversité de leurs conceptions. Au début de la dynastie, un personnage nommé Huangdi, l'Empereur jaune, était supposé régner sur le monde spirituel, qui incluait toutes les autres divinités. Il gouvernait les cinq montagnes sacrées, la principale étant le mont Tai dans la province du Shandong. Dès lors, certains objets comme des brûle-parfums en forme de montagne (voir p. 53) apparurent dans les tombes.

UNE VIE ARISTOCRATIQUE APRÈS LA MORT

Datant du milieu du IIe siècle av. J.-C., la tombe de la noble dame Dai à Mawangdui près de Changsha, dans la province du Hunan, a livré une surprenante quantité d'objets funéraires, dont des soies brodées et imprimées extrêmement fines – certains motifs symbolisent la longévité – ainsi qu'un grand nombre de laques et d'autres articles, comme des documents. Elle contenait même une carte de la région du sud de la Chine, où se trouve la tombe. Un vaste cercueil extérieur abritait trois cercueils intérieurs remplis d'objets qui représentent quatre résidences potentielles de la défunte. L'une d'elles est l'Univers, avec ses corps célestes comme le Soleil, la Lune et la Terre, ainsi qu'une image de la dame Dai sur une bannière en soie (voir p. 45). Sont également représentés les enfers et la demeure des immortels (ce qui se rapproche le plus de la notion occidentale du paradis).

Par ailleurs, une maison de quatre pièces est la réplique de la résidence terrestre de la défunte, avec du mobilier et des figurines de serviteurs, de musiciens et de danseurs. Le corps de Dai était étonnamment bien conservé, sans doute parce que les cercueils avaient été scellés avec soin et enterrés en profondeur sous plusieurs couches d'argile et de charbon. Il semble qu'elle ait ingéré du plomb, du mercure, de l'arsenic et du cinabre pendant une grande partie de sa vie comme moyen de préservation physique.

D'autres tombes des Han occidentaux meublées avec faste, celles du prince Liu Sheng et de son épouse Dou Wan, furent découvertes à Mancheng dans le Hebei (au nord). Contrairement à la tombe de Mawangdui, celles-ci ont été creusées dans une roche dure au bout d'une longue galerie dans la montagne. Elles sont surtout célèbres pour les linceuls de leurs deux occupants, faits de plaquettes de jade percées dans les coins et reliées par des fils d'or (voir illustration, pp. 42-43). Le jade est censé garantir la vie éternelle (ou, dans ce cas, la vie dans l'au-delà).

CI-DESSOUS
En 109 av. J.-C., l'empereur Wu Di des Han soumit le royaume de Dian, dans l'actuel Yunnan. Ce récipient en bronze, qui représente une bataille entre des guerriers Dian et des nomades, contenait des cauris, la monnaie des Dian. Provient d'une tombe de Lijiashan, Jiangchuan (Yunnan). Dynastie des Han occidentaux, IIe-Ier siècle av. J.-C.

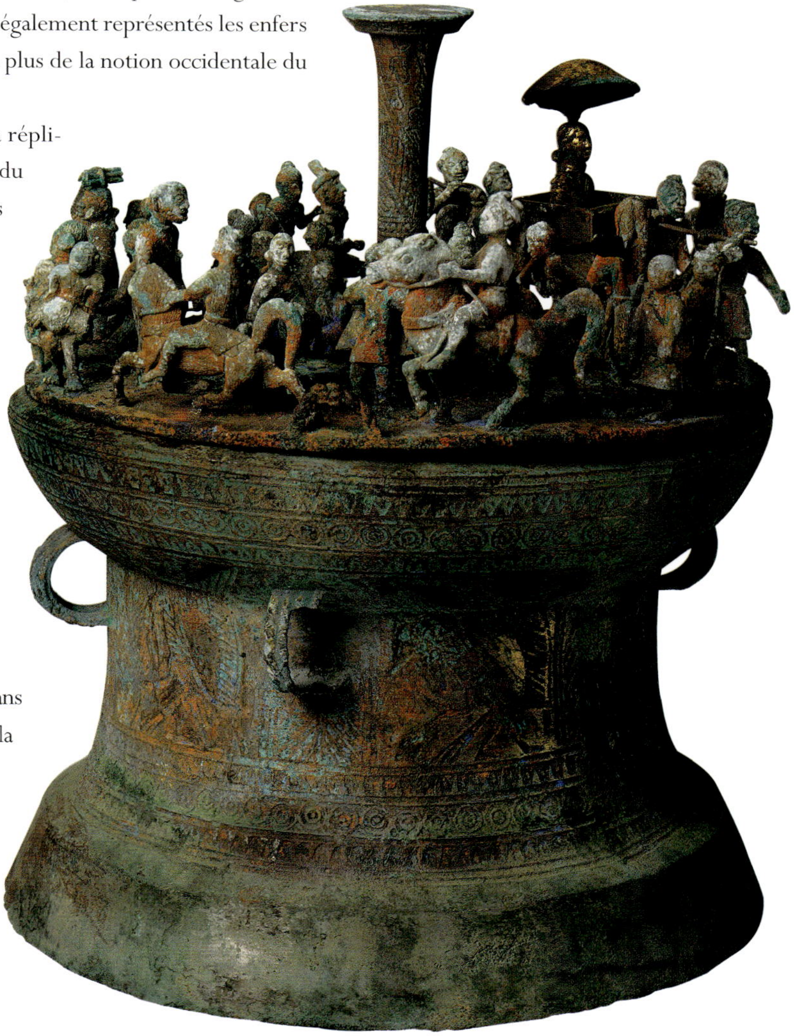

汉

UN EMPIRE COSMOPOLITE

La dynastie des Han orientaux (25-220)

CI-DESSOUS
Chef-d'œuvre de la sculpture des Han, cette statue dynamique (34,5 cm de haut) d'un cheval en équilibre sur le dos d'une hirondelle a été découverte en 1969 dans une tombe du district de Wuwei, dans la province du Gansu. Le sculpteur a remarquablement représenté l'allure d'un cheval au grand galop – une véritable prouesse d'observation à l'œil nu. Bronze, dynastie des Han orientaux, 25-220 apr. J.-C.

汉 En l'an 8 de notre ère, la dynastie des Han fut renversée par le rebelle Wang Mang, qui fonda la brève dynastie des Xin. Toutefois, un membre de la famille royale des Han parvint à restaurer la dynastie en 25 apr. J.-C. autour d'une nouvelle capitale plus à l'est, Luoyang, marquant le début de la dynastie des Han orientaux.

Initialement, les Han surent entretenir leur prospérité économique, et la période fut remarquablement novatrice sur le plan culturel. Les Chinois avaient inventé le papier environ deux siècles auparavant, mais un eunuque impérial, Cai Lun (v. 50-121 apr. J.-C.), se fit connaître en fabriquant un papier de qualité supérieure dans les ateliers de l'empereur He Di (règne 88-106 apr. J.-C.). Pour les documents écrits, le papier se substitua aux rouleaux constitués de bandes de bois ou de bambou reliées ensemble dans le sens de la longueur, assez pesants et peu maniables, ainsi qu'à la soie au coût prohibitif. Les Han orientaux inventèrent également le premier sismographe du monde, et les astronomes de la dynastie furent les premiers à

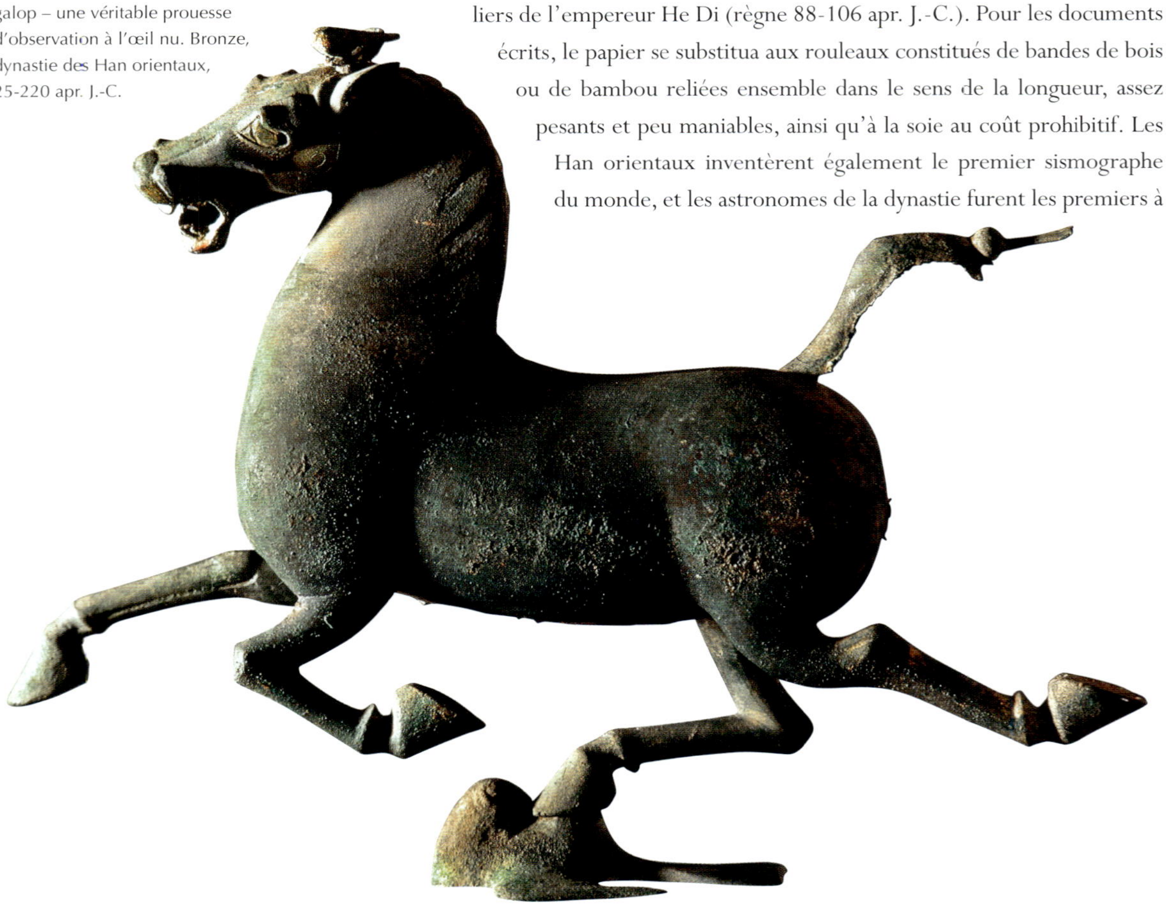

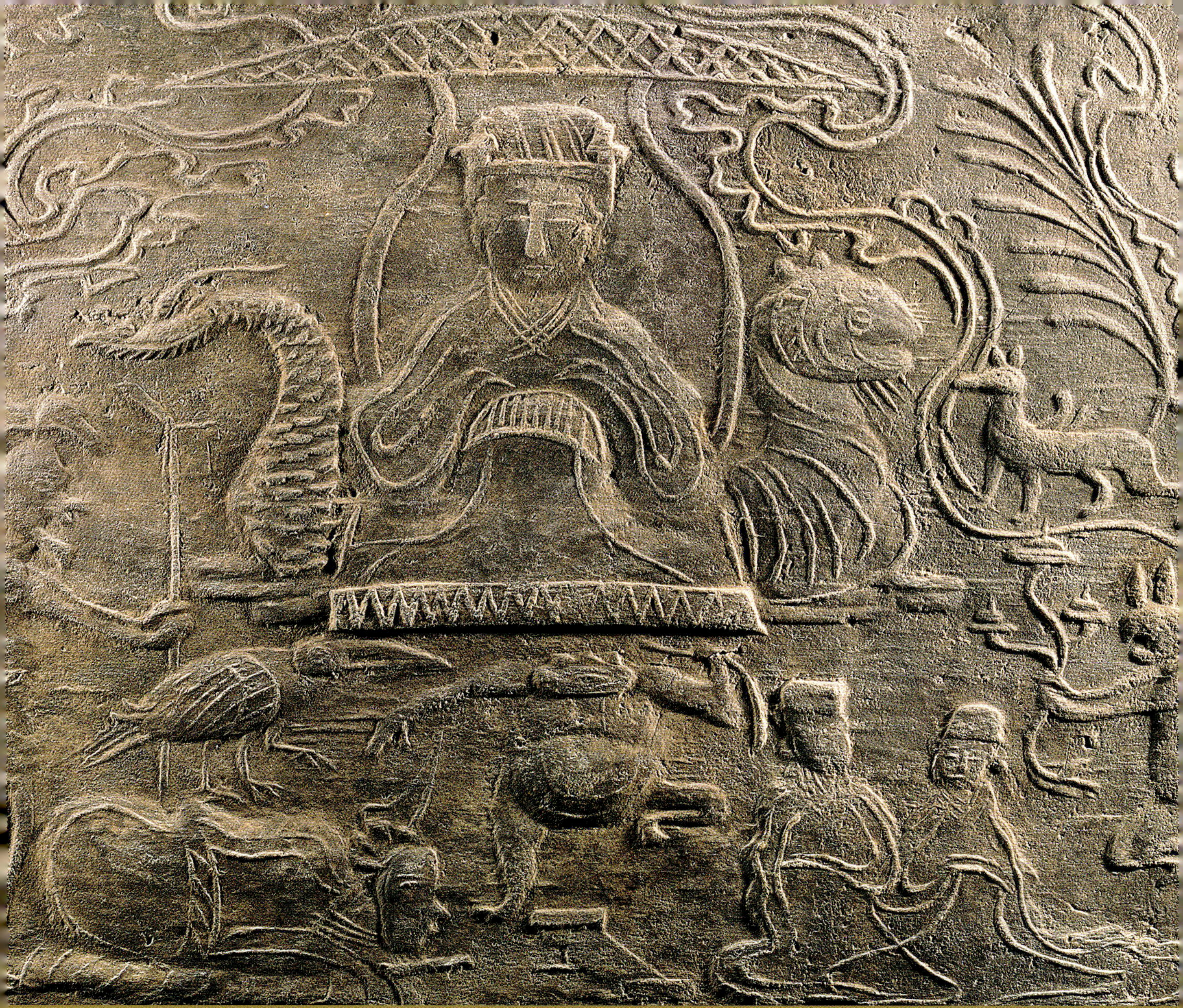

relever l'existence des taches solaires et des supernovae. La puissance de l'eau était largement utilisée, par exemple pour actionner les soufflerie des fonderies. En médecine, l'acupuncture était déjà pratiquée, et le médecin Hua Tuo fut le premier chirurgien à anesthésier ses patients (avec du vin infusé aux herbes) pour les opérations importantes.

LES CENT FLEURS : LES PENSEURS ET LES ÉCRIVAINS

Sous les Han orientaux, il y eut un regain de l'activité intellectuelle et littéraire équivalent à l'explosion intellectuelle qu'avaient connue les Zhou orientaux. Elle s'articulait autour de la spéculation philosophique et de la réinterprétation des textes

CI-DESSUS
Relief de Xiwang Mu, « Reine mère d'Occident », la plus grande déesse du panthéon taoïste et la gardienne du secret de l'immortalité. Un de ses démons, le crapaud de l'immortalité, est accroupi à ses pieds. Brique décorée d'une tombe du district de Xindu, dans le Sichuan. Dynastie des Han orientaux, 25-220 apr. J.-C.

À DROITE
Les modèles en poterie qui servaient d'objets funéraires à la fin de la dynastie des Han, remarquablement précis et détaillés, sont une des rares sources d'informations dont nous disposons sur l'architecture chinoise antérieure à la dynastie des Tang. Cet édifice à cinq étages, peut-être un silo à grain, présente déjà un élément typique de l'architecture chinoise, à savoir les toits couverts de tuiles soutenus par des consoles élaborées. Poterie peinte, dynastie des Han orientaux, IIe siècle apr. J.-C.

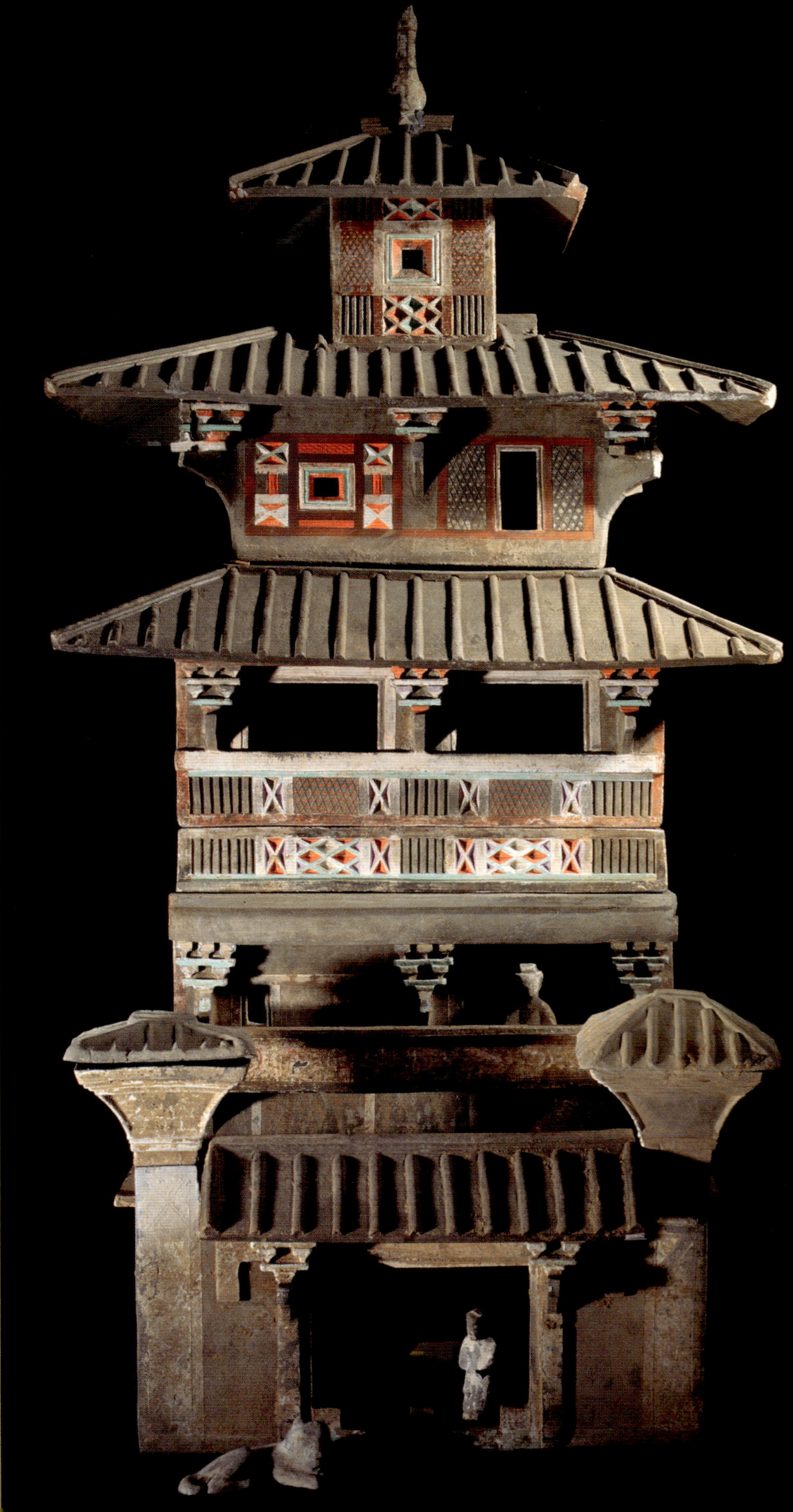

classiques anciens. La découverte de livres qui auraient été emmurés dans la demeure de Confucius à Lu, pendant les proscriptions de la dynastie des Qin, déclencha une querelle qui devait durer plusieurs siècles. Écrits dans une calligraphie antérieure aux Han, ces ouvrages étaient défendus avec enthousiasme par certains érudits de la dynastie, qui les considéraient comme les versions originales des classiques. D'autres, au contraire, privilégiaient les reconstitutions des classiques réalisées par des écrivains postérieurs.

Wang Chong (27-97 apr. J.-C.) était un intellectuel remarquable de l'époque. Ses *Essais* apportaient une matière inédite dans la spéculation philosophique car, ignorant la pensée dominante, il montrait un intérêt pour les sciences naturelles comme la physique, la biologie et même la génétique. Se fondant sur l'expérience et l'empirisme, il rejetait *a priori* l'idée répandue d'une vie après la mort et pensait que l'esprit et la perception sont indissociables du corps. Il refusait également la croyance populaire dans la Destinée.

Wang Chong vécut à une époque relativement optimiste, qui ne dura guère après les premières années des Han orientaux. Vers la fin de la dynastie, des crises économiques et politiques entraînèrent le retour aux traditions des Royaumes combattants et aux écoles philosophiques de Laozi, Zhuangzi, et même au légalisme. Les textes classiques et le confucianisme étaient déjà déclinants à cette époque.

Même si le confucianisme demeurait la doctrine d'État, c'est au cours de la période des Han orientaux que des moines bouddhistes venus d'Inde et d'Asie centrale commencèrent à construire des temples en Chine, le premier étant le monastère du Cheval Blanc près de Luoyang, qui aurait été bâti pendant le règne du deuxième empereur des Han orientaux, Ming Di (57-75 apr. J.-C.). C'est à cette époque que les premiers textes bouddhiques furent traduits en chinois (voir aussi pp. 66-75).

Le contrôle politique et militaire des Han sur l'Asie centrale facilita grandement la diffusion du bouddhisme vers l'est et contribua à la prospérité des marchands en Asie centrale et en Chine même. Mais ce contrôle exigeait une vigilance continue. Un des héros nationaux du pays à l'époque était le soldat-diplomate Ban Chao (32-102 apr. J.-C.), un homme d'origine modeste qui se vit rapidement

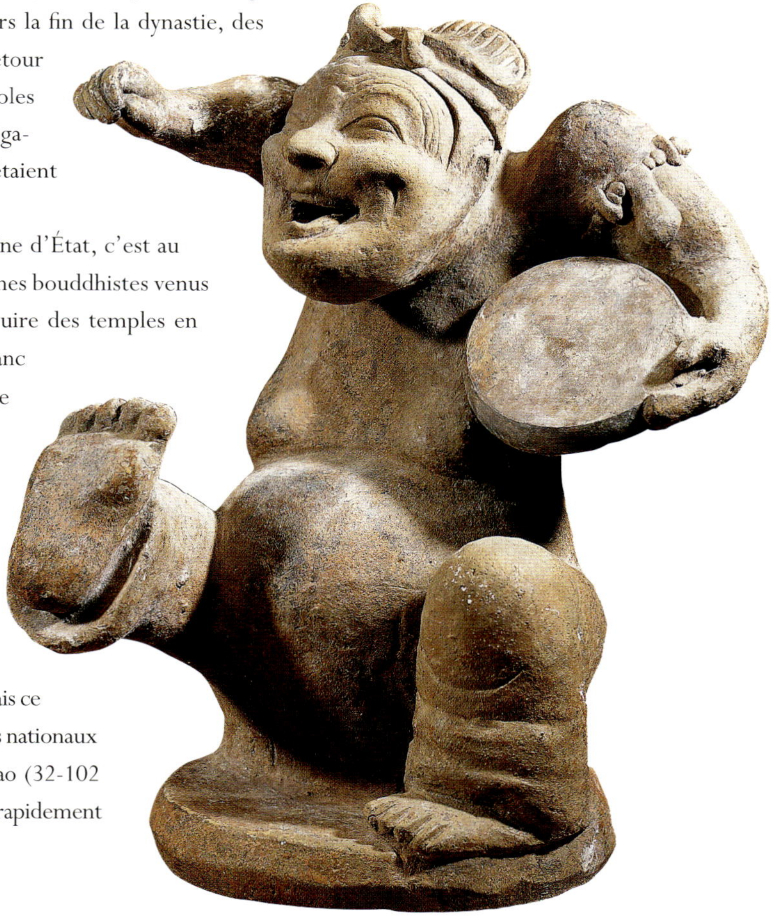

CI-DESSOUS
Ce modèle représente une sorte de bouffon, qui racontait ou chantait des histoires en s'accompagnant avec son tambour. Il s'agit apparemment d'un nain, comme Zhan, bouffon à la cour de l'empereur Qin Shi Huangdi mentionné dans les écrits de Sima Qian, l'historien des Han. Poterie peinte, district de Xindu, dans le Sichuan. Dynastie des Han orientaux, Ier-IIIe siècle apr. J.-C.

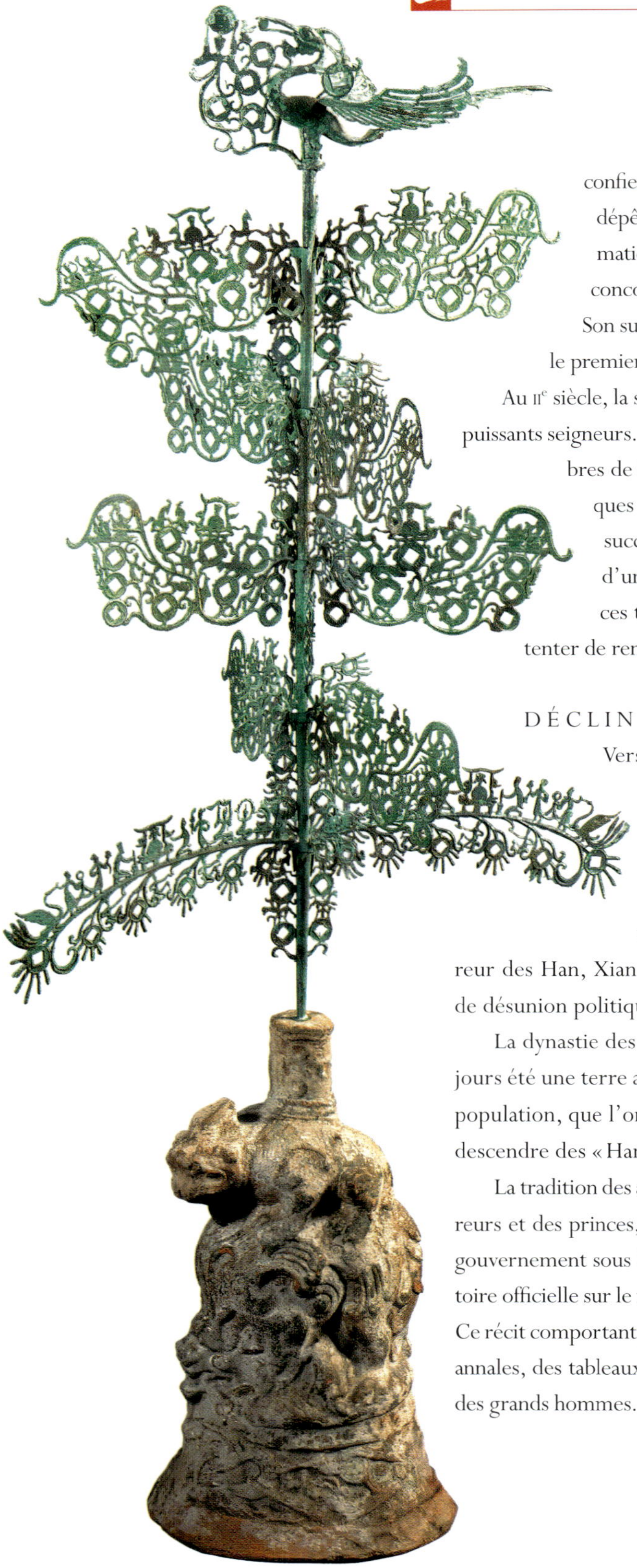

confier un poste de confiance grâce à son talent et à son charisme. Il fut dépêché vers l'ouest à plusieurs reprises pour exercer ses talents diplomatiques ou, le cas échéant, son habileté militaire en vue d'obtenir le concours des tribus locales contre le principal ennemi, les Xiongnu. Son succès dans ces opérations a permis de maintenir la *pax sinica* durant le premier siècle du règne des Han orientaux.

Au IIe siècle, la stabilité du régime des Han fut mise en péril par les intrigues des puissants seigneurs. Dans le palais impérial, la situation se dégrada lorsque des membres de la famille royale commencèrent à exercer le pouvoir. Les eunuques du palais devinrent une menace sérieuse contre la dynastie. La succession de plusieurs empereurs en bas âge, qui signifiait l'absence d'une autorité centrale forte, ne fit qu'accroître les problèmes. Tous ces troubles entraînèrent une hausse de la taxation des paysans pour tenter de renflouer les caisses de ces gouvernements à l'instabilité croissante.

DÉCLIN ET CHUTE

Vers la fin du IIe siècle, l'agitation grandit. En 185 apr. J.-C., la secte secrète des Turbans jaunes, censés représenter les adeptes de la vraie voie *(dao)*, engagea une révolution de grande envergure. Elle ébranla sévèrement la dynastie des Han et finit par entraîner le démantèlement du pays et la chute de la dynastie. En 220, le dernier empereur des Han, Xian Di, fut contraint d'abdiquer, inaugurant une longue période de désunion politique.

La dynastie des Han reste celle qui a duré le plus longtemps. La Chine a toujours été une terre aux multiples nationalités, mais aujourd'hui, plus de 90 % de la population, que l'on peut considérer comme chinoise sur le plan ethnique, pense descendre des « Han » depuis cette dynastie.

La tradition des annales historiques et de la chronique des faits et gestes des empereurs et des princes, déjà bien établie avant les Han, devint une activité officielle du gouvernement sous les Han. Toutes les dynasties jusqu'aux Ming rédigèrent leur histoire officielle sur le modèle des *Mémoires historiques* de Sima Qian (v. 135-93 av. J.-C.). Ce récit comportant plus d'un demi-million de mots était divisé en quatre parties : des annales, des tableaux chronologiques, des chapitres sur divers sujets et la biographie des grands hommes. Il couvre trois millénaires, des origines aux Han occidentaux.

Sous les Han orientaux, l'érudit Ban Gu (32-92 apr. J.-C.) reprit une histoire non officielle des Han occidentaux commencée par son père, à partir du modèle de Sima Qian. Ban Gu fut dénoncé et emprisonné, mais l'empereur lut son travail et l'approuva. Il fut autorisé à poursuivre, et son récit est devenu la première histoire dynastique officielle de la Chine.

LES ARTS DES HAN ORIENTAUX

Le patrimoine artistique des Han orientaux inclut encore des objets funéraires. Certains font preuve de grandes qualités de modelage et de raffinement artistique, comme le montre la statue en terre cuite d'un chanteur accroupi avec un tambour, mise au jour dans une tombe de Maijashan (Sichuan), dans l'ouest de la Chine, ou celle provenant d'une tombe du Sichuan, d'une femme agenouillée tenant un éventail. Hormis les figures humaines, les modèles en poterie représentent des tours, des ponts, des animaux de la ferme et des résidences ; certains, notamment les figures humaines, portent encore des traces de pigments, d'autres sont vernis.

Une tombe de Cangshan, dans la province du Shandong, a révélé une série de reliefs sculptés décrivant la procession funéraire du défunt. Celui-ci traverse un pont qui mène à la porte de l'autre monde, semblable à la porte d'une auberge de campagne. Le défunt assiste alors à un banquet avec des accompagnements musicaux. Le dernier relief le montre avec ses compagnons, conduisant un char dans la campagne. Les reliefs dévoilent certains aspects de la vie dans l'au-delà : à partir de la dynastie des Han, elle est essentiellement interprétée comme harmonieuse et guidée par les préceptes moraux du confucianisme, même si les conceptions ont varié dans le détail.

PAGE DE GAUCHE
Les « arbres d'argent » sont ainsi nommés en raison des pièces à trous carrés qui poussent parmi leurs branches délicatement moulées. L'arbre accueille également plusieurs créatures et animaux associés à l'immortalité : avec les pièces de monnaie, ils étaient censés aider le défunt au cours de son voyage dans l'au-delà. Céramique et bronze, district de Pengshan, dans le Sichuan. Dynastie des Han orientaux, Ier-IIIe siècle apr. J.-C.

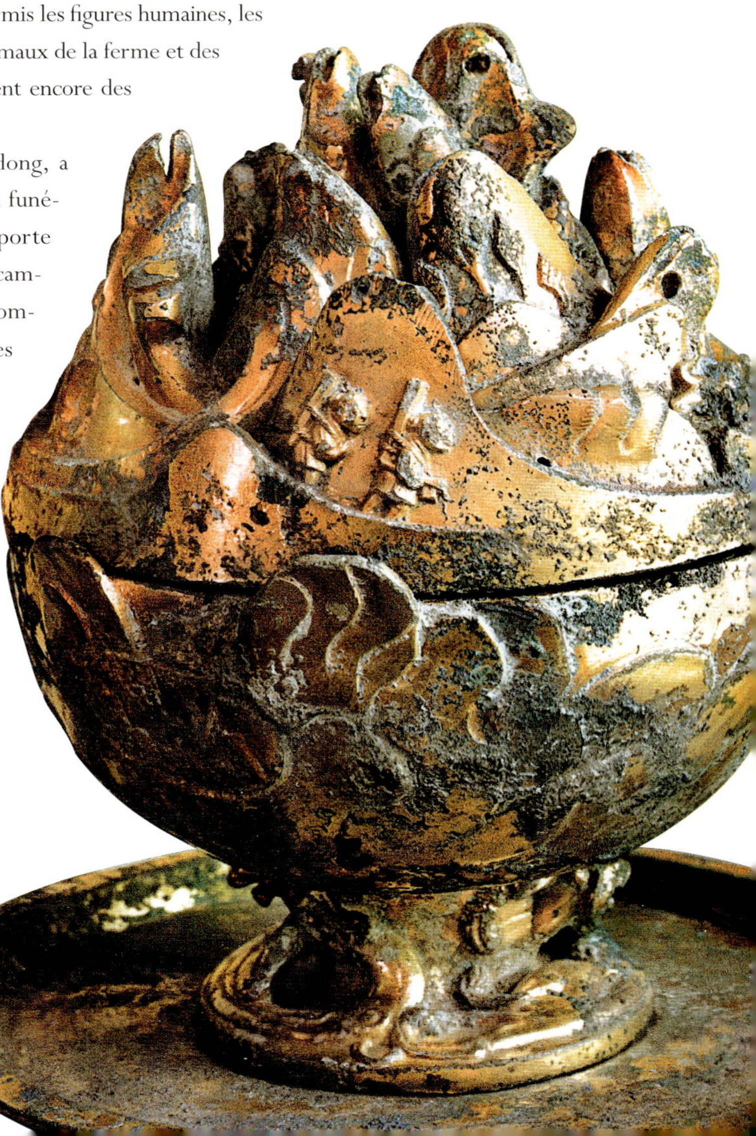

À DROITE
Le *boshanlu* est un brûle-parfum qui prend la forme du mont Bo (Boshan), la montagne mythique où vivent les immortels dans la mer Orientale. Ils apparaissent pour la première fois sous les dynasties des Qin et des Han. En s'échappant par les trous du couvercle, la fumée évoquait la brume ou les nuages qui enveloppent la montagne. Bronze doré, dynastie des Han, IIIe siècle av. J.-C.

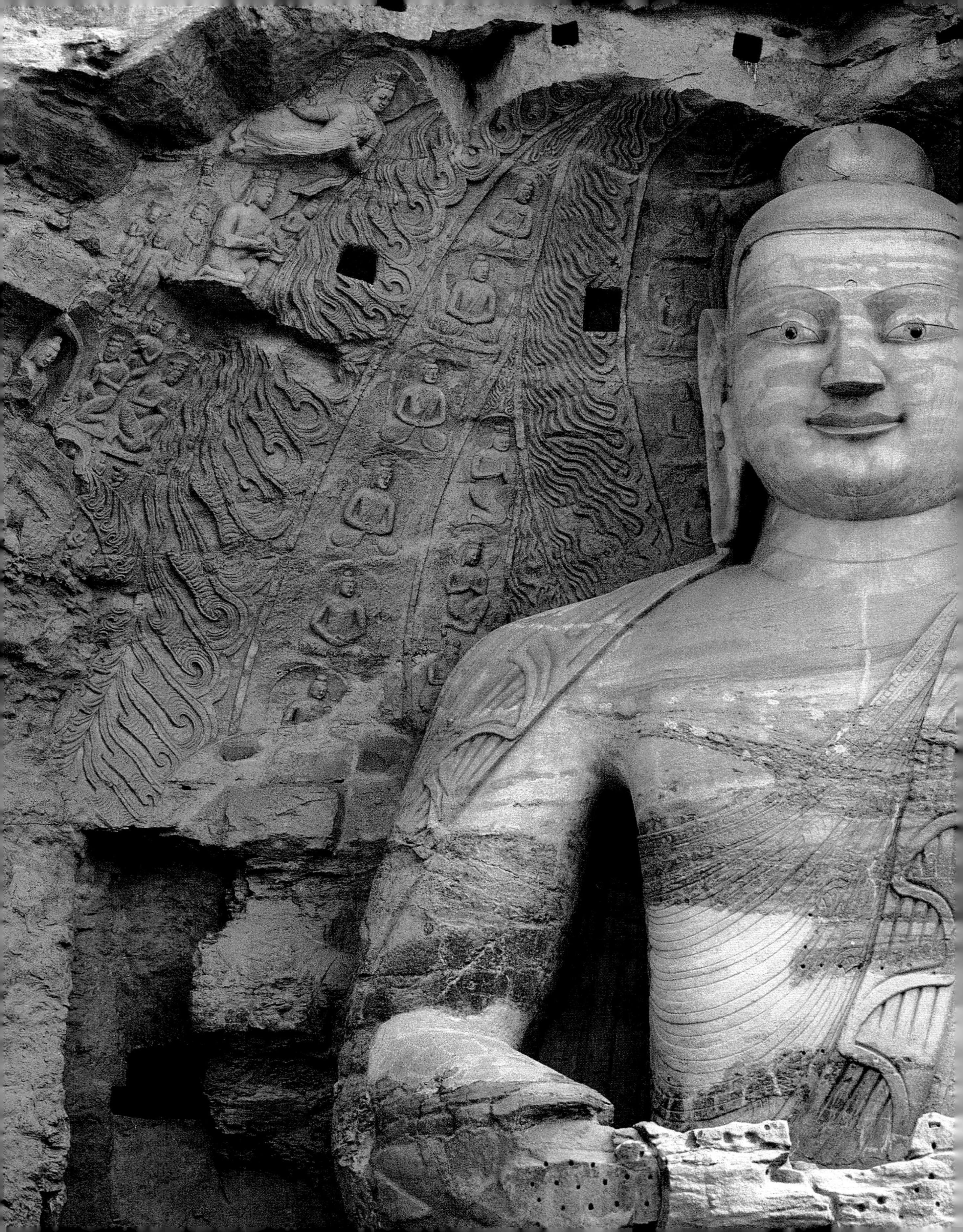

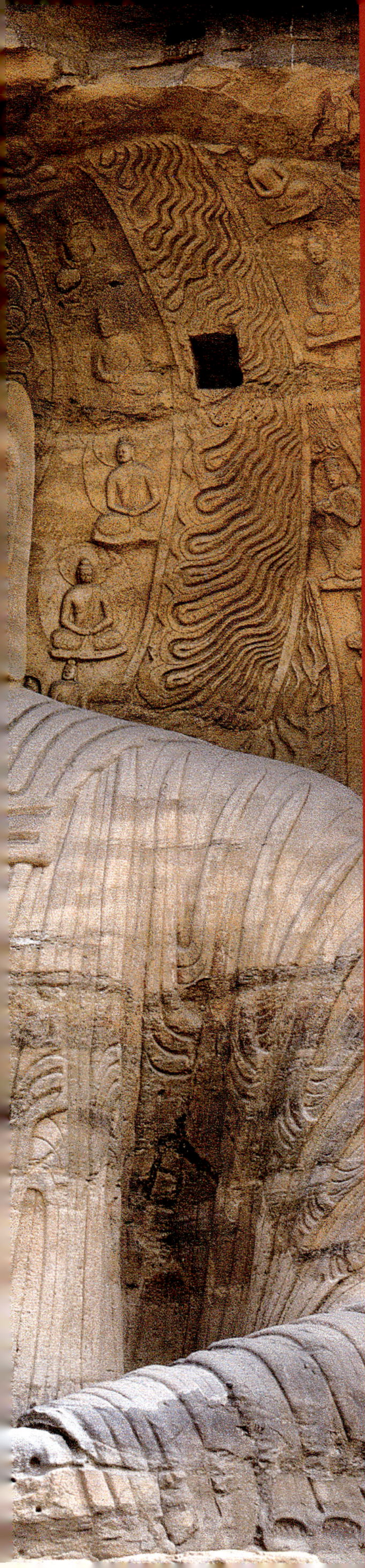

三

CHAPITRE III

DES RIVALITÉS POUR LE POUVOIR 220–589

LA PÉRIODE DE DÉSUNION

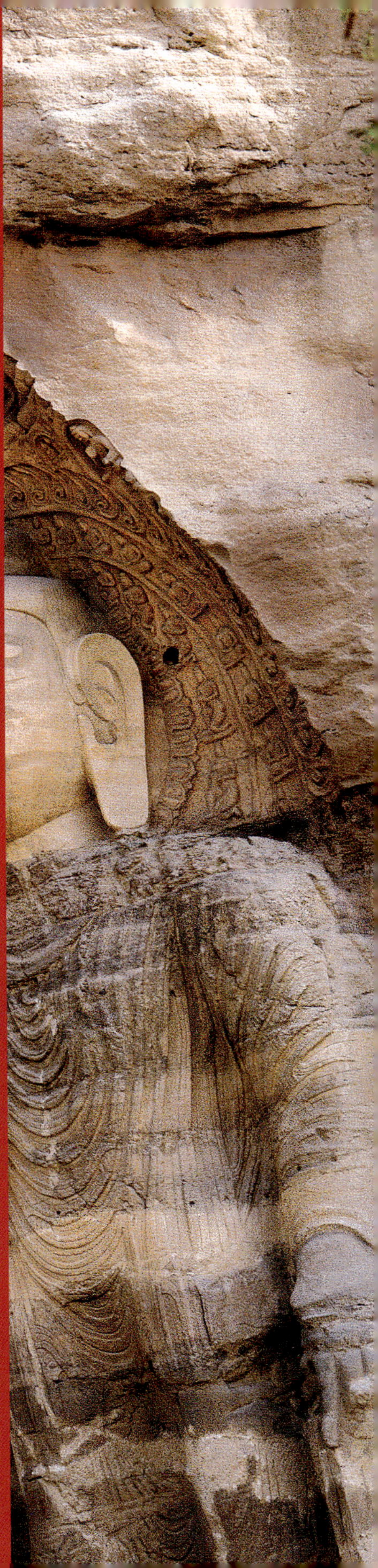

DES CLANS ET DES ROYAUMES

Les Trois Royaumes et les Jin (220-315)

Les quatre siècles de désunion qui suivirent la chute de la dynastie des Han virent l'incursion progressive de peuples nomades non chinois depuis le nord et le nord-ouest du pays. À la fin des Han, il y eut d'abord une interminable période de guerres civiles. Puis un chef militaire Han, Cao Cao (Ts'ao Ts'ao), qui n'était pas un aristocrate mais le fils adoptif d'un eunuque du palais, parvint à vaincre ses rivaux dans le nord du pays. Il fonda le royaume de Wei et établit sa capitale à Luoyang. En 208, Cao Cao marcha vers le sud pour tenter de réunifier l'empire morcelé, mais son immense armée fut défaite lors de la bataille de la Falaise rouge, vaincue par l'alliance de deux chefs de guerre rivaux, Liu Bei et Sun Quan.

Cependant, la politique économique de Cao Cao assura la prospérité des Wei. Il décida notamment l'établissement de colonies agricoles pour soutenir ses armées. Les fermiers recrutés devaient donner une grande part de leurs récoltes aux militaires, mais ils bénéficiaient en retour d'un emploi stable et d'une protection assurée en temps de guerre.

Cao Cao mourut en 220 et, quelques mois plus tard, son fils Cao Pi détrôna le dernier empereur Han. Cet événement marque le début de la période des Trois Royaumes. Cao Pi donna à son père le titre posthume d'empereur Wu de Wei.

CI-DESSOUS
Envoyés spéciaux, copie datant de la dynastie des Song d'un rouleau peint par Xiao Yi (508-554), fils de l'empereur Wu des Liang, une des nombreuses dynasties régionales de la Période de désunion. La peinture représente les ambassadeurs de plusieurs États étrangers, accompagnés d'inscriptions qui décrivent chaque pays et ses relations avec la Chine.

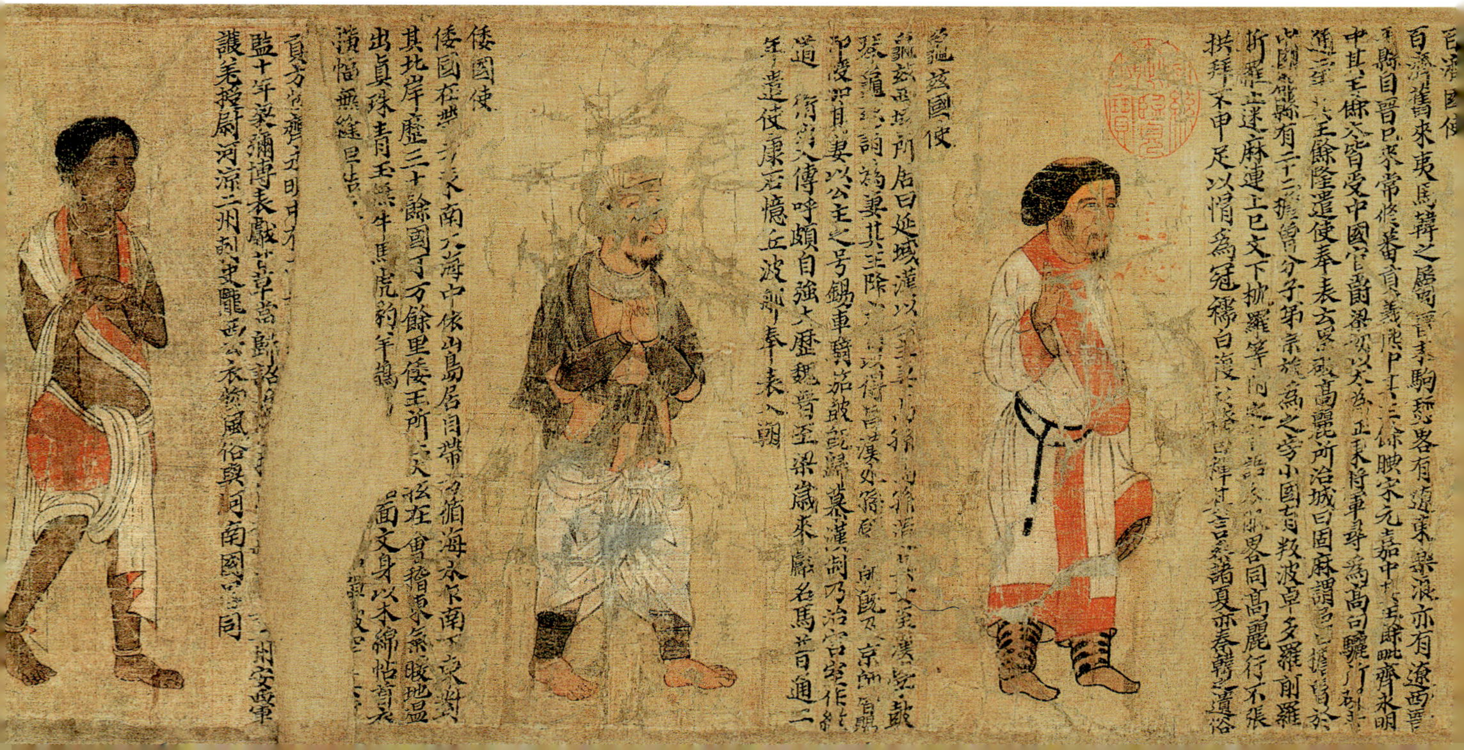

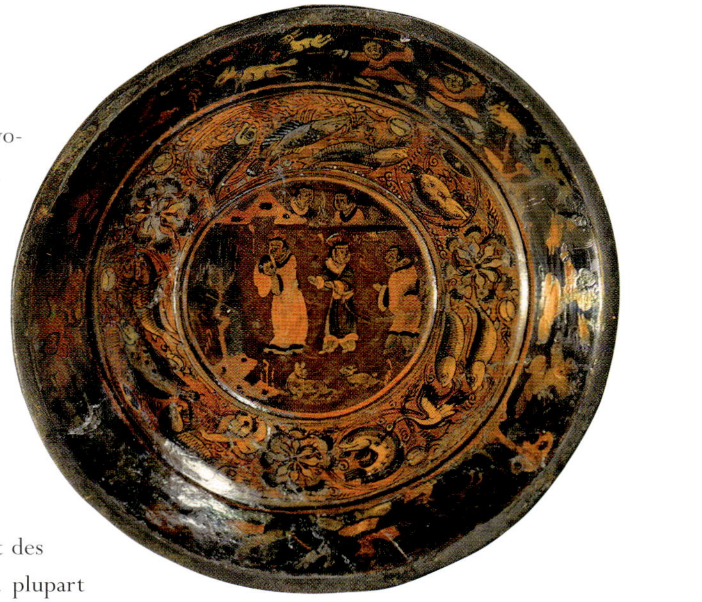

Liu Bei, membre de la famille régnante de la dynastie révolue des Han, gouvernait un royaume indépendant, à Chengdu, à l'ouest du pays, dans le Sichuan. En 221, il s'autoproclama empereur et baptisa son royaume le Han, dans une tentative de perpétuer la dynastie. Il fut pourtant appelé Shu, un ancien nom du Sichuan. Le troisième royaume fut fondé par un chef de guerre du Sud, Sun Quan, qui se proclama empereur des Wu (orientaux). Il établit sa capitale à Wuhan sur le fleuve Yangzi, puis à Jianye (actuelle Nanjing).

HISTOIRE ET ROMANCE

Ce que nous savons des Trois Royaumes dérive essentiellement des annales historiques et des écrits de l'époque. Aujourd'hui, la plupart des Chinois connaissent les principaux personnages impliqués dans les guerres récurrentes des trois États, en raison de la popularité du premier roman classique chinois, *Le Roman des Trois Royaumes*, écrit beaucoup plus tard. Les épisodes du roman sont fréquemment interprétés sur scène ou racontés par des conteurs, et des personnages comme Cao Cao, Liu Bei, le fin stratège Zhuge Liang et le guerrier fidèle et courageux Guan Yu sont des noms familiers. Guan Yu a même été divinisé dans la religion populaire chinoise. Comme beaucoup de romans historiques, *Le Roman* prend

CI-DESSUS
Plat laqué provenant de la tombe du général Zhu Ran (182-248), commandant de l'armée de Wu sous Sun Quan. La tombe fut découverte en 1984 à Ma'anshan, dans la province de l'Anhui. Période des Trois Royaumes.

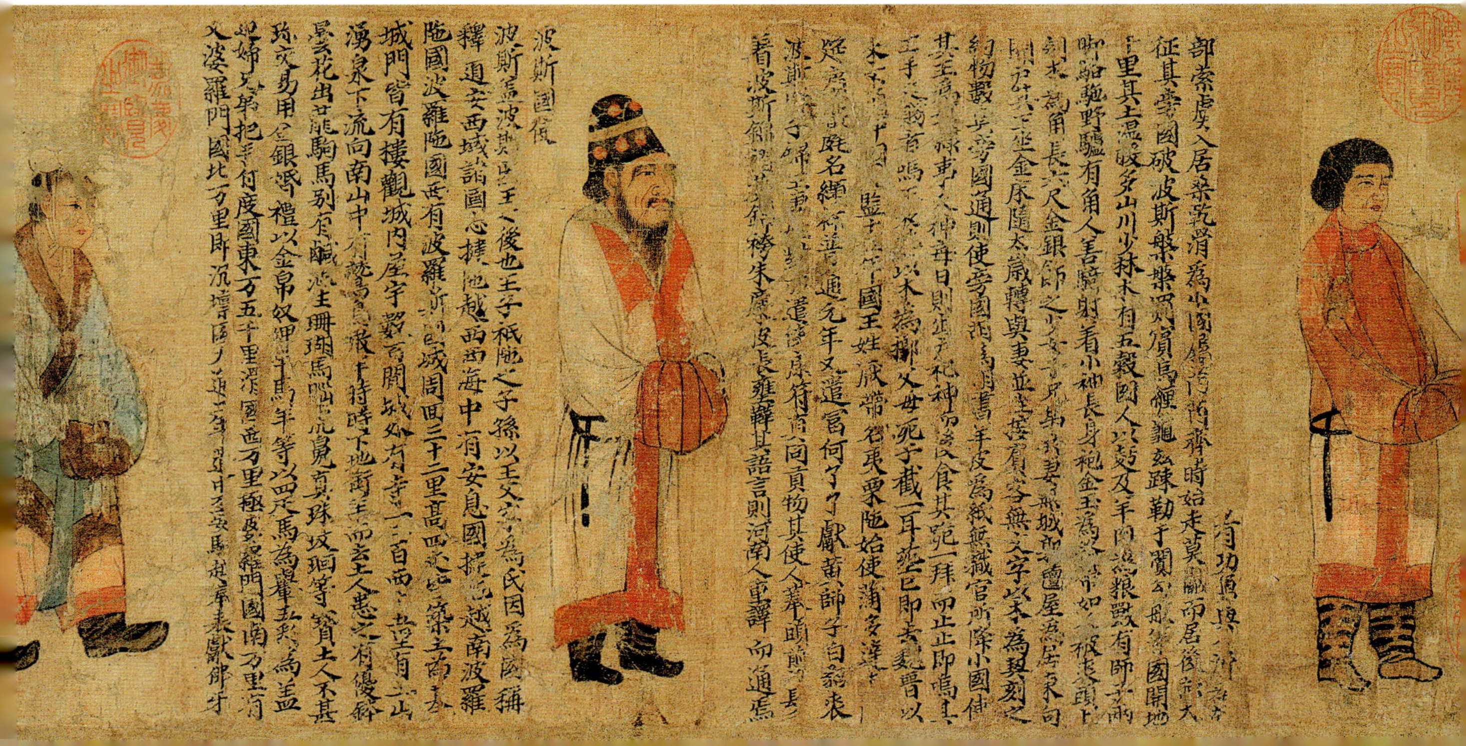

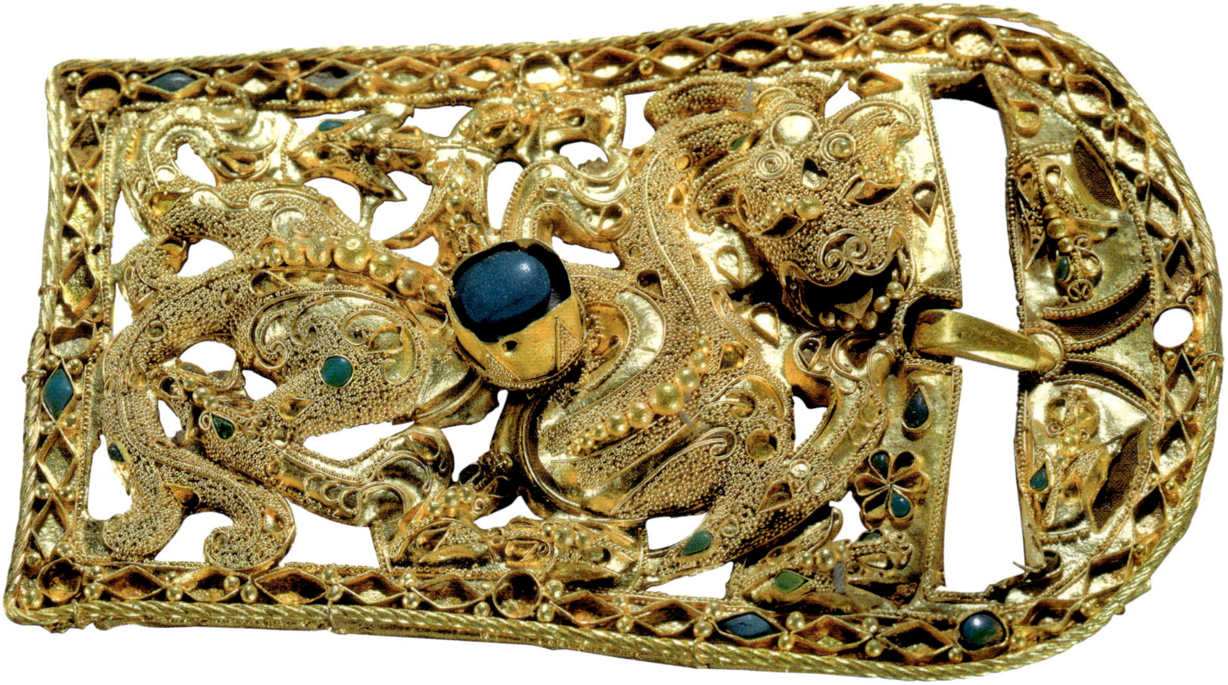

CI-DESSUS
Boucle de ceinture en or avec un motif de dragon, découverte dans la tombe de Liu Hong dans le district de Anxiang (Hunan). Plusieurs des techniques de métallurgie employées dans sa fabrication, comme le filigrane et la granulation, sont originaires de l'Asie centrale, mais le motif du dragon est résolument chinois. Dynastie des Jin occidentaux, 265-316 apr. J.-C.

certaines libertés au profit de la narration. Par exemple, le commandant des armées de Wu Zhu Ran est tué en 222 par le héros Zhao Yun, chef de l'armée de Shu. En réalité, Zhu Ran mourut en 248, plusieurs années après son rival. Sa tombe fut découverte avec retentissement en 1984 seulement, à Ma'anshan, dans la province de l'Anhui. Cette tombe est la plus riche de celles qui ont été retrouvées pour la période. Elle contenait une abondance d'artefacts, dont des vêtements et des laques magnifiquement peints (voir p. 57).

LES JIN OCCIDENTAUX

La famille Sima du royaume des Wei faisait partie des grands clans qui rivalisaient pour le pouvoir à la fin de la période des Trois Royaumes. En 263, Sima Yan, prince de Jin, conquit le royaume des Shu pour les Wei. En 265, il força l'empereur des Wei à abdiquer et fonda la dynastie des Jin (265-420). À l'instar des Zhou et des Han, cette dynastie connut deux phases, les Jin occidentaux (265-316), basés à Luoyang, et les Jin orientaux (317-420), dont la capitale occupait l'actuelle Nanjing (voir pp. 60-61). Sima Yan (ou empereur Wei des Jin, règne 265-290) s'employa immédiatement à consolider son pouvoir. À cette fin, il créa dix-sept fiefs qu'il confia à des membres de sa famille. Son ambition était de parvenir à unifier toute la Chine sous les Jin. Pour cela, il engagea des réformes drastiques et instaura un nouveau Code pénal, de nouvelles lois foncières ainsi que des mesures pour refréner le pouvoir des autres familles. Des expéditions militaires furent lancées contre le royaume méridional de Wu.

Les Jin parvinrent à défaire les Wu en 280, réunifiant brièvement la Chine. Malheureusement, la politique de la dynastie échoua dix ans plus tard après la mort de Sima Yan, en raison des rivalités qui opposaient les grandes familles de la noblesse (certaines étaient alliées par mariage avec la famille de Sima). La première instigatrice de troubles fut la veuve de Sima, l'impératrice Jia, dont la famille exerçait une influence grandissante. Plusieurs princes de Sima s'en offusquèrent, et la dernière décennie du IIIe siècle fut marquée par la guerre des Huit Princes, qui opposait la famille Sima aux Jin. Mais leur victoire finale ne réussit pas à restaurer la paix. Elle laissa l'État Jin faible et vulnérable face aux attaques des « barbares » du Nord.

En 308, Liu Cong, un noble du peuple nomade Xiongnu au nord, devenu plus fort en raison de la faiblesse des Jin, fonda le premier d'une série d'États appelés les Dynasties du Nord et qui échappaient au contrôle de la Chine. Toutefois, qu'il s'agisse des Tibétains ou Tangut d'Asie centrale, ou des Turcs, des Mongols et des Tangut des steppes du Nord, ces peuples avaient déjà assimilé l'essentiel de la culture chinoise, ainsi qu'un grand nombre des pratiques politiques et de concepts chinois. Au fil du temps, les mariages entre la majorité autochtone et les nouveaux venus « barbares » se multiplièrent au point de brouiller leur identité ethnique.

La famille de Liu Cong adopta le nom de famille chinois Liu, imitant la dynastie des Han. Liu Cong déclara que son État, appelé Zhao (304-319), était le successeur légitime de l'empire des Han. En 316, l'empereur des Jin capitula devant Liu Cong et mit fin au règne des Jin occidentaux. Pendant les deux siècles et demi qui suivirent, la Chine connut la plus longue période de désunion de son histoire, le Nord et le Sud étant gouvernés par une succession ahurissante de régimes.

CI-DESSOUS
Paire de chaussons tissés trouvés dans une tombe à Turfan, dans la Région autonome ouïgoure du Xinjiang. Ornés de caractères signifiant « marquis », « prince » et « riche et noble », ils témoignent de l'étendue de l'influence culturelle chinoise parmi les peuples voisins, pendant la Période de désunion. Dynastie des Jin orientaux, IVe siècle.

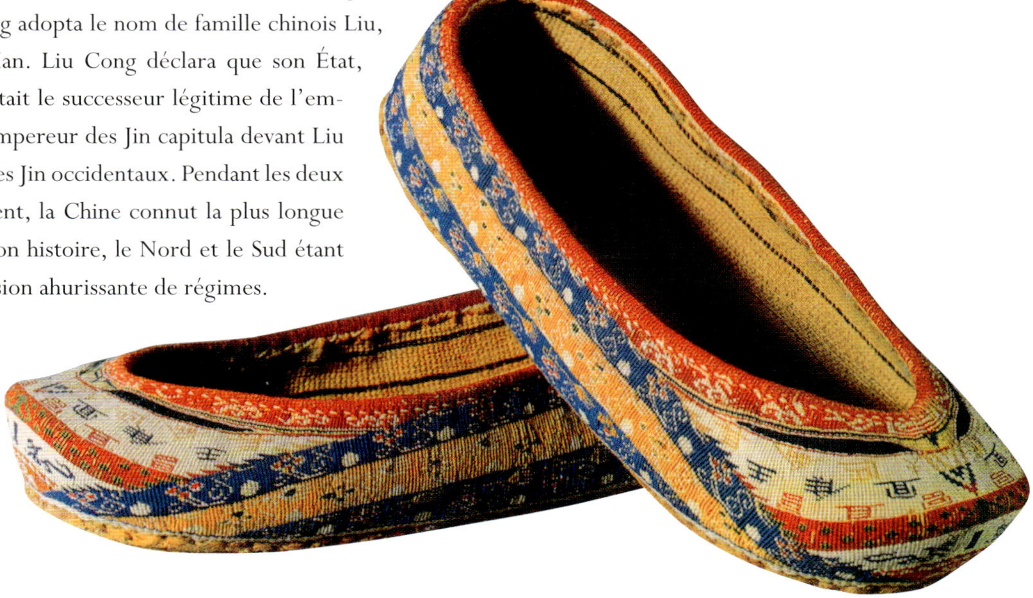

晋

FIEFS ET CHEFS DE GUERRE

Les Dynasties du Nord et du Sud (317-581)

PAGE DE DROITE
Des motifs zoomorphes et des oiseaux ornent ce brocart rouge et bleu foncé découvert dans une tombe à Astana, près de Turfan, dans le Xinjiang. Période des Dynasties du Nord et du Sud, Ve siècle environ.

CI-DESSOUS
Ces deux paons en bronze doré mesurent 6,3 cm d'envergure et datent du VIe siècle. Symbole chinois de beauté et de dignité, le paon était un motif féminin populaire.

晋 Après la chute de la dynastie des Jin occidentaux au nord, un prince Jin et les derniers membres de sa cour établirent un nouveau régime en 317 dans le Sud à Jiankang (actuelle Nanjing). Connu sous l'appellation Jin orientaux (317-420), cet État se résumait à une coalition de puissantes familles aristocratiques. Ce fut le début des Dynasties du Nord et du Sud, qui durèrent jusqu'à la fin du VIe siècle pendant la Période de désunion. Cette période de désastre impérial correspondait à l'apogée de l'influence aristocratique. Les troubles consécutifs aux invasions des Xiongnu au nord entraînèrent un afflux de réfugiés vers le sud qui fut un atout pour la prospérité économique du Sud. Rapidement, les Jin orientaux envahirent le Sichuan, ce qui leur ouvrit des routes commerciales avec l'Asie centrale et l'Asie du Sud, et assura la prospérité de la dynastie. Elle fut renversée par les Liu Song (420-479).

Parallèlement aux Jin orientaux et aux quatre dynasties qui leur succédèrent dans le Sud (Liu Song, Qi du Sud, Liang et Chen), une série de régimes « barbares » éphémères appelés les Seize Royaumes se partagèrent les territoires du Nord. En 383, à la

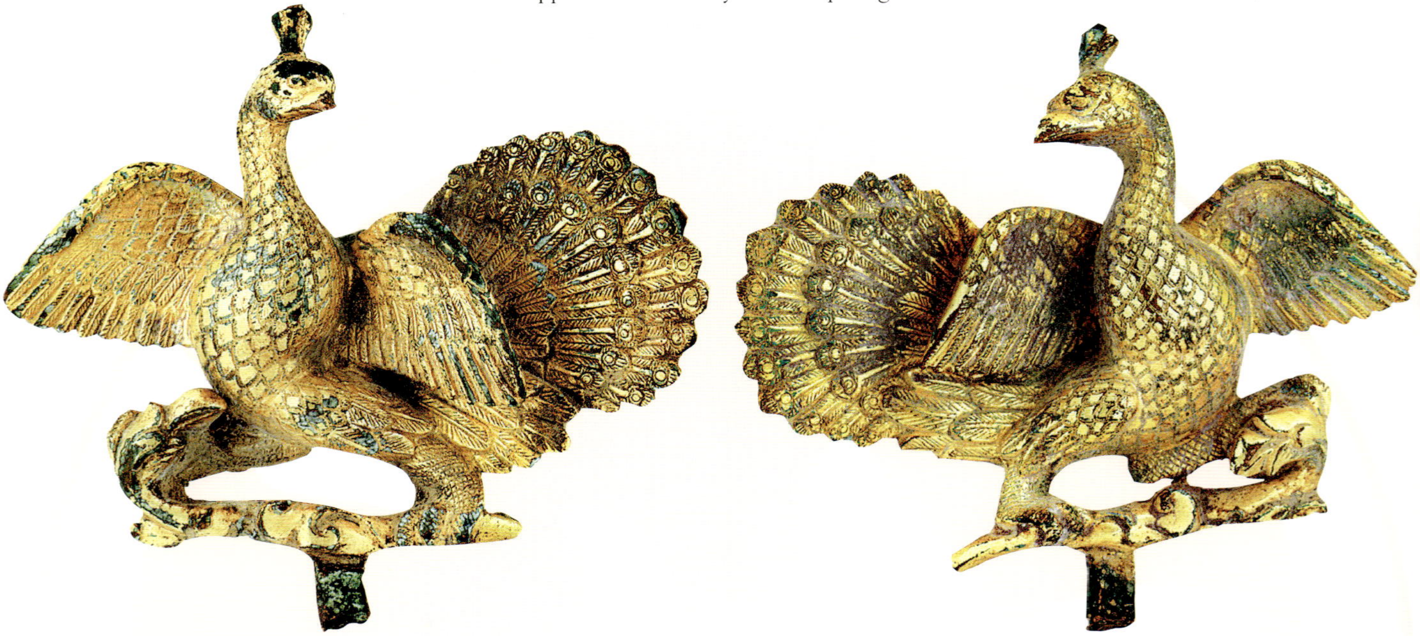

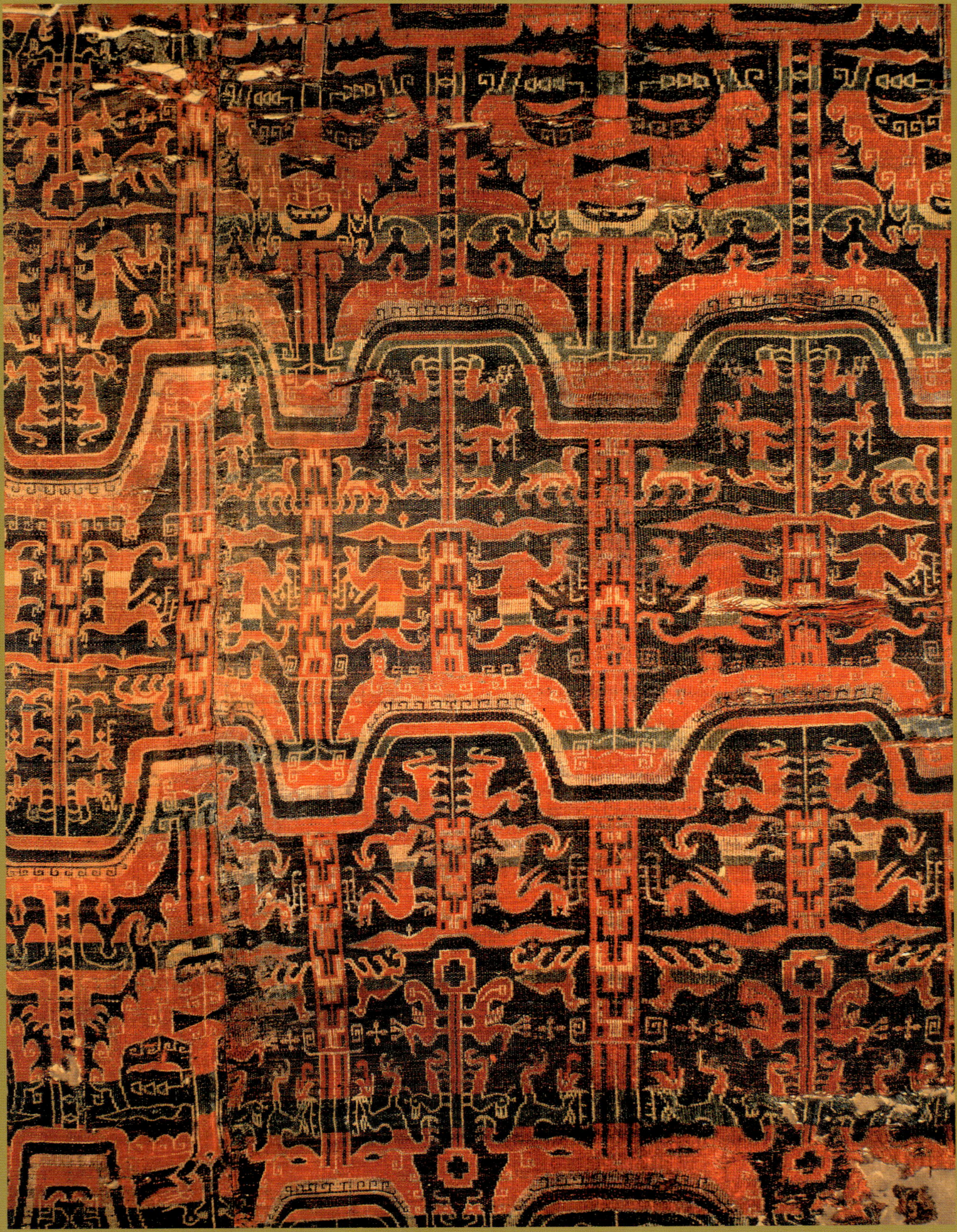

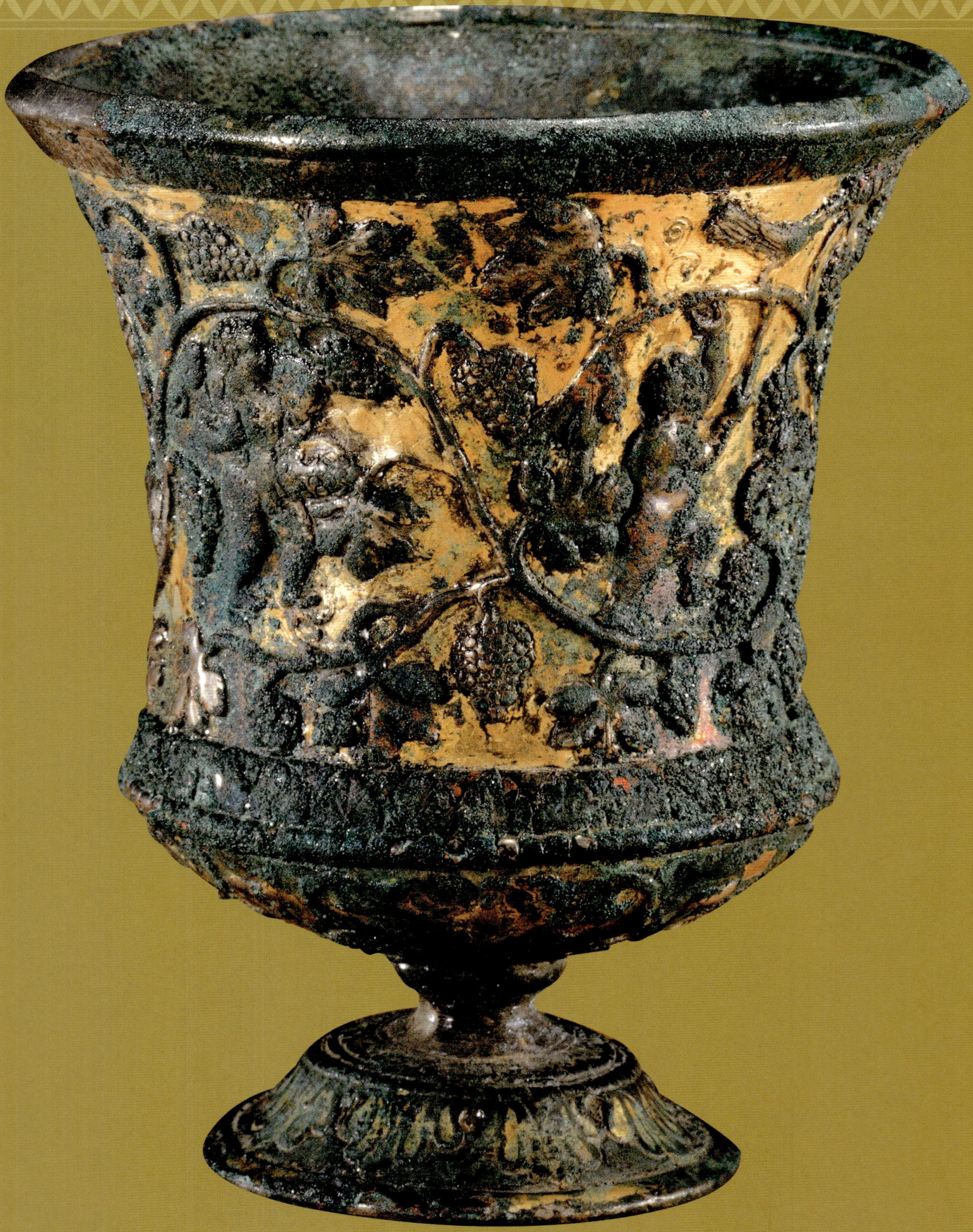

rivière Fei, lors d'une des batailles décisives de l'histoire chinoise, le Sud repoussa un effort déterminé du Nord pour unifier la Chine. Des conflits continuèrent à opposer les deux régions pendant deux siècles, avec de rares interludes pacifiques pendant lesquels l'économie se relevait brièvement.

LES WEI DU NORD

La dynastie des Wei du Nord (386-584), fondée par une tribu turque sinisée, les Tabgatch ou Toba, fut une des plus prospères de la période. Les Wei du Nord régnaient sur une grande partie du nord de la Chine et, pendant près de cinquante ans, leur capitale Pingcheng (actuelle Datong dans la province du Shanxi) domina la politique et l'économie de la région. Les tombes des Wei du Nord ont révélé des influences très diverses et la sophistication de ces nomades qualifiés de « barbares » : ainsi, on a retrouvé des œuvres en métal avec des formes et des motifs indiens, hellénistiques et iraniens, des bols en verre romains ou perses et divers objets luxueux.

Après avoir flirté avec le taoïsme, les Wei du Nord adoptèrent le bouddhisme comme religion d'État. Sous les auspices de l'influent moine Tan Yao, la nouvelle foi se répandit rapidement. Les Wei du Nord ont laissé deux magnifiques ensembles de grottes bouddhiques, à Yungang près de Datong (vers 460) et à Longmen, près de Luoyang. Les travaux de ces dernières débutèrent après le transfert de la capitale vers le sud, près de Luoyang, en 494. Longmen fut un temps le plus important centre bouddhique de Chine, et probablement d'Asie (voir pp. 54-55 et 66).

L'ART PENDANT LA PÉRIODE DE DÉSUNION

Les guerres, les crises économiques et les changements fréquents de dynasties durant la Période de désunion ont sans aucun doute eu un impact culturel négatif à l'échelle locale, voire nationale pendant certaines périodes. Toutefois, aucune dynastie n'a manqué de produire d'excellents artistes dans tous les domaines. Par ailleurs, l'arrivée du bouddhisme a inspiré quelques-uns des chefs-d'œuvre de cette période.

PAGE DE GAUCHE
Vase à pied provenant de Pingcheng (actuelle Datong, province du Shanxi), la première capitale des Wei du Nord
La forme et les motifs de vigne montrent une influence gréco-romaine, peut-être transmise par l'intermédiaire des cultures indo-grecques qui vivaient dans l'actuel l'Afghanistan. Bronze doré, dynastie des Wei du Nord, Ve-VIe siècle.

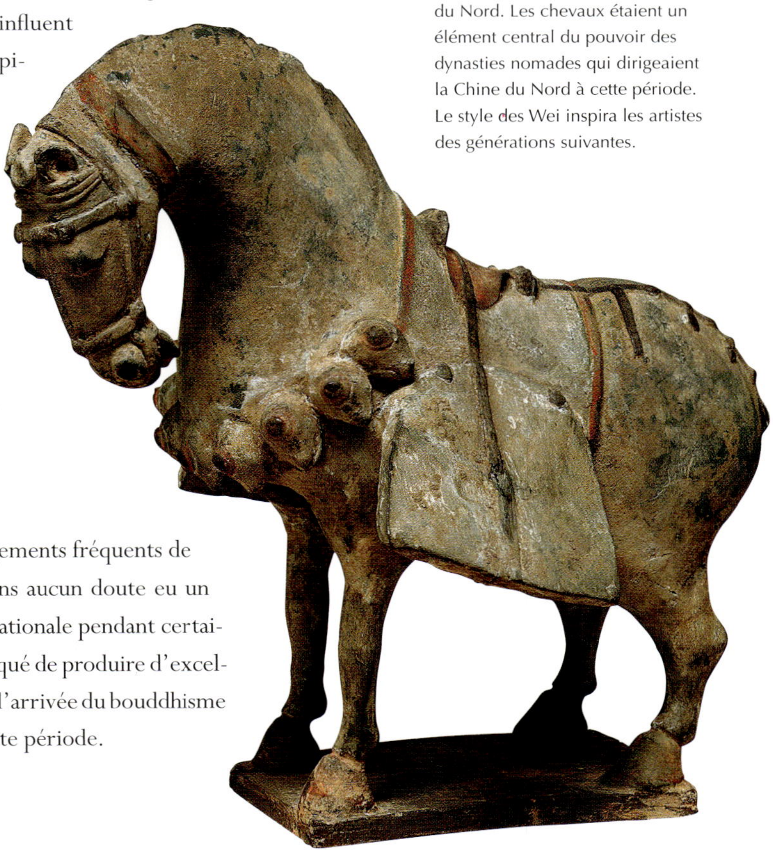

CI-DESSOUS
Statuette de cheval en terre cuite peinte datant de la dynastie des Wei occidentaux (534-557), un des États qui succéda aux Wei du Nord. Les chevaux étaient un élément central du pouvoir des dynasties nomades qui dirigeaient la Chine du Nord à cette période. Le style des Wei inspira les artistes des générations suivantes.

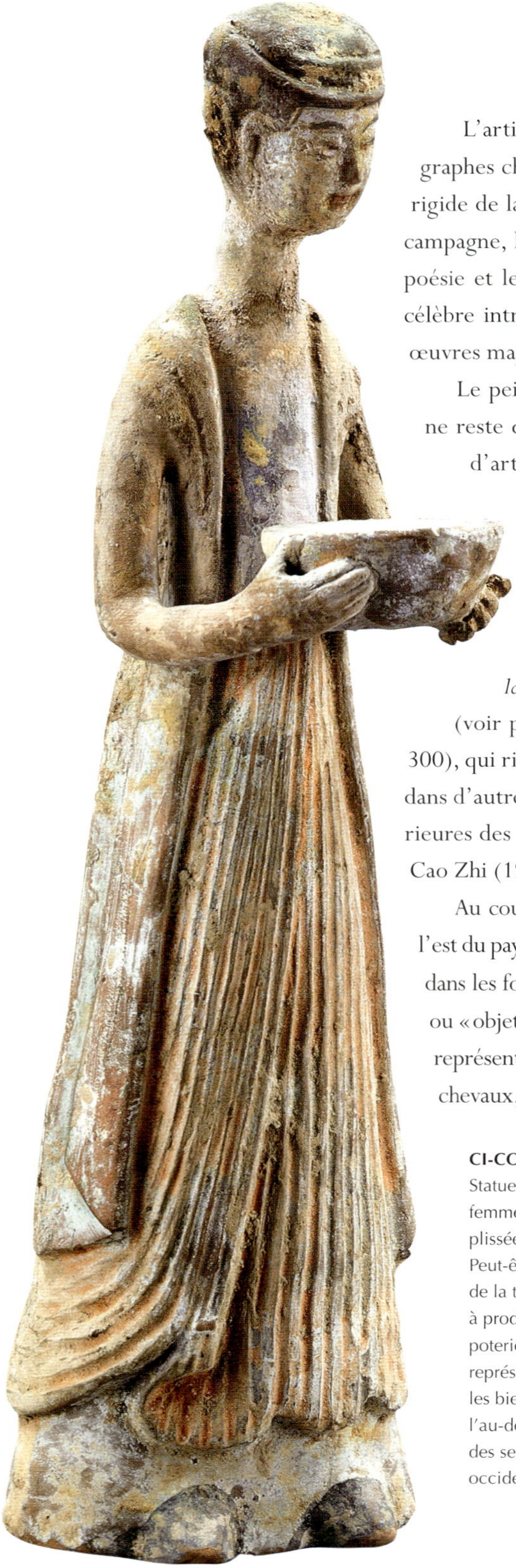

L'artiste Wang Xizhi (303-361) de la dynastie des Jin, un des plus illustres calligraphes chinois, développa un style fleuri dynamique en avance sur la tradition plus rigide de la dynastie des Han. Un jour, Wang invita quarante amis dans sa maison de campagne, le pavillon des Orchidées, près de l'actuelle Shaoxing. Chacun déclama sa poésie et les contributions furent réunies dans une anthologie dont Wang écrivit la célèbre introduction, *La Préface au pavillon des Orchidées*, considérée comme une des œuvres majeures de la calligraphie (voir pp. 112-114).

Le peintre Gu Kaizhi (344-405) est une autre figure illustre des Jin. Bien qu'il ne reste que des copies de ses œuvres, sa réputation en tant qu'artiste et critique d'art a perduré au fil des siècles, et l'éminent historien d'art Zhang Yanyuan vanta ses mérites au IXe siècle. Gu peignait des paysages, une tradition déjà bien établie en Chine. Il était aussi réputé pour ses portraits qui, outre la ressemblance des traits, traduisaient la personnalité du sujet à travers l'expression du visage et sa pose, comme en témoignent ses deux plus célèbres rouleaux horizontaux : *Les Admonitions aux femmes de la cour impériale* et *La Déesse de la rivière Luo*. Connues grâce à une copie Tang (voir p. 11), *Les Admonitions* sont une parodie politique de Zhuang Hua (v. 232-300), qui ridiculise les excès de l'impératrice. Le style linéaire de l'œuvre se retrouve dans d'autres peintures et dans des tombes contemporaines. Il existe trois copies ultérieures des illustrations de Gu pour *La Déesse*, longue œuvre de poésie et de prose de Cao Zhi (192-232), fils de Cao Cao, le souverain des Trois Royaumes.

Au cours de cette période, la production de céramique continua, notamment dans l'est du pays, et plusieurs extraordinaires pièces de céladons (voir p. 140) furent produites dans les fours de Yue, dans l'actuel Zhejiang. La tradition Han de production des *mingqi*, ou « objets spirituels » en terre cuite, a également perduré pendant toute la période. Ils représentaient en miniature tous les biens nécessaires dans l'au-delà (serviteurs, édifices, chevaux, objets usuels), ou même des créatures hybrides au rôle de gardiens.

CI-CONTRE
Statuette en terre cuite figurant une femme vêtue d'une belle tunique plissée, qui porte des offrandes. Peut-être s'agit-il du prolongement de la tradition Han qui consistait à produire des *mingqi* en poterie. Ces « objets spirituels » représentaient en miniature les biens nécessaires dans l'au-delà, comme par exemple des serviteurs. Dynastie des Wei occidentaux, 535-557 apr. J.-C.

PAGE DE DROITE
La dynastie des Wei du Nord fut la première en Chine à adopter le bouddhisme comme religion officielle. Placé devant une mandorle (halo en forme d'amande) de flammes, ce bodhisattva, divinité éclairée, tient un grand lotus, symbole de l'illumination. Bronze doré, dynastie des Wei du Nord, daté de 521.

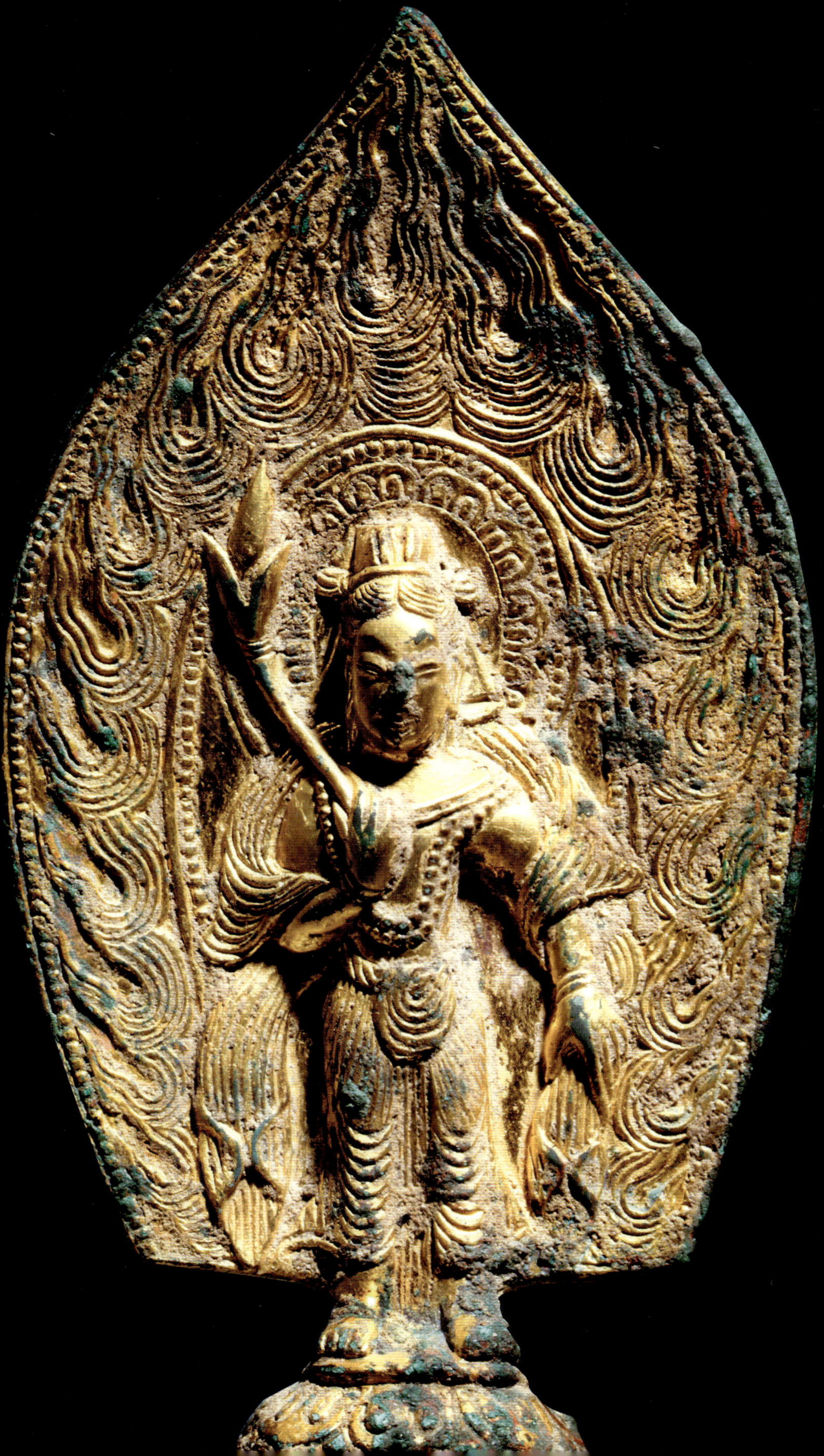

佛

L'AVÈNEMENT DU DHARMA

L'éclosion du bouddhisme en Chine

CI-DESSOUS
La grotte de Wanfo ou des 10 000 Bouddhas à Longmen porte ce nom en raison des 15 000 petits bouddhas sculptés dans ses parois. Ci-dessous, Amitabha est flanqué de ses disciples Ananda et Kasyapa et de deux bodhisattvas (achevée en 680, dynastie des Tang).

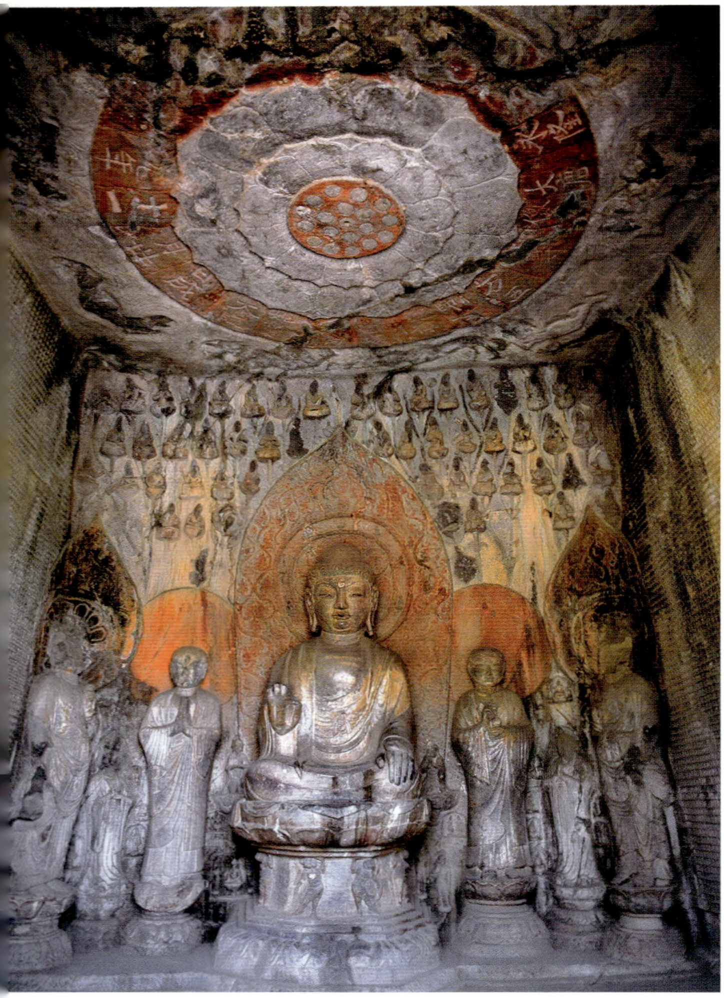

Les Chinois avaient connaissance de la religion indienne du Bouddha depuis l'expansion des Han en Asie centrale sous Wu Di (141-87 av. J.-C.). Selon la légende, Ming Di (règne 58-76), le deuxième empereur des Han orientaux, avait rêvé d'une figure dorée entourée d'un halo brillant qui était apparue dans le palais avant de s'envoler en direction de l'ouest. Ses conseillers lui dirent qu'il devait s'agir du Bouddha, qui résidait en Inde. Sur ce, l'empereur y dépêcha deux émissaires afin de rassembler des informations sur le Bouddha et ses enseignements. Trois ans plus tard, en 67 de notre ère, ils étaient de retour dans sa capitale, Luoyang. Deux vieux moines bouddhistes les accompagnaient, avec des images du Bouddha ainsi que les *Sutras en quarante-deux chapitres*. L'empereur ordonna la construction d'un temple bouddhique près de Luoyang : il fut nommé le monastère du Cheval Blanc, d'après l'animal qui avait convoyé leurs précieux présents en Chine. Au fil des siècles, des centaines de monastères bouddhiques furent créés en Chine.

Après avoir appris le chinois, les moines indiens traduisirent les *sutra* avec des collaborateurs chinois. Ce fut la première des nombreuses traductions de textes bouddhiques qui furent réalisées au cours des siècles suivants.

Peu après, les premiers missionnaires bouddhistes arrivèrent en Chine et firent œuvre de prosélytisme. L'histoire du bouddhisme avait débuté six siècles plus tôt, et il s'était divisé en plusieurs sectes. Toutes n'exigeaient pas de se retirer du monde pour vivre une vie pieuse : le bouddhisme Mahayana, par exemple, s'adressait à la masse des mortels ordinaires. Outre le Bouddha, le Mahayana accordait une place particulière à la figure du bodhisattva. Celui-ci, ayant atteint l'illumination, se dévouait pour soulager la souffrance des hommes et les aider dans leur propre voie spirituelle. Les bodhisattvas furent l'objet d'une dévotion populaire

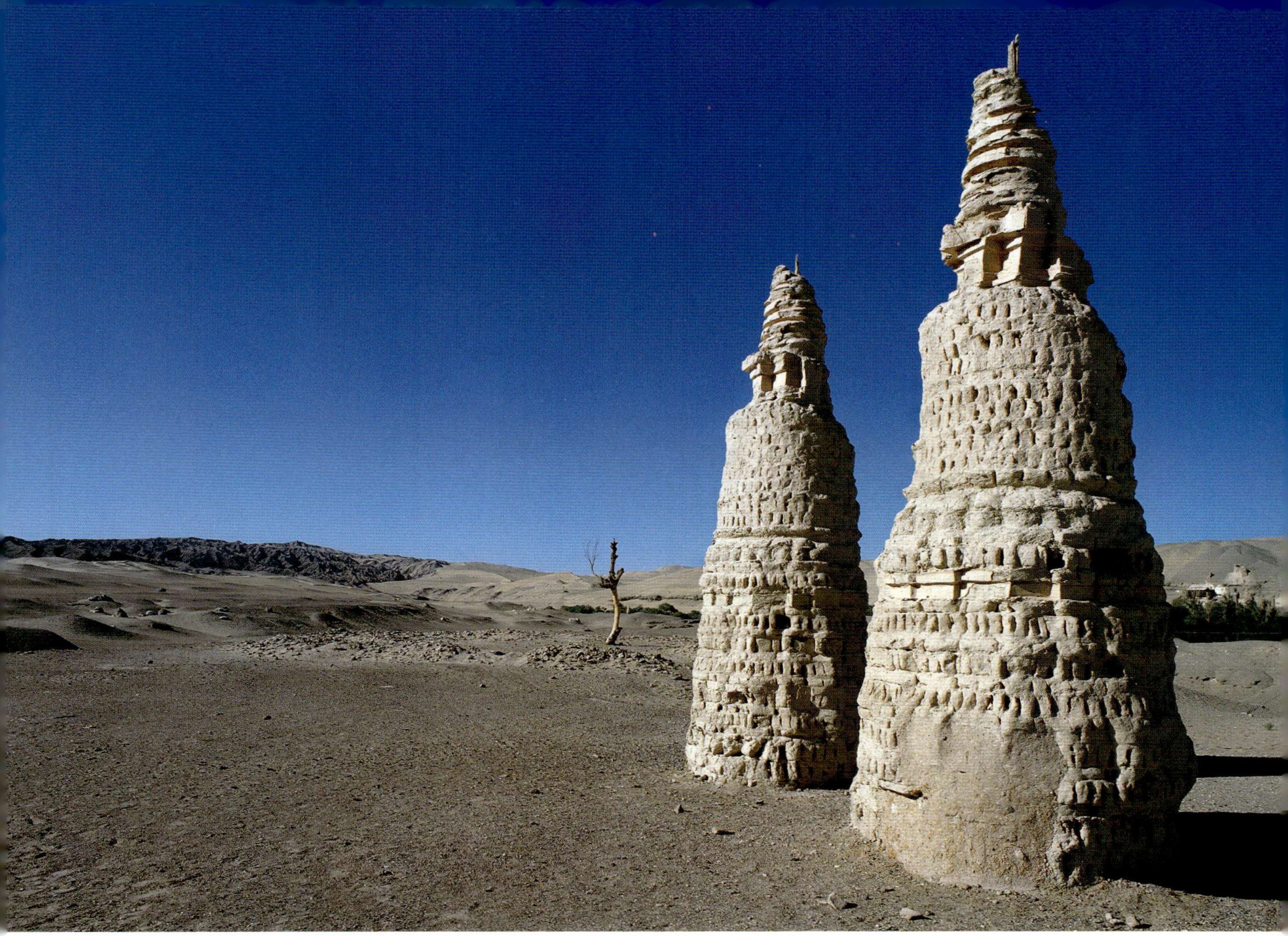

répandue, aux côtés d'une myriade d'autres figures, comme Maitreya, le Bouddha du futur, et d'autres « Bouddhas célestes », ainsi que des saints bouddhistes. Du fait de la promesse de salut et de la multiplicité de figures semi-divines, c'est la forme Mahayana du bouddhisme qui remporta le plus franc succès parmi la population chinoise.

LE BOUDDHISME PENDANT LA PÉRIODE DE DÉSUNION

C'est sous les Jin et les Dynasties du Nord et du Sud, pendant la Période de désunion, que le bouddhisme progressa le plus en Chine. En effet, en cette époque de troubles, la promesse de salut du Mahayana séduisait les masses qui souffraient. De plus, parmi les nombreux groupes ethniques qui composaient la Chine, certains étaient déjà convertis au bouddhisme. Plusieurs souverains des Dynasties du Nord fondèrent des temples bouddhiques, notamment les Wei du Nord (voir p. 63), qui financèrent les célèbres temples creusés dans la roche à Yungang près de Datong et à Longmen, près de Luoyang. Ils étaient ornés de magnifiques sculptures. Un souverain bouddhiste des

CI-DESSUS
Deux stupas à l'orée du site des grottes de Mogao, près de l'oasis de Dunhuang à Gansu, dans l'ouest de la Chine. Dès le IIIe siècle, Mogao devint un centre majeur de la culture bouddhique en raison de son emplacement sur la route de la Soie. Il connut son apogée sous les Tang et demeura important jusqu'au XIVe siècle. Redécouverts au début du XXe siècle, les sanctuaires rupestres ont livré des centaines de statues, de peintures murales et de textes.

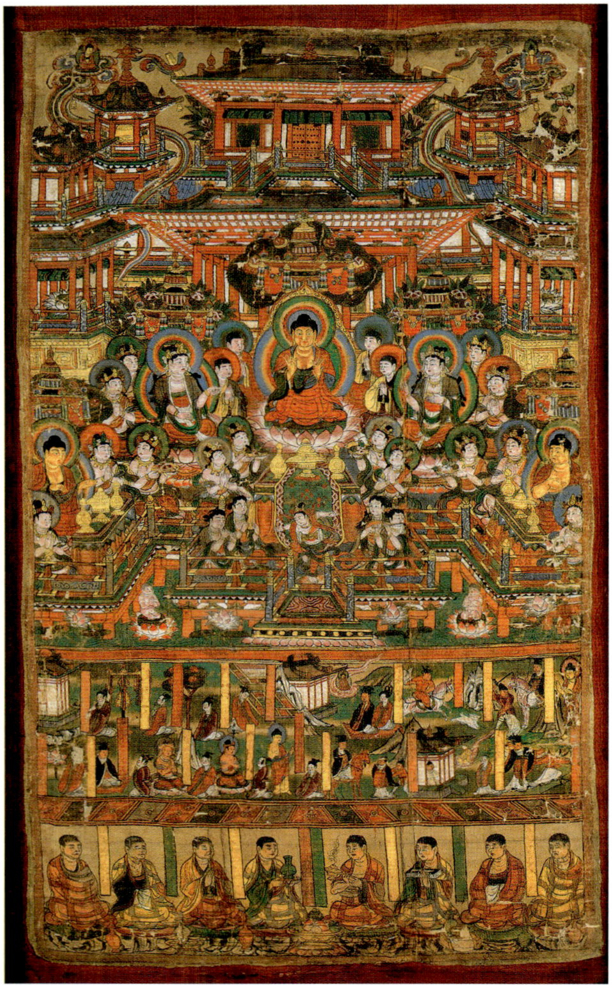

CI-DESSUS
Une représentation de la Terre pure, le paradis du Bouddha Amitabha (Amituo Fo), assis sur un trône en forme de lotus, dans la partie supérieure. *Thangka* sur soie, début du xe siècle. L'école de la Terre pure était alors dominante.

PAGE DE DROITE
Bouddha en calcaire peint trouvé dans une cache découverte en 1996 sur le site d'un temple disparu à Qingzhou, dans la province du Shandong. Le style rond et sensuel est caractéristique de la dynastie des Qi du Nord (550-577).

Dynasties du Sud particulièrement fervent, l'empereur Wu des Liang (règne 502-549), abandonna son trône pendant de longues périodes pour étudier et méditer dans un monastère.

À l'époque, de nombreux *sutras* bouddhiques avaient déjà été traduits en chinois, notamment par Kumarajiva (344-413). Originaire d'Asie centrale, Kumarajiva avait passé beaucoup de temps en Inde, et il fut chargé de diriger un bureau de traduction dans la capitale septentrionale de Chang'an (Xi'an). Un grand nombre de textes bouddhiques indiens furent traduits du sanskrit au chinois, en particulier les œuvres de Nagarjuna, un érudit du IIe siècle, et les écrits de la tradition de la *Perfection de sagesse (Prajñaparamita)*, qui étaient au centre du Mahayana. Le *Sutra du Lotus* et le *Sutra du Diamant* faisaient partie des textes les plus lus et les plus chantés ; une copie imprimée de la traduction chinoise du *Sutra du Diamant* par Kumarajiva fut découverte en 1907 dans les grottes bouddhiques de Mogao près de l'oasis de Dunhuang, sur la route de la Soie. Elle porte la date de 868 apr. J.-C., ce qui en fait le plus ancien livre imprimé du monde.

LES VOIES DE LA SAGESSE : LA TERRE PURE ET LE CHAN

Les deux écoles bouddhiques les plus répandues en Chine étaient celle de la Terre pure et le Chan (Zen, en japonais). La première reposait sur le culte Mahayana d'Amitabha (Amituo Fo en chinois), le Bouddha du rayonnement infini. Elle promettait à ceux qui invoquaient son nom qu'ils renaîtraient dans un paradis céleste appelé Terre pure, où ils pourraient être heureux sans avoir atteint l'illumination sur terre. Lorsque ce culte gagna la Chine, il suffisait de réciter le mantra *Nianfo Amituo Fo* (Hommage au Bouddha Amitabha) pour atteindre la Terre pure. Sous l'égide de Hui Yan (334-416), un moine savant qui reçut le titre posthume de premier patriarche de la Terre pure, le culte devint très populaire dans le Sud. Dans la cosmologie Mahayana, Amitabha se manifestait sur terre sous la forme d'Avalokitesvara, le bodhisattva de la compassion.

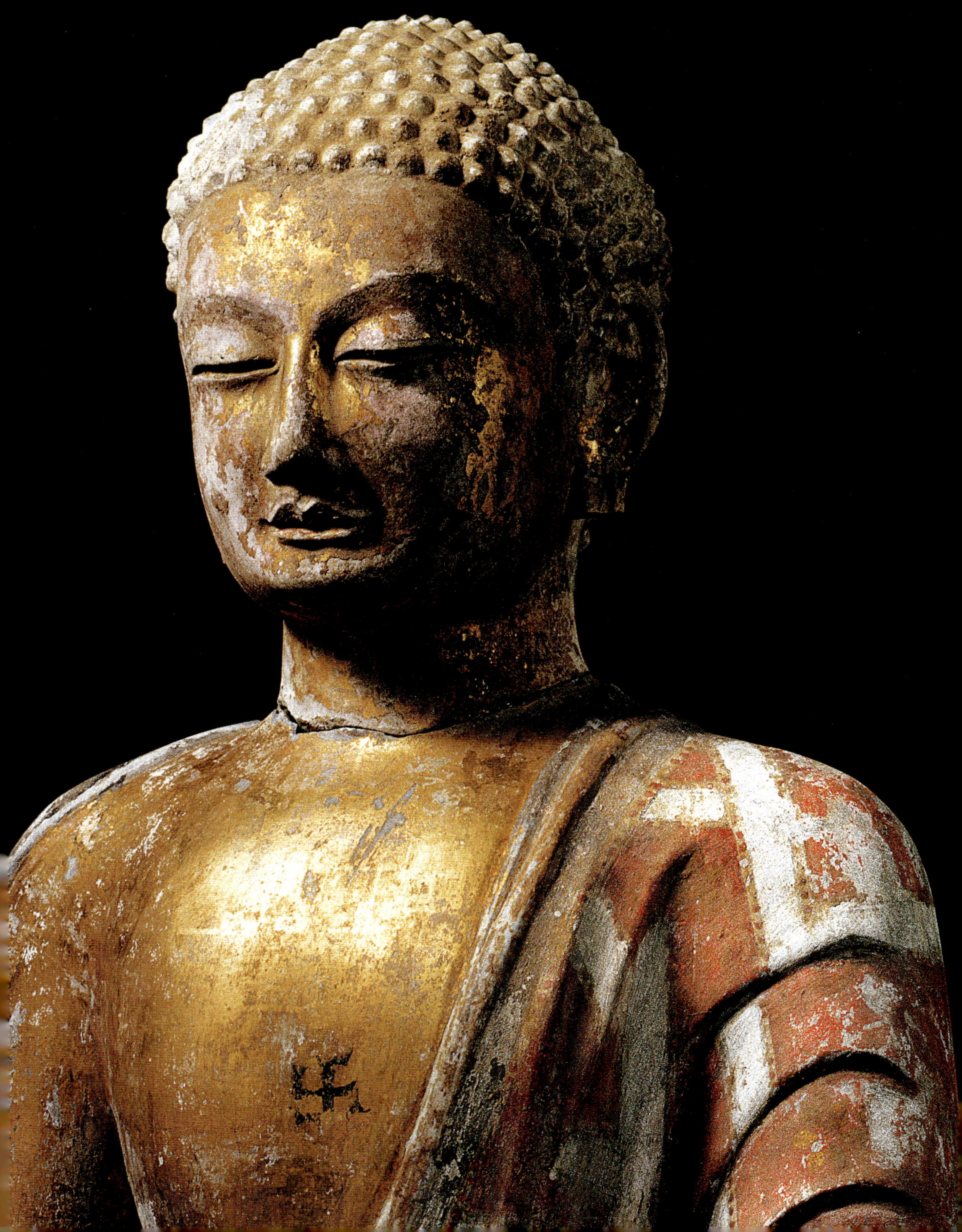

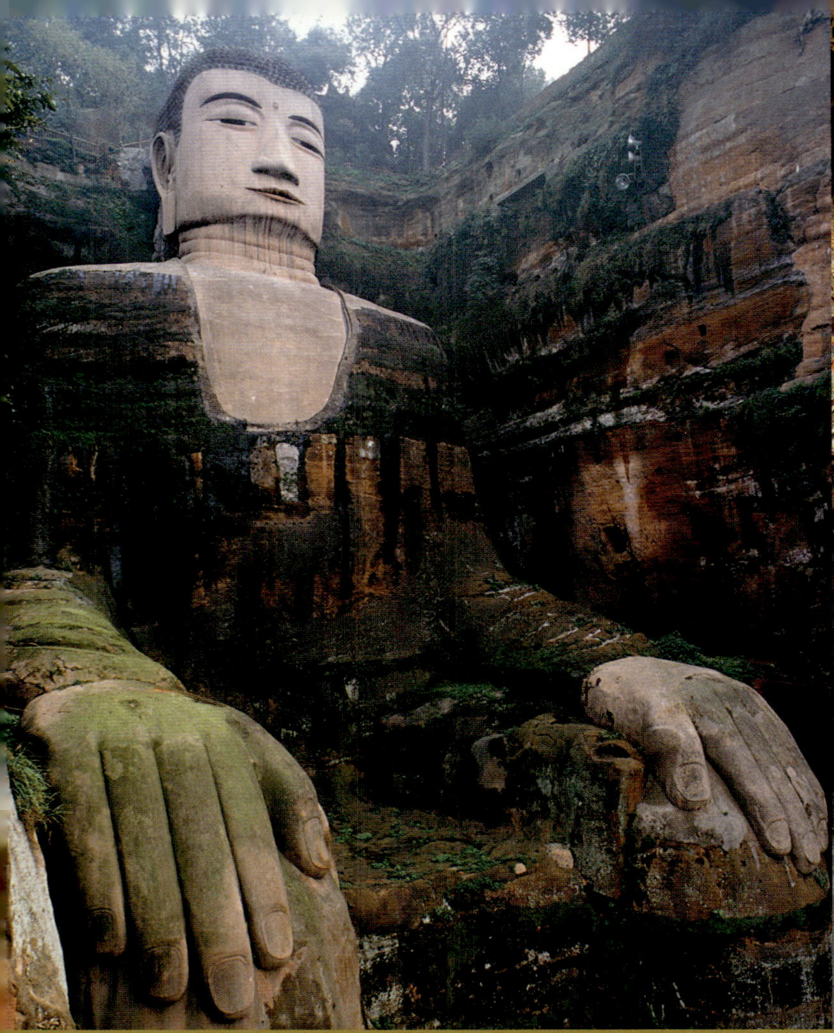

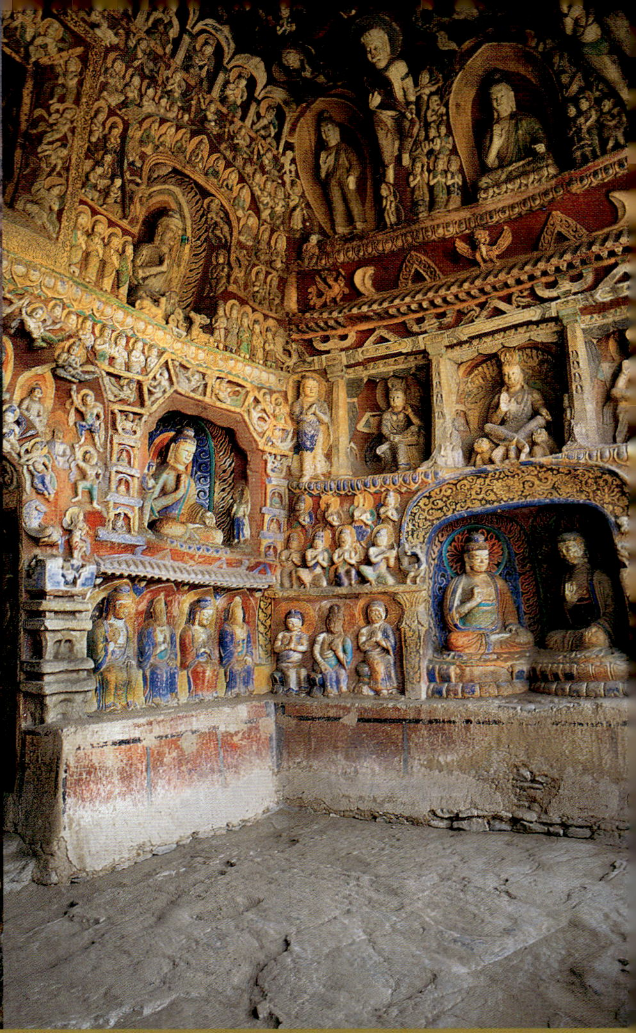

CI-DESSUS, À GAUCHE
Maitreya (Mile Fo), le Bouddha messianique du futur, s'est trouvé au cœur de plusieurs mouvements populaires dans l'histoire de la Chine. Cette représentation colossale en pierre, de 71 mètres de haut (le plus grand bouddha en pierre du monde) a été sculptée entre 713 et 803 dans les falaises de Leshan, dans la province du Sichuan (voir aussi pp. 54-55).

En Chine, sous les Sui et surtout sous les Tang, les images de cette divinité masculine, qui incarnait la bonté, devinrent progressivement plus féminines et sensuelles pour se transformer en Guanyin, la « déesse de la compassion », qui était depuis toujours une des divinités les plus populaires en Chine. Elle est fréquemment représentée portant Amitabha, son père spirituel, dans sa coiffe.

L'école de méditation Chan (nom qui vient du sanskrit *dhyana*) aurait été importée en Chine par le moine indien Bodhidharma au début du VIe siècle. Selon cette école, l'illumination ne résultait pas de l'étude intellectuelle des textes ou de l'accomplissement de rituels élaborés. L'introspection et la méditation devaient permettre d'atteindre la perspicacité et la sagesse. Les maîtres Chan préconisaient un enseignement oral, et leurs conversations ainsi que les *gong an* (aphorismes énigmatiques à l'origine des *koans* japonais) jouèrent un grand rôle lors de la transmission du Chan à la Corée et au Japon, sous les formes respectives du Son et du Zen. Les idéaux d'introspection et de simplicité du Chan influencèrent les peintres chinois, dont la méthode de travail

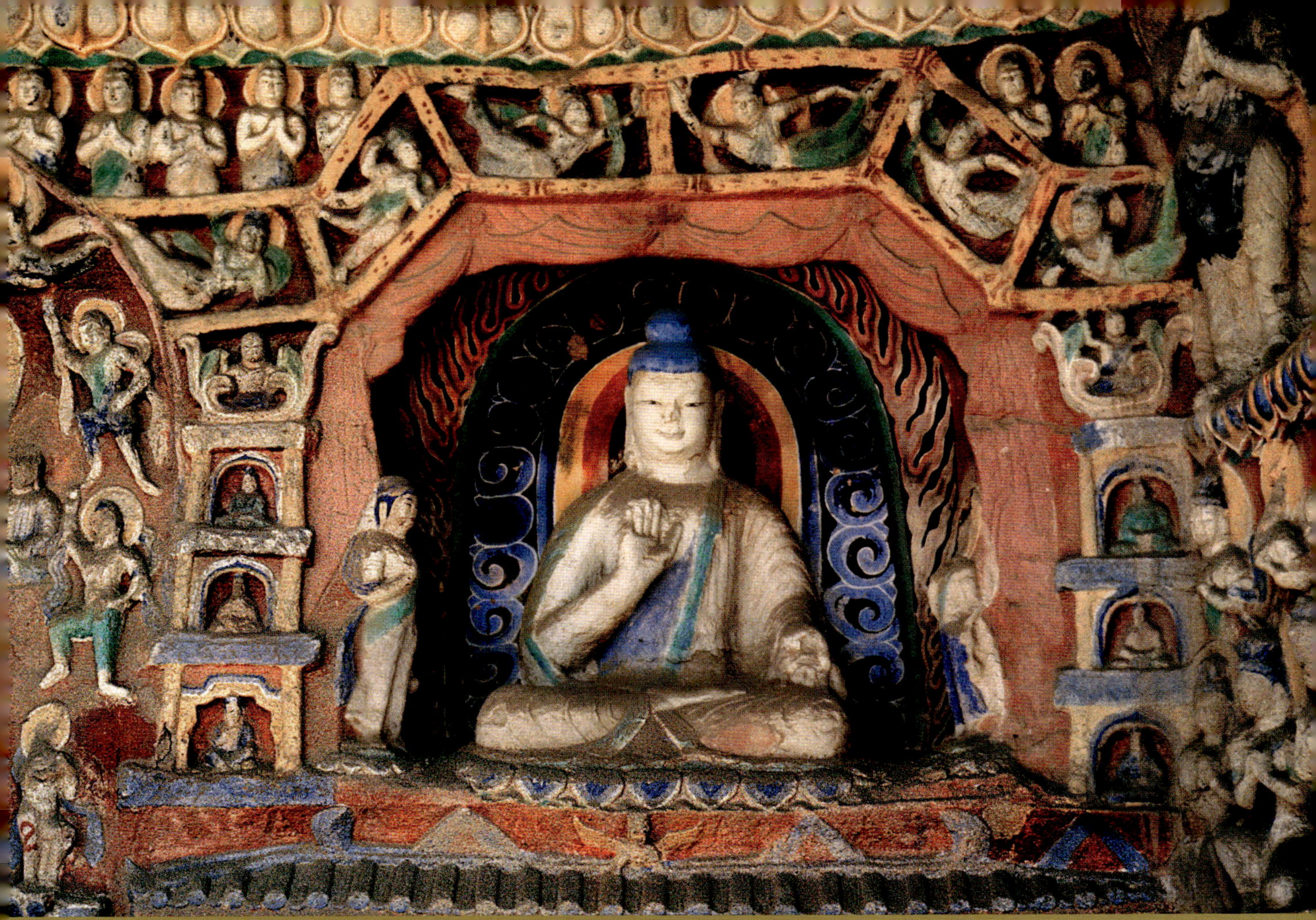

impliquait souvent une phase de contemplation destinée à appréhender l'essence du sujet, suivie d'une exécution rapide dans une facture libre.

L'APOGÉE DU BOUDDHISME SOUS LES TANG

Sous les dynasties des Sui et des Tang, le bouddhisme continua à s'épanouir dans une Chine réunifiée. Pendant les deux premiers siècles des Tang, il bénéficia parfois du soutien impérial, notamment de Taizong (626-649) et de l'impératrice Wu Zetian (690-705). La traduction des textes bouddhiques en chinois se poursuivit pendant cette période. En 629, l'érudit bouddhiste Xuanzang (602-664) entreprit un voyage mémorable en Inde. À son retour à Chang'an (Xi'an) en 647, chargé de textes bouddhistes et de reliques, il fut chaleureusement accueilli par l'empereur Taizong. Xuanzang passa le reste de sa vie à diriger des équipes de traducteurs, qui traduisirent à eux seuls un quart de toutes les versions chinoises des textes bouddhiques indiens. La Grande Pagode de l'Oie sauvage à Xi'an fut construite pour abriter les nombreux textes que Xuanzang avait ramenés.

CI-DESSUS ET AU CENTRE
Construit à partir de 460 dans une falaise de grès à proximité de Pingcheng, la capitale des Wei du Nord (actuelle Datong), le site de Yungang compte une cinquantaine de grottes abritant plus de 50 000 statues bouddhiques sculptées et peintes. Comme l'illustre la grotte 12 avec le Bouddha Maitreya et ses danseurs colorés, l'art bouddhique de la dynastie des Wei du Nord marque une évolution vers un style purement chinois. La grotte 12, datée de 483, est réputée pour ses représentations d'instruments de musique.

À DROITE
La pagode est l'adaptation typiquement chinoise du stupa bouddhique. Ces monuments reliquaires étaient destinés à abriter les reliques du Bouddha (os, dent, etc.), tenir lieu de mémoriaux pour les personnages saints ou servir de dépôts pour les textes et les images sacrés. La Grande Pagode de l'Oie sauvage a été érigée à Xi'an en 652 pour exercer cette dernière fonction : elle devait accueillir les centaines de textes bouddhiques que l'érudit Xuanzang avait rapportés d'Inde. Les premières pagodes avaient un plan carré, mais après la dynastie des Tang, les structures à 10, voire 12 côtés sont devenues plus fréquentes.

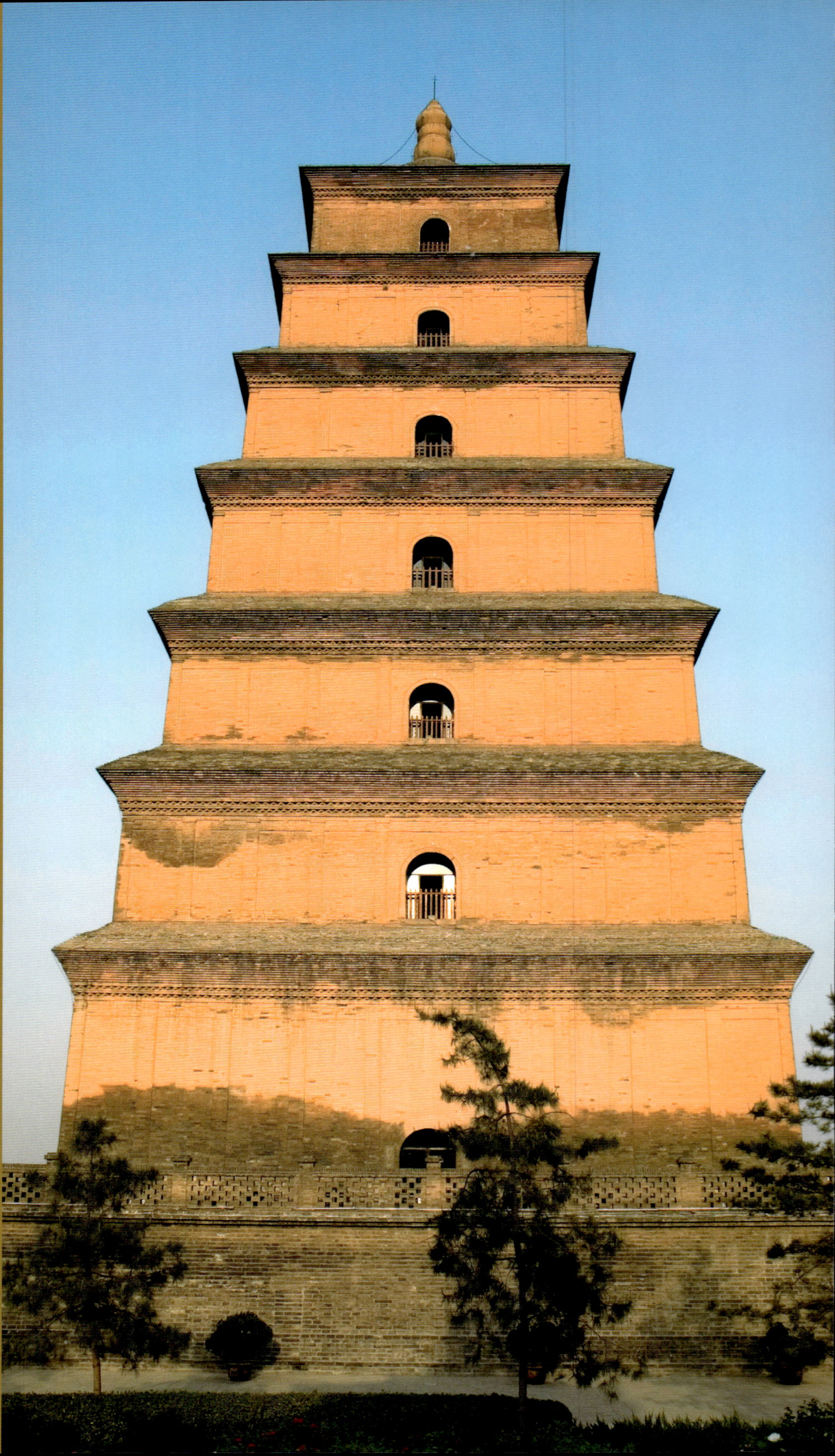

La seule femme à porter le titre d'« impératrice », Wu Zetian (690-705), était aussi une adepte fervente du bouddhisme. Sa dévotion s'illustre de façon spectaculaire dans les grottes de Longmen près de Luoyang, ville fondée par la dynastie des Wei du Nord vers 490. Parmi ses commandes, le plus grand temple rupestre de Longmen, le Fengxian, nécessita de creuser un volume de 24 mètres de large et 39 mètres de haut dans la roche dure. Le temple contient une statue colossale (17 mètres de haut) de Vairocana, un des Bouddhas célestes, dont les traits auraient été modelés d'après ceux de l'impératrice en personne. Cette image ainsi que d'autres à Longmen montrent à quel point l'art bouddhique chinois était parvenu à un style original, très distinct des modèles de l'Inde et de l'Asie centrale.

L'ENTRÉE EN DISGRÂCE

Au IXe siècle, alors que la puissance des empereurs Tang déclinait, un mouvement antibouddhiste s'éleva parmi les hauts fonctionnaires et les lettrés taoïstes, puis confucéens. D'une part, le bouddhisme était considéré comme une religion étrangère ; d'autre part, les nombreuses terres acquises par les monastères et leur grande richesse étaient une source de ressentiment. Le mouvement antibouddhiste apparut dans la littérature, à travers une tendance conservatrice qui préconisait le retour à un style d'écriture classique et le rejet de l'exploration de nouveaux thèmes et formes littéraires, en vogue sous les Dynasties du Sud. En 819, le grand prosateur Han Yu (768-824), considéré comme un pionnier du renouveau confucéen, écrivit une célèbre diatribe à propos de l'hystérie collective qu'avait suscitée le déplacement d'une relique bouddhique.

L'étape suivante advint en 845, lorsque toutes les religions étrangères furent interdites, et en particulier le bouddhisme, accusé de saper la moralité publique. Le bannissement avait aussi des motifs politiques. Par exemple celui de contrer le pouvoir des eunuques de la cour, qui étaient souvent de fervents bouddhistes. Ou de limiter l'accumulation de richesses des bouddhistes, et surtout leur importante consommation de bronze et d'autres métaux pour les cloches, les statues et autres objets votifs, à une époque où l'État manquait de monnaie. De nombreux monastères furent fermés puis démolis ou convertis à un autre usage. Quelques-uns furent maintenus mais avec un nombre très restreint de moines.

Le bouddhisme perdura en Chine, et prospéra même parfois – par exemple sous les dynasties étrangères des Yuan et des Qing, dont les souverains étaient eux-mêmes bouddhistes –, mais ne retrouva jamais l'immense prestige et le statut dont il avait joui à son apogée, pendant la Période de désunion et au début des Tang.

DAZU

Les grottes du Bouddha

Situés à 24 kilomètres de Chongqing dans le Sichuan, les sanctuaires rupestres de Dazu (« Grand Pied »), découverts en 1945 seulement, tirent leur nom de la légende selon laquelle le Bouddha laissa ici une empreinte de pied géante. En réalité, les travaux des grottes débutèrent en 650 sur l'ordre du gouverneur Tang de la région, et se poursuivirent sous les dynasties des Tang et des Song. Des dignitaires, des moines, des nonnes et des anonymes prêtèrent leur soutien, et les petites statues des donateurs se dressent aux côtés des bouddhas géants. De par leur grande qualité esthétique, leur excellent état de préservation et la richesse des sujets traités, les sculptures de Dazu n'ont rien à envier aux sanctuaires rupestres plus célèbres du Nord.

Dazu réunit plus de soixante-dix sites indépendants, totalisant près de cinquante mille

CI-DESSOUS
Le sanctuaire de Mahopaya, le Bouddha des Grand Moyens appropriés, sculpté dans la falaise de Baodingshan à Dazu. Les reliefs retracent les actes de piété filiale ou de dévotion du Bouddha au cours de sa dernière existence et de ses vies antérieures.
Au centre, la statue du Bouddha lui-même atteint 3,5 mètres de haut. Dynastie des Song.

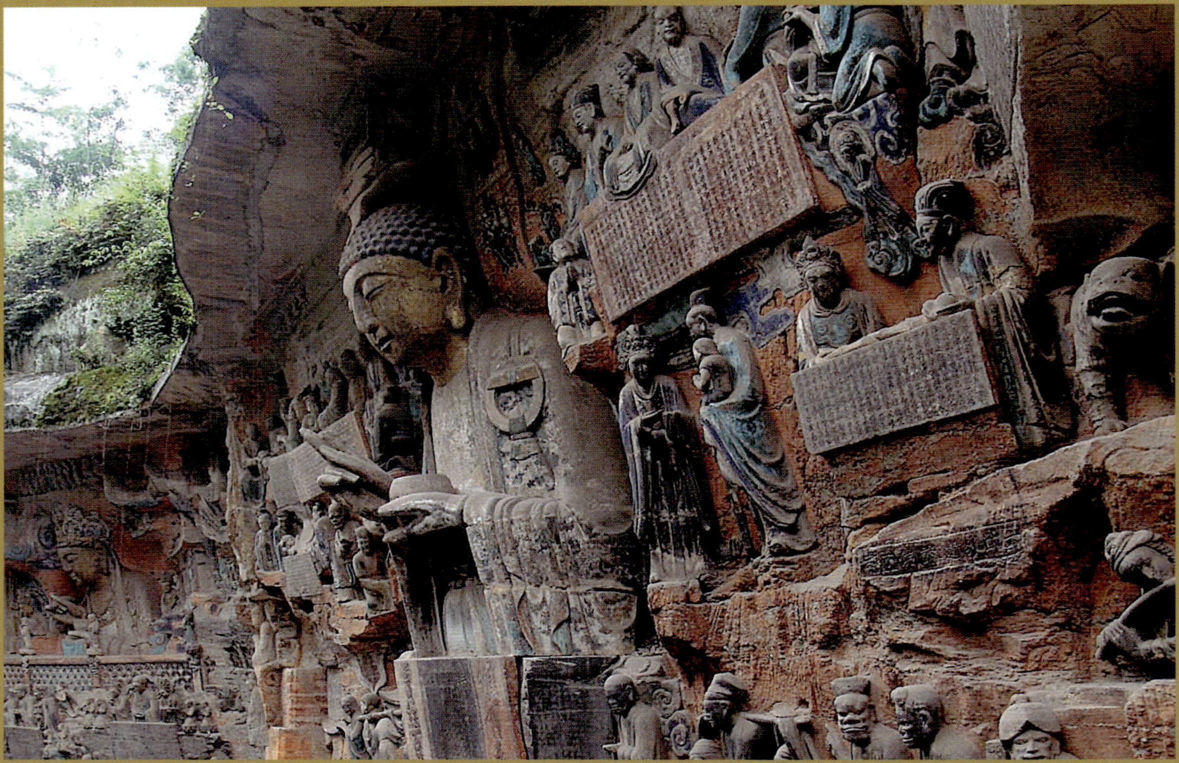

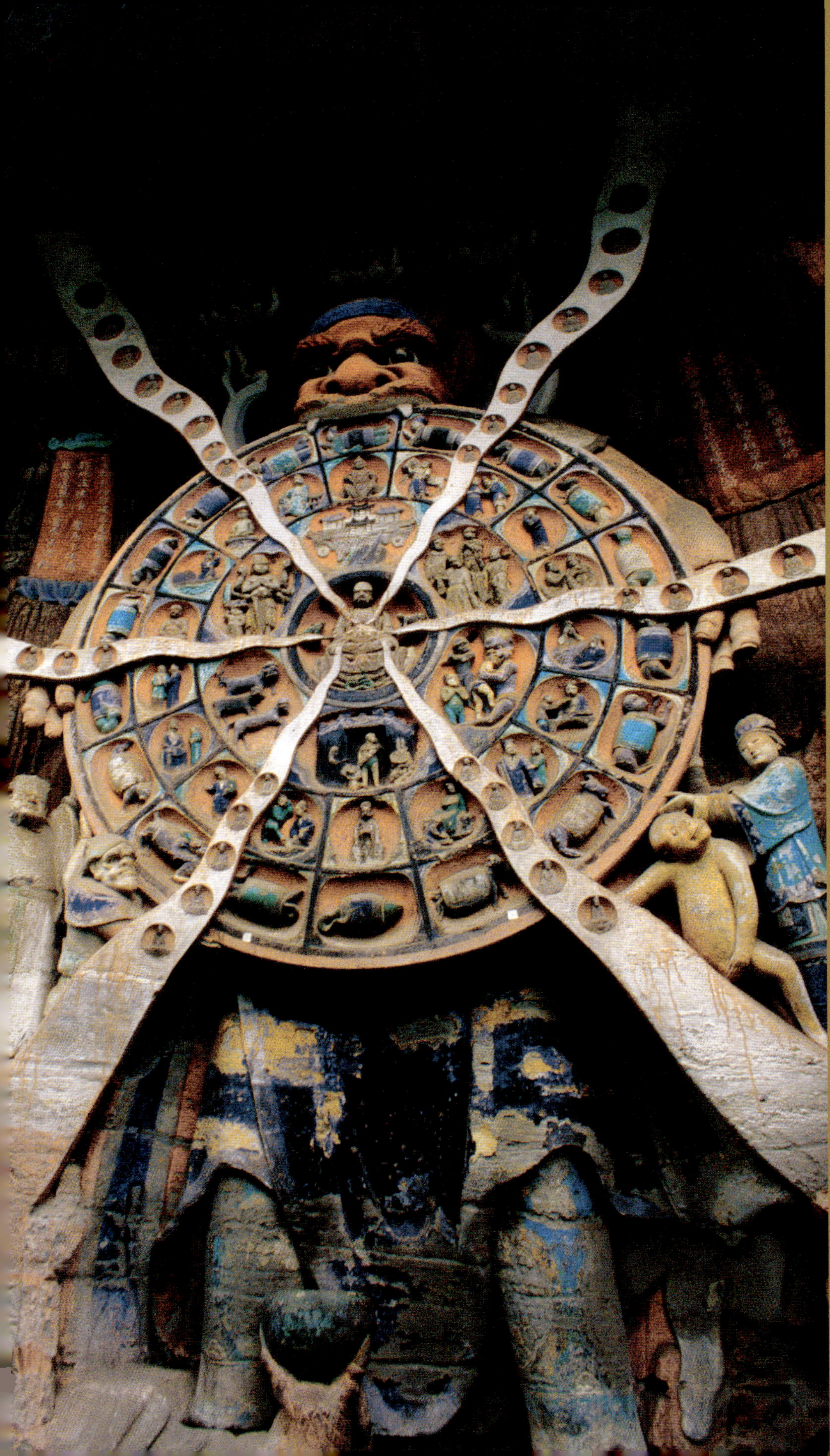

À GAUCHE
La Roue du dharma ou loi bouddhique sur le site de Baodingshan, à Dazu. Elle représente les six royaumes de l'existence dans lesquels l'âme peut renaître, avec l'enfer en bas et le paradis de l'Ouest d'Amitabha au sommet. Les autres royaumes accueillaient les dieux, les humains, les animaux et les esprits affamés. À la base, des figures représentent les défauts humains qui assurent la perpétuité du cycle des renaissances : cupidité, haine et illusion. La roue est portée par Yama, le dieu de la mort, à qui on ne peut échapper qu'en atteignant le *nirvana*. Le Bouddha au centre de la roue aurait les traits de Zhao Zhifeng, le fondateur du sanctuaire.

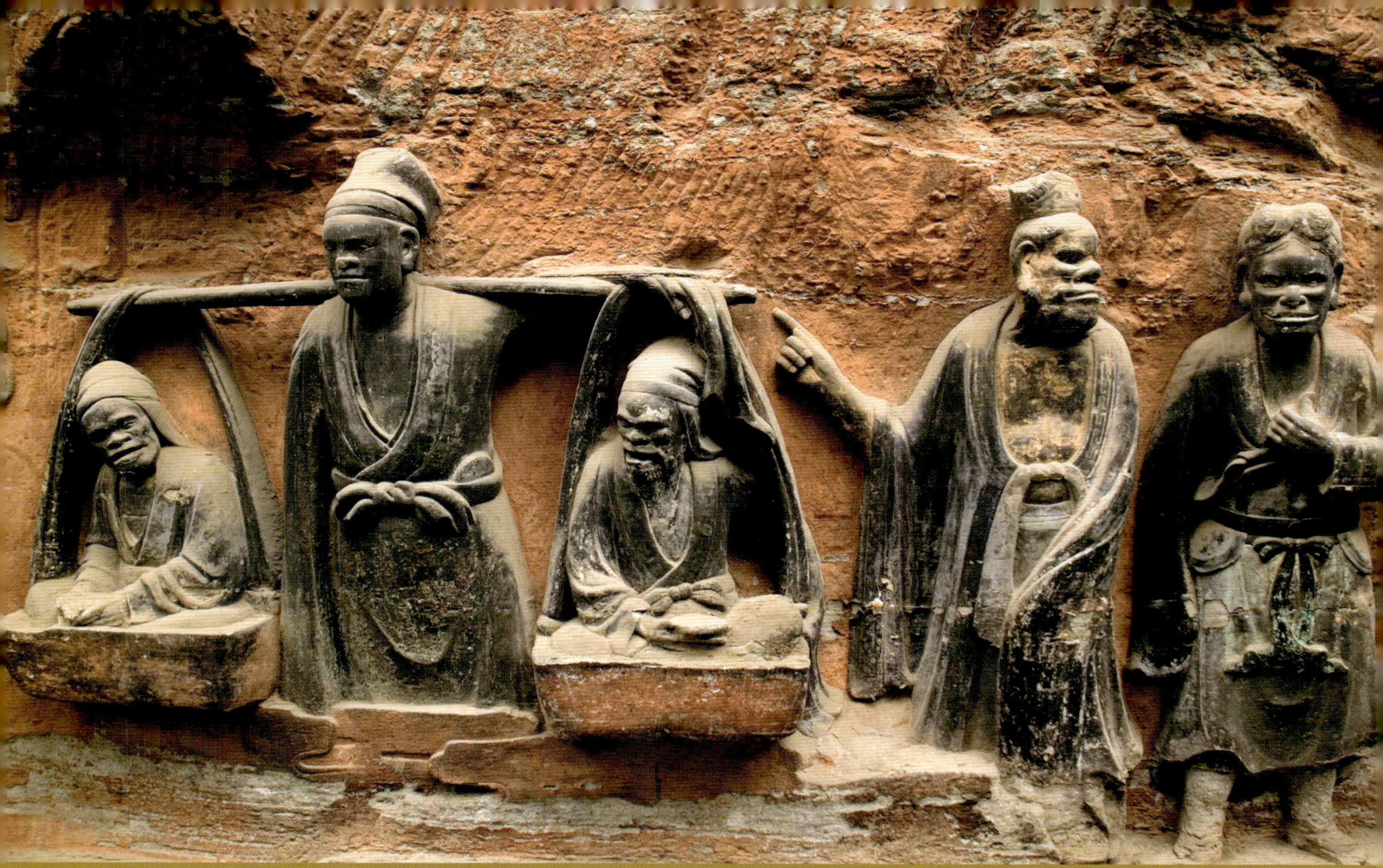

CI-DESSUS
Les grottes de Dazu sont remarquables pour leurs portraits naturalistes saisissants des gens du peuple. Les reliefs mêlent les préceptes bouddhiques avec les dogmes du taoïsme et du confucianisme, comme dans ce détail d'une scène (voir ill. p. 7) qui montre le Bouddha en train de porter ses parents âgés, illustration de l'idéal confucéen de piété filiale.

statues sculptées dans les falaises. Les deux principaux groupes de sanctuaires se trouvent à Beishan (la colline du Nord) et Baodingshan (la colline du Trésor). Cette dernière fut réalisée en grande partie sous l'égide du moine Zhao Zhifeng (né vers 1159), qui aurait consacré soixante-dix ans de sa vie à diriger l'agrandissement des grottes. Les statues de l'époque Tang à Dazu sont généralement rondes et bien charpentées, reflétant la mode contemporaine ; elles contrastent avec les statues des Song, plus gracieuses et plus élégantes.

LA GROTTE DE LA ROUE QUI TOURNE

Baodingshan est le site le plus vaste, avec plus de dix mille statues. C'est près de là que Sakyamuni aurait laissé son empreinte de pied géante. Le complexe abrite un sanctuaire à la mémoire de Zhao Zhifeng. Il appartenait à une secte du bouddhisme tantrique ésotérique qui, dans le nord de la Chine, ne survécut pas aux persécutions de la fin des Tang, mais s'épanouit au sud pendant quelques siècles encore. Baodingshan en était l'un des principaux centres.

Le plus grand et le plus célèbre sanctuaire construit sous les Song porte le numéro trois et s'intitule la « grotte de la Roue qui tourne » (voir p. 75). Il représente la Roue de la loi tantrique, de 2 mètres de diamètre et posée, parallèlement au sol, sur huit piliers à l'entrée de la grotte. La roue symbolise le *samsara*, le cycle de l'existence que l'on ne peut rompre qu'en suivant l'enseignement de Bouddha, le dharma. On

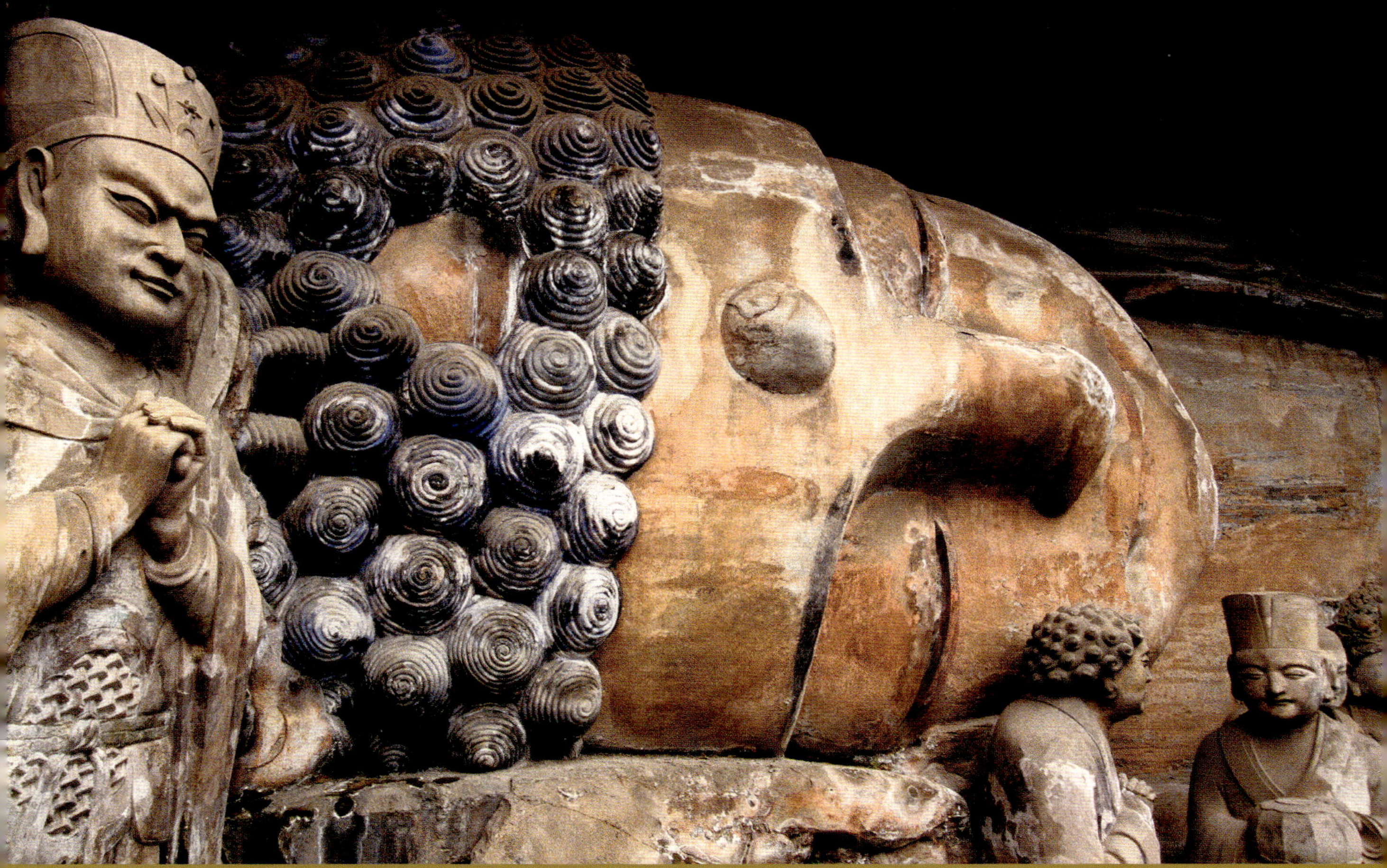

accède alors au *nirvana*, en échappant aux renaissances sans fin et à la souffrance qu'elles entraînent. La roue représente aussi le dharma, dans l'iconographie bouddhique. À l'intérieur de la grotte – et symboliquement à l'extérieur de la roue de l'existence, dont il s'est échappé – se trouve la principale statue du Bouddha sur son trône de lotus, flanqué de disciples, de bodhisattvas, d'enfants et de donateurs. L'entrée est gardée par de féroces gardiens censés éloigner les esprits maléfiques.

Un autre élément spécifique de Baodingshan est une série de tableaux sculptés représentant les enfers bouddhiques, peuplés d'ivrognes, de dépravés et de meurtriers. Parmi ces scènes parfois horrifiantes, un boddhisattva offre le salut. Baodingshan et Dazu dans son ensemble sont particulièrement remarquables pour leurs représentations vivantes et sympathiques de scènes de la vie quotidienne et rurale. On retrouve le Bouddha, qui porte avec ferveur ses parents âgés et émaciés, et le visage très expressif d'un disciple qui observe la scène avec des sentiments mitigés. Certaines sculptures de divinités bouddhiques, comme Guanyin, sont également rendues dans un style naturel et réaliste.

Autre élément inhabituel constaté à Dazu : bien qu'étant essentiellement bouddhiste, le site inclut aussi des figures confucéennes et taoïstes, peut-être parce que Dazu était le principal centre religieux de toute la région. Parmi les donateurs de Baodingshan, par exemple, Wei Liaoweng était un célèbre érudit confucéen de la dynastie des Song.

CI-DESSUS
Détail d'une sculpture de la mort du Bouddha, ou *nirvana* final, à Baodingshan. On distingue la tête du Bouddha allongé ainsi qu'un groupe de disciples et de donateurs, dont le créateur du sanctuaire Zhao Zhifeng, avec les cheveux bouclés. Dynastie des Song.

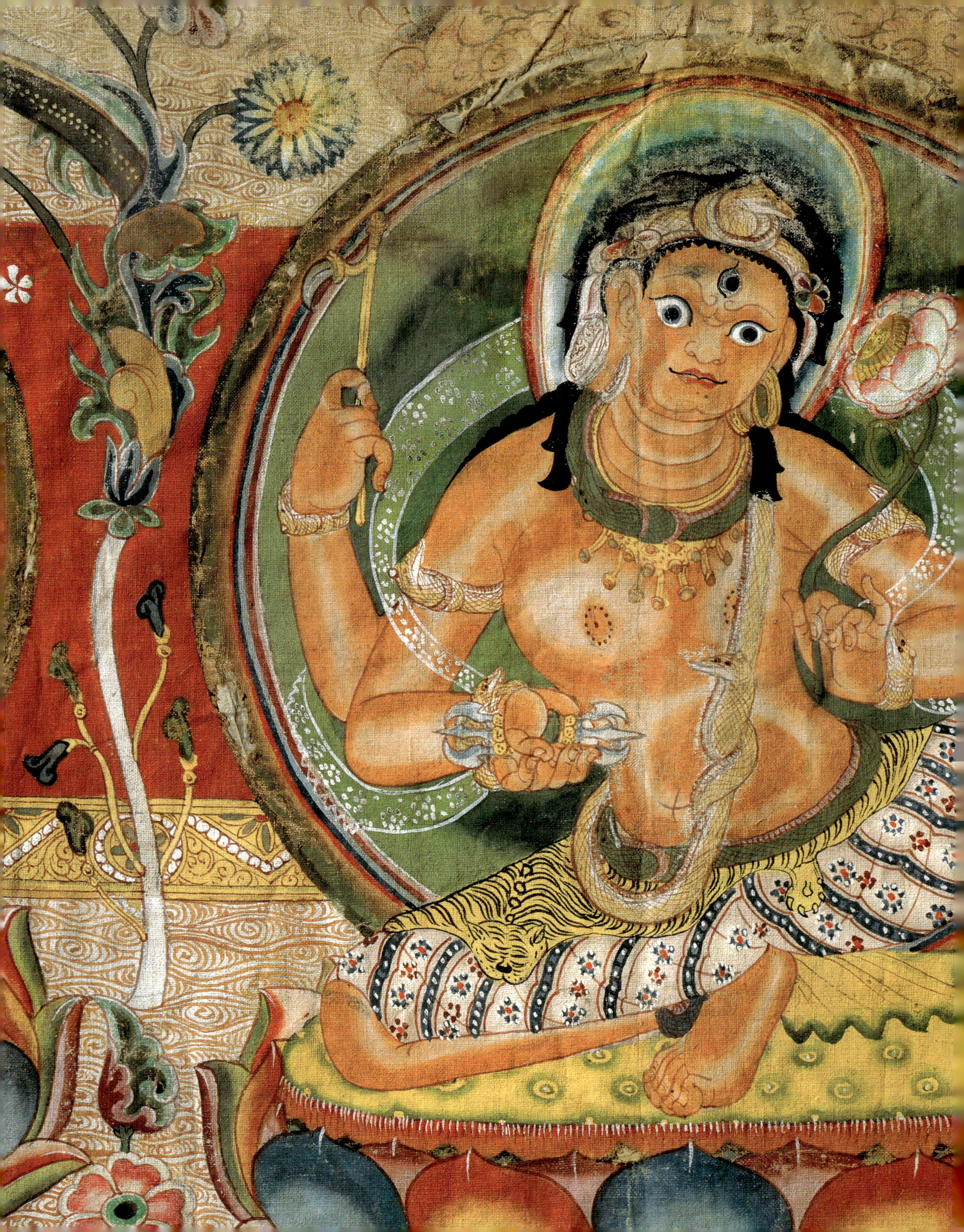

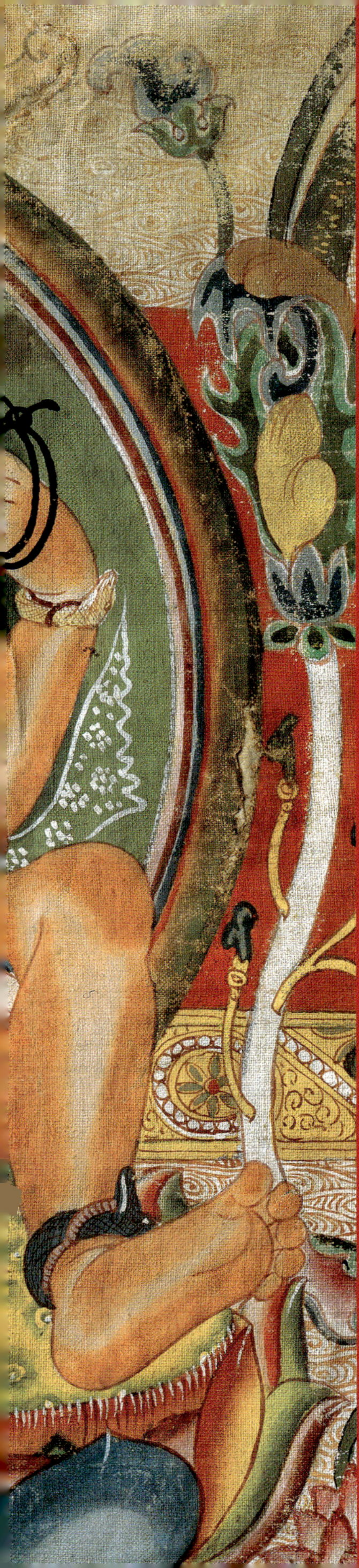

四

CHAPITRE IV

UN ÂGE D'OR

581 – 907

L'ÉPOQUE DES TANG

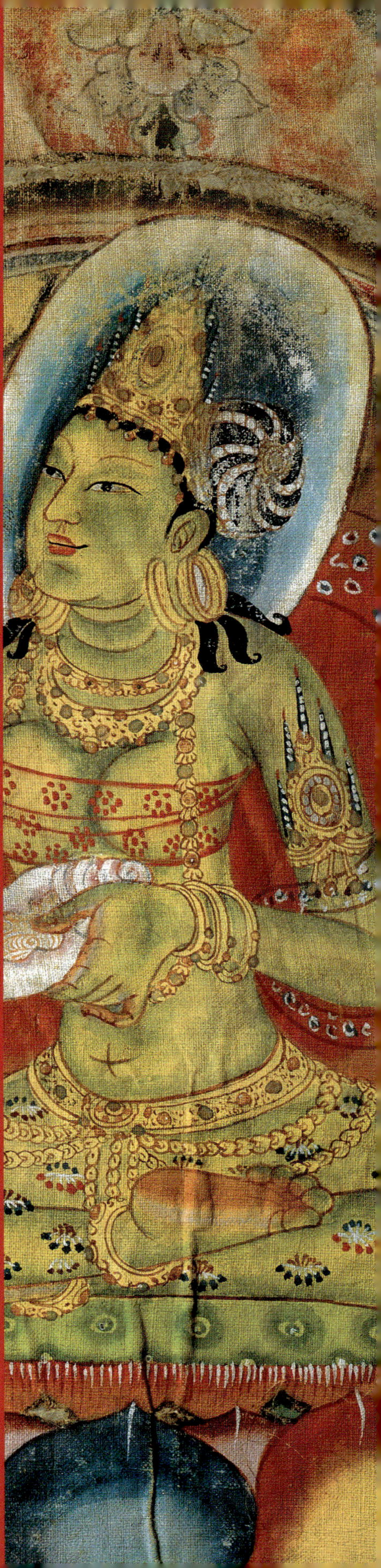

隋

L'EMPIRE RÉUNIFIÉ

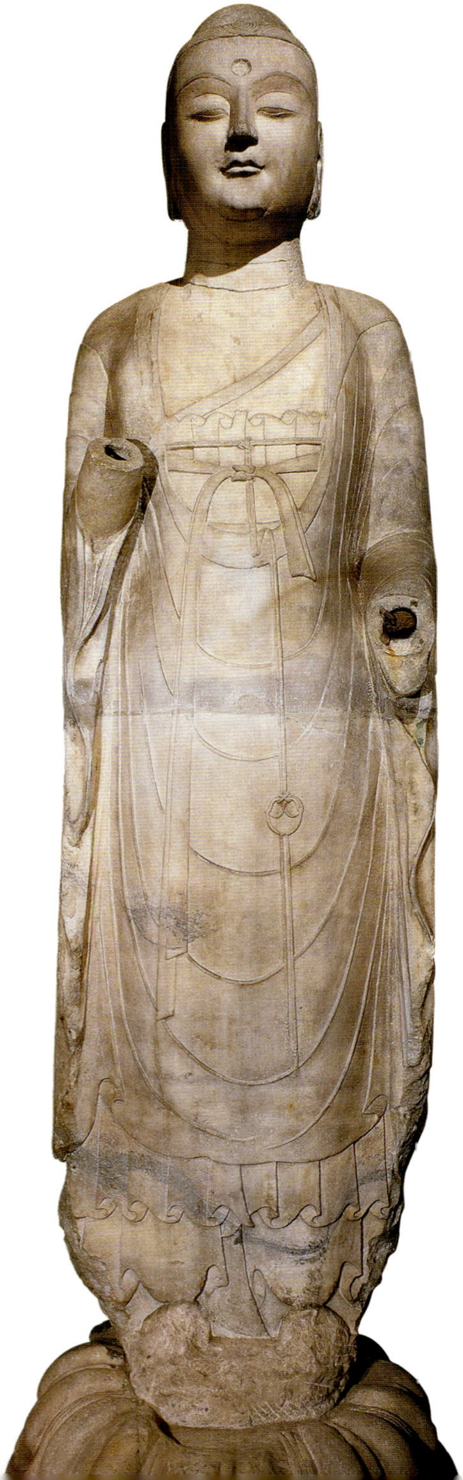

La dynastie des Sui (581-618)

隋 En 581, le général aristocrate Yang Jian de la brève dynastie des Zhou du Nord fomenta un coup d'État et fonda une nouvelle dynastie, les Sui. Yang Jian régna jusqu'en 604 sous le nom d'empereur Wen Di. En huit ans, il parvint à conquérir la dernière dynastie du Sud, les Chen (557-589), et à réunifier la Chine après trois siècles et demi de division.

Même si la dynastie des Sui fut brève, elle laissa une empreinte durable sur la Chine impériale, comme les Qin huit siècles auparavant. Wen Di instaura un gouvernement central unifié composé de six ministères (administration publique, finances, rites, guerre, justice et travaux publics) et restaura le système des préfectures et des districts qu'avaient introduit les Qin, mais sur un territoire bien plus vaste. Il mit en place un système d'examens pour le recrutement des fonctionnaires, bien plus complet que sous les Han, et décréta que leur nomination était la prérogative du gouvernement central. Wen Di prit également des mesures pour relancer l'économie en allégeant les impôts.

CIRCULER DANS L'EMPIRE : LE GRAND CANAL

La réalisation la plus mémorable de Wen Di et de son successeur Yang Di (604-618) fut peut-être l'achèvement d'un nouveau « Grand Canal » pour raccorder le nord et le sud de la Chine. À l'exception de la mer, aucune voie de transport naturelle ne permettait de relier la Chine du Nord, où se trouvaient souvent les capitales impériales, avec le Sud. Au VIe siècle pourtant, les gouvernements impériaux dépendaient du transport des céréales depuis le Sud pour approvisionner la capitale et les armées chinoises postées sur les frontières du Nord. Les Han avaient déjà construit des canaux pour relier Chang'an (actuelle

À GAUCHE
Bouddhistes fervents, les deux empereurs Sui commandèrent un grand nombre d'images bouddhiques, dont cette statue du Bouddha Amitabha (Amituo Fo) pour le temple Chongguang, dans le village de Hancui (Hebei). La forme solide et les plis plats du drapé sont typiques des Sui. Marbre, règne de Wen Di, avec une inscription datée de 585.

PAGE DE DROITE
Comme la Grande Muraille, le Grand Canal est une prouesse du génie civil. Dans cette peinture du XVIIIe siècle, l'empereur Yangdi, le second souverain de la dynastie des Sui, est représenté dans la barque impériale (en bas à droite), en train d'inspecter les travaux pour le prolongement du canal vers Hangzhou. Peinture sur soie, dynastie des Qing, règne de Qianlong (1736-1795).

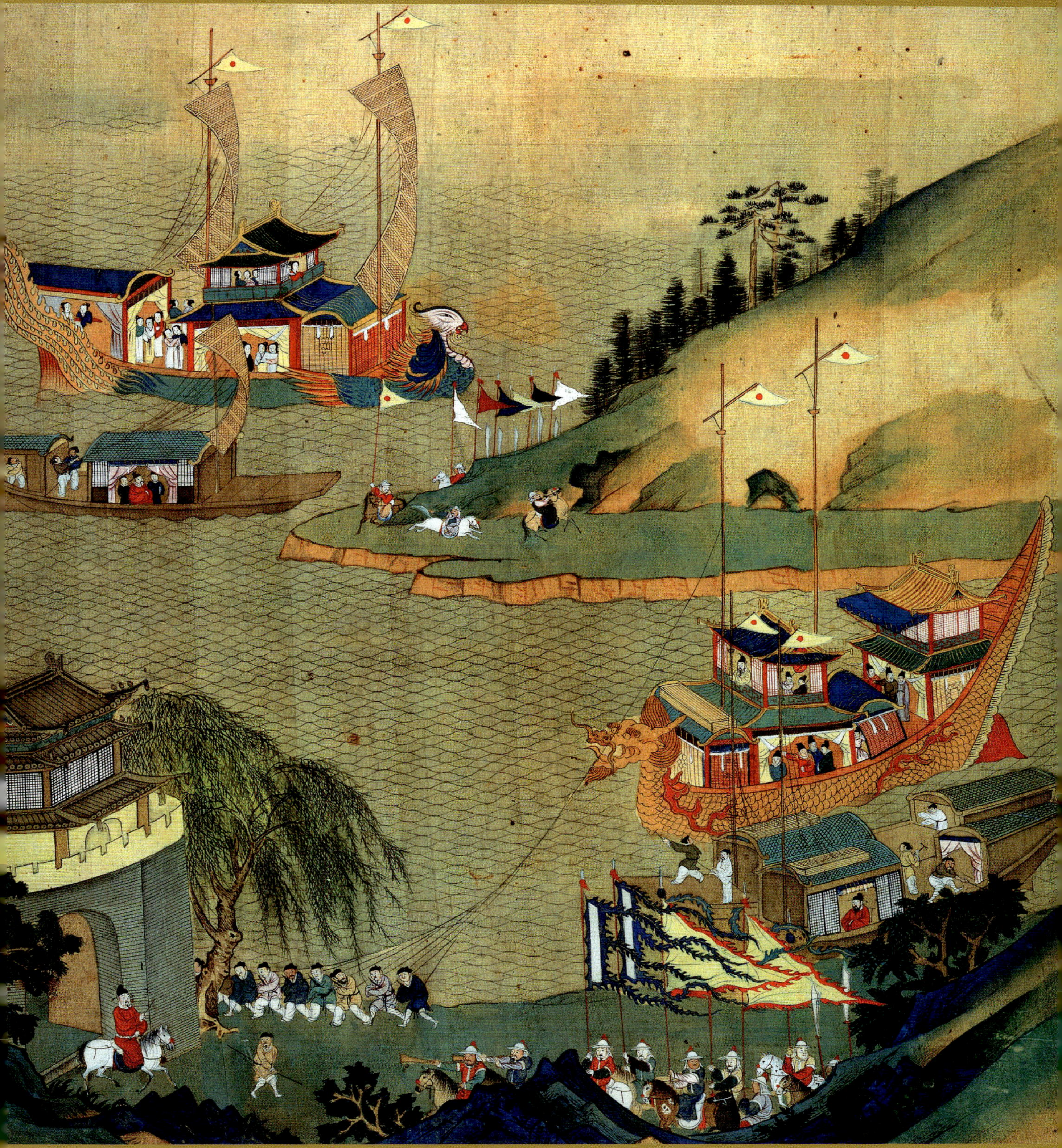

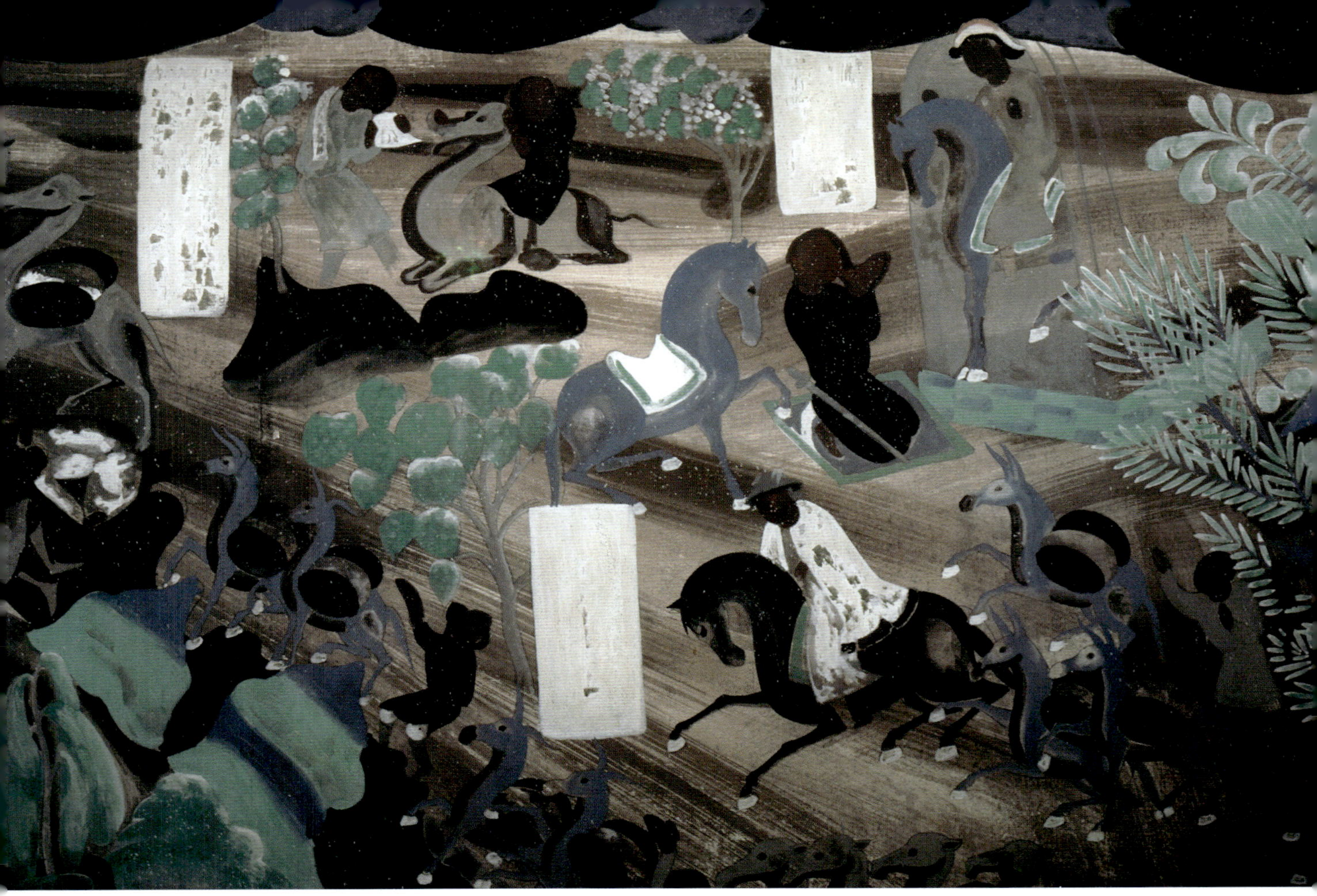

CI-DESSUS
Cette peinture murale de la dynastie des Sui, dans les sanctuaires bouddhiques de Mogao, près de Dunhuang, dans l'ouest de la Chine, représente une caravane de marchands sur la route de la Soie. Dunhuang était une oasis importante sur la route qui reliait la Chine à l'Inde et à l'Asie centrale. Du IVe au XIVe siècle, ce fut un centre de culture bouddhique cosmopolite et prospère, qui connut son apogée à la période Sui-Tang.

Xi'an) aux steppes du Nord. Le Grand Canal, tel que le conçut Wen Di et que le mit en œuvre son successeur, exigeait de reconstruire les canaux existants et de creuser de nouvelles voies pour relier le fleuve Jaune et le Yangzi. Il devait aussi être prolongé au sud du Yangzi dans les steppes orientales jusqu'à Hangzhou, dans la province du Zhejiang.

Le Grand Canal devint la plus longue voie d'eau artificielle au monde. En dépit des critiques des auteurs contemporains, qui reprochaient à Yang Di l'ampleur des corvées exigées pour construire le Grand Canal, il représentait une avancée économique et militaire pour le nouvel État réunifié. Encore utilisé aujourd'hui, le canal a permis au Nord de profiter de la prospérité relative du Sud et d'importer le riz cultivé au Sud.

Yang Di fit entièrement reconstruire Chang'an ainsi que l'autre capitale du Nord, Luoyang. Leur plan suivait un quadrillage orienté selon les quatre points cardinaux. Il fit aussi construire deux immenses greniers à grain près des deux capitales pour assurer un approvisionnement régulier en céréales à ces deux gros centres de population. Enfin, l'empereur ordonna la construction d'une troisième capitale impériale, Yang Du (Yangzhou), à l'intersection du Grand Canal et du fleuve Yangzi. Là, les Sui armèrent une flotte et missionnèrent des expéditions vers Taiwan, Sumatra et ce qui est aujourd'hui le Vietnam. Ces projets, engagés par Wen Di, furent menés à exécution par son fils.

En raison de sa prétendue extravagance et de son train de vie luxueux, Yang Di a été accusé par les historiens d'avoir entraîné la chute de la dynastie des Sui. Mais c'est probablement le coût des expéditions militaires à répétition contre les Coréens, qui s'étaient alliés avec des peuples turcs de l'Ouest, qui greva l'économie. Quelle qu'en fût la cause, une rébellion s'éleva en 613 contre la dynastie, qui fut finalement renversée par un de ses généraux en 617.

LES ARTS DES SUI

À part le Grand Canal, aucun monument n'illustre mieux la confiance nouvelle qui imprégnait toutes les couches de la société sous les Sui que le pont en arc au-dessus de la rivière Jiao à Zhaozhou, dans la province du Hebei. C'est le plus vieux pont en pierre de Chine. À chaque extrémité de son arc allongé –la travée est plus longue que celle d'aucun pont européen antérieur à la Renaissance – se trouvent deux ouvertures destinées à réduire la force des eaux et à empêcher que la structure du pont ne soit endommagée. Par ailleurs, ses garde-corps sont décorés de superbes reliefs sculptés d'animaux et de motifs végétaux.

Les travaux des principales grottes bouddhiques se poursuivirent, avec une nette amélioration de la qualité des fresques. Une peinture particulièrement poignante dans la grotte n° 397 de Dunhuang s'intitule *Traverser l'enceinte de la ville à minuit* : le jeune Sakyamuni (Bouddha), déterminé à quitter son foyer pour chercher l'illumination, vole au-dessus de la porte de la ville sur son cheval, tandis que ses parents essaient de le convaincre de rester. Il est accompagné d'esprits angéliques qui jouent de la musique et défendu par des gardiens spirituels. Aidé par un dieu qui soulève les sabots de son cheval vers le ciel, il s'enfonce dans les montagnes. Comme de nombreuses fresques réalisées sous la dynastie des Sui, elle est pleine de mouvement et d'énergie, à la fois expressive et colorée.

La peinture séculière s'épanouit également. Le peintre Zhan Ziqian, fonctionnaire du gouvernement Sui, inspira les peintres de la dynastie des Tang au point d'être surnommé « L'Ancêtre de la peinture Tang ». Un de ses paysages, *Promenade au printemps*, présente plusieurs caractéristiques qui furent reprises par les artistes Tang et Song, à savoir la taille minuscule des êtres humains par comparaison avec la grandeur de la nature, et l'agencement de l'espace de sorte que les arbres et les montagnes apparaissent dans leur propre relation les uns aux autres. Zhan Ziqian aimait également dépeindre l'expression humaine dans sa peinture figurative, des palais et des jardins dans ses paysages, et des événements historiques.

LE GRAND ANCÊTRE

Taizong et le début des Tang (618-705)

CI-DESSOUS
Pendentif portant un décor en relief des deux côtés, dans un cadre orné de perles en bronze doré. Le côté représenté ici figure un singe qui joue dans une vigne; le motif des grappes de raisin est probablement d'origine iranienne et reflète les influences cosmopolites qui s'exerçaient sur l'art des Tang. Jade blanc calcifié, début des Tang, VIIe siècle.

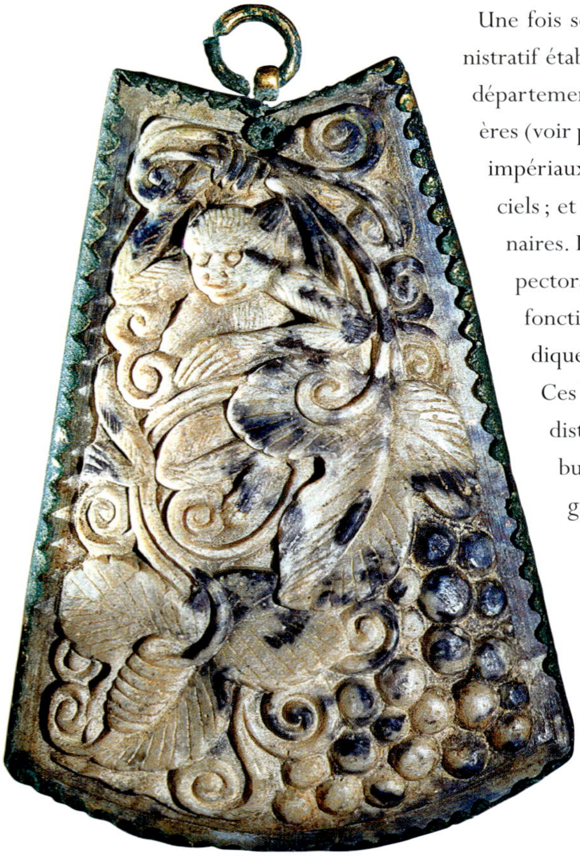

En 618, la dynastie des Sui tomba comme elle avait débuté, aux mains d'un général rebelle. Li Yuan fonda alors la dynastie des Tang, qui devait se classer immédiatement derrière les Han en termes de longévité et d'expansion territoriale. Le règne de Li Yuan s'acheva malencontreusement en 626, lors d'une querelle familiale qui entraîna sa mort et celle de ses deux fils aînés. Le trône revint à son troisième fils, le jeune Li Shimin, qui avait prouvé son aptitude au commandement en remportant des batailles pour le compte de son père. Régnant (626-649) sous le titre de Tang Taizong (Grand Ancêtre des Tang), il allait devenir un des plus célèbres empereurs de l'histoire de la Chine.

Une fois son pouvoir consolidé, Taizong s'attela à la réforme du système administratif établi par les Sui. Le gouvernement des Tang s'articulait autour de quatre départements principaux : le département des Affaires d'État, divisé en six ministères (voir p. 80) ; la Chancellerie impériale, qui vérifiait et transmettait les décrets impériaux ; le Grand Secrétariat, responsable de la préparation des textes officiels ; et le Conseil d'État, qui réunissait l'empereur et les plus hauts fonctionnaires. Il y avait d'autres bureaux centraux, telles la Cour des censeurs (ou Inspectorat), qui recueillait les plaintes du peuple et supervisait la conduite des fonctionnaires, et la Cour suprême de justice, qui statuait sur les affaires juridiques les plus complexes et détenait le droit de prononcer la peine de mort. Ces bureaux supervisaient l'administration de tout l'empire, à l'échelon des districts, des préfectures et des régions administratives spéciales. D'autres bureaux étaient chargés du contrôle des canaux, des arsenaux, etc. Les grandes dynasties postérieures reprirent cette structure administrative.

UNE CAPITALE COSMOPOLITE : CHANG'AN

Les Tang héritèrent de la capitale des Sui, Chang'an (actuelle Xi'an). Elle occupait un vaste rectangle mesurant environ 10 kilomètres d'ouest en est et 3 km du nord au sud, et était traversée par 14 avenues dans le sens nord-sud et onze dans le sens est-ouest. Entre ces avenues, 110 quartiers murés étaient bordés par deux grands marchés, à l'est et à l'ouest. Au nord de la ville, deux grandes encein-

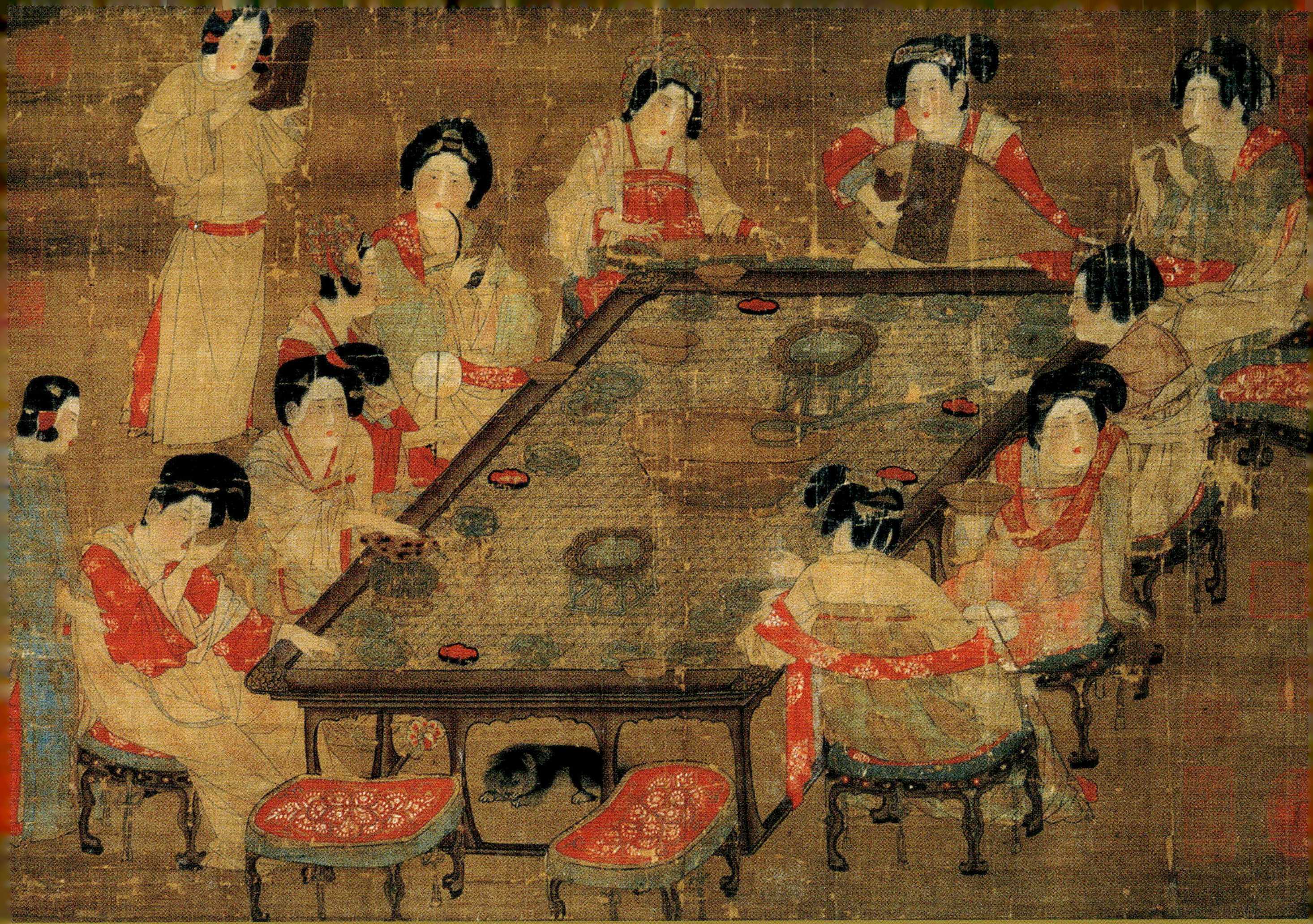

tes abritaient la Cité impériale et, immédiatement au sud de celle-ci, la Cité administrative. La plupart des grandes capitales des dynasties successives, y compris les deux dernières des Ming et des Qing, ainsi que d'autres villes du pays, adoptèrent le plan Sui-Tang. Il respectait la notion cosmologique chinoise selon laquelle le ciel était rond et la Terre – dont Chang'an était un microcosme symbolique – carrée, et qui voulait qu'un bon empereur soit assis sur son trône en direction du sud, à l'instar de l'empereur mythique Shun (voir pp. 16-17). Plusieurs parcs impériaux et des palais entouraient Chang'an. Des canaux permettaient d'acheminer l'eau douce directement sur les marchés.

Au début du Moyen Âge, Chang'an était la plus grosse ville du monde, avec un million d'habitants et une population qui comptait des milliers de marchands, d'étudiants et d'artistes étrangers. Parmi les visiteurs de la ville, certains marchands venaient de l'extrême Ouest, notamment de Samarkand et de Boukhara, et quelques diplomates étrangers de plus loin encore. Une ambassade de l'Iran sassanide arriva à Chang'an

CI-DESSUS
Banquet et Concert, peinture anonyme représentant des dames de la cour Tang réunies autour d'un festin accompagné de musique. La surface en bois des instruments de musique était peut-être laquée. Pendant des millénaires, la musique occupa une place importante dans la vie de la cour, car elle permettait aux descendants d'entrer en relation avec les esprits de leurs aïeux. Fin des Tang ou début de la période des Cinq Dynasties, xe siècle.

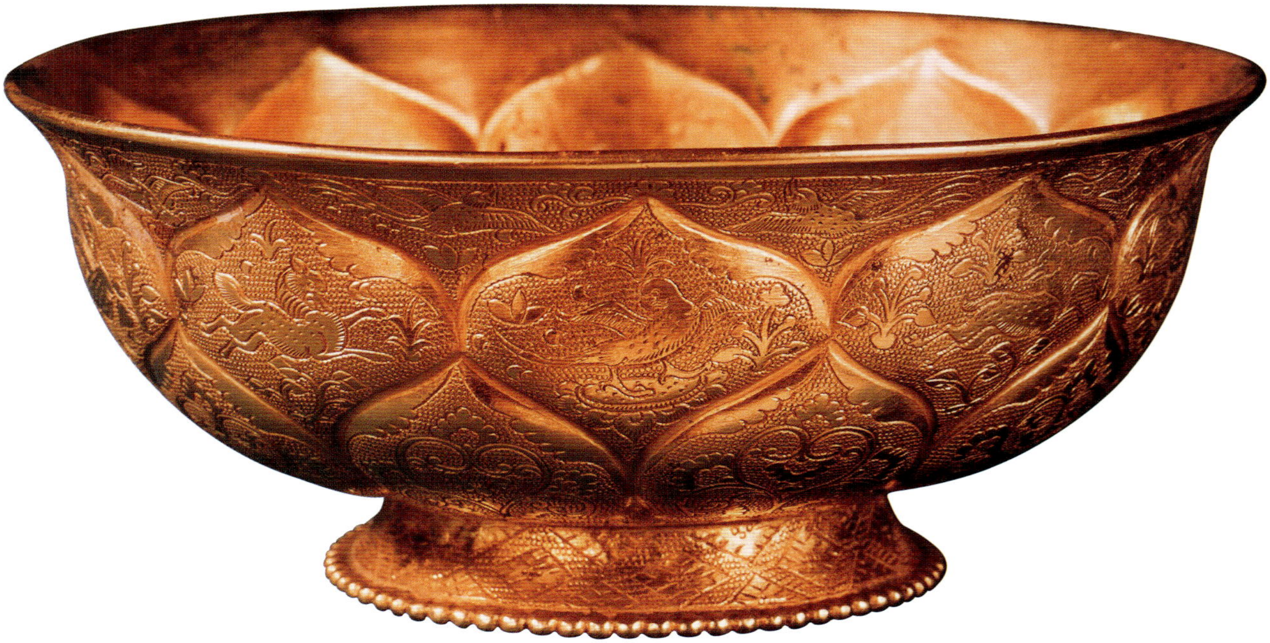

CI-DESSUS
Cette coupe en or trouvée près de Xi'an (ancienne capitale Chang'an des Tang) montre une influence iranienne, dans ses motifs ciselés de cervidés, d'oiseaux et de fleurs. En revanche, les pétales de lotus sont un motif d'origine bouddhique. Dynastie des Tang, milieu du VIIIe siècle.

PAGE DE DROITE
L'armure sophistiquée du guerrier était maintenue en place grâce à un système complexe de bandes et de cordes. La provenance exacte de la statue (72 cm de haut) est inconnue, mais une paire réalisée à partir des mêmes moules, datée de 664, a été découverte le long de la rampe d'accès qui menait à la chambre funéraire d'un commandant de la garde rapprochée de l'empereur Taizong. Céramique vernissée, dynastie des Tang, v. 664.

en 632 ; une autre représentant l'Empire byzantin visita la capitale impériale quelques années plus tard, en 643.

Les cultes religieux étrangers se déplaçaient aussi vers l'est. Le nestorianisme, doctrine chrétienne hérétique bannie par l'Empire byzantin au Ve siècle, voyagea le long de la route de la Soie depuis l'Iran et arriva à Chang'an en 631. La cour des Tang autorisa les nestoriens à prêcher, et cette forme de christianisme perdura quelque temps ; un important texte nestorien en chinois a été conservé sur une tablette en pierre de Chang'an.

D'autres religions étrangères pénétrèrent en Chine à cette époque, parmi lesquelles le manichéisme, qui fut autorisé à la fin du VIIe siècle et exerça une certaine influence sur l'astronomie chinoise, et le zoroastrisme, qui avait été interdit en Iran après les invasions arabes et l'émergence de l'islam. Le zoroastrisme eut un impact limité sur la culture chinoise, mais à travers les contacts avec les Iraniens, les artisans chinois découvrirent de nouvelles techniques, dont le martelage et le ciselage de l'or et de l'argent. L'élite chinoise adopta le polo, un jeu d'origine iranienne.

Le gouvernement des Tang était par ailleurs favorable au taoïsme, ainsi qu'au bouddhisme, religion « étrangère » qui connut le plus grand succès en Chine. Même si le nombre de temples, de moines et de prêtres était limité, les institutions religieuses étaient exonérées d'impôts, de sorte que les monastères bouddhiques purent accumuler un riche patrimoine. Plus tard, le ressentiment qu'ils suscitaient fut à l'origine d'une violente contestation (voir p. 71). La dynastie des Tang représente l'apogée du bouddhisme en Chine, et l'enthousiasme populaire que rencontrait alors cette religion exerça une forte influence sur des visiteurs japonais comme le moine Ennin. En 838, il se rendit sur la montagne sacrée Wutai, où plus de trois cents temples bouddhiques furent fondés pendant la dynastie. Sous les Tang, les complexes rupestres de Yungang et de Longmen furent agrandis, ainsi que ceux de Mogao, près de Dunhuang à l'extrémité ouest de l'empire. Au sud, les premières grottes du district de Dazu dans le Sichuan datent de cette période (voir pp. 65 à 75).

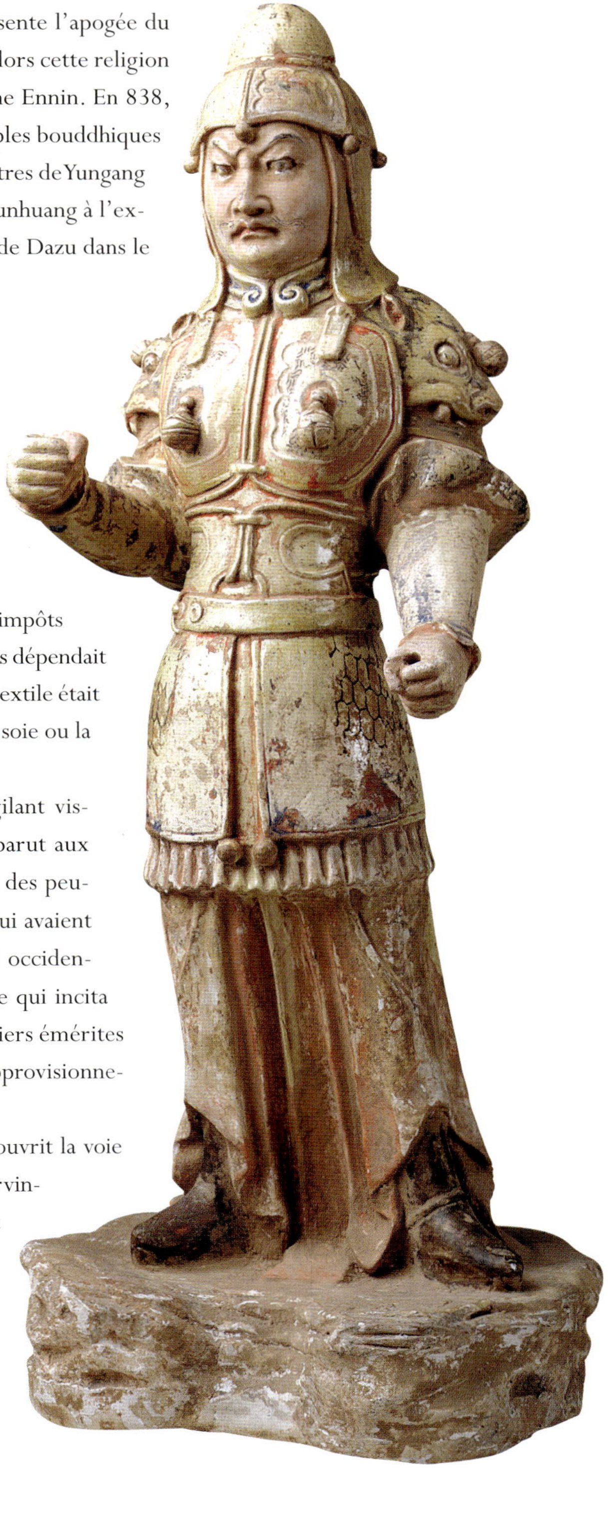

PROSPÉRITÉ ET EXPANSION

La prospérité économique des Tang s'appuyait sur des réglementations agraires novatrices appelées la «répartition égale de la terre». Selon cette législation, chaque famille recevait assez de terres pour assurer sa propre subsistance. Le système facilitait également le versement des impôts, qui étaient levés sur le peuple plutôt que sur la terre, et qui dépendaient du nombre d'adultes mâles dans la famille. Plusieurs sortes d'impôts prévalaient : les impôts directs en grains, en tissus, et les corvées. L'ensemble des prélèvements dépendait des conditions de vie locales de la famille. Par exemple, l'impôt sur le textile était indexé sur les conditions qu'offrait la région pour l'élevage des vers à soie ou la production de fibres végétales.

En dépit de sa prospérité intérieure, l'empire Tang restait vigilant vis-à-vis des forces extérieures. Au VIe siècle, une nouvelle menace apparut aux frontières nord, représentée par les Turcs, qui étaient venus à bout des peuples les plus vaillants de la région. Pour défendre leur empire, les Sui avaient prolongé la Grande Muraille vers l'ouest, presque à son extrémité occidentale actuelle. Au début des Tang, les Turcs demeuraient une menace qui incita les Tang à renforcer leur puissance militaire. Ils recrutèrent des cavaliers émérites dans les régions frontalières et établirent des haras afin d'assurer l'approvisionnement en très bons chevaux pour leur cavalerie.

En 630, Taizong lança une offensive majeure contre les Turcs et ouvrit la voie vers l'Asie centrale. Dans les quinze ans qui suivirent, les Chinois parvinrent à déployer leur administration jusqu'à Samarkand, Boukhara et Tachkent. Peu après, les Tang tournèrent leur attention vers le nord-est en Mandchourie et en Corée (ils dominaient la majeure partie de

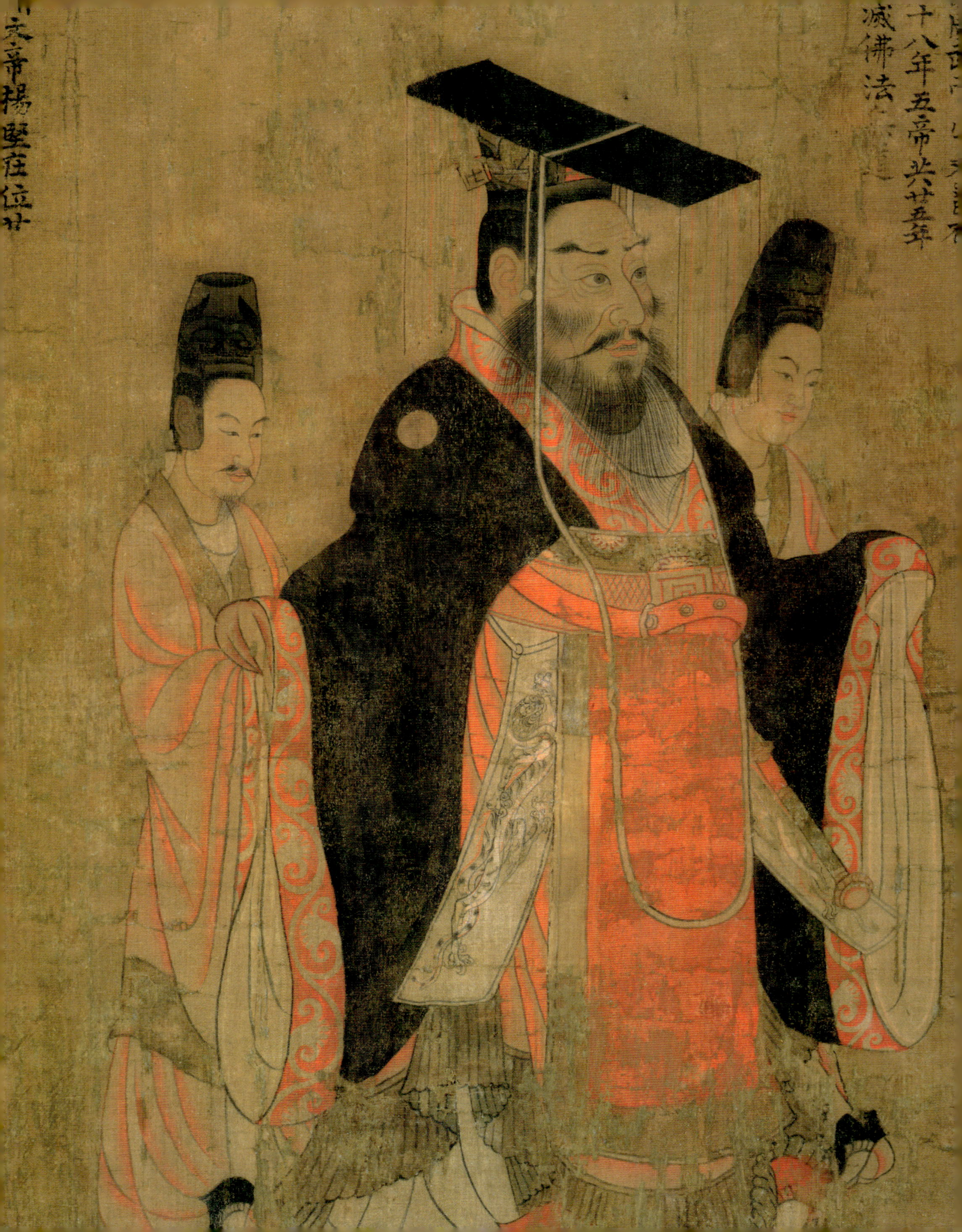
文帝楊堅在位廿
十八年五帝共廿五年
滅佛法

la péninsule), et au sud-est vers Hanoi, dans l'actuel Vietnam. Pour mieux contrôler ces territoires, la dynastie créa six protectorats militaires. Dès la fin du VIIe siècle, les Tibétains d'Asie centrale et les Arabes implantés en Iran commencèrent à saper ces conquêtes relativement récentes, mais ce n'est qu'au milieu du VIIIe siècle que des troubles à Chang'an réussirent à défier le pouvoir chinois en Asie centrale et orientale (voir pp. 94-97).

UNE FEMME AU POUVOIR : L'IMPÉRATRICE WU

À la mort du successeur de Taizong, Gaozong, en 683, le pouvoir tomba entre les mains d'un personnage unique dans l'histoire de la Chine, l'impératrice Wu Zetian. Certes, les femmes avaient souvent exercé un pouvoir considérable à la cour, en particulier à travers les périodes de régence. Il leur arriva même d'assumer le pouvoir suprême. Mais Wu, une concubine de Taizong et de Gaozong qui avait intrigué pour assurer son ascension, fut la seule à prendre le titre d'« empereur ». Réelle détentrice du pouvoir sous le règne de Ruizong (684-690), Wu proclama en 690 une nouvelle dynastie, les Zhou, qui interrompit la dynastie des Tang pendant quinze ans.

Les principaux ennemis de l'impératrice appartenaient à la vieille aristocratie de la région de Chang'an. Elle décida de la mise à mort d'un grand nombre d'entre eux et, afin de prévenir les représailles de leurs familles à la cour, elle fit du système d'examens de l'État l'unique voie de recrutement des fonctionnaires impériaux. D'un point de vue historique, ce fut une décision positive. Dès lors, jusqu'à la fin de la dynastie des Qing ou presque, le système du mandarinat joua un rôle majeur dans le gouvernement chinois et dans l'éducation. Il garantissait que le choix des bureaucrates chinois soit essentiellement fondé sur la base du mérite.

Bouddhiste fervente, Wu reçut le soutien des eunuques de la cour, eux aussi bouddhistes pour la plupart. Certains de ses partisans prétendaient même qu'elle était une incarnation de Maitreya, le Bouddha du futur. Elle fit don de sommes importantes et de trésors variés aux temples.

PAGE DE GAUCHE
L'Empereur Wu Di des Han (règne 141-87 av. J.-C.), d'après une célèbre série de portraits des empereurs du passé réalisée par le maître Tang Yan Liben (v. 600-673). L'artiste parvient à exprimer la personnalité de chaque souverain à partir d'une palette de couleurs restreinte et d'une ligne très maîtrisée. Encre et pigment sur soie, v. 650-670.

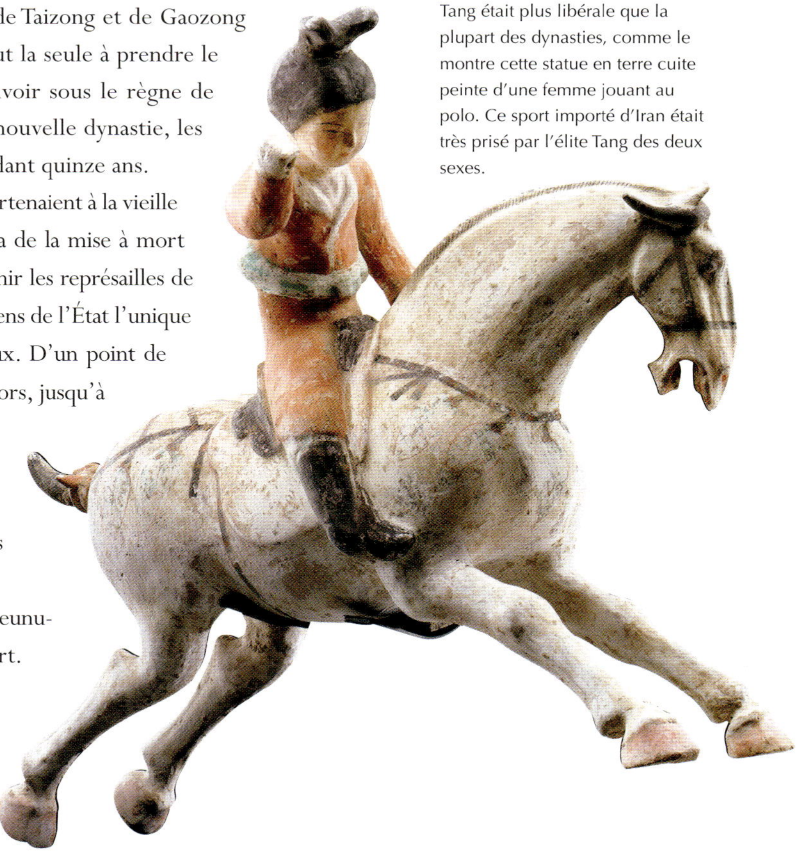

CI-DESSOUS
Concernant la place des femmes dans la société, la dynastie des Tang était plus libérale que la plupart des dynasties, comme le montre cette statue en terre cuite peinte d'une femme jouant au polo. Ce sport importé d'Iran était très prisé par l'élite Tang des deux sexes.

LES TOMBES IMPÉRIALES DES TANG

Des villes pour l'au-delà

Lorsque Taizong décéda en 649, le site qu'il avait choisi pour sa tombe dans le district de Liquan (province du Shaanxi), à 60 kilomètres environ de Chang'an, fut creusé dans la paroi sud d'une falaise rocheuse naturelle, le mont Jiuzong, dont la cime tenait lieu de monticule funéraire. Le choix d'un lieu si impressionnant pour son mausolée indique que Taizong était parfaitement conscient de l'importance de son rôle dans l'histoire. Il est d'ailleurs à l'origine de la prédilection des souverains Tang pour les collines naturelles, lors du choix de leurs tombes. Malgré les mises en garde adressées à sa famille contre la prodigalité, aucune dépense ne fut épargnée, et sa dernière demeure était de loin la plus importante de toutes les tombes des Tang. Outre la vaste chambre funéraire, une trentaine de sépultures annexes étaient réservées à ses plus proches parents.

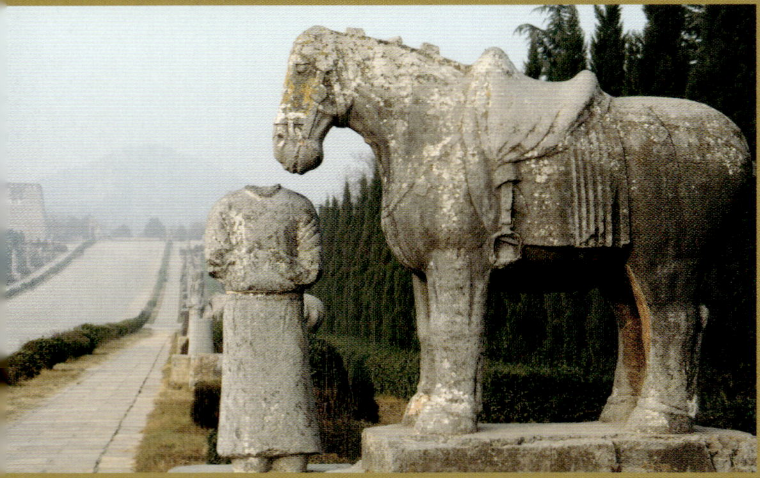

CI-DESSUS
Des chevaux et leurs palefreniers bordent le *shen dao* (ou « voie spirituelle ») qui mène vers la tombe conjointe de l'empereur de Gaozong et de l'impératrice Wu. Elle se trouve sur la colline de Liangshan, à 80 kilomètres au nord-ouest de la capitale des Tang, Chang'an (actuelle Xi'an).

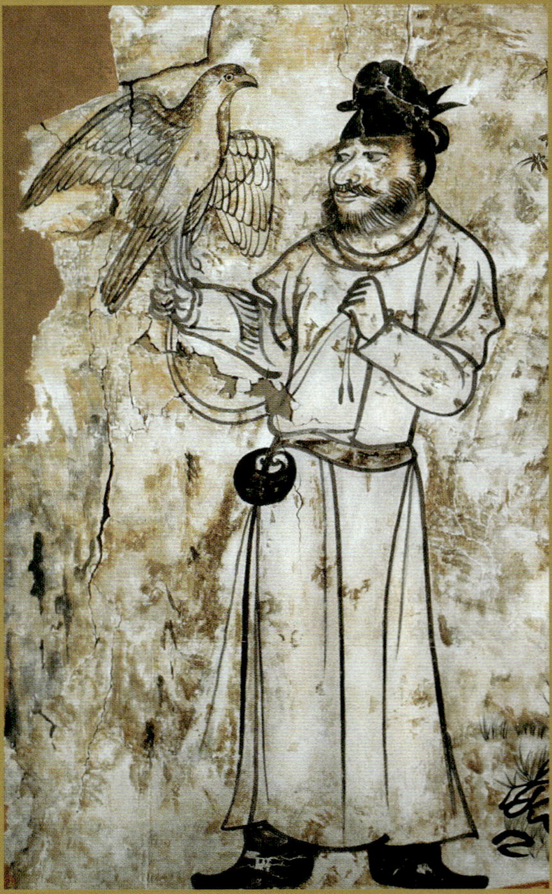

CI-DESSUS
Un fauconnier. Depuis les années 1950, une vingtaine de tombes découvertes dans la province du Shaanxi ont livré de superbes peintures murales de l'époque Tang. Début des Tang, VIIe siècle.

PAGE DE DROITE
Stèle funéraire à Zhaoling, le mausolée de l'empereur Taizong, dans le Shaanxi. Mesurant près de 60 kilomètres de circonférence, Zhaoling comptait 167 tombes annexes réservées aux nobles, aux dignitaires et aux chefs militaires.

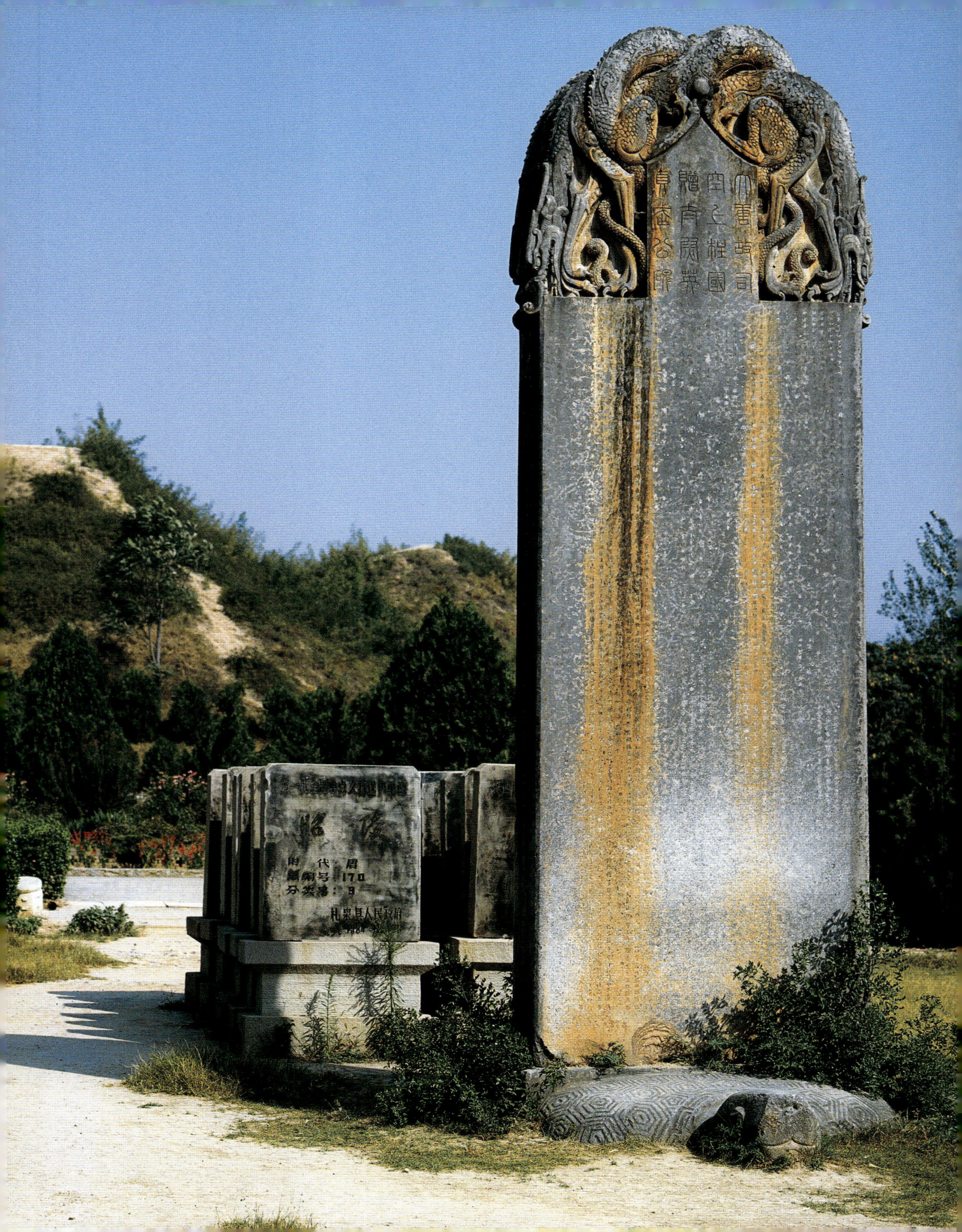

昭陵
时代：唐
编号：170
分类号：9
礼泉县人民政府

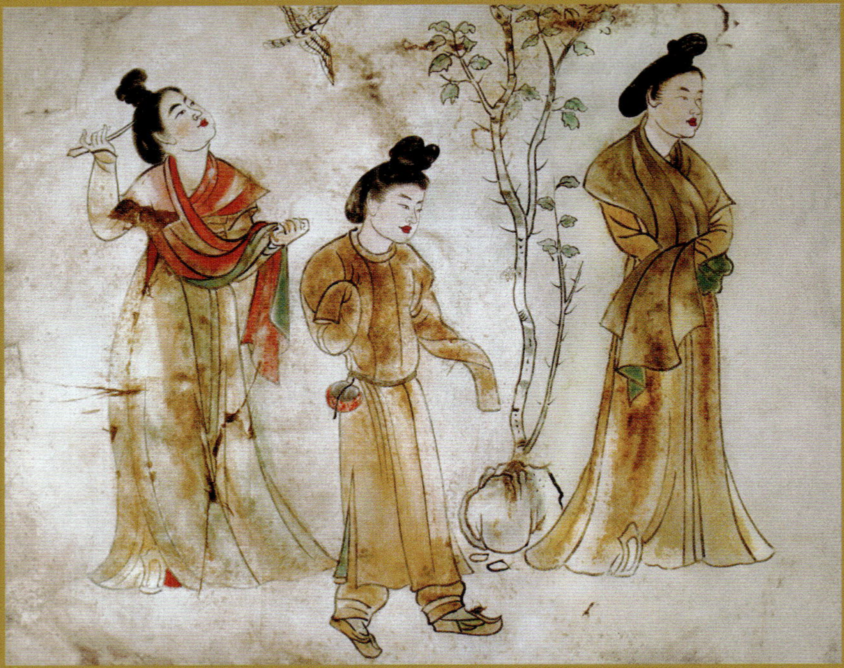

La tombe la mieux préservée, celle de l'impératrice Wu Zetian, se trouvait également dans une colline, non loin de Chang'an. Des débats eurent lieu pour déterminer si elle devait être inhumée avec son ancien amant l'empereur Gaozong, ce qui fut finalement accepté. Le mausolée commun est axial, selon la tradition, orienté du nord au sud. Une longue voie rectiligne permet d'y accéder depuis le sud. Elle est bordée de 124 statues en pierre d'animaux et d'êtres humains, dont soixante émissaires étrangers malheureusement tous décapités. Non loin se dresse une stèle funéraire restée vierge sur ordre de Wu Zetian, qui estimait qu'il appartenait à la postérité de juger son règne.

Bien que de taille inférieure, les autres tombes royales ont livré un matériel fabuleux. L'une des plus exceptionnelles est celle de Yongtai, une princesse au destin tragique qui vécut sous le règne de Wu Zetian. Accusée à tort de complot contre la vie de l'impératrice, Yongtai fut condamnée à mort. Elle fut totalement disculpée par la suite, si bien que l'impératrice, en proie au remords, la fit ensevelir dans une magnifique tombe auprès de la sienne. Les peintures murales décrivent les dames de la cour affairées au service de la princesse.

CI-DESSUS
Dames de la cour, dans une peinture murale de la tombe de la princesse Yongtai (morte en 701). Cette coiffure en hauteur était à la mode sous les Tang, tout comme les longues manches recouvrant les mains, qui rendaient le travail manuel impraticable et indiquaient par là même le statut aristocratique de celle qui portait ce costume. Dynastie des Tang, règne de l'impératrice Wu Zetian.

CI-CONTRE
Lion en pierre et groupe d'ambassadeurs, aujourd'hui sans tête, devant le monticule funéraire de l'empereur Gaozong et de l'impératrice Wu Zetian. Le nom de l'émissaire et son pays d'origine étaient inscrits au dos de chaque statue. La date et le motif de ces mutilations sont incertains.

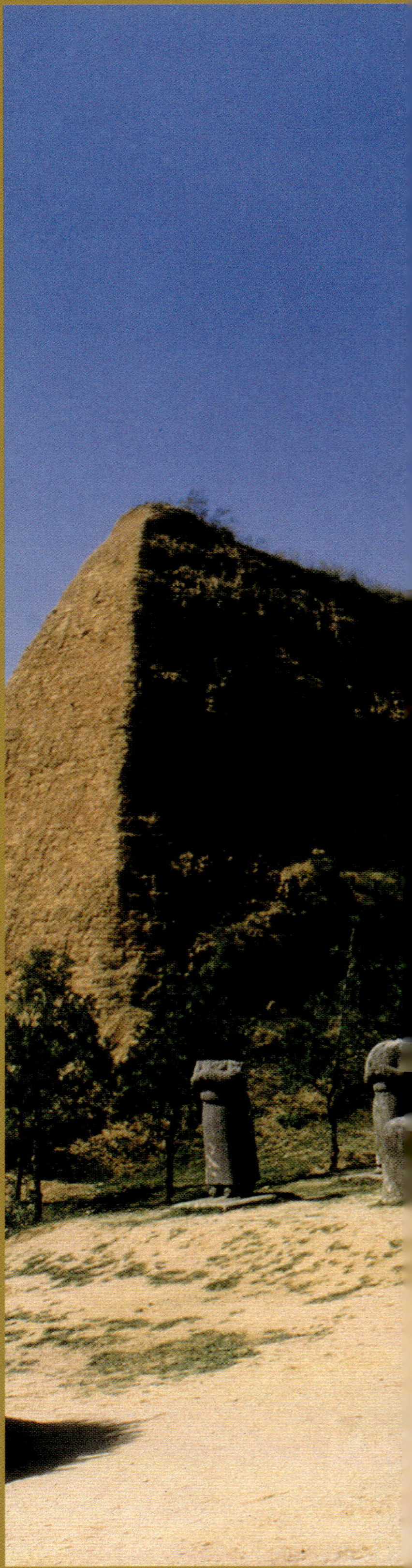

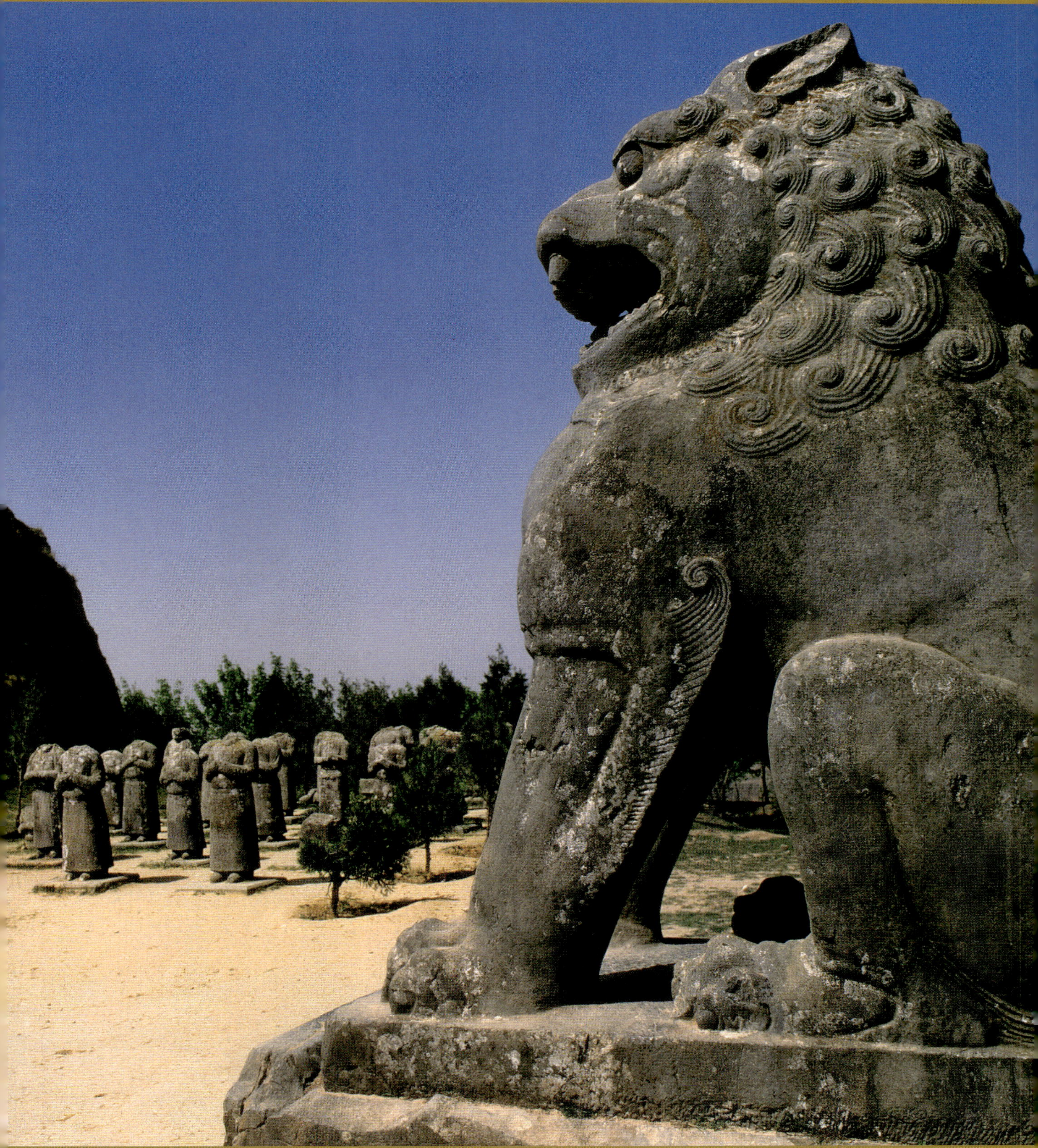

唐

LES MAÎTRES DE L'ASIE DE L'EST

Apogée et déclin des Tang (705-907)

唐 L'impératrice Wu expira en 705 et, après le bref règne des deux prédécesseurs qu'elle avait évincés, les Tang reprirent le plein contrôle du pouvoir sous Li Longji, un fils de l'empereur Ruizong. Sous le nom d'empereur Xuanzong (règne 712-756), il s'empressa de redresser les finances de l'État ainsi que les secteurs de l'administration qui avaient été perturbés. Son règne coïncida avec la période la plus prospère de la dynastie des Tang, et Li Longji reçut le titre mérité de Ming Huang (« Brillant empereur »).

Vers la fin de son règne, Xuanzong perdit peu à peu son emprise sur les affaires de l'État et se concentra sur ses centres d'intérêt personnels. Grand mécène, il accueillit dans son palais une troupe de jeunes danseurs et de musiciens logés dans le « Jardin des poiriers », dont le nom désigne encore aujourd'hui un genre d'opéra. Lui-même chantait et composait de la poésie, et il reçut le célèbre poète Li Bai à sa cour. Malgré son titre, le règne de Xuanzong – et avec lui l'âge d'or des Tang – s'acheva de manière peu glorieuse, et son mode de vie dépensier fut en partie responsable de cette ruine. Il s'était entiché d'une concubine impériale, Yang Guifei, qui était une parente de Yang Guozhong, un dignitaire de la cour ayant accumulé beaucoup de biens et de pouvoir.

Afin de freiner l'ascension de la famille Yang, un autre dignitaire à la tête de l'administration Tang offrit son appui aux chefs militaires des armées du Nord, notamment ceux d'origine étrangère. Il pensait en effet que le risque qu'ils s'ingèrent dans les affaires de la cour était minime. Il se trompait, et les événements qui suivirent sont largement imputables à son erreur de jugement.

CI-DESSOUS
Indispensables pour acheminer les marchandises exotiques dans le nord de la Chine par la route de la Soie, les chameaux étaient un symbole de prospérité sous les Tang. Des modèles de camélidés ont souvent été retrouvés dans les tombes de riches personnages. Ce chamelier de Bactriane porte une tunique typique de l'Asie centrale – les Chinois ne conduisaient jamais les chameaux eux-mêmes. Terre cuite, dynastie des Tang, seconde moitié du VIIe siècle.

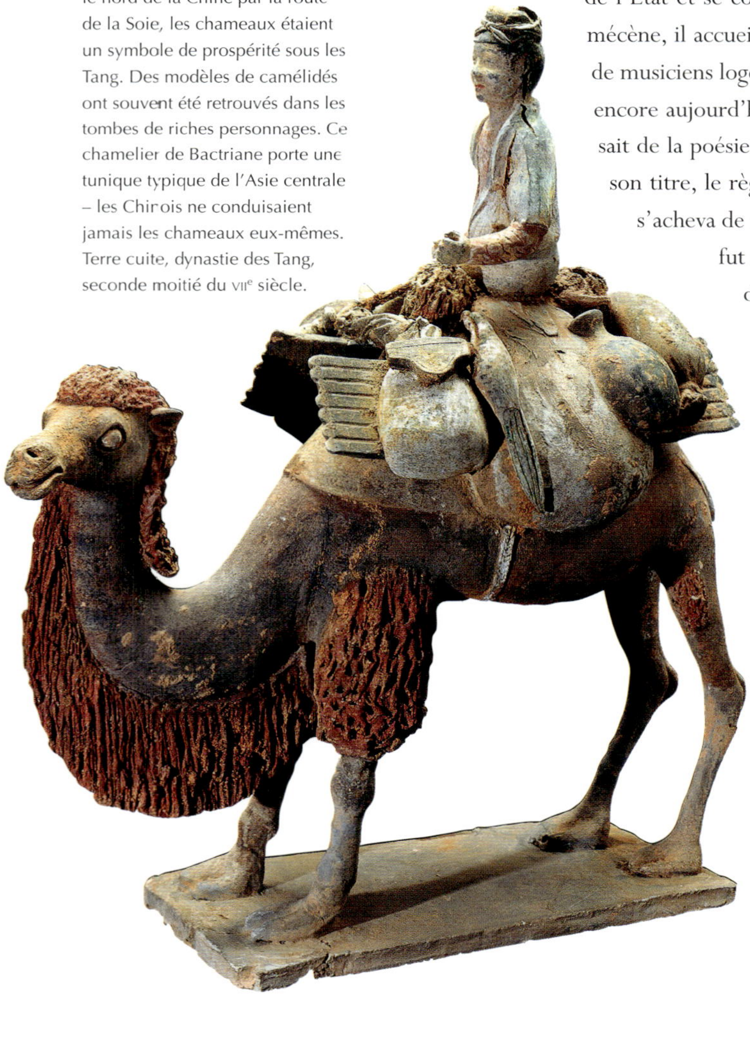

RÉBELLION ET CONSÉQUENCES

Le milieu du VIIIe siècle fut marqué par une rébellion qui ébranla la dynastie des Tang dans ses fon-

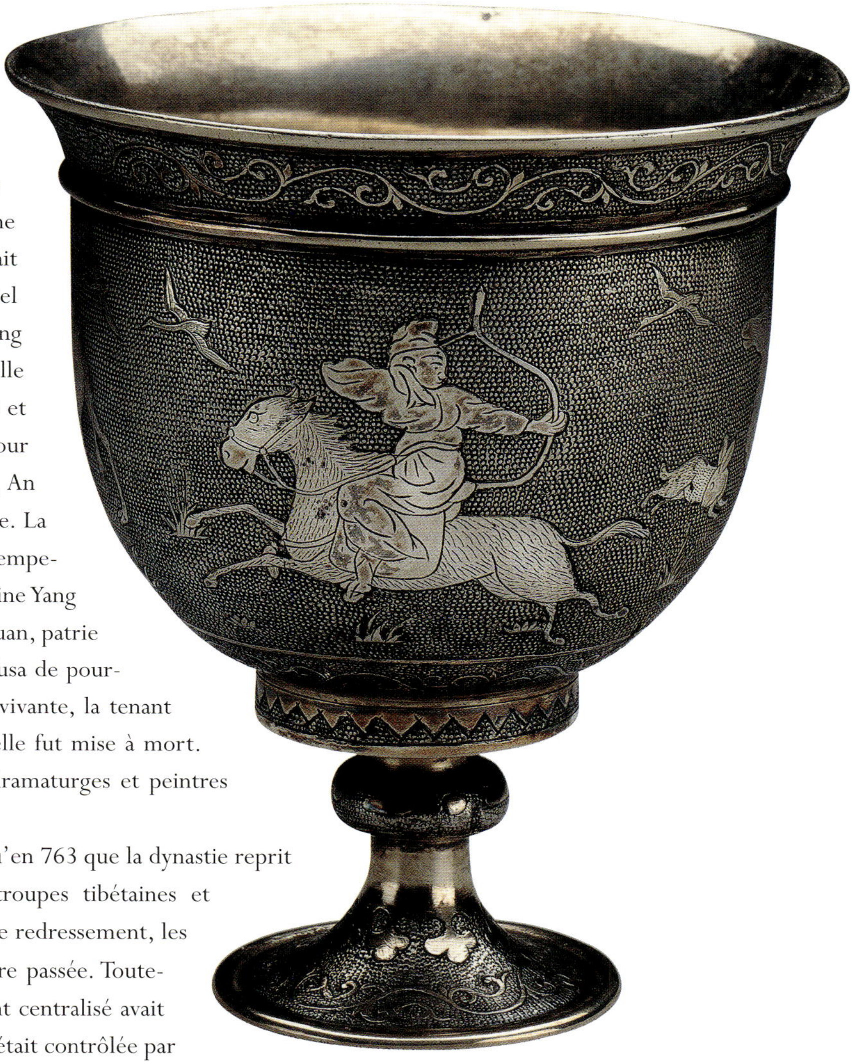

dations, et dont elle ne se remit jamais complètement. Elle était menée par An Lushan, un des commandants du Nord que le haut fonctionnaire avait appuyé. D'origine turque, An Lushan («Alexandre») contrôlait trois régions militaires couvrant l'essentiel des provinces actuelles du Hebei, du Shandong et du Shanxi, depuis sa base près de l'actuelle Pékin. Il était à la tête de 250000 hommes et de 30000 chevaux. Lorsque son appui à la cour disparut en 755, craignant pour sa position, An Lushan marcha sur la capitale avec son armée. La résistance des Tang céda rapidement et l'empereur prit la fuite, accompagné de sa concubine Yang Guifei et d'une escorte, en direction du Sichuan, patrie de Yang Guozhong. En chemin, l'escorte refusa de poursuivre le périple tant que Yang Guifei était vivante, la tenant pour responsable de la débâcle, si bien qu'elle fut mise à mort. Cet épisode inspira de nombreux poètes, dramaturges et peintres (voir pp. 98-99).

An Lushan périt en 757, mais ce n'est qu'en 763 que la dynastie reprit pied, essentiellement grâce à l'aide des troupes tibétaines et ouïgoures. Après une douloureuse période de redressement, les Tang retrouvèrent un semblant de leur gloire passée. Toutefois, l'ancien système administratif fortement centralisé avait été mis à mal, et une grande partie du Nord était contrôlée par les Tibétains et les gouverneurs militaires. Le système Tang des tenures et des taxes sur les terres se désagrégea progressivement, malgré les efforts pour qu'il soit maintenu en dépit de la nouvelle conjoncture. Le recensement n'était plus fiable, les riches seigneurs et les marchands gagnaient du pouvoir. Ils se portèrent acquéreurs de vastes territoires, dépossédant ainsi de nombreux paysans. Afin d'équilibrer son déficit fiscal, le gouvernement décida d'indexer le système d'imposition sur la richesse réelle. Il restaura son monopole sur le sel et l'alcool, et introduisit un monopole sur le thé. Bientôt, le monopole sur le sel assura à lui seul la moitié des recettes du gouvernement.

CI-DESSUS
Petite coupe à boire ornée d'un chasseur à cheval en relief. Comme pour la coupe en or p. 86, le style de la gravure et les détails du décor reflètent l'influence des techniques du travail du métal et des motifs iraniens. Argent, dynastie des Tang.

CI-CONTRE

Féroce gardien d'une tombe bouddhique, ou *lokapala,* qui foule aux pieds un démon. Ces statues étaient généralement dressées à l'entrée des temples, et des versions miniatures comme celle-ci sont fréquemment retrouvées parmi les objets funéraires des Tang. En guise de couvre-chef, ce *lokapala* porte un phénix chinois *(fenghuang)*, symbole auspicieux. Cette céramique à basse cuisson porte une glaçure « trois couleurs » dite *sancai* (ici, blanc, vert et ambre) typique des Tang. Céramique avec glaçure au plomb, dynastie des Tang.

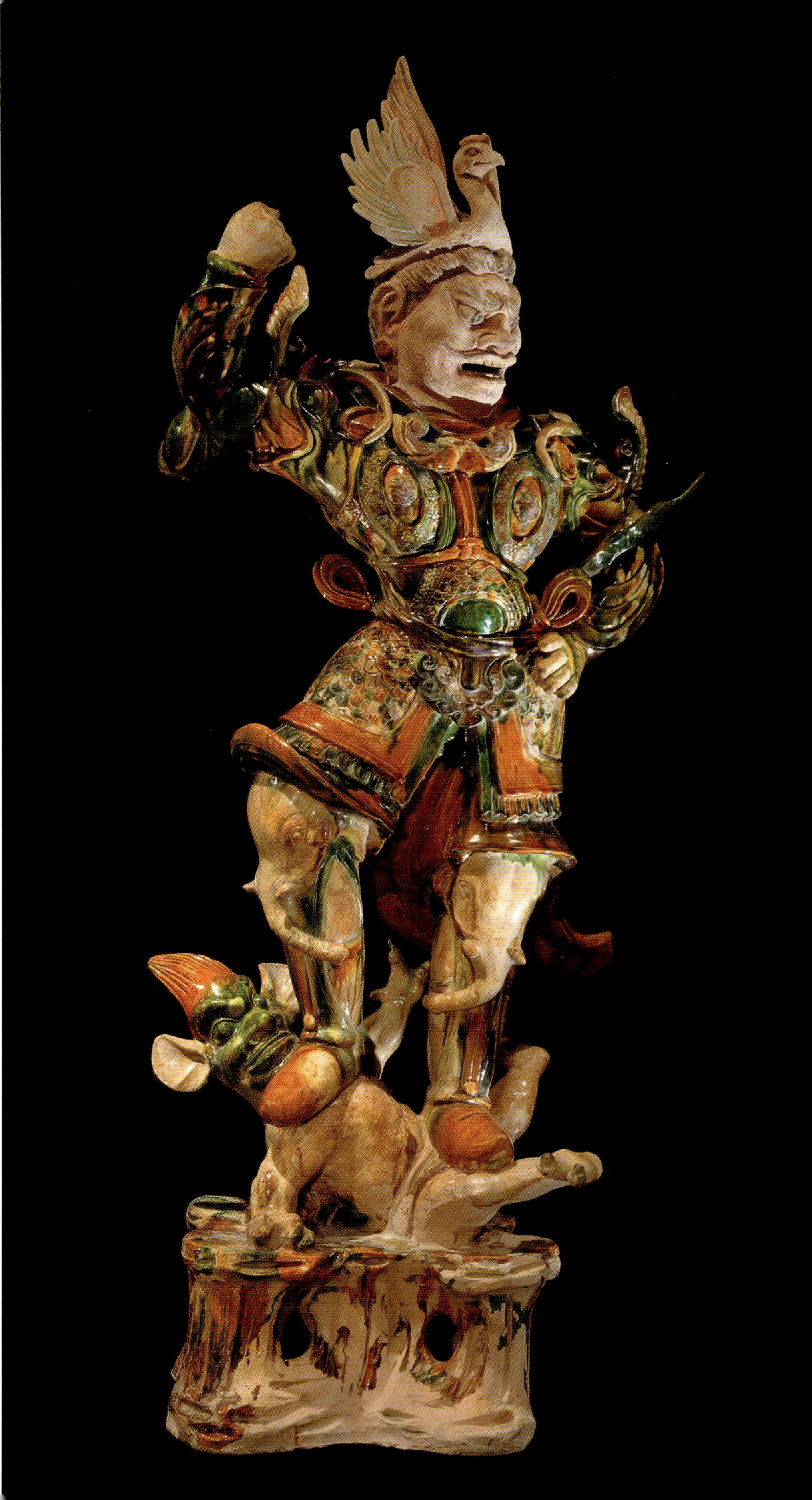

DÉCLIN ET CHUTE DES TANG

Vers la fin du IXe siècle, la dynastie des Tang fut à nouveau ébranlée, cette fois par de multiples révoltes paysannes. La rébellion conduite par Huang Chao, un contrebandier, s'en prenait aux riches propriétaires et marchands. Il parvint à rassembler un demi-million de partisans À partir du Shandong, ils écumèrent de nombreuses provinces, gagnant même le Zhejiang à l'est et Guangzhou (Canton) au sud, où ils massacrèrent les riches marchands étrangers, dont beaucoup d'Arabes. La xénophobie, illustrée par la proscription du bouddhisme et des cultes étrangers en 845, était de plus en plus forte à la fin des Tang.

De retour au nord, les disciples de Huang Chao atteignirent enfin Chang'an en 881 et y commirent un bain de sang. Un général Tang parvint à les chasser de la capitale, mais le pouvoir impérial n'était plus qu'honorifique. La dynastie s'acheva en 907 lorsqu'un général populaire, Zhu Wen, le fils d'un noble pauvre, obligea l'empereur Tang Zhaoxuan à quitter ses fonctions. Il proclama alors une nouvelle dynastie, les Liang postérieurs, établie au sud du fleuve Jaune à Kaifeng. Des militaires, parfois issus des couches les plus basses de la société, s'emparèrent du pouvoir en plusieurs endroits au sud, inaugurant une nouvelle période de partition de la Chine entre le Nord et le Sud, qui devait durer un demi-siècle.

CI-DESSOUS
Détail d'un modèle funéraire *sancai* représentant un cheval sellé. En Chine, le climat et les sols étaient impropres à l'élevage des chevaux, si bien que les Chinois les achetaient aux Turcs du Nord – souvent, en particulier sous les Tang, en échange de grandes quantités de soie précieuse. Les Chinois avaient besoin de cette marchandise très prisée pour combattre les nomades montés. Ce qui explique que les chevaux sont largement représentés parmi les *mingqi* ou objets funéraires des Tang, alors qu'auparavant de vrais animaux étaient enterrés. Céramique glaçurée, dynastie des Tang.

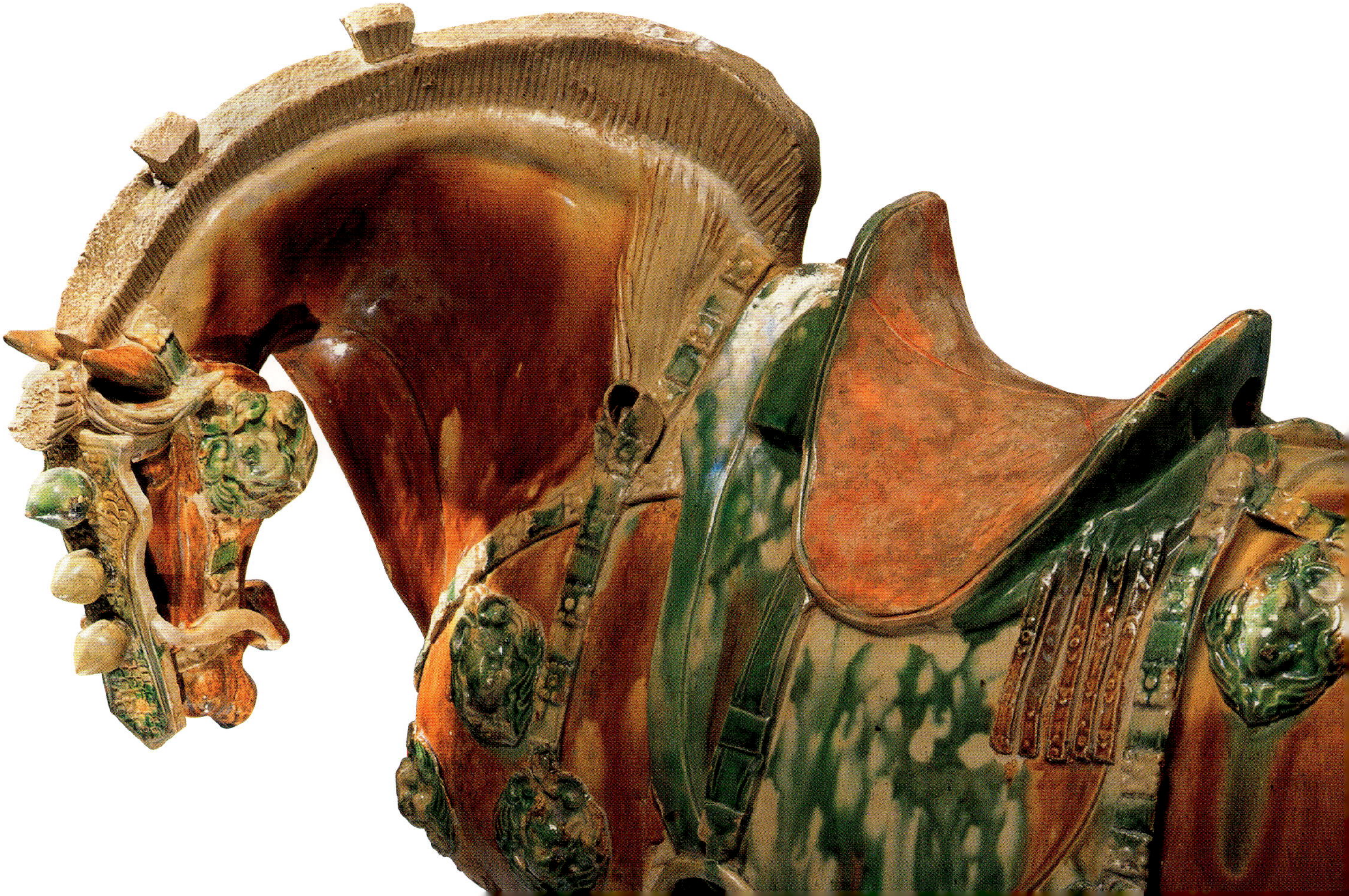

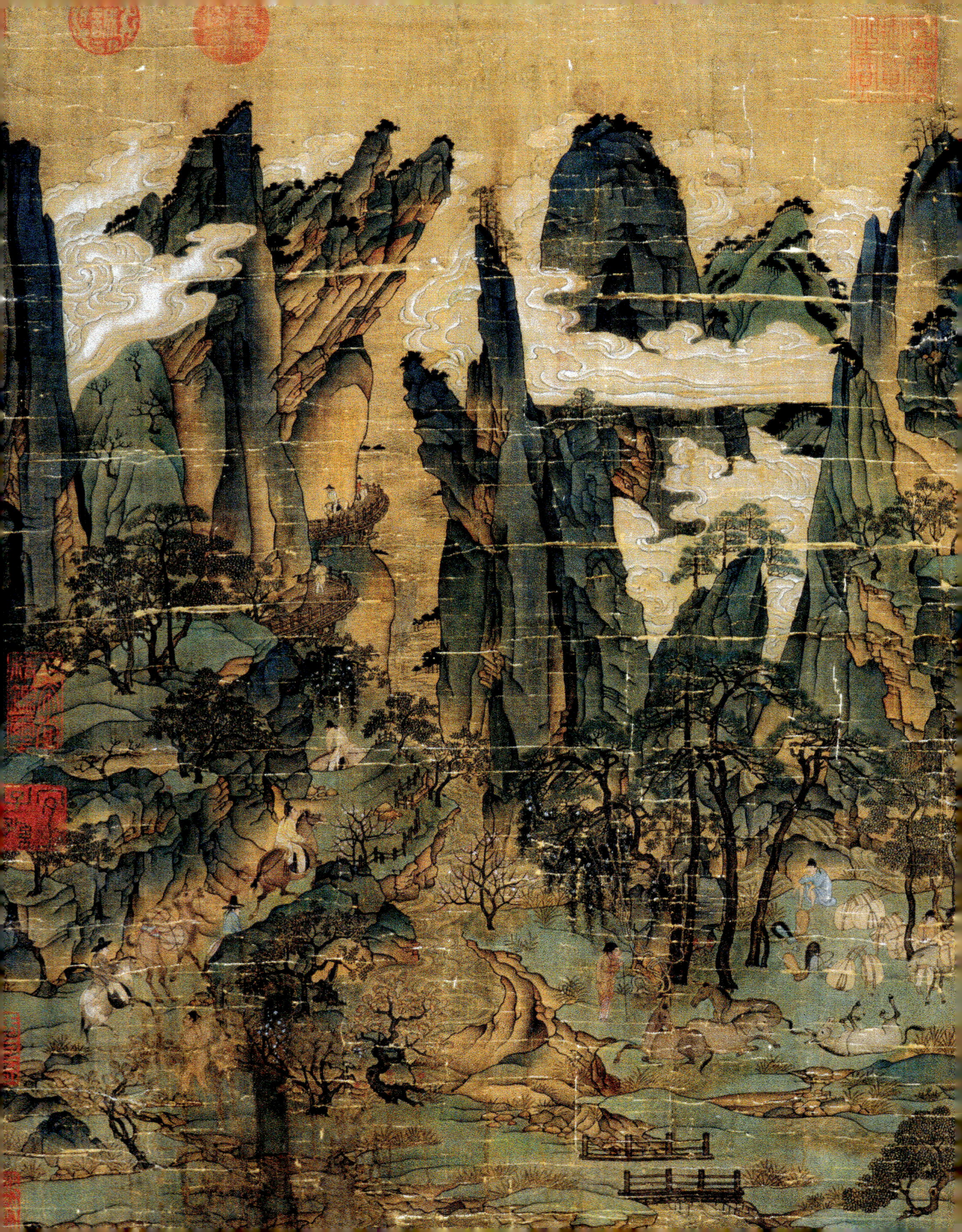

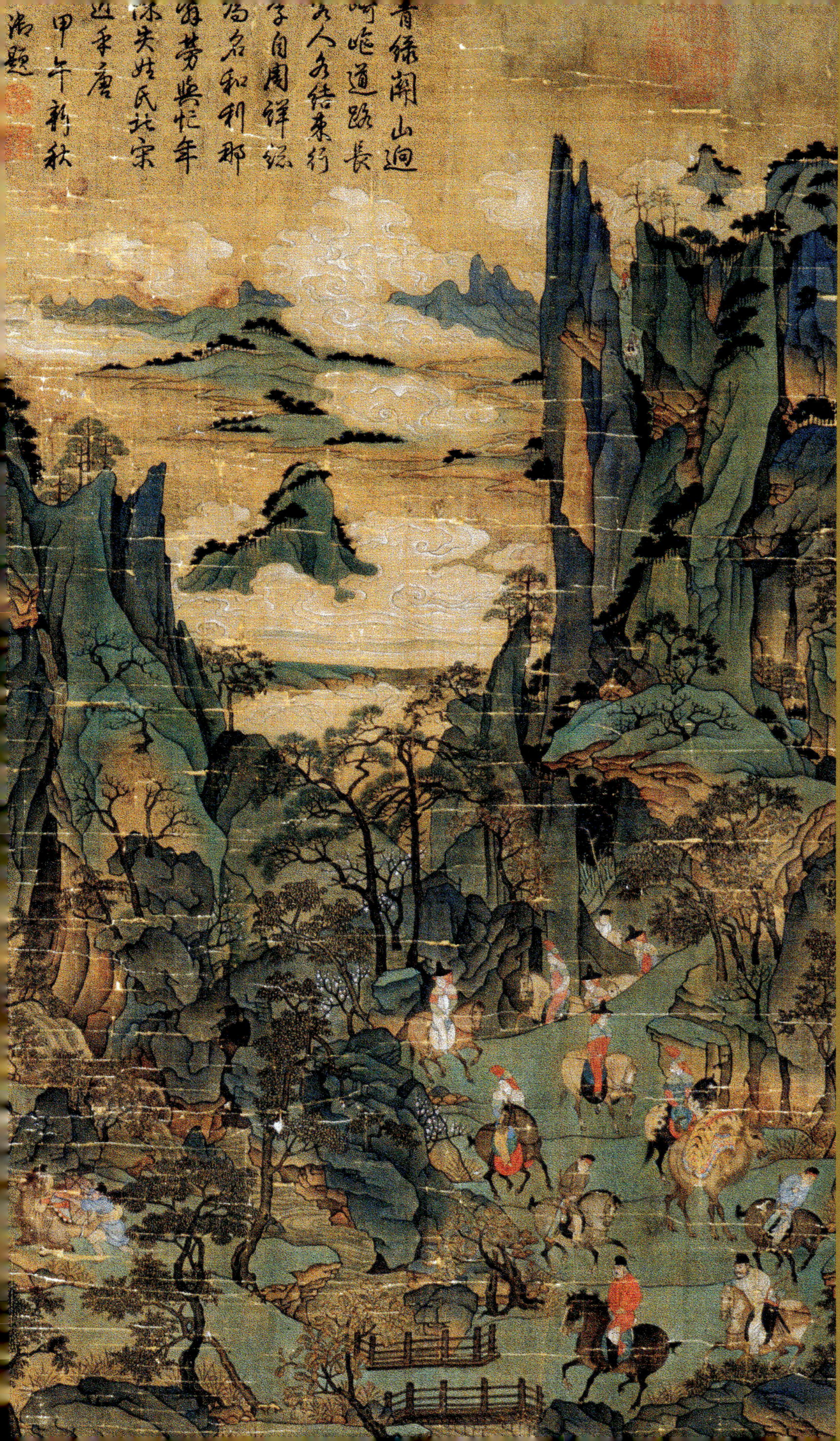

À GAUCHE
La Fuite de l'empereur Ming Huang dans l'État de Shu, peinture anonyme représentant la fuite vers le Shu montagneux (Sichuan actuel) de l'empereur des Tang Ming Huang (Xuanzong), accompagné de sa concubine Yang Guifei, après la rébellion d'An Lushan en 755 (voir p. 95). À droite, l'empereur en tunique rouge sur son cheval dirige un groupe de cavaliers avant le pont ; au centre, d'autres se reposent dans les champs au pied de la montagne ; plus loin encore, sur la gauche, un autre groupe arrive auprès d'un canyon. La peinture est exécutée dans un style de peinture de paysage dit « vert et bleu », caractéristique des Tang. Rouleau suspendu, encre et pigment sur soie, dynastie des Tang.

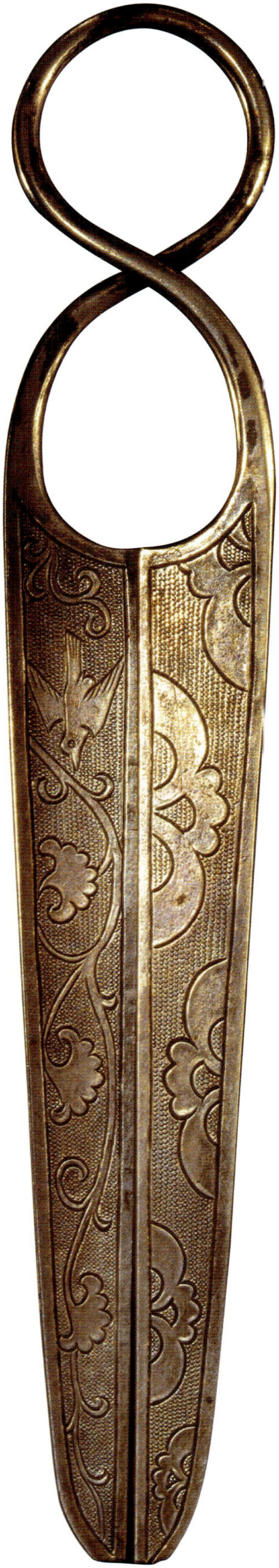

LES ARTS DES TANG

La dynastie des Tang fut une période de grands progrès technologiques dans le domaine scientifique. Ainsi, la préservation de l'eau était améliorée, grâce aux roues hydrauliques qui permettaient de puiser l'eau pour l'irrigation. Mais c'est surtout pour leurs arts que les Tang sont célèbres. Cette éclosion s'explique en partie par le patronage et le mécénat des empereurs Tang en personne, mais aussi par la période de prospérité que traversait tout le pays. Par ailleurs, l'activité commerciale intense avec l'Asie centrale permit l'introduction de nouvelles idées et d'objets de luxe en provenance de l'Iran et du Moyen-Orient.

L'évolution de la peinture Tang fait suite aux acquis des Sui. Certains rouleaux du début des Tang décrivent des scènes de la cour, des femmes qui travaillent et se divertissent, comme les femmes d'une peinture anonyme qui festoient avec un accompagnement musical (voir p. 85). Un célèbre rouleau, attribué à Zhang Xuan (actif au VIIIe siècle) et connu à travers une copie de l'empereur Song Huizong, décrit douze courtisanes qui préparent un long morceau de soie blanche qui vient d'être tissé. Chaque femme est absorbée par sa tâche, comme le montrent leurs gestes et l'expression de leur visage. On rencontre d'autres exemples de ce genre de peinture dans les fresques murales des tombes impériales des Tang, notamment celle de la princesse Yongtai (voir p. 92).

Un autre artiste très habile pour saisir les expressions du peuple à un moment précis était Zhou Fang (v. 730-v. 800). *Femmes jouant aux double-six* décrit quatre figures en gros plan qui jouent à une sorte de backgammon. Les deux joueuses semblent intensément concentrées sur le jeu, une des spectatrices est fascinée et l'autre a le regard ailleurs.

On a pu dire du poète et peintre Wang Wei (701-761) que sa poésie est aussi picturale, et sa peinture, poétique. Parmi les peintures qui nous sont parvenues, les plus connues sont des paysages. Toutefois, un portrait de l'érudit Fu Sheng, de la dynastie des Han, qui lui est attribué, le classe également parmi les grands artistes figuratifs de la dynastie. Sa peinture exprime la place de l'éducation dans le confucianisme et le désir de transmission des anciens aux plus jeunes. C'est aussi le portrait du professeur idéal.

CI-CONTRE
Cette paire de ciseaux en argent illustre les techniques introduites dans la Chine des Tang par les artisans d'Asie centrale et du Proche-Orient. Ils sont fabriqués en métal martelé, et non coulé, avec des motifs de fleurs et d'oiseaux gravés.

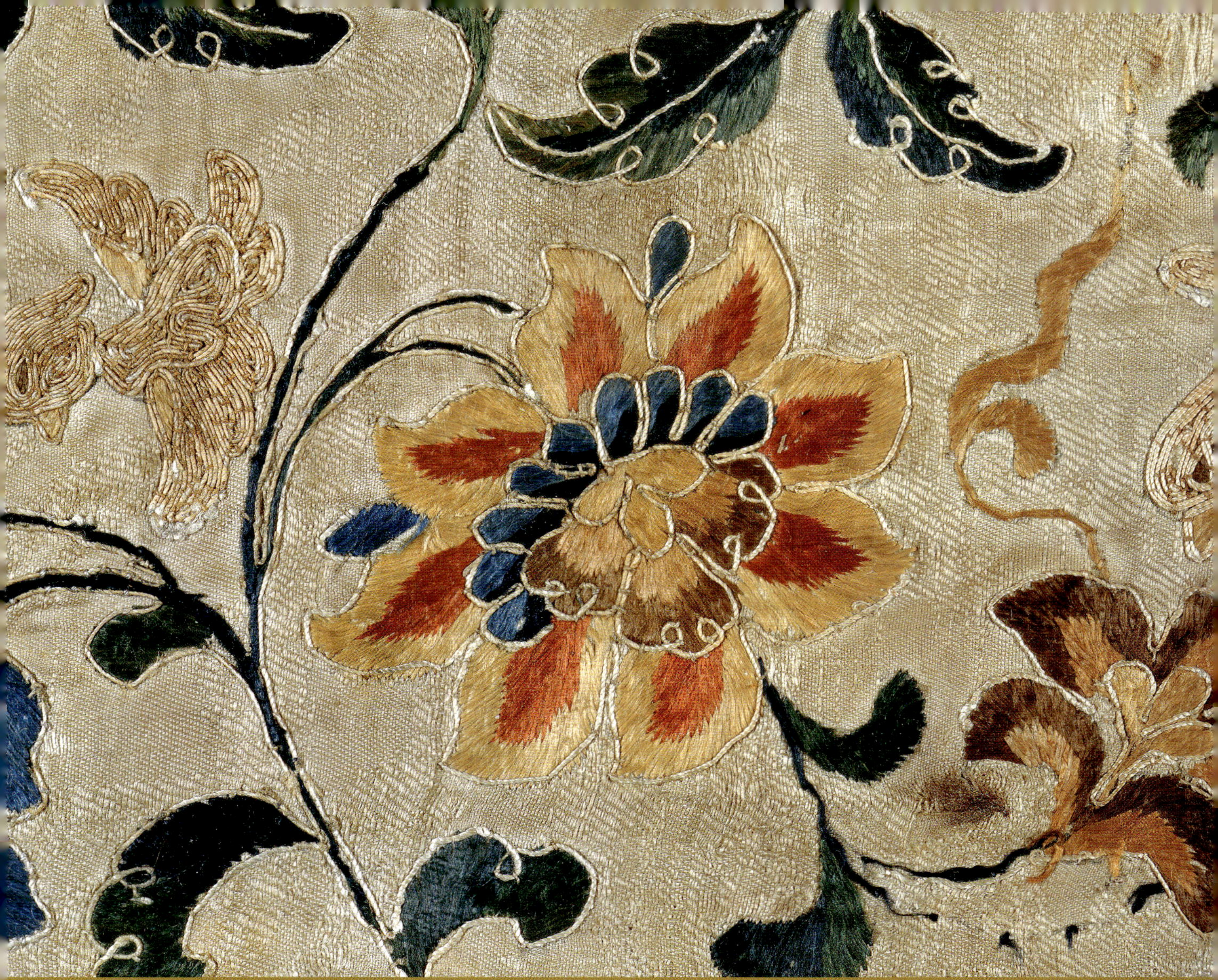

Wang Wei est surtout célébré pour sa poésie, et la dynastie des Tang représente peut-être le sommet de la poésie chinoise. *Les Poèmes complets des Tang* regroupent près de cinquante mille poèmes composés par plus de deux mille poètes. Les poètes de l'époque s'étaient libéré des thèmes conventionnels et écrivaient de la poésie sur tous les aspects de la vie humaine et de la nature. Au lieu de limiter leur étude à la seule classe des lettrés, ils s'intéressaient à toutes les couches de la société, y compris les gens du commun, les soldats, les paysans, les marchands, les artisans, les charretiers, et même les nonnes et les prostituées. Un tel répertoire de sujets abordés était inédit dans la poésie, et témoigne de l'atmosphère plus libérale qui régnait dans la société Tang. Nombre de poèmes expriment un humanisme patent.

CI-DESSUS
Panneau de soie brodée avec des canards et des fleurs, provenant de la grotte 17 de Mogao, près de Dunhuang, dans la province du Gansu. C'est un exemple particulièrement raffiné d'arabesques de feuillages en vogue sous les Tang, motif ornemental qui sera repris pendant des siècles. Soie et fil d'argent sur soie, dynastie des Tang, IX-Xe siècle.

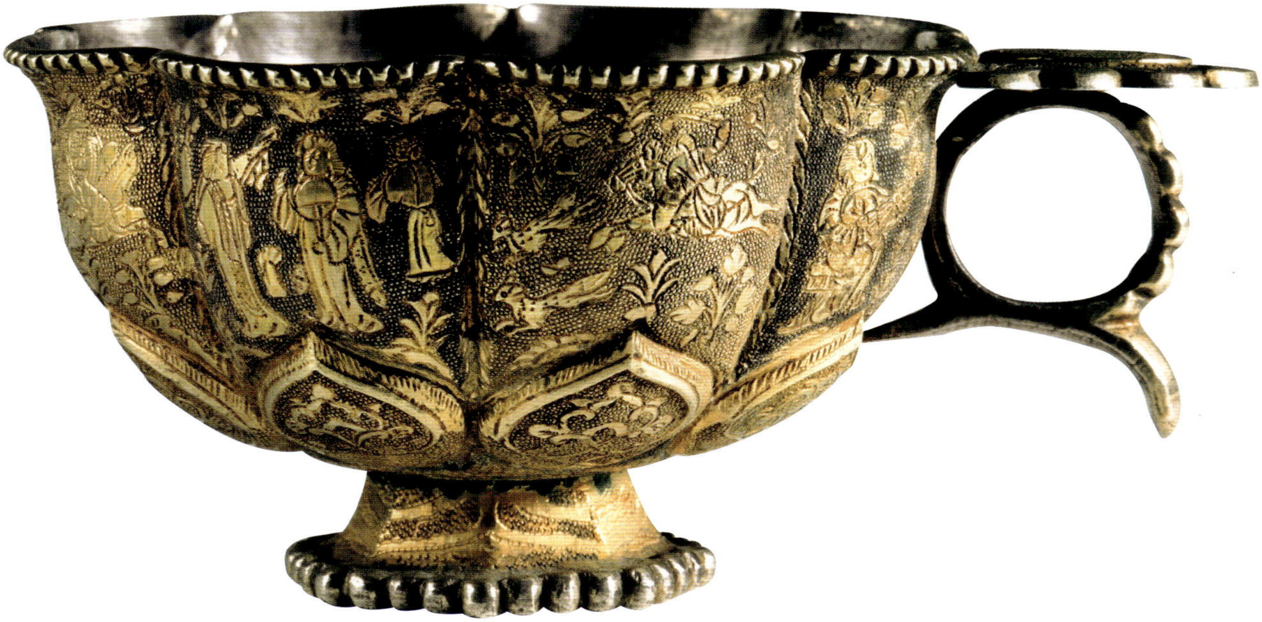

CI-DESSUS
Coupe à vin en or sur une base en fleur de lotus, décorée de scènes gravées représentant des musiciens et des chasseurs. Ce style de récipient à boire à facettes était commun sous les Tang.

LES CHEFS-D'ŒUVRE EN TROIS DIMENSIONS

L'essentiel de la sculpture Tang est concentré dans des grottes bouddhiques comme celles de Dunhuang et Dazu (voir pp. 74 à 79), mais le plus grand bouddha se trouve à Leshan dans le Sichuan (voir p. 70). Il fut taillé dans une falaise au bord de la rivière Min, près du confluent de trois rivières, un site choisi notamment parce que des courants traîtres avaient causé la mort de nombreux navigateurs dans cette zone ; la présence de Maitreya (Mile Fo), le populaire Bouddha du futur, était censée sauver des vies et récompenser les donateurs. Les travaux débutèrent en 713 à l'instigation d'un célèbre moine de la région, et la sculpture fut achevée et peinte quatre-vingt-dix ans plus tard. Haut de 71 mètres et large de 24 mètres aux épaules, il s'agit du plus grand bouddha assis du monde.

Sous la dynastie des Tang, de nouvelles techniques virent le jour dans les domaines de la poterie et de la porcelaine (voir pp. 139-140), ainsi que du tissage et de la teinture. Des objets précieux en or et en argent furent produits grâce à des techniques empruntées aux Iraniens, comme la ciselure, le martelage et le repoussé. Les annales historiques des Tang répertorient quatorze techniques d'orfèvrerie différentes pour fabriquer des récipients, des bijoux et des ornements en or. Deux grands dépôts d'or et d'argent ont été retrouvés. L'un a été découvert en 1970 dans le sol d'une grotte près de la capitale des Tang,

Chang'an (Xi'an). Il comprenait plus de deux cents objets, dont des coupes à vin et autres ustensiles pour boire et manger, des brûleurs d'encens et des diffuseurs de parfum. La plupart portaient un décor raffiné et pertinent, avec des motifs floraux, des animaux réels ou mythologiques, des figures humaines, etc. Alors que ces objets ont été réalisés au faîte de la prospérité des Tang, ils montrent souvent une influence étrangère, et certains furent même importés.

Le second dépôt a été découvert dernièrement dans le monastère bouddhique de Famensi à Baoji (Shaanxi), également à proximité de Chang'an. La pagode du monastère s'était écroulée et devait être reconstruite. En déblayant les débris, des ouvriers découvrirent un cellier oublié depuis des siècles. Pendant de nombreuses années, les souverains Tang firent don d'un cadeau précieux au monastère pour l'anniversaire du Bouddha. Les moines les entreposaient dans ce cellier. De taille inférieure, le dépôt de Famensi date de la fin des Tang et ses trésors montrent un raffinement artistique et technique accru, avec une moindre influence des styles étrangers.

Les statues en bronze des Tang étaient parfois d'origine étrangère, à l'image des danseurs de l'actuelle Tachkent en Asie centrale qui exécutent une danse appelée *huteng*, alors en vogue dans la capitale chinoise.

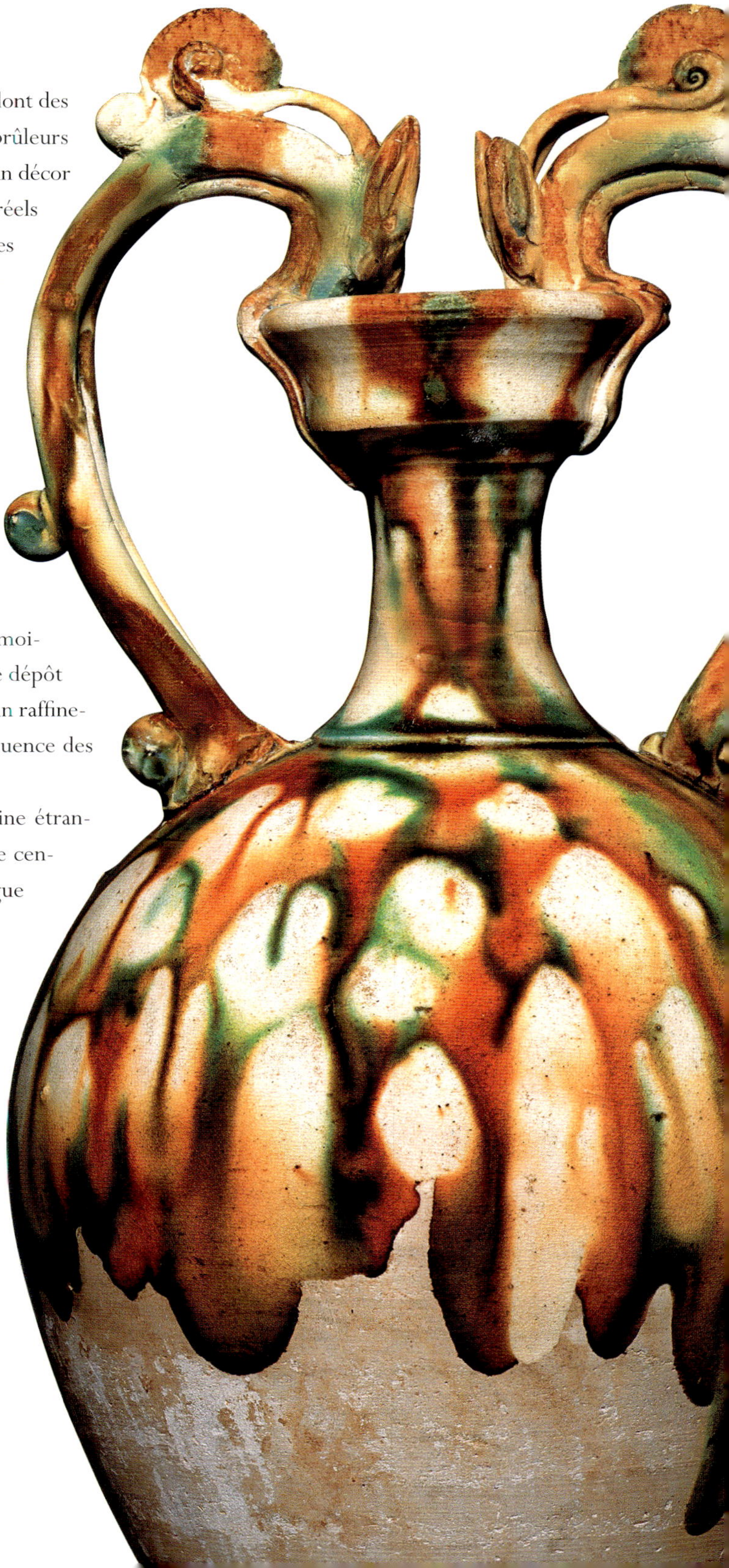

CI-CONTRE
Maîtriser les glaçures utilisées dans la céramique *sancai* était une tâche technique délicate; les potiers Tang semblent manifestement s'être délectés de la variété des couleurs et de motifs que produisait la rencontre des couvertes. Sur cette grande jarre avec des poignées à tête de dragon, le potier a exploité les coulures de façon particulièrement saisissante.

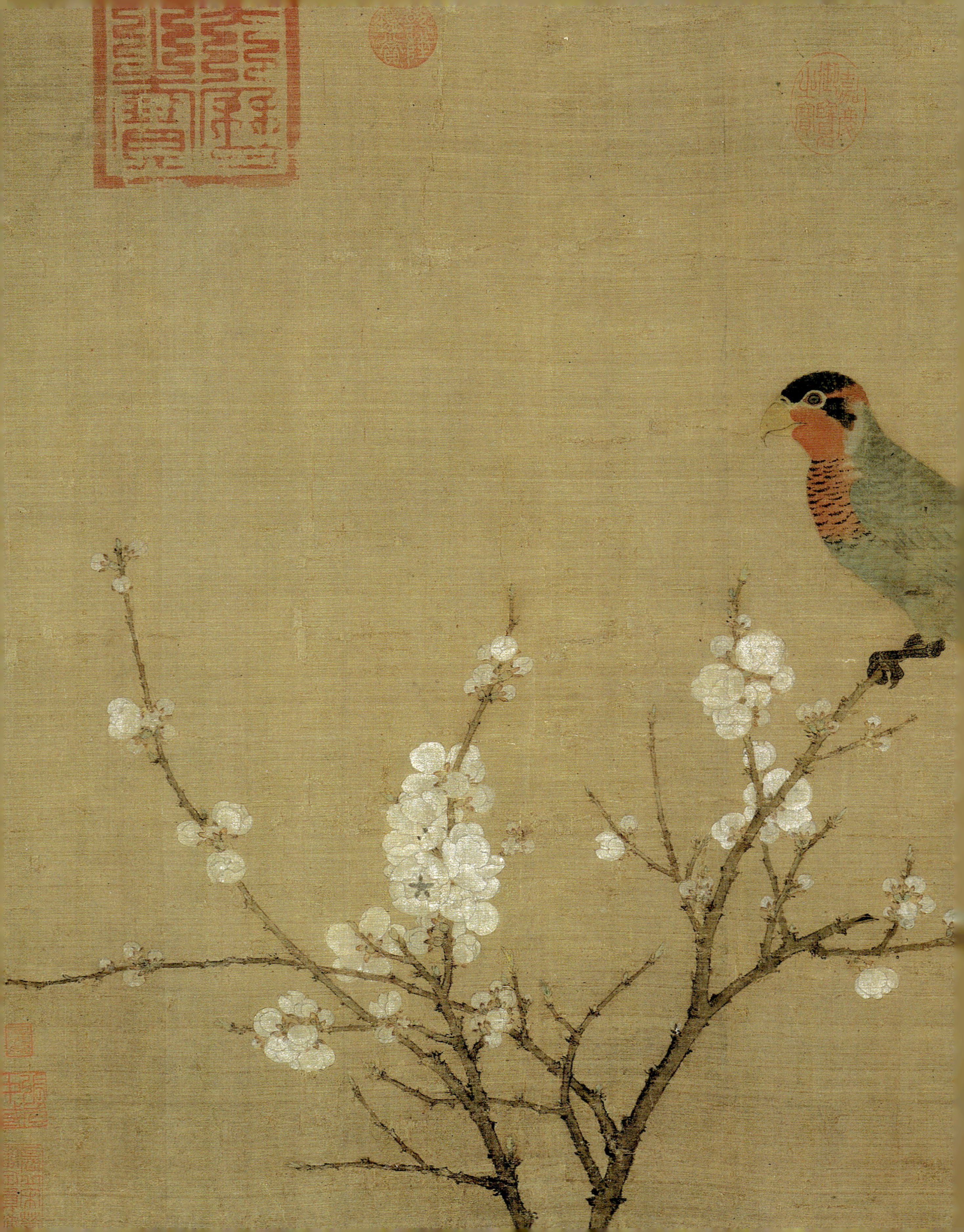

五

CHAPITRE V

LA PRÉPONDÉRANCE DU SUD

907 – 1279

L'ÉPOQUE DES SONG

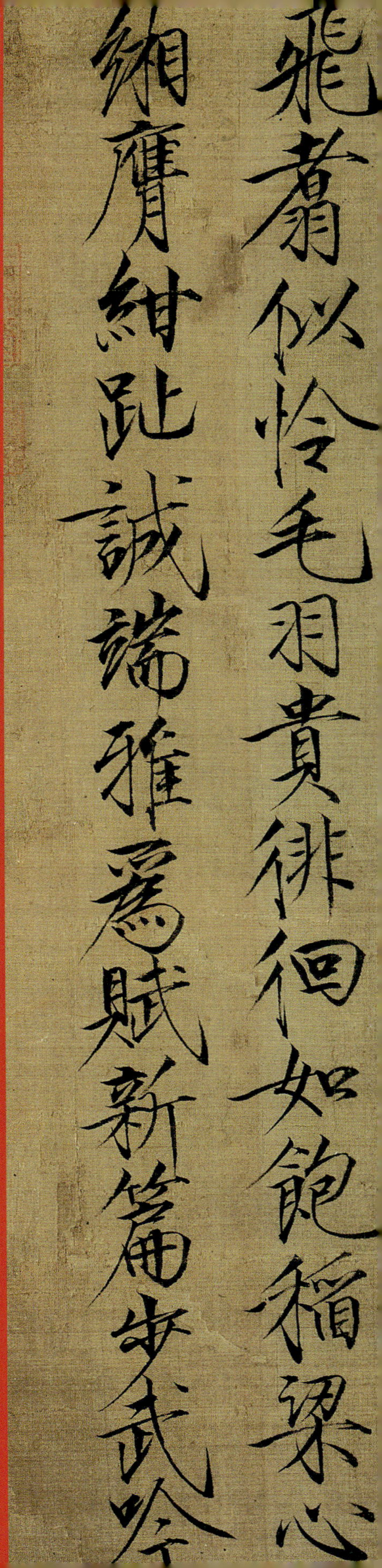

辽

LES GUERRIERS DU NORD

Les Liao et les Jin (Jurchen), 907-1234

CI-DESSOUS
La pagode Qiyun (« qui touche les nuages ») du temple bouddhique du Cheval Blanc fut construite en 1125 sous le règne des Jin (Jurchen) (voir p. 108). À l'instar des Liao, autre peuple guerrier occupant des régions du nord de la Chine, les Jin assimilèrent rapidement la culture et les styles chinois.

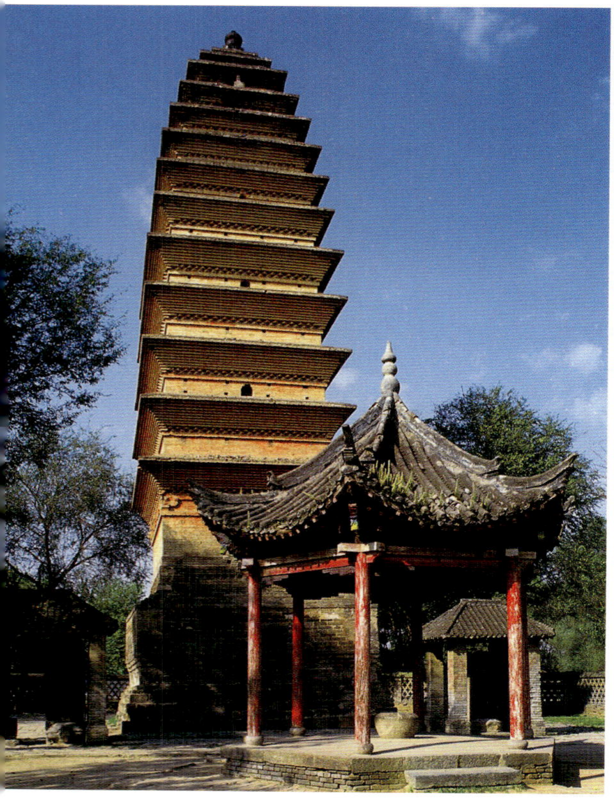

辽 Après la chute de la dynastie des Tang, la Chine s'est de nouveau trouvée divisée entre des royaumes régionaux au nord et au sud. Au nord, Zhu Wen fonda en 907 la première des Cinq Dynasties (907-960), celle des Liang postérieurs, après avoir forcé le dernier empereur Tang à abdiquer (il le fera ensuite assassiner). Cinq régimes éphémères se succédèrent, pendant cinquante ans de guerres incessantes : les Liang postérieurs (907-923), les Tang postérieurs (923-935), les Jin postérieurs (936-947), les Han postérieurs (947-951) et les Zhou postérieurs (951-960). Cette seconde période de désunion était une conséquence tardive de la rébellion menée par An Lushan dans les années 750 (voir p. 95). En effet, des factions au sein de l'armée des Tang, souvent conduites par des hommes d'origine étrangère, avaient alors été encouragées à prendre le contrôle du pays. Chacun de ces royaumes eut recours à des mesures drastiques pour financer ses armées, en dressant des barrières douanières aux frontières et en exigeant des impôts exorbitants de la part des paysans. La dernière de ces dynasties, celle des Zhou postérieurs, adopta une politique de non-agression et de redressement de l'économie. Elle fut renversée en 960 par un autre chef militaire, Zhao Kuangyin, qui fonda la dynastie des Song à Kaifeng (voir p. 114).

Parallèlement, dans le Sud, pas moins de neuf États cohabitèrent dans le même laps de temps. Avec un petit État du Nord dans l'actuelle province du Shanxi, ils constituaient ce qu'on appelle les « Dix Royaumes ». Dans l'ensemble, ils étaient moins belliqueux et plus prospères que les « dynasties » du Nord. Une fois encore, ce sont les Song qui eurent raison du dernier d'entre eux.

LES SEIGNEURS DE CATHAY : LES LIAO

Les Song gouvernaient un empire unifié, mais de taille inférieure à celui des Tang. Certains Chinois du Nord n'étaient pas soumis au règne des Song. En 924, les Khitan (Qidan), peuple guerrier de la vallée de la Siramuren en Mandchourie, lancèrent une offensive contre l'État tangut de Xia à l'ouest afin d'assurer leurs arrières, et frappèrent ensuite vers le sud de la Chine pour occuper l'actuelle Pékin (« Capitale du Nord »), qu'ils baptisèrent Nanjing, « Capitale du Sud » (à ne pas confondre avec la ville homonyme au sud). Les Khitan nommèrent leur empire en expansion le Liao, terme chinois désignant la région de Siramuren. Ils conquirent de vastes steppes en Mandchourie, en Mongolie et au nord de la Chine, et s'avancèrent parfois aussi loin que Kaifeng au sud, la capitale des Song, et dans une grande partie du Hebei et du Shanxi. Ils coexistaient avec les Song, avec qui ils signèrent en 1004 un traité de paix par lequel les Song reconnaissaient les territoires Liao et promettaient de s'acquitter d'un tribut annuel sous forme de nombreuses onces d'argent et de rouleaux de soie. Ce tribut doubla en 1042 lorsque les Liao s'engagèrent à aider les négociations des Song avec les Tangut, autre peuple guerrier du Nord qui avait fondé un État sur le modèle chinois.

L'influence des Liao s'étendit encore davantage. Le Japon à l'est et la Russie à l'ouest avaient des contacts avec les Liao dans la mesure où ils régnaient sur une partie de la Chine. Le nom Khitan est à l'origine du russe *Kitai*, qui désigne la Chine, ainsi que de *Cathay*, l'ancien nom de la Chine.

Avec le temps, les souverains de Liao assimilèrent les principes économiques et la culture des Han, qui continuaient à se diffuser y compris dans les régions de la Chine sous leur contrôle. En effet, les Liao menaient une politique qui autorisait les Han à diriger un gouvernement factice sous leur égide, fondé sur la pratique administrative des Tang, tandis qu'eux-mêmes gouvernaient leur peuple selon leurs propres

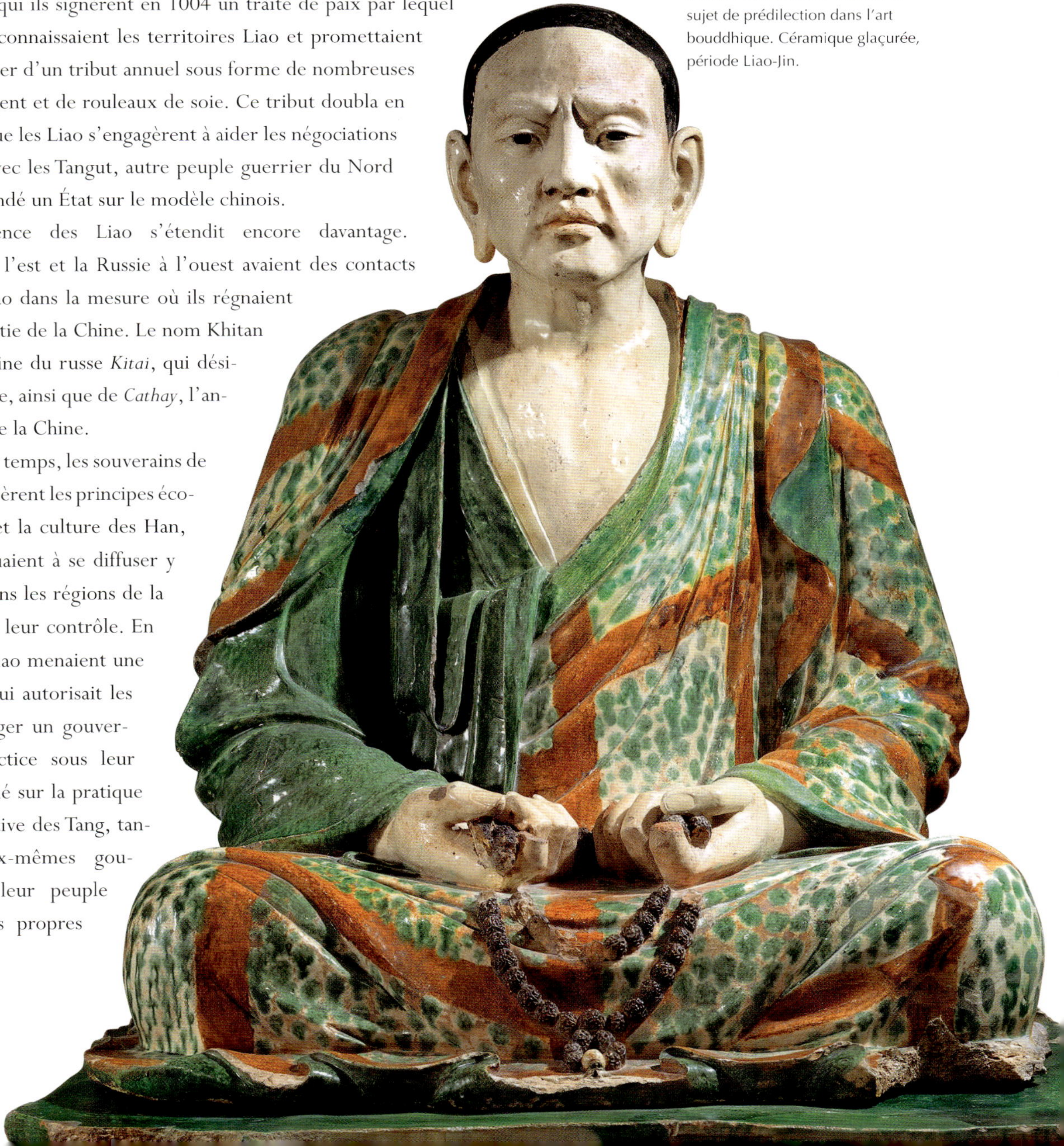

CI-DESSOUS
La culture bouddhique florissante sous les Liao et les Jin produisit des œuvres d'un réalisme frappant, comme cette figure de l'*arhat* Tamrabhadra. Les *arhats* (*luohan* en chinois), disciples du Bouddha ayant atteint l'illumination, étaient un sujet de prédilection dans l'art bouddhique. Céramique glaçurée, période Liao-Jin.

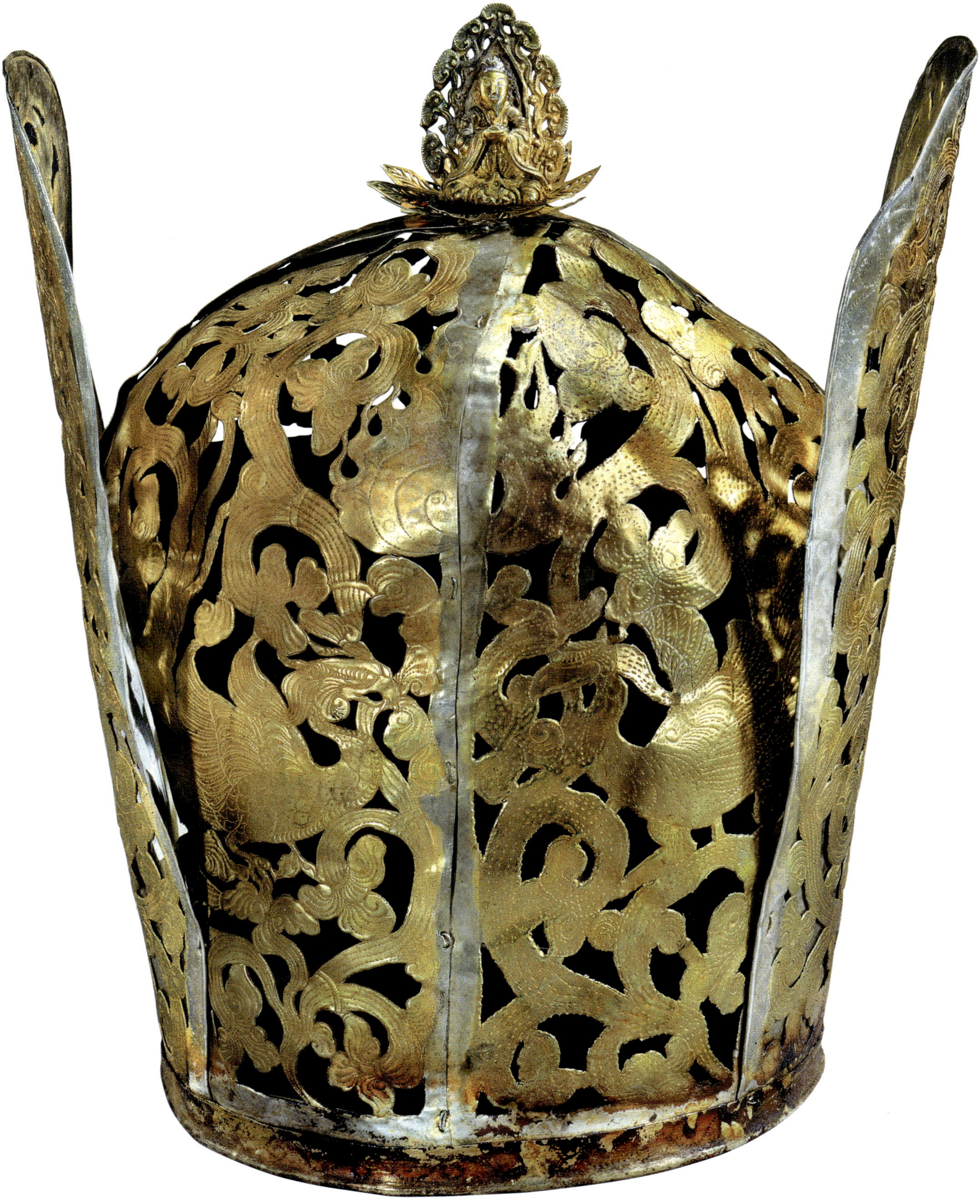

traditions. Avant d'occuper le nord de la Chine et en dépit de leurs origines nomades, les Khitan connaissaient l'agriculture, le tissage de la soie, la poterie, la fonte du fer et d'autres processus industriels. La dynastie des Liao fut une période d'épanouissement de l'artisanat en tout genre pendant laquelle nombre de chefs-d'œuvre de sculpture et d'architecture furent créés.

Finalement, la soif de conquête des Liao s'affaiblit et l'État devint de plus en plus défensif. Pourtant, leur inimitié envers la dynastie des Song ne disparut pas totalement, en particulier parce que les Song les considéraient comme leur principal ennemi au nord. Par ailleurs, les Liao continuaient à opprimer d'autres groupes tribaux sous leur contrôle, dont les Jurchen au nord de la Mandchourie.

LA DYNASTIE DE L'OR : LES JIN (JURCHEN)

Les Jurchen, peuple guerrier tungu originaire du Heilongjiang, la province mandchoue la plus septentrionale, étaient les ancêtres des Mandchous, qui gouvernèrent ensuite la Chine sous le nom de Qing (1644-1911 ; voir chapitre 7). En 1115, le chef des Jurchen fonda une dynastie qu'il baptisa Jin (Or) en raison des dépôts d'or enfouis dans les terres des Jurchen. Dix ans plus tard, en 1125, les Jurchen s'allièrent avec les Song pour vaincre leur ennemi commun, les Liao. Mais, en deux ans, les Jurchen se retournèrent contre leurs alliés chinois, boutant les Song hors de Kaifeng. Contrôlant tout le nord de la Chine, ils conquirent également la Mandchourie et l'essentiel de la Mongolie.

Comme les Khitan, les Jurchen instaurèrent, dans les régions occupées par les Chinois, un système d'« empires » autonomes, entre les mains de gouverneurs chinois. Mais, comme sous la dynastie des Liao, l'administration et la culture de l'État Jin dans son ensemble se sinisèrent massivement. Les Jurchen eux-mêmes s'intégrèrent dans la majorité Han. Toutefois, la rivalité avec les Song – dont la capitale se trouvait désormais au sud, à Hangzhou, dans le Zhejiang – subsistait. En 1153, les Jurchen transférèrent leur capitale de Harbin à Pékin, avant de lancer une série d'offensives majoritairement victorieuses contre le Sud. Mais les Song du Sud tinrent bon, et l'État des Jin fut renversé en 1234 par les plus redoutables guerriers du Nord de tous les temps : les Mongols.

PAGE DE GAUCHE
Couronne ailée, ajourée, surmontée d'une divinité, provenant de la tombe d'une princesse à Zhelimu, nécropole royale des Liao en Mongolie-Intérieure. On retrouve le phénix parmi les motifs ornementaux. Argent doré, dynastie des Liao, datée de 1018.

CI-DESSOUS
L'art des Liao s'inspirait largement de l'iconographie traditionnelle chinoise : cette boîte rappelle ainsi les reliquaires bouddhiques des Tang. Parmi les éléments du décor obtenus par les techniques du ciselage et du repoussé, on trouve des motifs bouddhiques comme les *apsaras* (esprits féminins) qui dansent dans les nuages, qui font écho aux peintures Tang du IXe siècle à Dunhuang. Argent partiellement doré, dynastie Liao, daté de 1024.

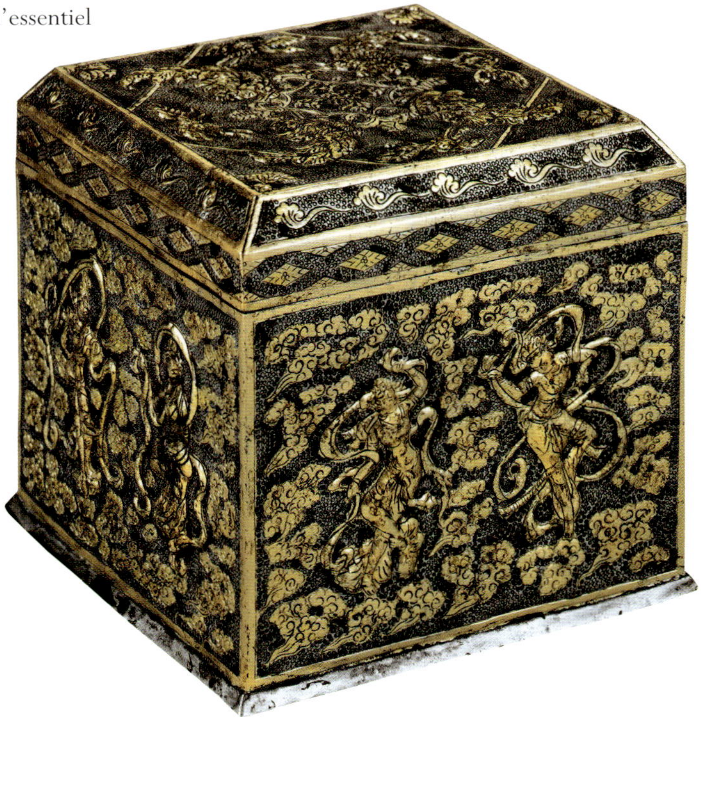

LA CALLIGRAPHIE

L'art de l'écriture

L'art de la calligraphie occupe une place importante dès le début de l'histoire chinoise. Il découle de la nature même de l'écriture chinoise, dont les milliers de caractères peuvent prendre diverses formes. Les premiers caractères chinois étaient souvent des pictogrammes, dont certains caractères actuels dérivent directement, comme les mots cheval, personne, arbre, etc. Ce qui signifie que, dès les origines, peinture et calligraphie étaient liées. Les caractères ultérieurs combinaient parfois deux pictogrammes, comme l'association du soleil et de la lune pour former le mot *ming* («brillant»). Un élément phonétique fut introduit : par exemple le terme chinois pour «cheval» est *ma* et le caractère «cheval» est utilisé pour représenter le phonème *ma* dans d'autres mots. Prononcé avec un ton différent, *ma* signifie aussi «mère», qui s'écrit avec le caractère «cheval» ajouté à celui de «femme». Naturellement, la structure des caractères chinois n'est pas toujours aussi simple, mais la multiplicité de leurs formes est un sujet idéal pour l'art calligraphique.

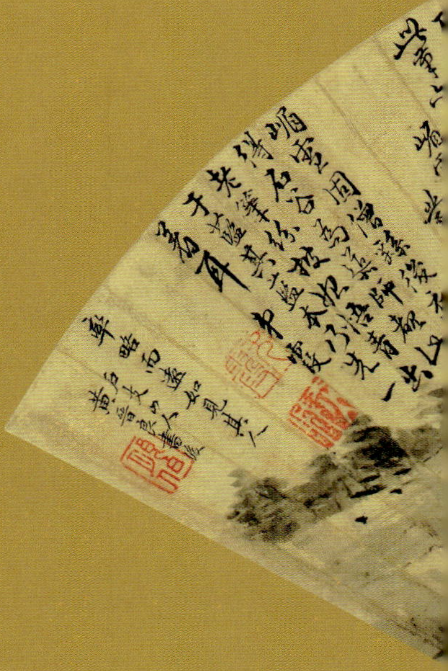

CI-DESSUS
Éventail peint réalisé par Wang Hui (1632-1717). Le paysage et les inscriptions imitent le style de l'artiste et calligraphe lettré Ni Zan (1301-1374) de la dynastie des Yuan. Ni Zan, qui faisait partie des Quatre Grands Maîtres des Yuan, était loué pour sa calligraphie et ses paysages, alors que lui les considérait comme de simples «jeux d'encre».

LES QUATRE TRÉSORS

Le pinceau, le papier, l'encre et la pierre à encre sont appelés «les quatre trésors du cabinet de travail» du lettré. Le pinceau était il y a encore peu de temps le principal instrument pour écrire, attesté au néolithique : les motifs de la poterie de la culture Yangshao (voir chapitre I) furent peints avec un pinceau. Sous la dynastie des Shang, à l'âge du bronze, les caractères étaient gravés sur les os divinatoires (voir p. 10), mais des traces de vermillon sur certains d'entre eux montrent que dans certains cas ils avaient été dessinés au préalable avec un pinceau. Le plus ancien pinceau pour écrire connu aujourd'hui date de la période des Royaumes combattants : il était en bambou avec des poils de lapin. Par la suite, une grande variété de poils d'animaux furent employés, en fonction du type de pinceau souhaité.

La maîtrise du pinceau est la discipline fondamentale de la calligraphie. Elle détermine la force, l'épaisseur et l'orientation du coup de pinceau, et si toute la brosse ou seulement la pointe est nécessaire. Le pinceau est tenu verticalement, sans qu'il y ait de règles strictes régissant le placement des doigts.

Sur les os divinatoires, la direction de l'écriture dépendait de la forme de l'os, mais ensuite, les Chinois prirent l'habitude d'écrire sur des colonnes verticales, en

À DROITE
Page d'un album de sceaux de Qian Weicheng (1720-1772) illustrant l'écriture courante et l'empreinte du sceau (en rouge). Encre et pigment sur papier, dynastie des Qing, règne de Qianlong (1736-1795).

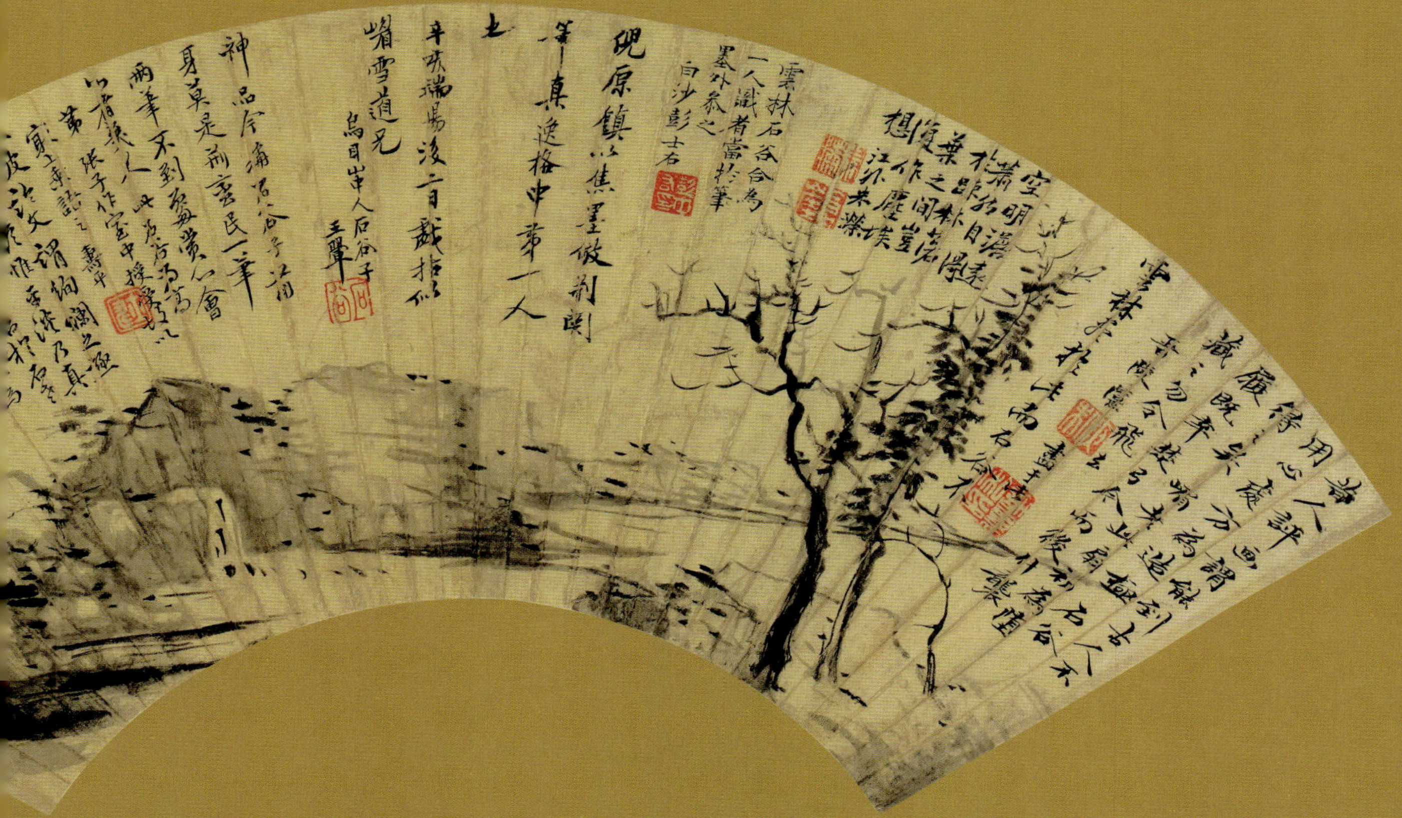

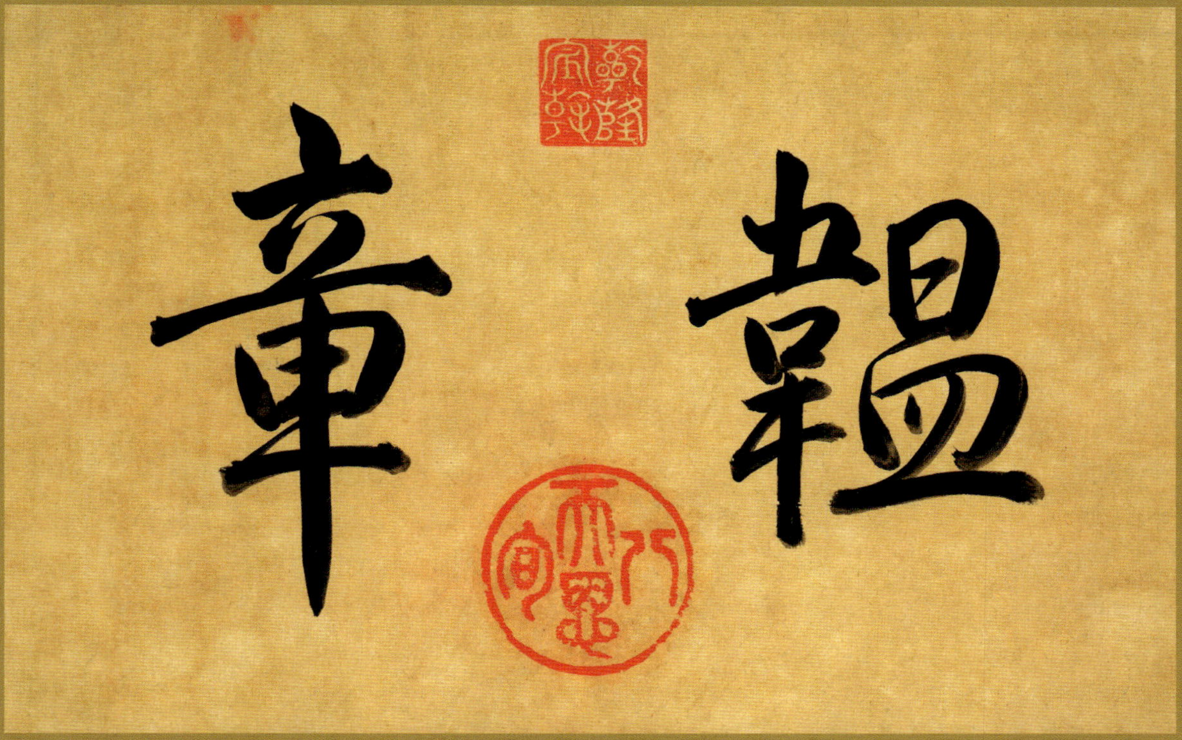

韞章

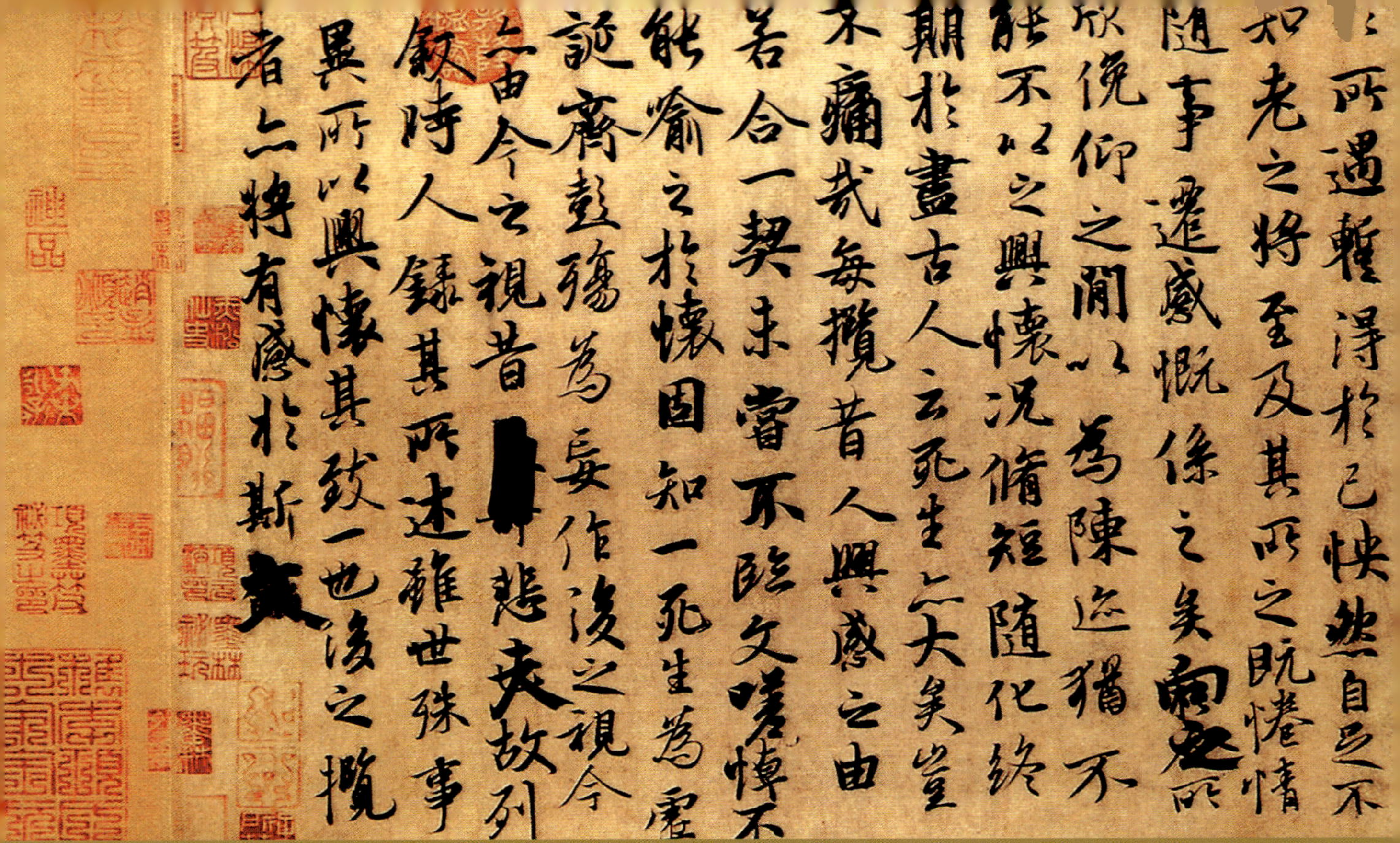

CI-DESSUS
Extrait de *La Préface au Pavillon des orchidées* (353), chef-d'œuvre de la calligraphie chinoise réalisé par l'artiste Wang Zizhi de la dynastie des Jin (303-361). Composée d'un seul élan créatif dans l'écriture cursive dynamique qui caractérise le style de Wang, *La Préface* était le texte liminaire d'un florilège de son cercle d'amis lettrés. Elle fit de Wang l'artiste calligraphe le plus admiré de Chine et lui valut d'être appelé le « prince des calligraphes ». L'empereur Tang Taizong collectionnait les œuvres de Wang, et l'érudit Ming Li Rihua les classait comme les objets esthétiques les plus précieux aux yeux des exigeants lettrés.

commençant en haut à droite. Cela probablement parce que la surface d'écriture était verticale, sur des bandes de bois ou de bambou. Si l'écriture devait être horizontale, sur les linteaux de porte par exemple, les caractères étaient tracés de droite à gauche, comme si les colonnes verticales étaient réduites à un caractère par ligne. Ce n'est qu'à l'époque moderne, sous l'influence occidentale, que l'écriture horizontale de droite à gauche sur des lignes se généralisa.

Outre les écorces de bois, la soie servait aussi de support pour écrire. Mais, après l'invention du papier sous la dynastie des Han orientaux, celui-ci devint le matériau privilégié en raison de la variété de textures qu'il autorisait, rugueuse ou lisse. La plupart des œuvres de peinture et de calligraphie chinoises se présentent sous forme de rouleau, pouvant mesurer plusieurs mètres de long. Les rouleaux précieux sont conservés sous clef à l'abri de la lumière et ne voient le jour que pour des occasions spéciales.

L'encre de Chine est composée de noir de carbone associé à un liant aqueux, qui sont mélangés pour former une pâte puis mis à sécher dans un moule. Le pain d'encre obtenu doit être broyé sur une pierre et dilué avec de l'eau avant usage. La pierre sur laquelle l'encre est frottée est souvent une œuvre d'art en soi.

STYLES D'ÉCRITURE

Les impératifs techniques et esthétiques de la calligraphie ont donné naissance à divers styles d'écriture, de l'archaïque au moderne et de l'écriture « régulière » selon laquelle

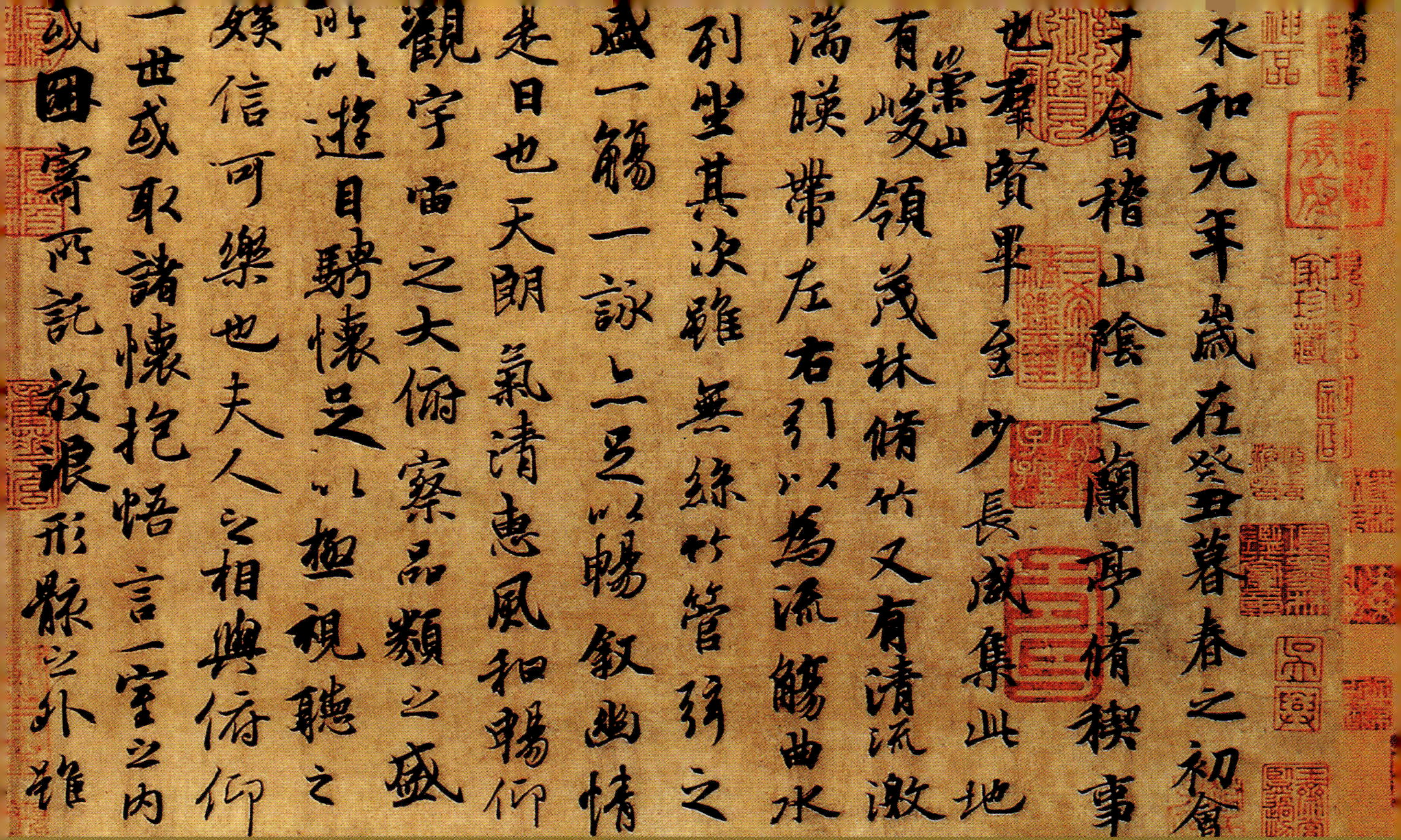

chaque coup de pinceau d'un caractère est distinct, à l'« écriture cursive », ou « écriture d'herbe », dans laquelle le caractère évoque à peine sa forme originale. Cette dernière s'apparente à une sténographie chinoise. Entre ces deux styles, on trouve l'écriture « courante » : la forme générale du caractère est intacte, mais certains raccourcis conventionnels dans son exécution offrent une liberté de style inenvisageable avec les caractères réguliers. La plupart des auteurs chinois contemporains emploient ce style, généralement usité dans la correspondance.

Les calligraphes chinois adoptaient parfois une forme d'écriture ancienne basée sur un style antérieur aux Han, appelée « écriture sigillaire », parce qu'elle est fréquemment utilisée par les graveurs de sceaux, officiels ou privés. Nombre de calligraphes et d'artistes renommés sculptaient leurs propres sceaux ou ceux de leurs amis. Très prisés, les sceaux servent encore à signer des peintures ou des documents. Certaines peintures portent plusieurs sceaux : les propriétaires des œuvres apposaient parfois leur sceau à côté de celui de l'artiste. Toutes les dynasties ont eu des maîtres calligraphes dans chacun de ces styles.

CI-DESSOUS
Les instruments du calligraphe sont souvent des objets raffinés, comme ce pinceau à manche en porcelaine orné de rinceaux floraux et de deux dragons inscrits dans des cartouches blancs. Porcelaine blanche avec couverte bleue, dynastie Ming, datée du règne de Wanli (1573-1620) par l'inscription sur le manche.

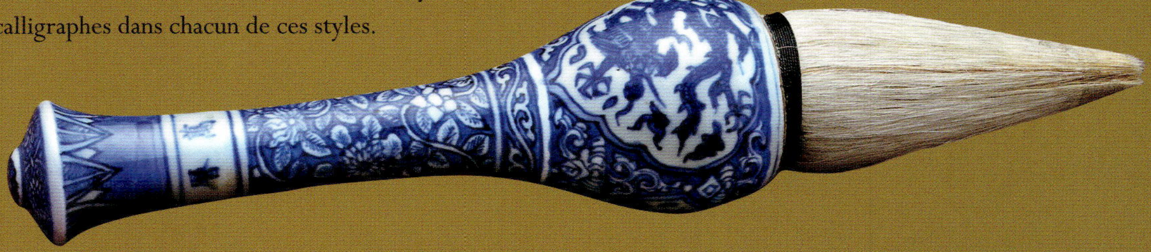

宋

LES SEIGNEURS DE KAIFENG

Les Song du Nord (960-1126)

CI-DESSOUS
Pichet en céladon bleu-vert avec double tête de phénix en guise de bec. Il porte un décor floral sculpté caractéristique des premiers ateliers Song à Yaozhou, dans le Shaanxi. Les lignes incisées en profondeur créent un contraste séduisant entre les zones claires en relief et les zones sombres où la glaçure s'est accumulée après plusieurs cuissons. Song du Nord, début du XIe siècle.

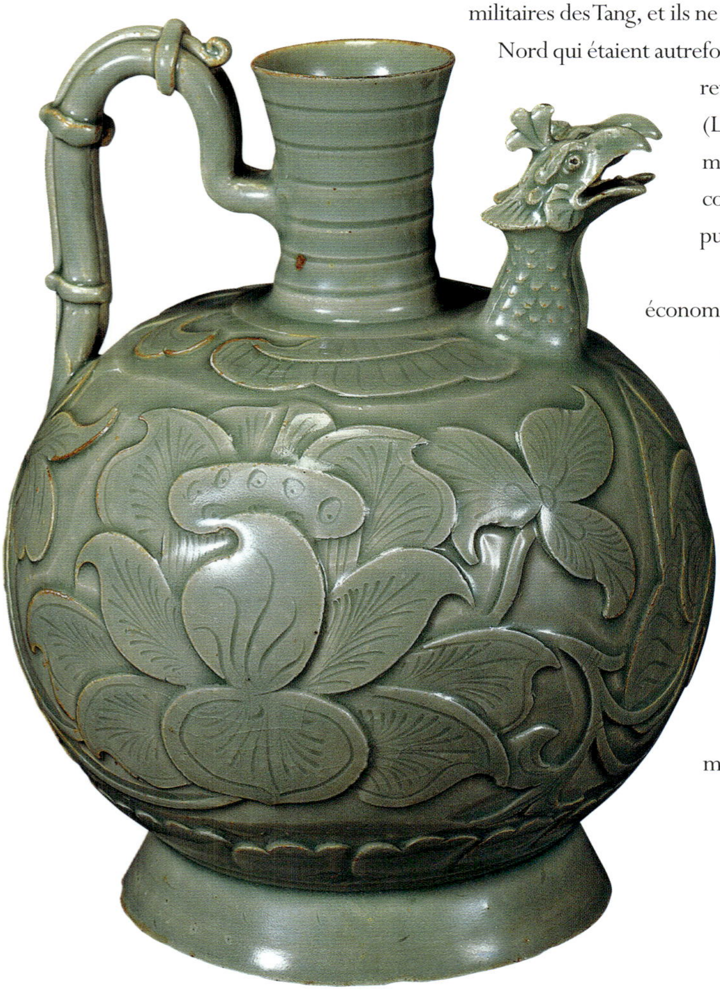

En 960, Zhao Kuangyin, un chef militaire des Zhou postérieurs (une des Cinq Dynasties du Nord, voir p. 106), dirigea une rébellion et fonda la dynastie des Song à Kaifeng, prenant le nom d'empereur Taizu (règne 960-976). La première période de la dynastie des Song (960-1126) est désormais appelée Song du Nord, car, en 1126, le nord de la Chine fut envahi par les armées des Jin (Jurchen). Originaires de la Mandchourie, ils forcèrent la dynastie à émigrer vers Hangzhou dans le Sud. La seconde phase de la dynastie est appelée Song du Sud (1127-1279).

En 979, le deuxième empereur Song, Taizong (976-997), acheva la conquête du dernier des Dix Royaumes du Sud, les Han du Nord, situé entre l'État khitan des Liao et l'empire Song. Malheureusement, aucun empereur Song ne réussit à renouveler les succès militaires des Tang, et ils ne regagnèrent jamais les vastes territoires d'Asie centrale et du Nord qui étaient autrefois contrôlés par les Chinois. Au lieu de cela, ces régions furent revendiquées par des peuples autochtones comme les Khitan (Liao) et les Jurchen (Jin), qui établirent de nouveaux royaumes à l'ouest et au nord de la Chine. Pour finir, les Song succombèrent – comme toute l'Eurasie – sous les coups du plus puissant et du plus belliqueux de ces peuples, les Mongols.

Ce qui n'empêcha pas les Song de réaliser de grands progrès économiques et culturels. La dernière des Cinq Dynasties, celle des Zhou du Nord, avait déjà beaucoup fait pour restaurer l'économie du Nord après près d'un demi-siècle de guerres, et les Song s'appuyèrent sur ses réalisations.

Le développement économique s'accompagna de progrès technologiques qui firent de la Chine des Song le pays le plus avancé du monde dans les domaines industriel et scientifique. La métallurgie, l'imprimerie, le tissage des Song dépassaient ceux des dynasties antérieures en termes de rendement comme de sophistication des technologies. Ainsi, l'érudit Bi Sheng (990-1051) inventa les premiers caractères mobiles constitués de blocs de céramique.

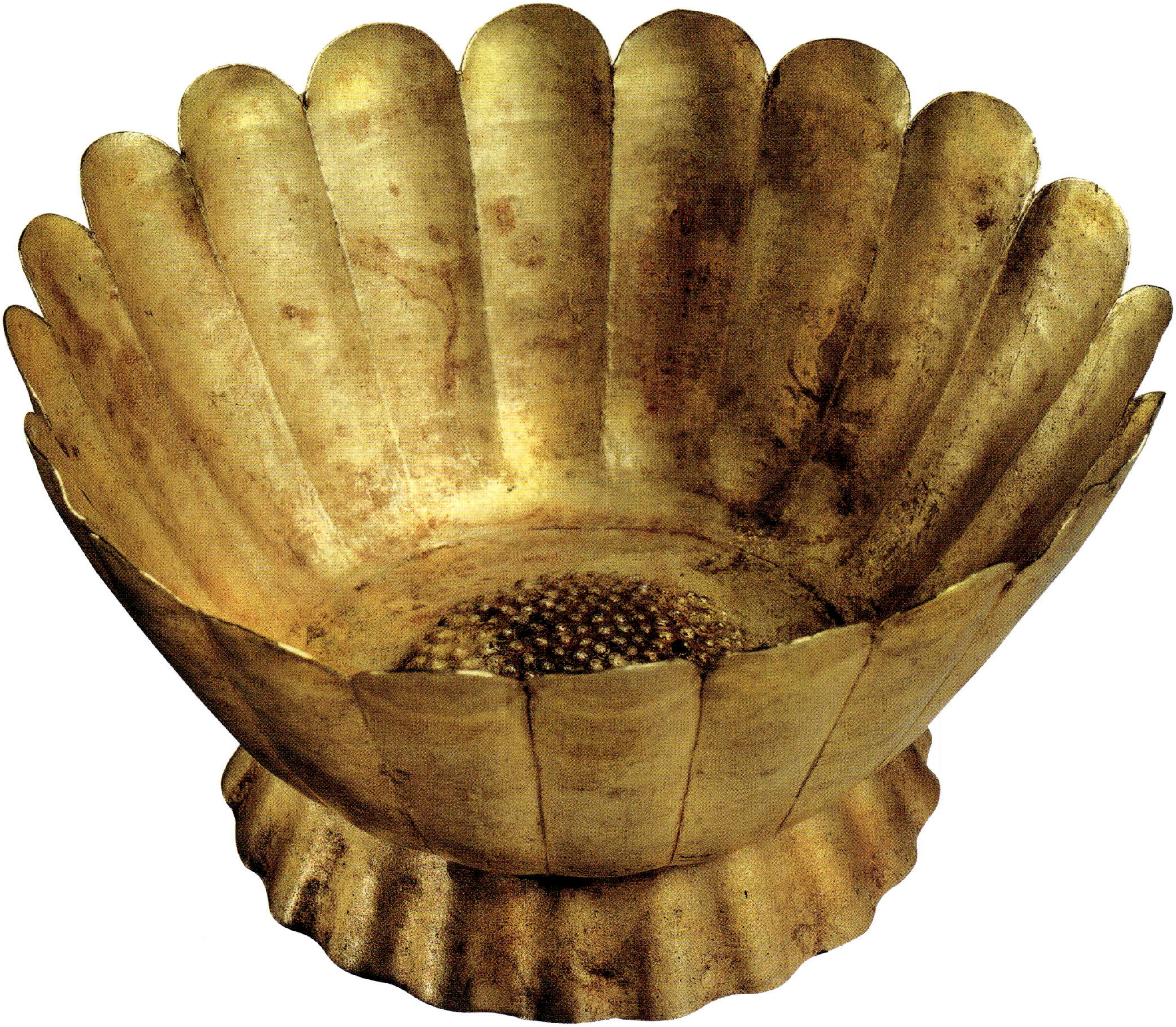

CI-DESSUS
Coupe en or en forme de chrysanthème *(ju)* ou « fleur d'automne ». Cette fleur très populaire symbolisait la noblesse et faisait partie des « quatre plantes nobles » avec l'orchidée, la fleur de prunier et le bambou. Sous la dynastie des Song, 35 variétés de chrysanthèmes étaient recensées, un chiffre qui atteignit 900 à l'époque des Ming. Aujourd'hui, plus de 3 000 variétés existent sur le seul territoire chinois. Dynastie des Song du Nord, XIe siècle.

LES ARTS DES SONG

Sous les Song, la vieille aristocratie chinoise qui dominait jusqu'alors le gouvernement perdit de sa force. La Chine était désormais gouvernée par des familles de lettrés éduquées, citadines, aux antipodes de la noblesse cavalière et joueuse de polo des dynasties antérieures. Le prestige des faits d'armes n'avait plus cours, cédant la place aux passe-temps intellectuels. Les philosophes, les artistes et les écrivains jouissaient d'un grand respect et influençaient les couches les plus élevées de la société. Même les hauts fonctionnaires composaient de la poésie destinée à être mise en musique, ou s'adonnaient à la peinture (pp. 122 à 127), perpétuant et perfectionnant la tradition de la peinture de paysage engagée sous les Tang et prolongée sous les Cinq Dynasties. L'avant-dernier

À DROITE
Les tisseurs de soie Song développèrent des techniques complexes aboutissant à d'étonnants motifs comme cette couverture pour des textes bouddhiques, décorée de phénix, de cerfs et de fleurs de lotus. À la même époque, des machines à filer mues par des moulins à eau permettaient de produire rapidement des fils de soie fins et réguliers. Soie brodée, dynastie des Song du Nord, Xe-XIe siècle.

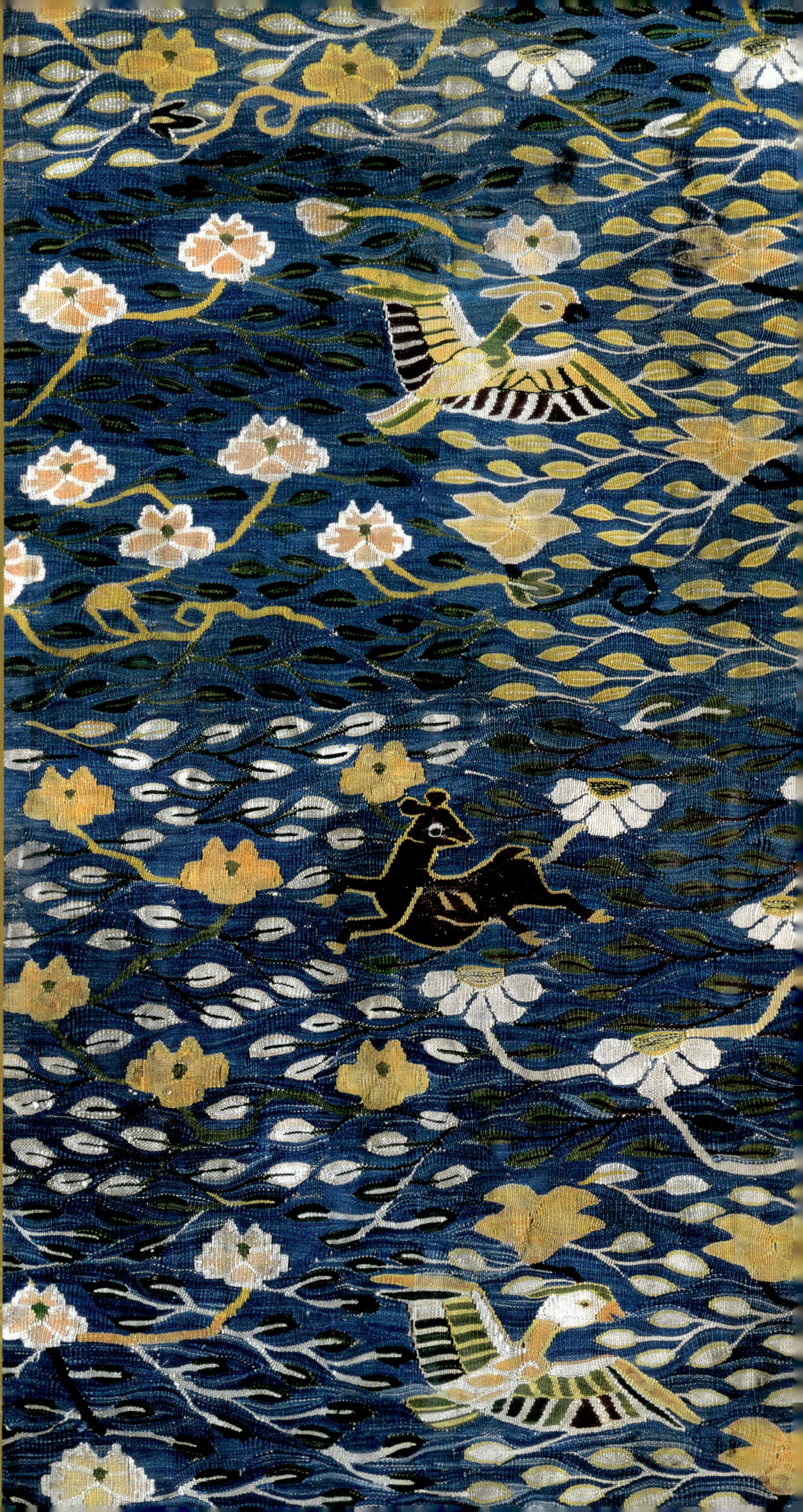

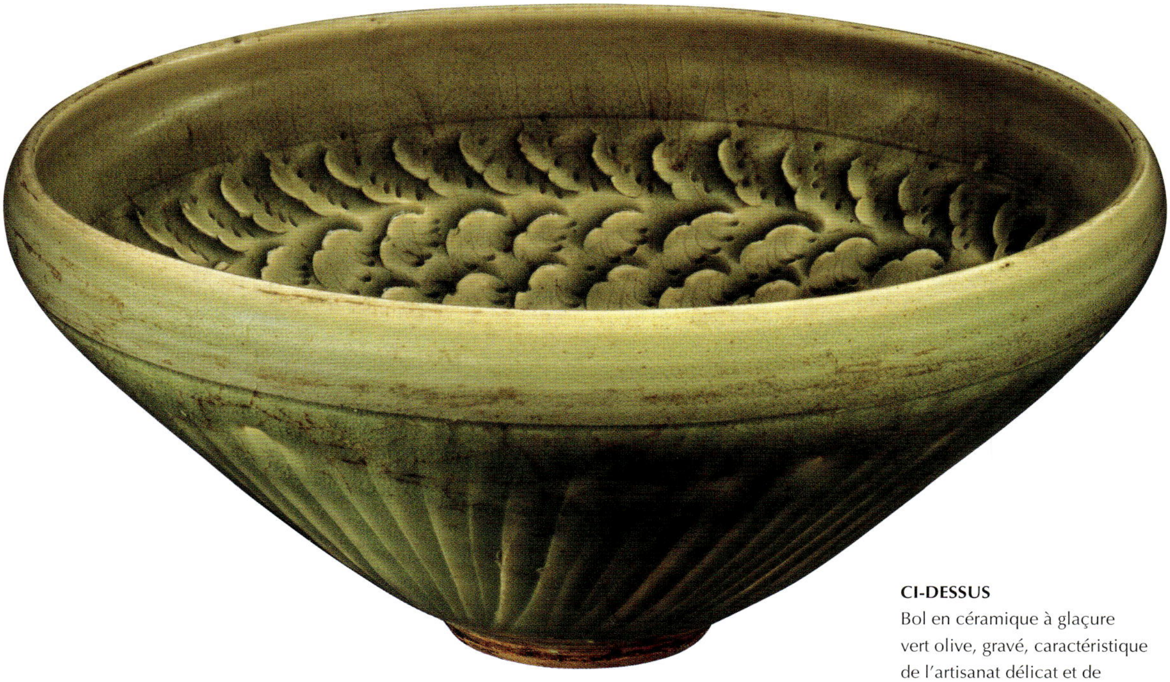

CI-DESSUS
Bol en céramique à glaçure vert olive, gravé, caractéristique de l'artisanat délicat et de l'ornementation subtile et soignée de la dynastie des Song. À cette époque, les manufactures de céramique se multiplièrent, et il y avait de nombreux centres régionaux de grande qualité. Song du Nord, XIIe siècle.

empereur des Song du Nord, Huizong (1101-1125), était un peintre et un calligraphe d'envergure (voir pp. 104-105) ainsi qu'un grand collectionneur. Malheureusement pour la postérité, sa collection fut détruite par les Jin lorsqu'ils renversèrent les Song du Nord en 1126. La porcelaine Song atteignit également un haut degré de raffinement et d'élégance (voir pp. 138 à 142). À maints égards, la Chine des Song était comparable à l'Europe de la Renaissance, qui allait s'épanouir quatre siècles plus tard.

Les progrès des arts et des sciences sous les Song s'expliquent en partie grâce à l'essor de l'imprimerie et des écoles, qui généralisèrent l'alphabétisation et l'éducation. Sous les Tang, les monastères bouddhiques étaient les principaux lieux de savoir, alors que sous les Song les bibliothèques et les écoles publiques et privées se multiplièrent. La plus grande bibliothèque, dotée de quatre-vingt mille volumes, se trouvait dans le palais impérial. Des écrits en tout genre fleurirent. La production de notes ou d'essais traitant de sujets généraux ou spécialisés était en vogue. Dans un des plus célèbres exemples, les *Essais composés au torrent des rêves* (*Mengxi Bitan*, 1081), le scientifique et politicien Shen Gua ou Guo (1031-1095) est le premier à décrire, entre autres, la boussole magnétique. Les étudiants chinois en architecture se réfèrent encore aujourd'hui à *La Méthode d'architecture* (*Yingzao Fashi*, 1103) de Li Jie, qui dessina d'ailleurs plusieurs temples et bâtiments officiels pour Kaifeng, la capitale des Song du Nord.

UNE COEXISTENCE DIFFICILE

Les Song du Sud (1127-1279)

PAGE DE DROITE
La pagode Baochu, au nord du lac de l'Ouest à Hangzhou, capitale des Song du Sud, qui donnèrent à la ville le nom de Lin'an (Paradis temporaire). Construite entre 968 et 975 sous les Song du Nord, la pagode fut restaurée à plusieurs reprises, le plus récemment en 1933.

CI-DESSOUS
La tombe de Yue Fei (1103-1142) à Huangzhou. Chef des armées des Song du Sud contre les Jin et un grand héros militaire chinois, il aurait été exécuté à la suite de fausses accusations. Il fut réhabilité tardivement et on lui construisit cette splendide tombe en signe de reconnaissance pour sa loyauté.

Lorsque les Jin atteignirent Kaifeng en 1126, ils expédièrent l'empereur Song, le prince héritier et toute la famille impériale, vers le nord-est, dans leur capitale Harbin (actuelle Heilongjiang) en Mandchourie. Progressant vers le sud, les envahisseurs pillèrent de nombreuses villes dans le centre et le sud-est de la Chine. Un prince Song échappa à la débâcle et rétablit la dynastie en 1127 dans le Sud, dont il se déclara l'empereur (Gaozong, règne 1127-1162). Dès lors et jusqu'à sa chute en 1279, la dynastie s'appela les Song du Sud.

Finalement, en 1142, les Song du Sud passèrent un accord avec les Jin fixant leur frontière commune le long de la rivière Huai dans la province de l'Anhui, équidistante du fleuve Jaune et du Yangzi. Ce même accord prévoyait le montant annuel du tribut que les Song du Sud devaient aux Jin, preuve de la difficile répartition du pouvoir entre les deux États. Les Song oscillaient entre conciliation et résistance, et durent mener de nombreuses batailles défensives pour contenir les Jin. Ils ne parvinrent à reconquérir le Nord que vers 1234, lorsque les Jin subirent l'assaut des Mongols. Les Song s'inclinèrent à leur tour devant les Mongols quarante-cinq ans plus tard.

En dépit de la menace presque constante qui pesait sur les frontières du nord, les

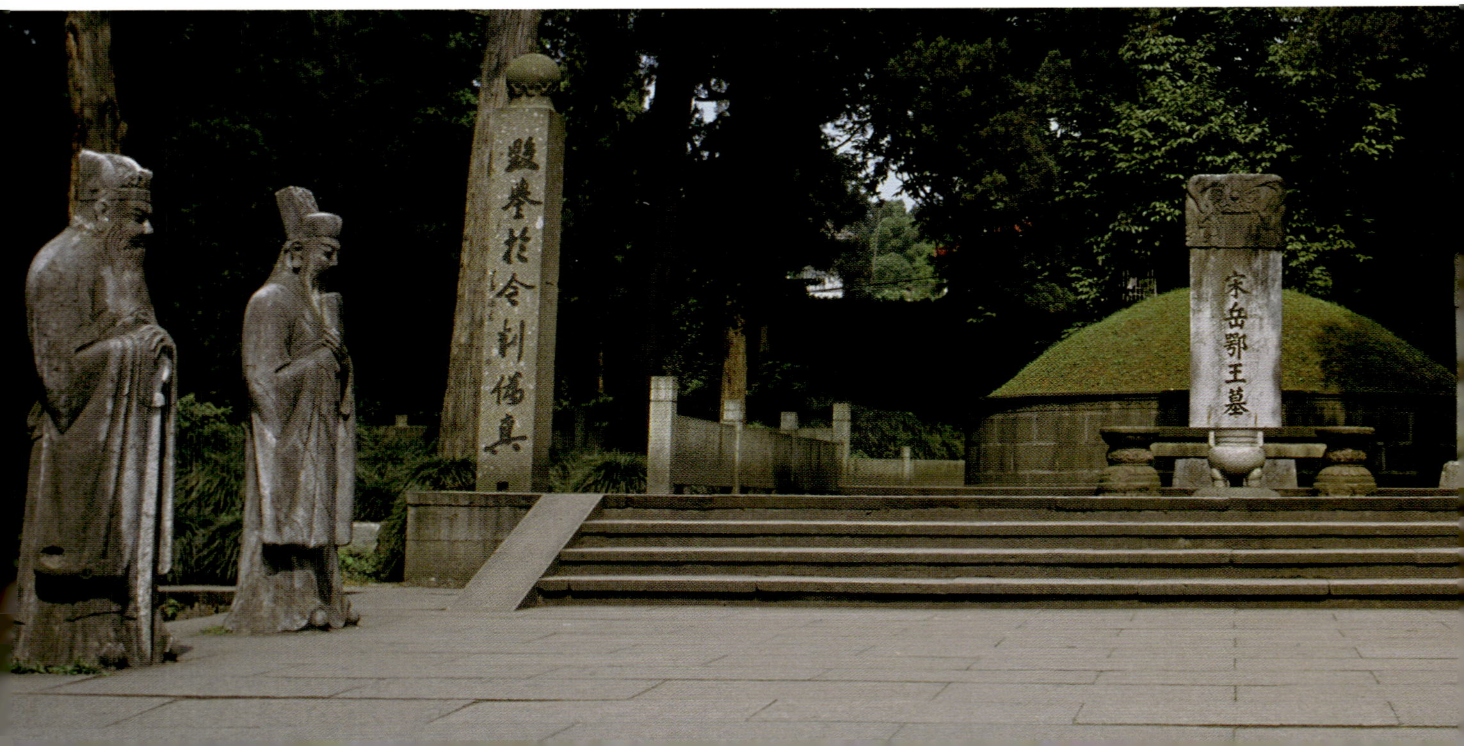

terres des Song du Sud prospéraient, grâce aux réalisations des précédents souverains Tang et ceux des Dix Royaumes (906-960) qui avaient succédé aux Tang dans le Sud. En effet, le transfert de la capitale vers Hangzhou ne fit que confirmer une tendance apparue sous les Song du Nord, à savoir le déplacement du cœur économique de l'empire vers le sud. Là, le commerce florissait et les villes continuaient à grossir et gagner de l'importance. Le gouvernement central ne jouissait plus du même degré de contrôle sur l'individu qu'autrefois, et des organisations indépendantes comme les corporations d'artisans purent affirmer leur indépendance en dehors du contrôle strict du gouvernement. Une nouvelle classe moyenne d'entrepreneurs apparut, les rues commerçantes se multiplièrent dans les villes, avec des échoppes de produits domestiques et de nourriture. Des centres de loisirs accueillaient musiciens, acteurs et conteurs invités à exercer leur art toute l'année sans tenir compte des fêtes religieuses, comme par le passé. Enfin, on trouvait aussi des prêteurs sur gages, des diseurs de bonne aventure et des médecins.

LE NÉOCONFUCIANISME

Sur les plans commercial, technologique et artistique, la dynastie des Song représente une période d'innovation et de progrès (voir pp. 115 à 117). Cependant, le conservatisme continuait de peser sur la vie intellectuelle. Beaucoup d'érudits chinois imputaient le désastre de 1126 à l'intérêt excessif de la dynastie pour des arts comme la poésie et la peinture, tandis que d'autres cherchaient à purifier la Chine en faisant

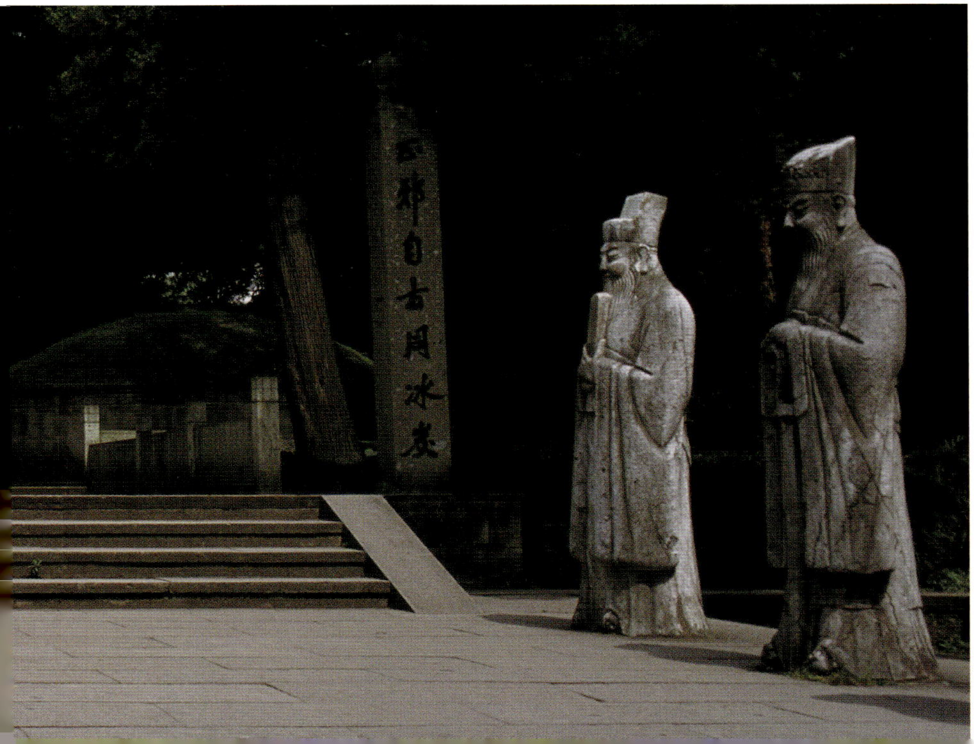

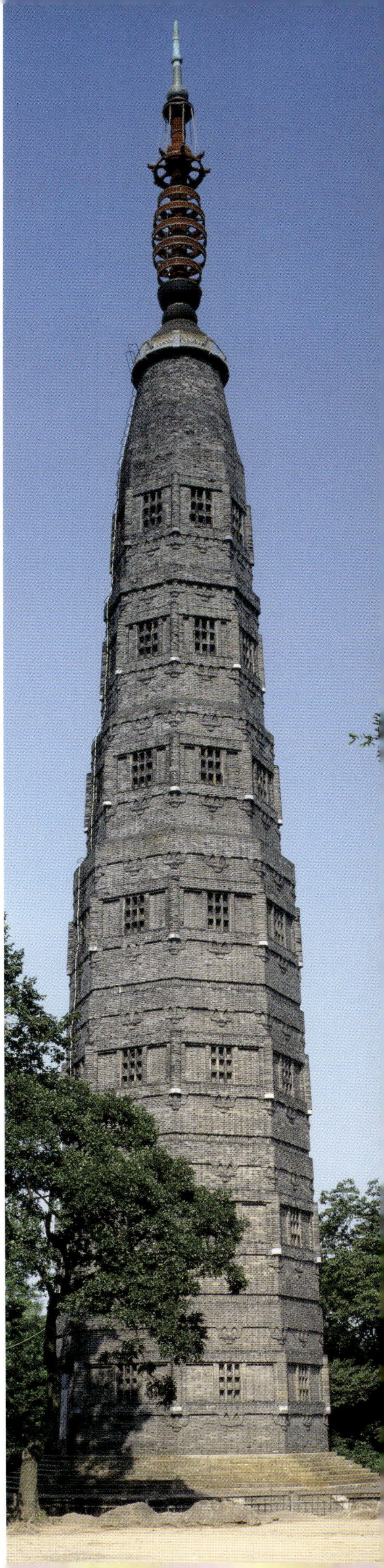

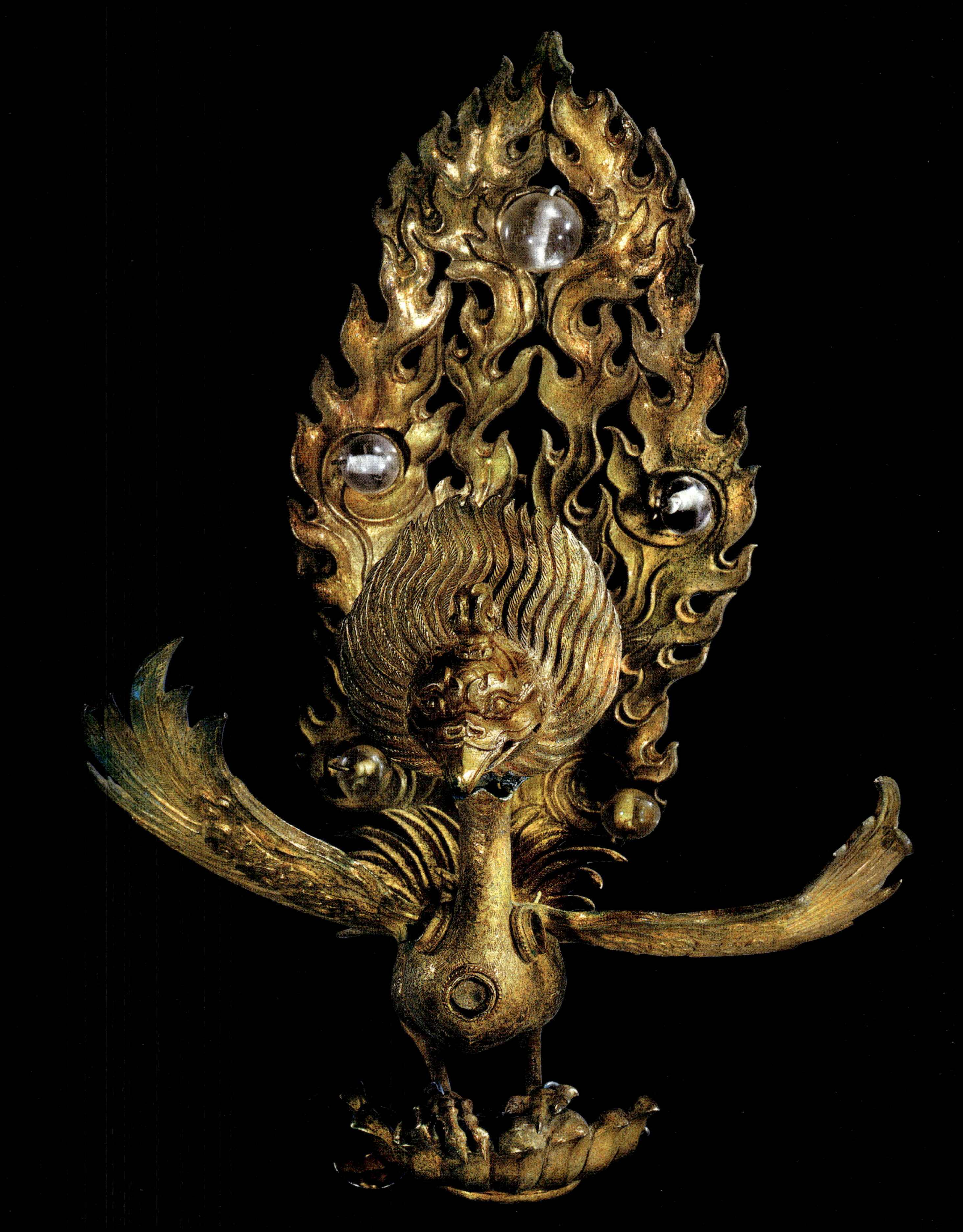

renaître l'idéologie confucéenne. Ce processus avait débuté sous les Tang postérieurs, en partie en réaction contre la philosophie « étrangère » du bouddhisme. Sous les Song du Sud, un des philosophes chinois les plus influents, Zhu Xi (1130-1200), résuma les idées des anciens réformateurs et, absorbant des éléments du bouddhisme et du taoïsme, imagina une nouvelle forme de confucianisme extrêmement cohésive, que l'on appela néoconfucianisme, ou école de Li.

Li signifie « principe » ou « argument ». Selon cette école, tout dans le monde, animé ou inanimé, possède un *li* qui le singularise, et existe indépendamment de l'objet en soi. Ainsi, le *li* de la construction navale préexistait à la construction du premier bateau. Le *li* de l'humanité est la nature humaine, intrinsèquement bonne d'après les néoconfucéens et les bouddhistes. Bonté qui aurait été ternie par les passions terrestres.

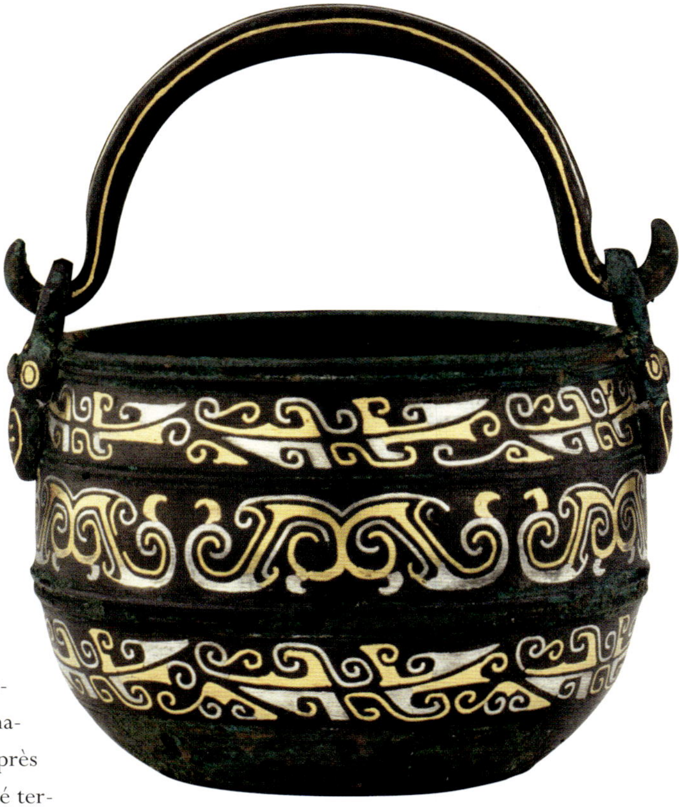

CI-DESSUS
Seau ou chaudron miniature dont le décor complexe évoque les motifs des anciennes dynasties des Shang et des Zhou. Bronze avec incrustations d'or et d'argent, dynastie des Song.

Au niveau cosmique, le *li* de l'univers est le *Taiji* ou principe suprême, l'équivalent du *dao* dans le taoïsme. Pour expliquer l'univers physique, Zhu Xi introduisit le terme *qi* (« énergie », « force vitale »), c'est-à-dire l'agencement ou la force par laquelle tout arrive, par le biais des cinq éléments (métal, terre, bois, feu, eau) et des forces passives et actives du *yin* et du *yang*.

Cohérent avec ses théories, Zhu Xi pensait que les relations humaines fondamentales relevaient aussi de principes immuables. Dans cette perspective, toute grande réforme sociale, modifiant par exemple la relation entre un monarque et ses sujets, ou entre deux époux, était susceptible de contrarier l'ordre naturel et de provoquer une catastrophe indescriptible. Sous les dynasties qui suivirent les Song, les principes de Zhu Xi devinrent l'idéologie dominante. Toutefois, au XXe siècle, le confucianisme fut considéré comme un ennemi du progrès, même si la vocation originelle du néoconfucianisme avait été d'améliorer et de stabiliser la société.

Pour défendre ses idées, Zhu Xi s'appuyait largement sur les grands classiques confucéens comme les Quatre Livres : *Les Analectes* de Confucius, *le Livre de Mencius, La Doctrine du milieu* et *Le Grand Enseignement*. Ces ouvrages devinrent les lectures de base de tous les érudits aspirant à passer les examens pour entrer au service du gouvernement et le restèrent pendant les sept siècles qui suivirent.

PAGE DE GAUCHE
Ce paon sur un socle en forme de lotus fut découvert dans la pagode Qianxun de la dynastie des Tang, près de la ville de Dali (province du Yunnan) dans le sud du pays. Dans cette région, le bouddhisme souffrit moins des persécutions infligées à la fin des Tang. Argent doré avec incrustations de cristal. Dynastie des Song du Sud.

LA PEINTURE À L'ÉPOQUE DES SONG

Artistes et empereurs

Si brève fût-elle, la période des Cinq Dynasties (907-960) marqua une avancée majeure dans le domaine des arts, et notamment de la peinture. Les artistes de l'époque étaient considérés comme les pionniers d'un nouveau genre artistique, qui recherchait non seulement la ressemblance avec le sujet mais quelque chose en plus – l'esprit du sujet et l'âme du peintre lui-même. Un artiste de cette époque a écrit : « La ressemblance reproduit l'aspect formel des choses mais néglige leur esprit. La vérité montre l'essence et l'esprit dans leur perfection. »

Les raisons de cette évolution de la peinture sous les Cinq Dynasties sont vagues, mais la fragmentation de la Chine en unités plus petites et instables est un facteur ; des hommes éduqués que tout destinait à entrer au gouvernement durent oublier leurs plans de carrière pour servir l'empereur ou leur pays, et déployer leur énergie ailleurs. Souvent désœuvrés, ces lettrés profitaient de leur temps libre pour explorer le monde de la nature, qui avait été si brillamment décrit par les poètes de la dynastie des Tang comme Wang Wei et Meng Haoran. C'est sous les Cinq Dynasties que naquit la vogue de la peinture de pay-

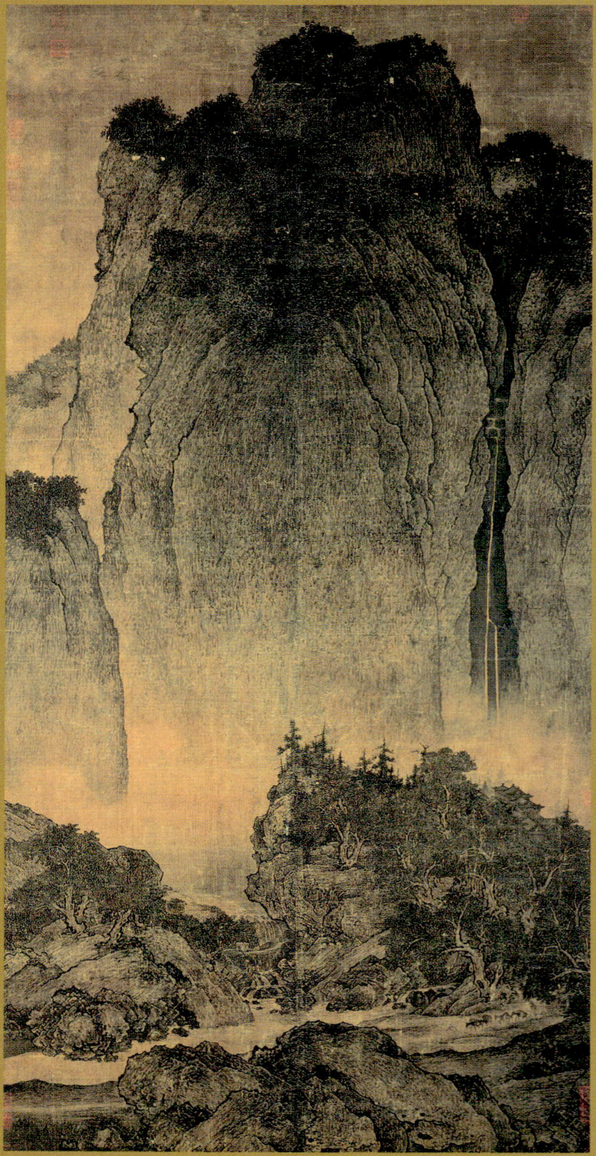

PAGE DE DROITE
Crépuscule au bord du fleuve, par Dong Yuan (actif dans les années 930-960). Des voyageurs s'approchent d'une taverne. Dong était réputé pour ses bleus et ses verts et ses montagnes peintes avec un pinceau à poils de chanvre. Rouleau suspendu, encre et couleur sur soie.

CI-CONTRE
Voyageurs dans les gorges d'un torrent, de Fan Kuan (actif vers 990-1030). Le groupe de voyageurs au premier plan suit un chemin qui mène à un torrent. Les montagnes imposantes dominent la scène, soulignant l'insignifiance de l'homme. Rouleau suspendu, encre et couleur sur soie.

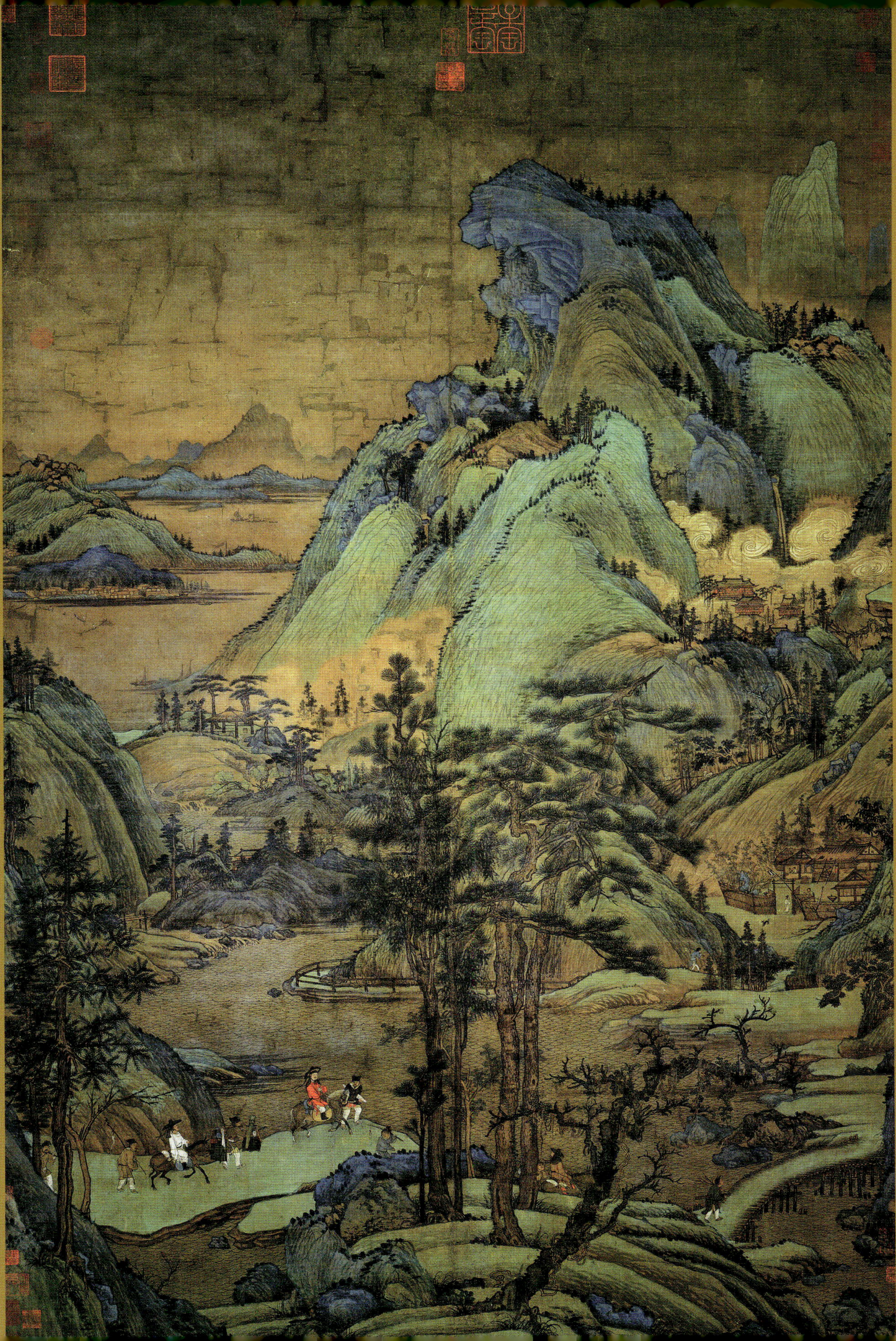

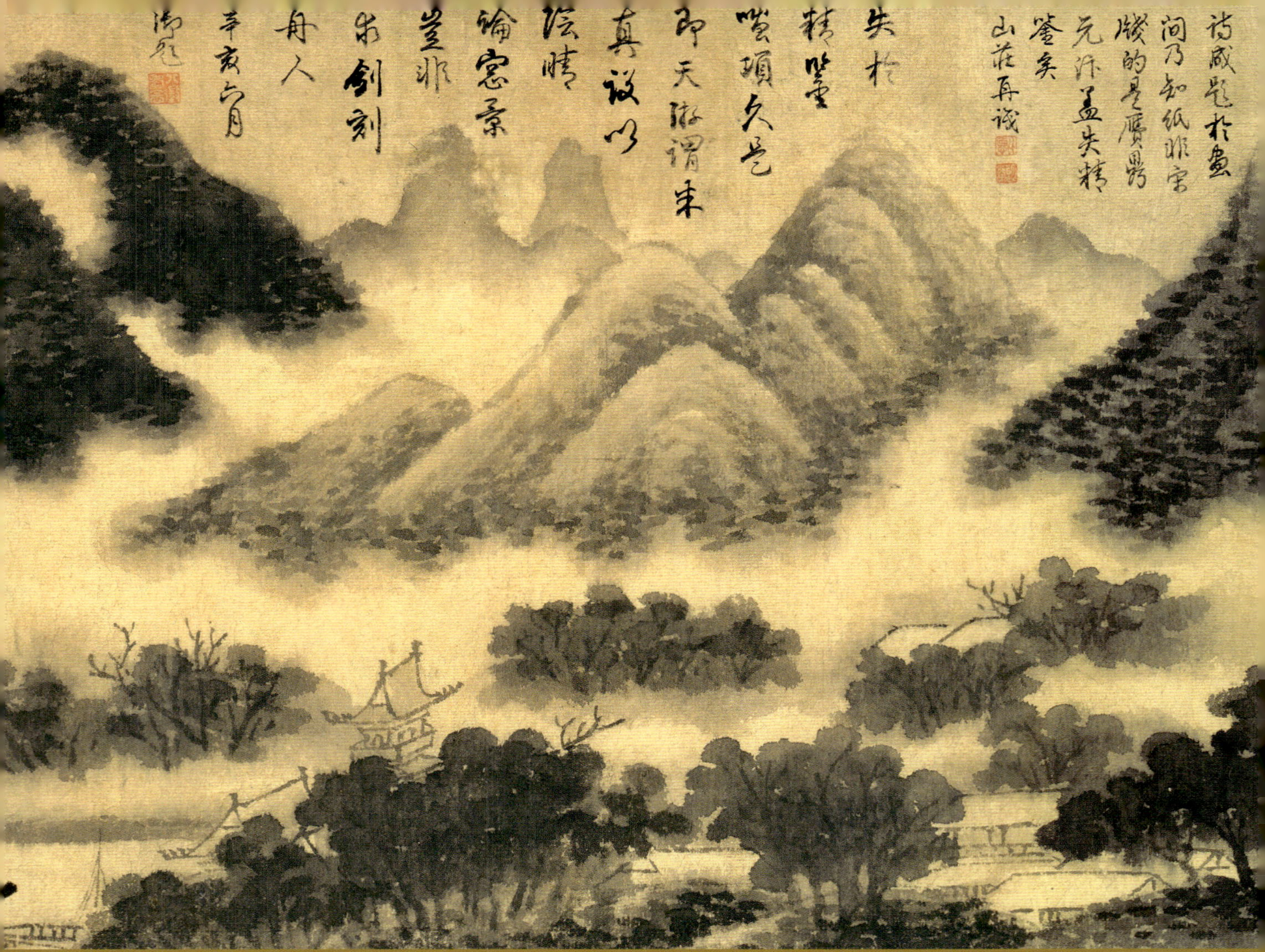

CI-DESSUS
Brume épaisse avec rivière et montagnes (détail). Cette œuvre de Mi Fei (1051-1107) est typique de son style impressionniste et économe. Rouleau, encre sur papier.

sage, qui parvint à maturité sous les Song. Très peu d'œuvres des Cinq Dynasties ont été conservées, mais les peintres des Song ont su s'approprier les idées de leurs prédécesseurs et créer un héritage artistique brillant et pérenne.

La vie du peintre et moine Dong Yuan (actif vers 930-960) couvre les Cinq Dynasties et le début des Song du Nord. Son œuvre illustre la philosophie des artistes Song, qui ne donnent plus l'impression de peindre littéralement d'après la nature, mais expriment leur propre vision de la nature sous une forme idéalisée. Certaines œuvres de Dong comme le *Crépuscule au bord du fleuve* l'illustrent bien. Celle-ci décrit des voyageurs approchant du terme de leur voyage dans un paysage montagneux. La palette de bleus et de verts est caractéristique de Dong (voir p. 123). Elles sont parfois plus contemplatives, avec une nature qui semble tranquille, voire bucolique. Certains artistes en revanche sont attirés par la puissance du vent et de l'eau, et leurs œuvres montrent la nature en perpétuel mouvement.

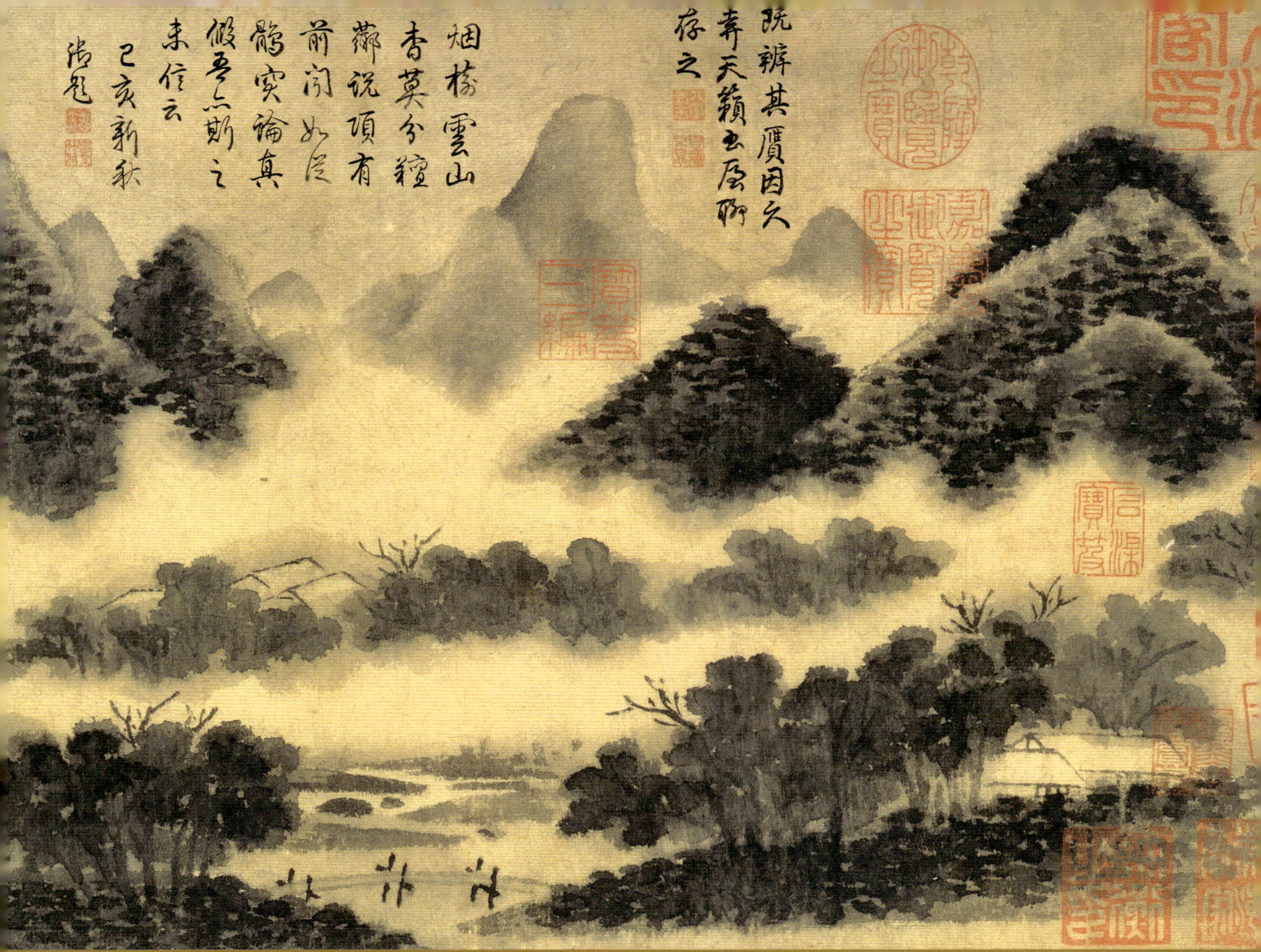

Un autre peintre des Song du Nord, Fan Kuan (actif vers 990-1030), menait une vie d'ermite dans les montagnes et puisait son inspiration dans le taoïsme. Dans son œuvre la plus célèbre, *Voyage dans les montagnes et les ruisseaux* (voir p. 122), quelques voyageurs semblent écrasés par une immense paroi rocheuse s'élevant au-dessus d'eux et qui symbolise la relation qu'entretient l'humanité avec le monde qu'elle habite. Malgré sa relative austérité, Fan Kuan était un artiste magnifique. Il inventa une technique de points et de brefs coups de pinceau pour donner l'impression d'un jeu de lumière sur de grandes surfaces.

Mi Fei (ou Mi Fu, 1051-1107) se montra plus inventif encore. Ce fonctionnaire individualiste peignait pour son plaisir personnel, ses paysages reflétant son état d'esprit. Ses peintures, dont des chefs-d'œuvre comme *Brume épaisse avec rivières et montagnes* et *Montagnes du printemps et pins*, montrent par exemple un groupe de montagnes coniques émergeant d'une nappe de brume blanche, précédées de groupes d'arbres au

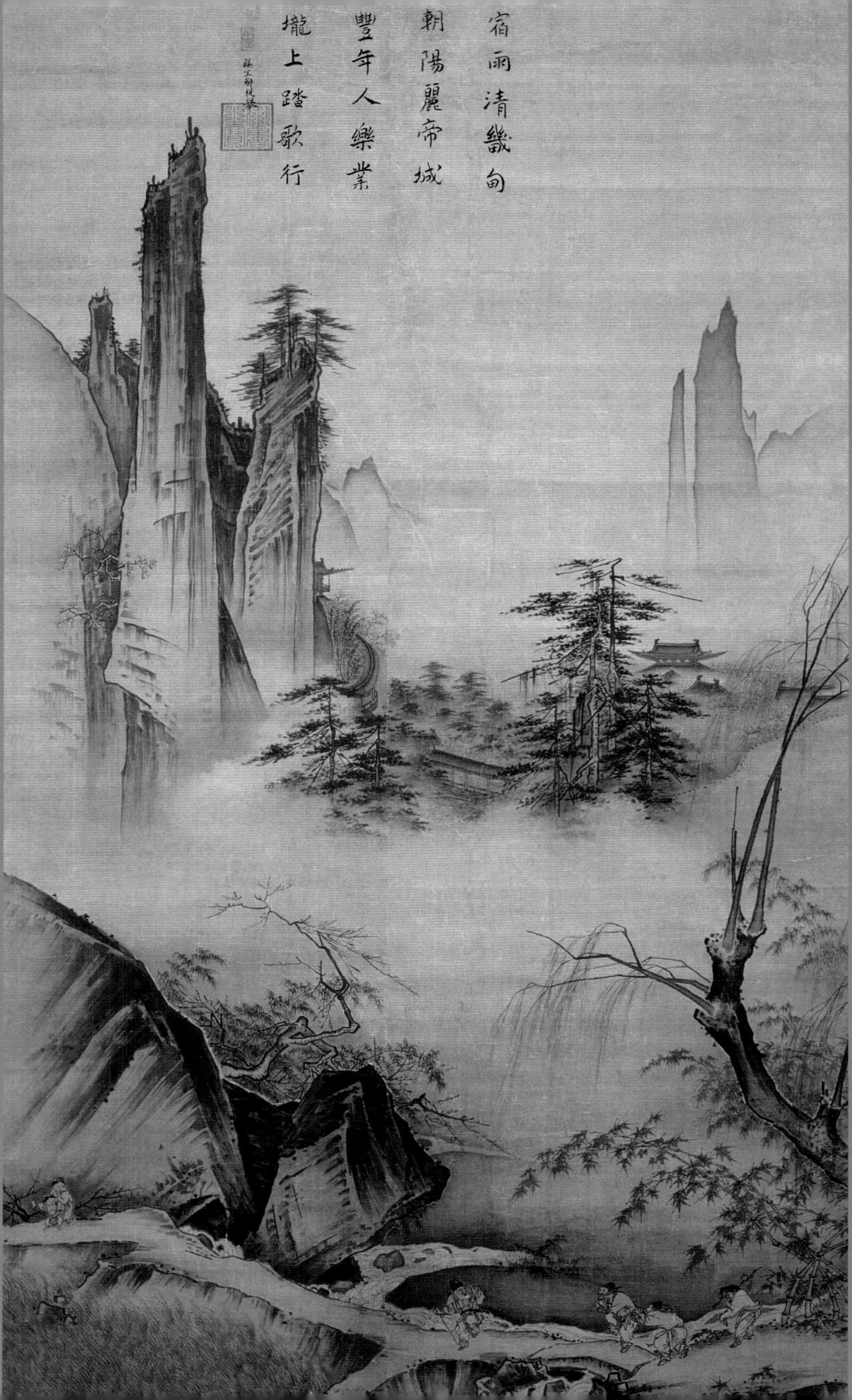
宿雨清畿甸
朝陽麗帝城
豐年人樂業
壠上踏歌行

premier plan. Le style est presque impressionniste, l'ensemble de la scène étant réduit à quelques éléments simples exécutés avec la plus grande économie. Le style de Mi Fei exerça une profonde influence sur les paysages des Song du Nord.

Ces derniers aimaient aussi les peintures de fleurs, d'oiseaux et d'animaux. L'empereur Huizong (1101-1125) était un maître dans ce domaine, et certains de ses tableaux ont subsisté, même si la majorité fut détruite lors de la conquête des Jin en 1126. Sa *Perruche aux cinq couleurs*, perchée sur une fleur de prunier, est un chef-d'œuvre de composition et de maîtrise du pinceau (voir pp. 104-105). Huizong dirigea une académie de peinture à Kaifeng, qui prit la suite de celle de l'infortuné empereur Xuanzong des Tang. Quelques-uns des peintres les plus accomplis de l'époque en firent partie, même si sa production devint progressivement plus conservatrice. Malheureusement, elle fut pillée, et ses membres exilés ou dispersés par les Jin. Les Song du Sud la restaurèrent peu après la fuite vers Hangzhou.

PAGE DE GAUCHE
Saules et montagnes par l'artiste Ma Yuan des Song du Sud. Les paysages lyriques et expressifs de Ma inspirèrent un grand nombre de peintres et l'asymétrie caractéristique de sa composition lui valut le surnom de « Ma le coin ». Encre et aquarelle sur soie.

LE CHAN : L'ART DE L'ILLUMINATION

D'une manière générale, le bouddhisme n'occupait plus le premier rang sous les Song. Toutefois, l'école du Chan (voir pp. 71-72) atteignit le sommet de son influence sur les arts au cours de cette dynastie. Le Chan affirmait que la nature du Bouddha était présente dans chaque aspect de l'univers, de la plus petite plante au plus grand arbre, du plus petit ver à l'humanité entière. Ce qui eut pour effet d'élargir considérablement les sujets abordés par la peinture, les artistes adeptes du Chan étant désireux d'exprimer leurs croyances, à savoir la quête de simplicité et de vérité « directe » et pure. Libérés des pensées et émotions extérieures grâce à la méditation, les peintres Chan cherchaient à capter une vérité visuelle sur le sujet au moyen de quelques coups de pinceau brefs. Leurs œuvres font preuve d'une merveilleuse spontanéité et s'approchent de l'abstraction, comme l'illustre une des peintures Chan les plus connues datant des Song du Sud : *Six kakis* de Mu Qi (vers 1210-1288), un moine de Hangzhou. Ses paysages expriment l'immensité de l'univers. Ainsi, son *Soleil couchant dans un village de pêcheurs* décrit un frêle pêcheur perdu au milieu d'un paysage de montagnes dans la brume, soulignant l'insignifiance des êtres humains par rapport à la nature.

Mu Qi et les autres peintres Chan des Song, tels Ma Yuan (vers 1160-1225) et Yu Jian (actif vers 1250), eurent un impact durable sur l'histoire de l'art de la Chine, ainsi qu'au Japon, sous la forme du Zen.

CI-DESSOUS
Six kakis de Mu Qi (vers 1210-1288) est une des plus célèbres peintures de la dynastie des Song. La rapidité du trait, le lavis et la composition du sujet sont caractéristiques des œuvres des artistes adeptes du Chan.

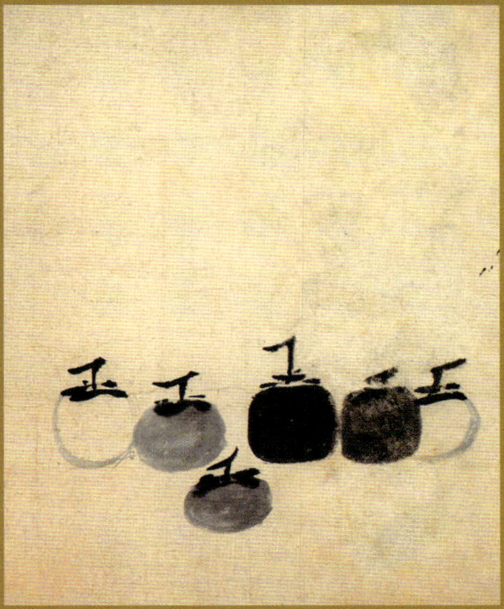

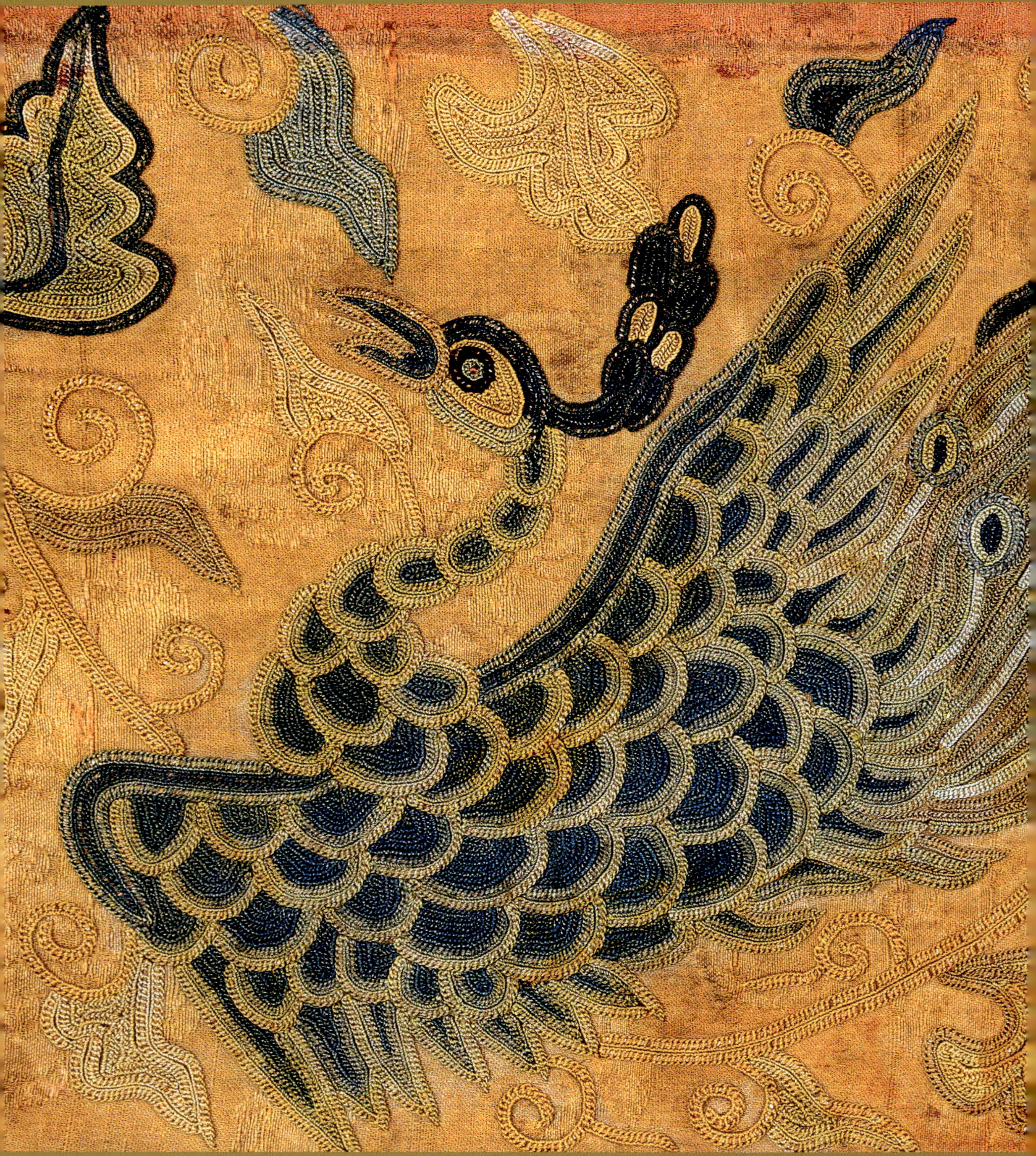

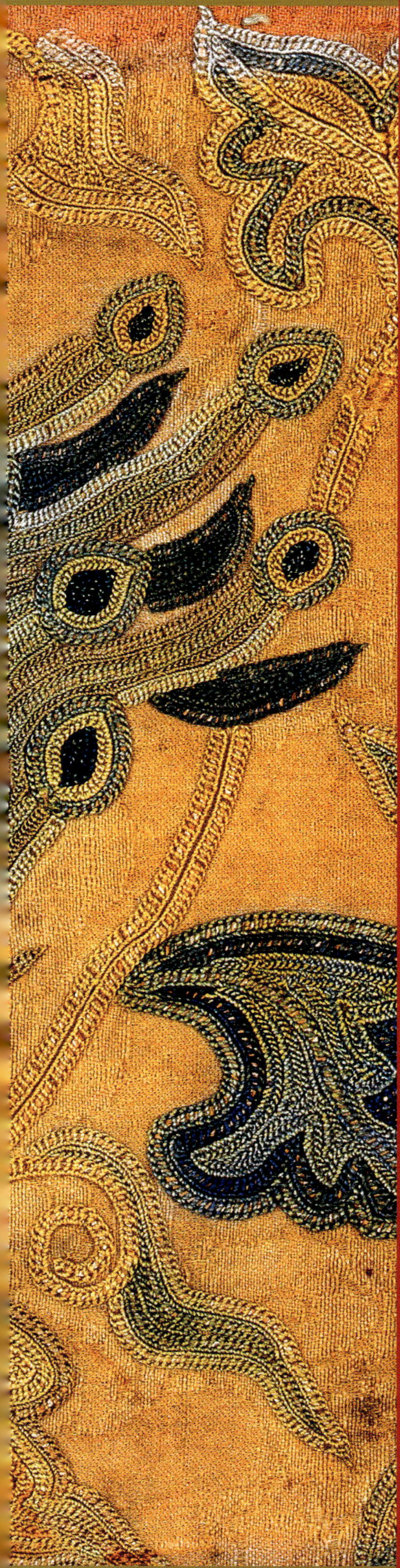

六

CHAPITRE VI

CONQUÊTE ET AUTOCRATIE

1279 – 1644

LES YUAN ET LES MING

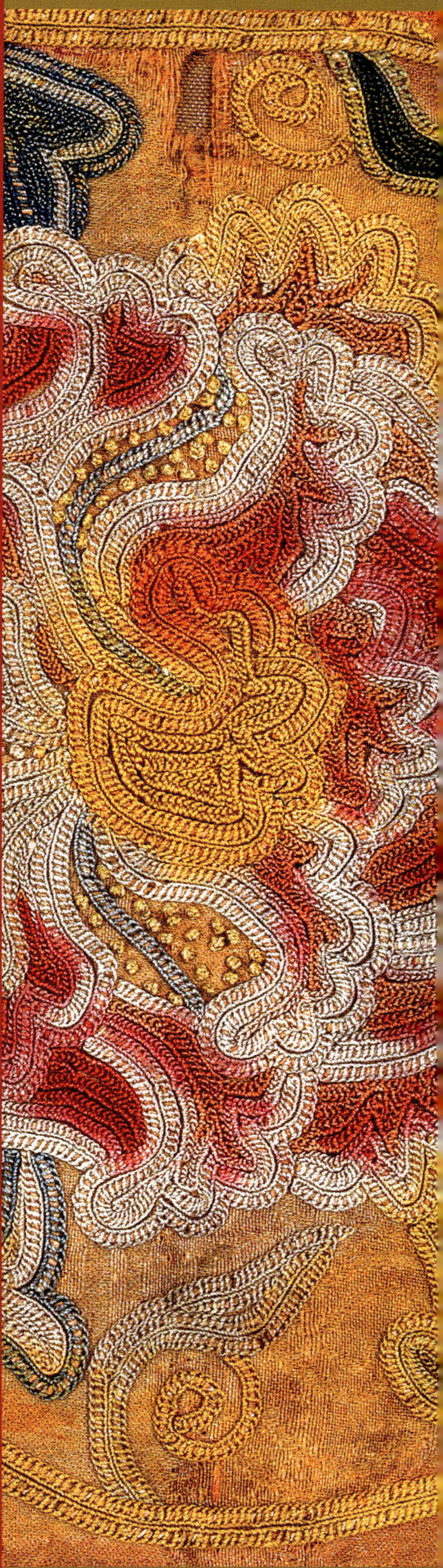

L'INVASION DES KHANS

La dynastie Yuan (1279-1368)

Pendant plusieurs décennies, les Song du Sud parvinrent à contenir la menace des Mongols au nord, notamment grâce au contrôle des voies navigables du Sud. À l'instar des Jin, qu'ils avaient vaincus en 1234, les Mongols firent appel à des experts chinois pour tenter de conquérir l'ensemble de la Chine. Ces experts les aidèrent à armer une flotte, qui s'empara de la grande ville de Xiangyang en 1273. Ce fut le début de la fin pour les Song, et la conquête mongole s'acheva dès 1279. Le chef des Mongols, Khubilai Khan (règne 1279-1294), fonda la dynastie des Yuan, qui régna sur la Chine pendant une bonne partie du XIIIe siècle.

Durant cette période, non seulement la Chine était gouvernée par un régime étranger – pour la première fois, un peuple qui n'était pas d'origine Han contrôlait l'ensemble du pays –, mais elle ne constituait qu'une province d'un empire qui avait fini par occuper une vaste portion du continent eurasien. En 1206, le chef mongol Temujin (vers 1150/1160-1227) réunit les tribus des steppes mongoliennes en une force de combat puissante et reçut le titre sous lequel il est mieux connu : Jinghis ou Genghis Khan (« souverain universel »). Il dirigea ses armées vers l'ouest de l'Asie, accumulant les conquêtes. L'infériorité présumée des citadins par rapport aux peuples nomades des steppes était une idée profondément

CI-DESSOUS
Bosquets de bambous dans la brume et la pluie, de Guan Daosheng (1262-1319), une des artistes et calligraphes féminines les plus raffinées de la période. Ses peintures de bambous exprimaient l'idée de la force dans l'adversité (voir p. 135). Rouleau, encre sur papier, daté de 1308.

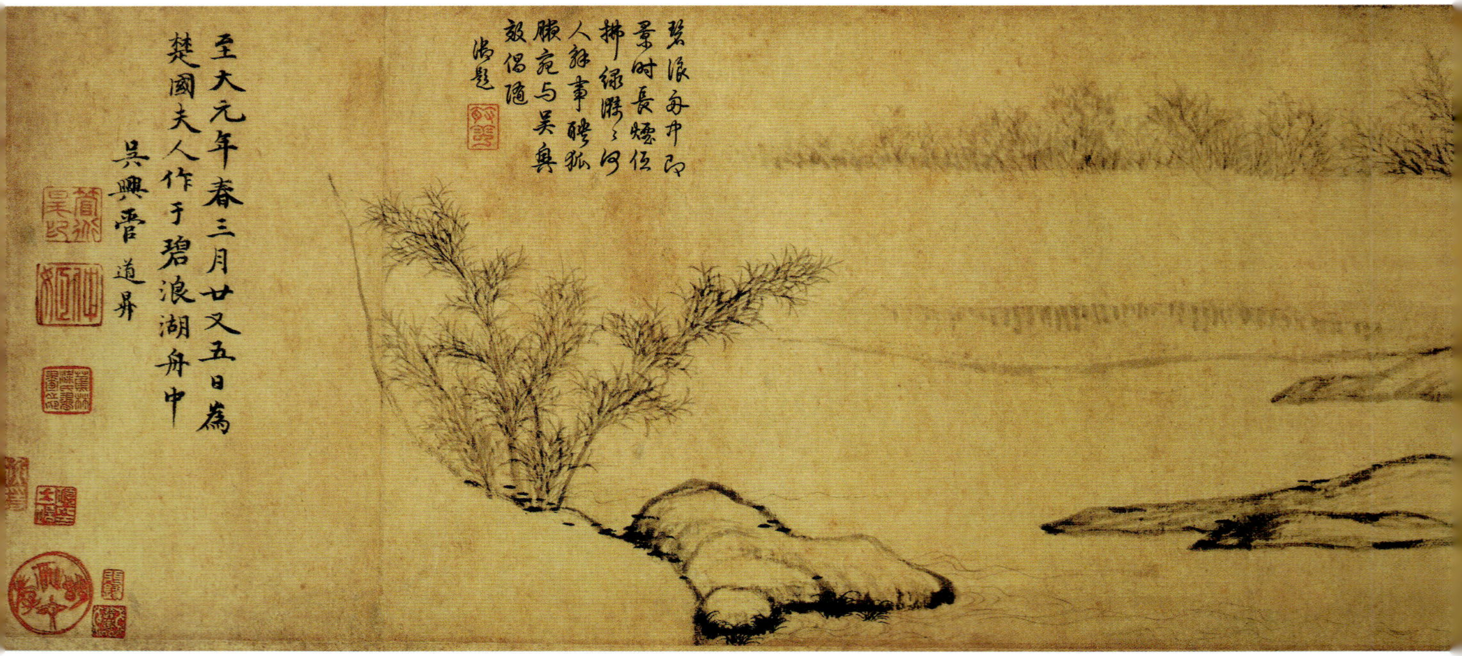

ancrée chez les Mongols. Ainsi, s'il était parfois clément envers les chefs qui se rendaient, Gengis Khan pouvait massacrer tous les habitants des villes qui lui résistaient, comme ce fut le cas à plusieurs reprises lors de la conquête de la Chine. Les armées mongoles gagnèrent l'Europe, et l'empire annexa même la Hongrie et la Pologne, devenant le plus vaste territoire du monde jamais gouverné par un seul régime.

Sous Ogodai, le successeur de Gengis Khan, la politique des Mongols changea. Ils cessèrent de s'ingérer dans l'administration des territoires qu'ils occupaient et s'appuyèrent davantage sur les taxes locales que sur les butins saisis pour entretenir leurs armées. Ils recrutèrent par ailleurs des experts autochtones. Ainsi, lorsque le petit-fils de Gengis Khan (Khubilai Khan) instaura le régime mongol en Chine, il commença par faire appel aux anciens experts Khitan et Jurchen des dynasties des Liao et des Jin, afin qu'ils aident les Mongols à tirer parti des ressources de la Chine. Ancien aristocrate khitan, Yelü Qucai fut particulièrement efficace. Il restaura le système fiscal chinois et fut nommé gouverneur du nord de la Chine.

LA PERLE DE L'EMPIRE MONGOL

La Chine était sans conteste la plus belle conquête des Mongols. Rapidement, ils en firent le centre de leur empire. Sous Khubilai Khan, ils déplacèrent leur capitale de la Mongolie à Dagu (Pékin), qu'ils baptisèrent Khanbalik, et donnèrent à leur régime le nom chinois Yuan, tiré du classique chinois *Livre des mutations (Yijing)*, comme s'ils n'étaient

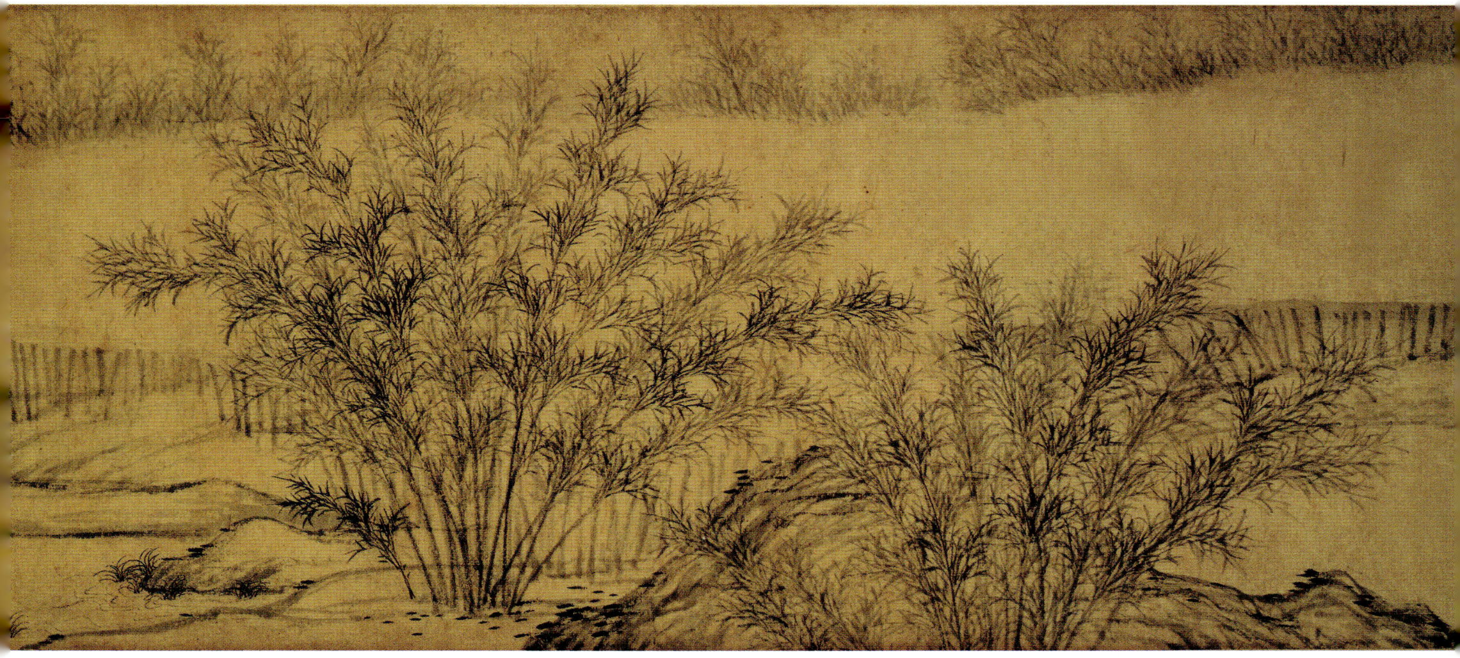

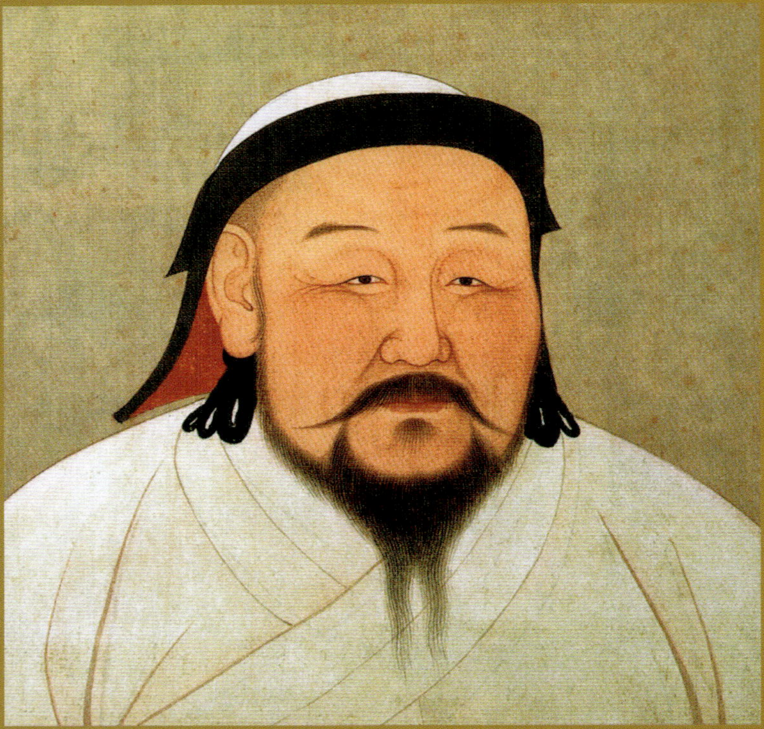

CI-DESSUS
Khubilai Khan, petit-fils de Gengis Khan et premier empereur (1268-1294) de la dynastie des Yuan. Encre et peinture sur soie, provenant d'un album de portraits de huit souverains Yuan, XIVe siècle.

qu'une dynastie chinoise de plus. Toutefois, les Mongols estimaient qu'une politique de discrimination raciale s'imposait. Ils divisèrent la population en catégories fondées sur l'ethnie, le classement étant indexé sur l'ordre de soumission des groupes ethniques au régime mongol. Les principales catégories étaient : les Mongols et les autres tribus nomades, qui étaient privilégiés ; les «Yeux colorés», ni mongols ni chinois ; et enfin les Han, qui incluaient non seulement les Chinois, mais aussi les Khitan, Jurchen, etc., tous sinisés. Les nomades et les «Yeux colorés» étaient divisés en douzaines de sous-catégories, dont les Turcs, les Tibétains, les Iraniens et les Russes. La mobilité sociale au sein des Han était sévèrement contrôlée.

Lorsque les Mongols s'établirent en Chine, le pays était en pleine expansion économique, même si le rythme ralentit après la conquête. Une des mesures introduites par les Yuan fut l'harmonisation de la monnaie papier sur tout le territoire (elle était apparue sous les Song, mais seulement de façon épisodique). Il faut dire que l'utilisation abusive de l'argent par les Yuan pour financer le commerce avec l'Asie centrale et de l'Ouest avait abouti à une pénurie de pièces en argent. Malheureusement pour l'économie des Yuan, la monnaie de papier connut ensuite une sévère inflation.

Sous les Yuan, des peuples étrangers de diverses origines vinrent s'installer en Chine. Parallèlement, de nombreux Chinois s'établirent dans le sud et le sud-est de l'Asie, en fondant des colonies de marchands et d'artisans chinois. C'est à cette époque que le voyageur vénitien Marco Polo (1254-1324) se serait rendu en Chine, sans que cela soit attesté. Un célèbre voyageur arabe, Ibn Battuta (1304-v. 1370), a voyagé de façon certaine dans la Chine des Yuan, et ses comptes rendus sont plus intéressants encore que ceux de Marco Polo. Il a notamment décrit les réalisations techniques de la Chine, par exemple les machines hydrauliques, la construction navale, etc., ainsi que l'usage répandu du charbon à des fins industrielles et pour le chauffage.

Sous les Yuan, le commerce maritime augmenta ainsi que la construction navale, comme l'observe Ibn Battuta. La dynastie des Yuan employait des bateaux et des équipages chinois pour mener des expéditions en Asie du Sud-Est. Une expédition militaire engagée contre le Japon fut vaincue par un ouragan que les Japonais baptisèrent

« vents divins » *(kamikaze)*. Les Yuan consacrèrent dix ans au creusement d'un canal pour relier le fleuve Yangzi à leur capitale Beijing, elle-même étant raccordée au Grand Canal existant (voir pp. 80-82) et à Huangzhou.

La dynastie des Yuan n'avait guère d'intérêt pour les spéculations philosophiques, et les progrès réalisés dans ce domaine sous les Song du Sud ne furent pas poursuivis. Les lettrés chinois, traditionnels gardiens des valeurs philosophiques de la nation, se classaient en bas de la hiérarchie des Yuan. L'œuvre du néoconfucéen Zhu Xi (voir p. 121) fut pourtant traduite en mongol. Par ailleurs, les Mongols encouragèrent la pénétration de l'islam en Chine, et des communautés musulmanes s'installèrent dans plusieurs provinces. La construction du palais Yuan à Beijing fut confiée à un architecte musulman et de nombreuses mosquées furent bâties pour accueillir la minorité musulmane.

Les Mongols appréciaient les techniciens et les artisans des terres qu'ils avaient envahies, si bien qu'ils encouragèrent ou forcèrent des artisans chinois à s'installer en Mongolie. Guo Shoujing (1231-1316), ingénieur, mathématicien et astronome universel, fut chargé de réglementer les fleuves et les canaux de la Chine, puis de réformer le calendrier. Il construisit le lac Kunming à Beijing pour servir de réservoir, et calcula avec précision la durée de l'année solaire (365,2425 jours) près de trois siècles avant l'introduction du calendrier grégorien en Europe.

LES ARTS SOUS LES YUAN

Bien avant qu'ils occupent la Chine, les Mongols appréciaient beaucoup les céramiques et les soies chinoises qu'ils se procuraient grâce au commerce et au troc. Ils encouragèrent la poursuite de leur fabrication après la chute des Song. La dynastie des Yuan est réputée pour sa céramique (voir pp. 140 à 143), et la peinture continua à se développer. Le peintre et calligraphe le plus polyvalent et le plus accompli de la période Yuan est Zhao Mengfu (1254-1322), dont les paysages, les portraits et les peintures de chevaux attestent l'étendue de son talent et son inventivité. Inspiré par les œuvres Tang, il s'appropria également le

CI-DESSOUS
Jarre à vin en porcelaine « bleu et blanc » avec des motifs de poissons et de plantes aquatiques. La porcelaine blanche avec une couverte bleue apparut entre 1325 et 1350 environ, peu après les premières importations de pigment d'oxyde de cobalt depuis le Moyen-Orient. Cette jarre très raffinée offre un décor inhabituel, qui forme une seule image sur 360°. Les noms des quatre poissons représentés constituent un rébus de la formule « honnête et incorruptible ». Dynastie Yuan, XIVe siècle.

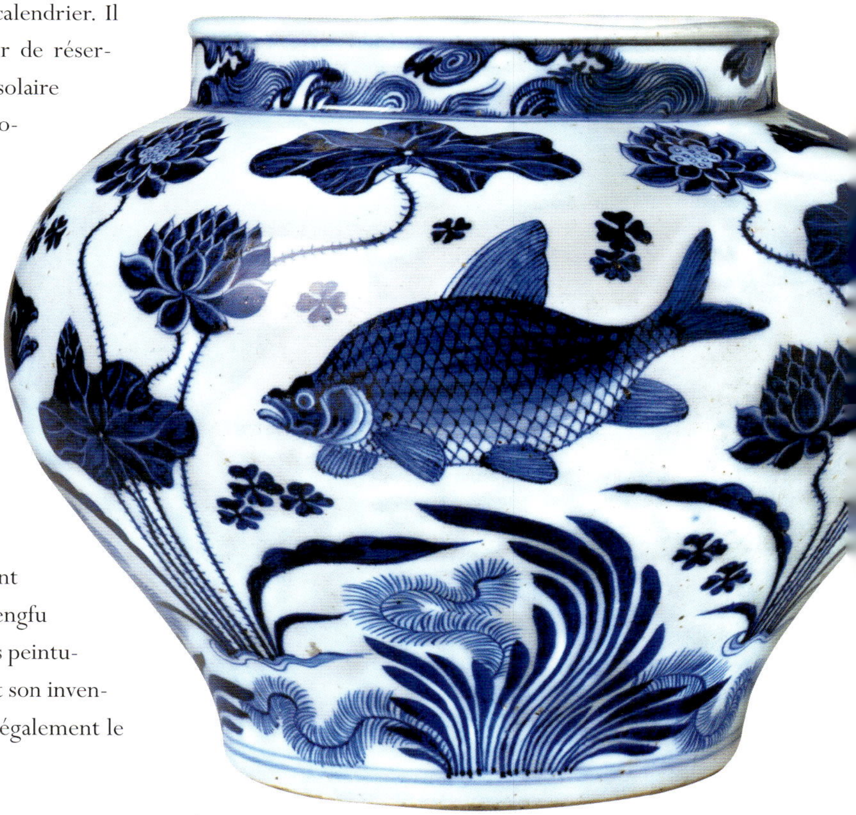

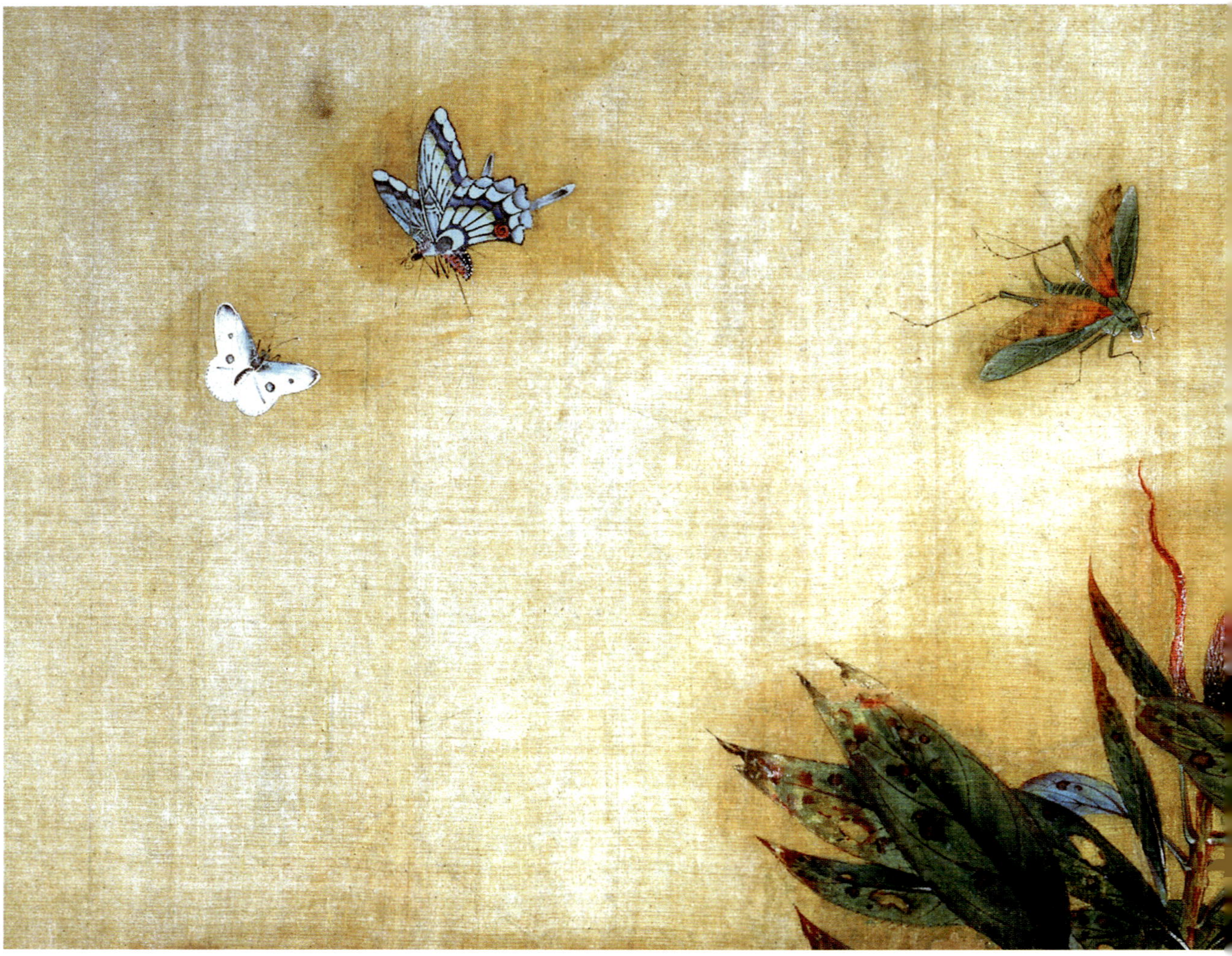

CI-DESSUS
Fascination de la nature (détail), réalisé en 1321 par Xie Chufang, est une représentation exquise et minutieuse de la nature. À travers sa description de créatures se pourchassant, il exprime aussi la situation que vivaient beaucoup de lettrés chinois sous le régime mongol (voir p. 135).

style des peintres lettrés Song pour les paysages. Une de ses peintures, intitulée *La Poire ronde*, représente un groupe d'hommes jouant à un jeu de balle. Il était l'époux de Guan Daosheng, une autre artiste peintre Yuan célèbre (voir ci-dessous).

Autre peintre de la fin des Yuan, Ni Zan (1301-1374) produisait des paysages qui comportaient de grandes étendues d'eau, des collines au loin et des arbres au premier plan. Empreints de paix et de sérénité, ils inspirèrent les peintres lettrés des dynasties ultérieures des Ming et des Qing (voir pp. 110-111). Ni Zan passa les vingt dernières années de sa vie dans son bateau sur le lac Tai ou à se promener dans la campagne environnante. Vivant comme un ascète taoïste, il fuyait les attentions des dignitaires impériaux.

Tous les artistes furent confrontés au même dilemme que Ni Zan : fallait-il travailler pour les Mongols et faire carrière, au risque d'être considéré comme un traître, ou rester fidèle à la dynastie déchue et endurer la misère, voire la persécution ? *Fasci-*

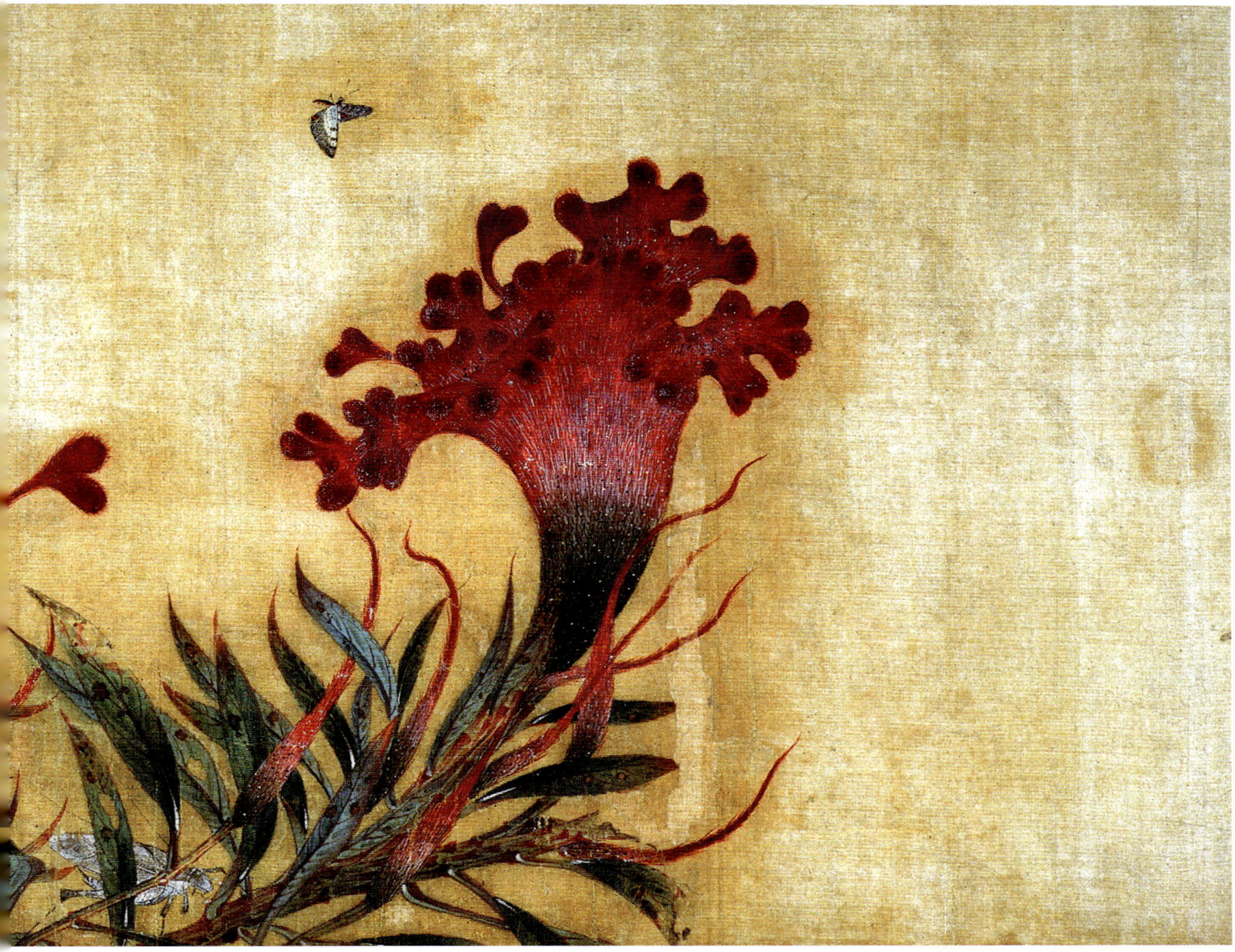

nation de la nature, de Xie Chufang (actif fin XIIIe-début XIVe siècle), est une magnifique représentation d'animaux et d'insectes chassant au milieu des fleurs ; les inscriptions ajoutées à la peinture expliquent cependant que la beauté de la nature masque le chaos et la lutte pour la survie, faisant allusion à la Chine sous les Yuan. L'œuvre appartient à un genre appelé *caochong* (« plantes et insectes »), apparu à la fin des Song du Nord : les peintres chinois en activité sous les Mongols évoquaient délibérément le passé glorieux en imitant les styles de l'ère précédente.

D'autres artistes Yuan exprimèrent dans leur œuvre une forme de résignation stoïque. La calligraphe, poétesse et peintre Guan Daosheng (1262-1319) était réputée pour ses peintures de bambou (voir pp. 130-131), un sujet de prédilection des artistes chinois. Ployant sans rompre en cas de fortes intempéries, cette plante possédait les qualités dont les nobles chinois se devaient de faire preuve en période de troubles.

CI-CONTRE
Ce bodhisattva (détail) illustre la maîtrise des potiers chinois pour produire une belle porcelaine blanche et pure. La porcelaine blanche, une céramique à pâte dure et translucide, cuite à très haute température, apparut sous les Han et fut perfectionnée à l'époque des Song du Nord. Dynastie des Yuan, fin du XIIIe siècle.

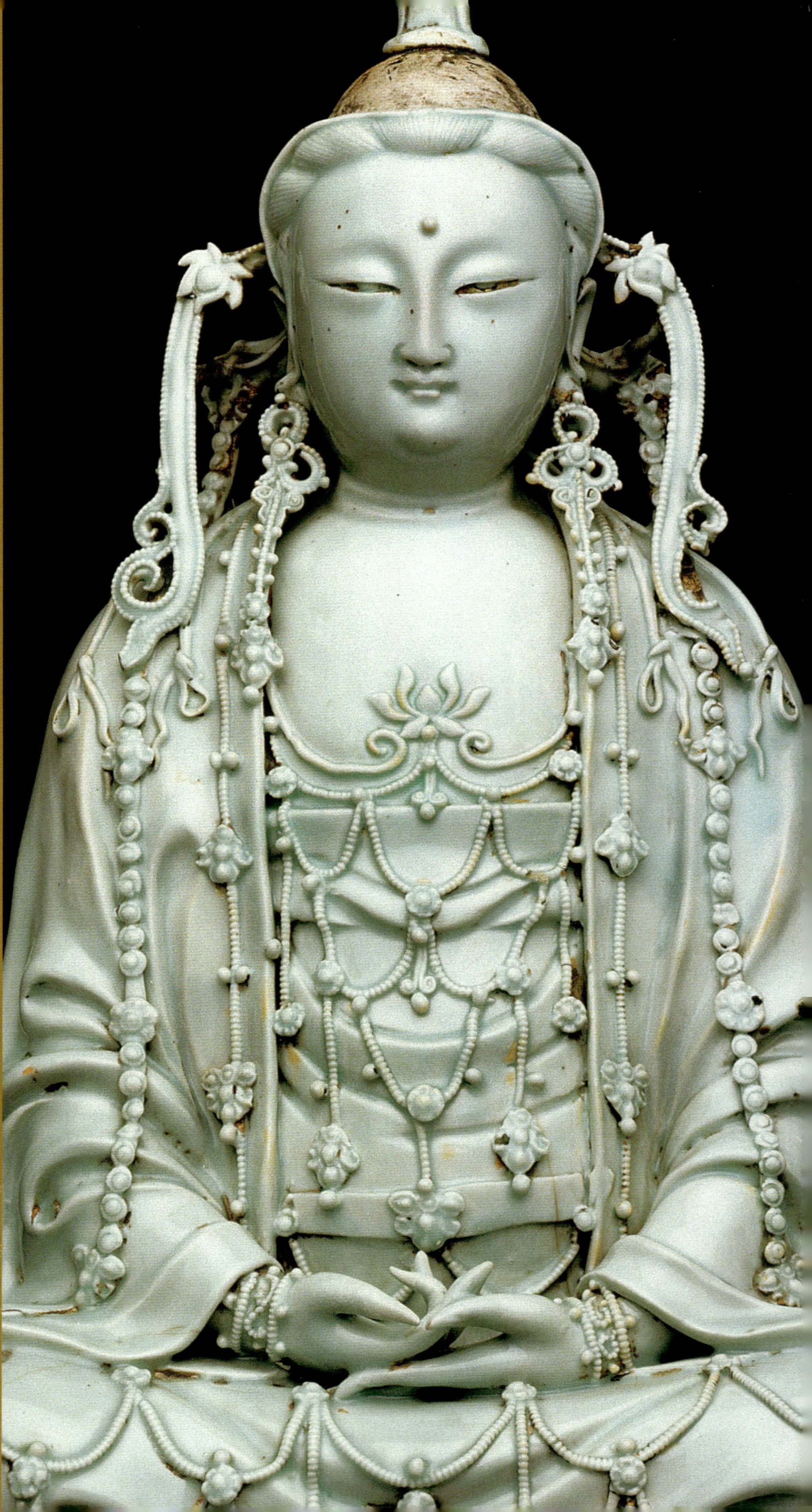

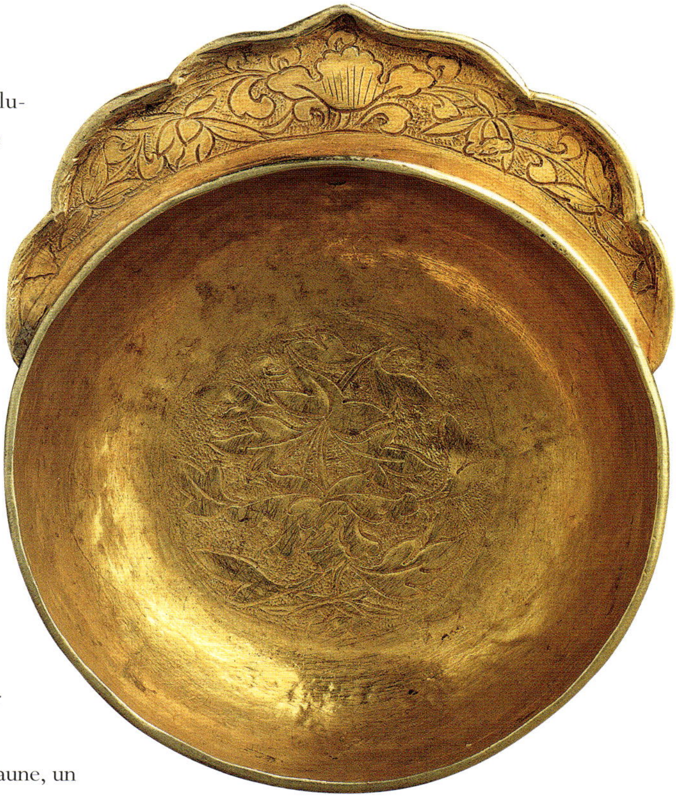

Les souverains Yuan appréciaient aussi le théâtre. Plusieurs dramaturges encore célèbres aujourd'hui en Chine portèrent le théâtre chinois à des sommets, aussi bien au niveau de la musique que des textes. Dans la province du Shanxi, les vestiges de plusieurs salles de théâtre Yuan demeurent, ainsi que des peintures murales qui décrivent ces spectacles.

RÉBELLION ET EFFONDREMENT

À la mort de Khubilai Khan, les querelles concernant sa succession ébranlèrent la dynastie des Yuan. La promulgation de lois strictes et arbitraires ainsi que les taxes écrasantes imposées par le régime accélérèrent son déclin. Vers la fin de la dynastie, la paysannerie chinoise était particulièrement touchée, et les Mongols commençaient à subir des revers économiques. La situation était aggravée par l'inflation de la monnaie papier émise par les Yuan pour pallier la pénurie d'argent.

À la suite d'importantes crues dans le bassin du fleuve Jaune, un fort ressentiment contre le régime conduisit de nombreux paysans à rejoindre des sociétés secrètes anti-Yuan. Des mouvements dissidents s'élevèrent parmi les ouvriers du sel et les marins de l'Est. L'hostilité grandissante envers les Mongols aboutit à une rébellion ouverte. Plusieurs chefs paysans s'imposèrent, dont Zhu Yuanzhang, né en 1328 dans une famille paysanne de l'Anhui. Lors d'une famine en 1344, Zhu devint moine bouddhiste : d'après la légende, ce fut après son renvoi pour avoir mangé une des vaches de son maître, alors qu'il en allait probablement de sa survie. Plus tard, il rejoignit le mouvement rebelle messianique des Turbans rouges, dont il parvint à prendre la tête grâce à son habileté et à son charisme. Après avoir vaincu d'autres chefs paysans qui se disputaient le pouvoir, Zhu établit une capitale rivale à Nanjing et fonda une nouvelle dynastie en 1368 : les Ming (« brillant ») devaient gouverner la Chine jusqu'en 1644.

CI-DESSUS
Coupe hémisphérique en or avec des motifs floraux soigneusement ciselés. Dynastie des Yuan, XIIIe-XIVe siècle.

LA CÉRAMIQUE DES TANG AUX QING

Des chefs-d'œuvre en argile

La céramique chinoise connut d'importantes innovations à partir de la dynastie des Tang. Au niveau du décor, les potiers Tang introduisirent l'utilisation de glaçures colorées sur fond blanc, notamment les fameuses « trois couleurs » *(sancai)*. Le *sancai* n'était pas réservé à la vaisselle et aux récipients (voir ci-dessous et p. 103), mais concernait aussi les figurines : des chevaux parfois accompagnés de cavaliers, des chameaux et d'autres animaux domestiques ; des figures humaines (aux traits chinois ou étrangers, caractéristiques de l'Iran ou de l'Asie centrale), des dignitaires civils et militaires, des gardiens de tombe, etc. (voir pp. 96 et 97). L'association de vert et d'ambre sur fond blanc est sans doute la plus courante, mais d'autres couleurs comme le rouge et le bleu furent aussi employées. L'essentiel de la céramique polychrome des Tang fut produit avant la rébellion d'An Lushan.

Outre les statuettes en porcelaine, de nombreuses figurines peintes ont subsisté. Parmi elles, de ravissantes figures féminines, jeunes ou âgées, affichent des rondeurs prisées par les Tang. Certaines statues en terre cuite peinte représentent des artistes : musiciens, danseurs, etc.

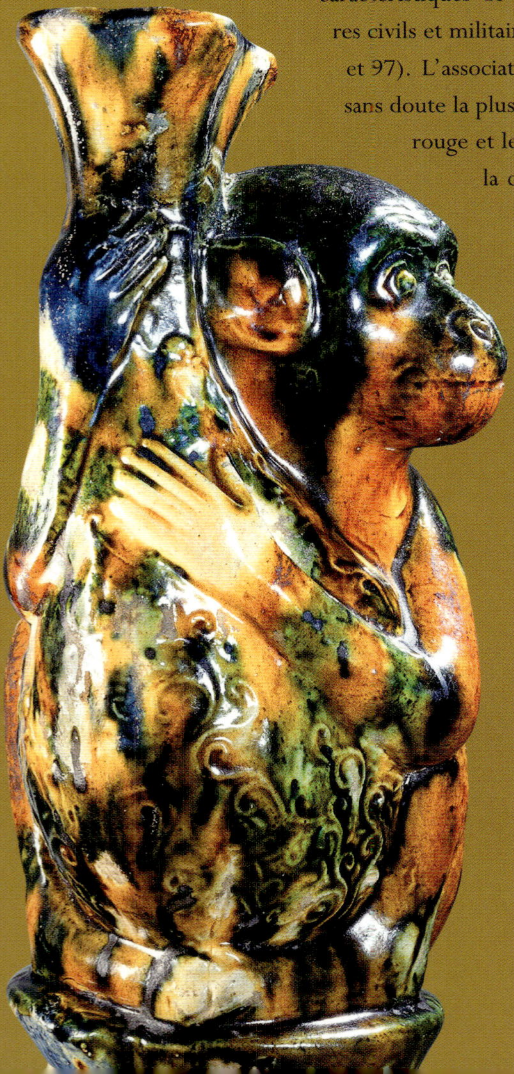

À GAUCHE
Jarre à vin en céramique *sancai* (trois couleurs), en forme de singe tenant une outre. Bien que classée parmi les *sancai*, cette pièce comporte en réalité quatre couleurs (vert, ambre et bleu sur fond blanc). Dynastie des Tang.

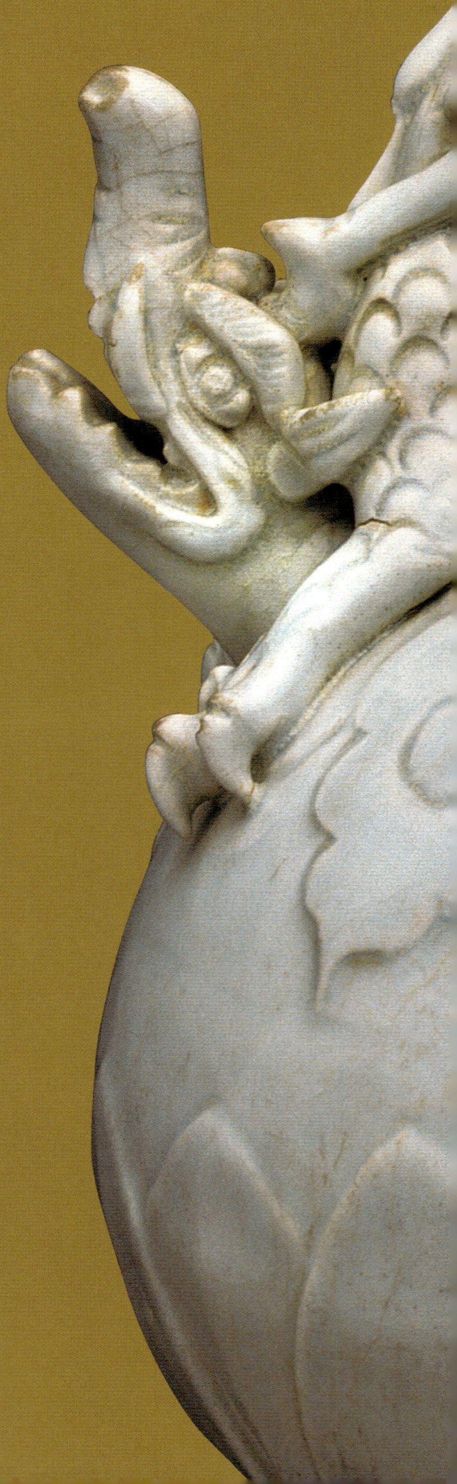

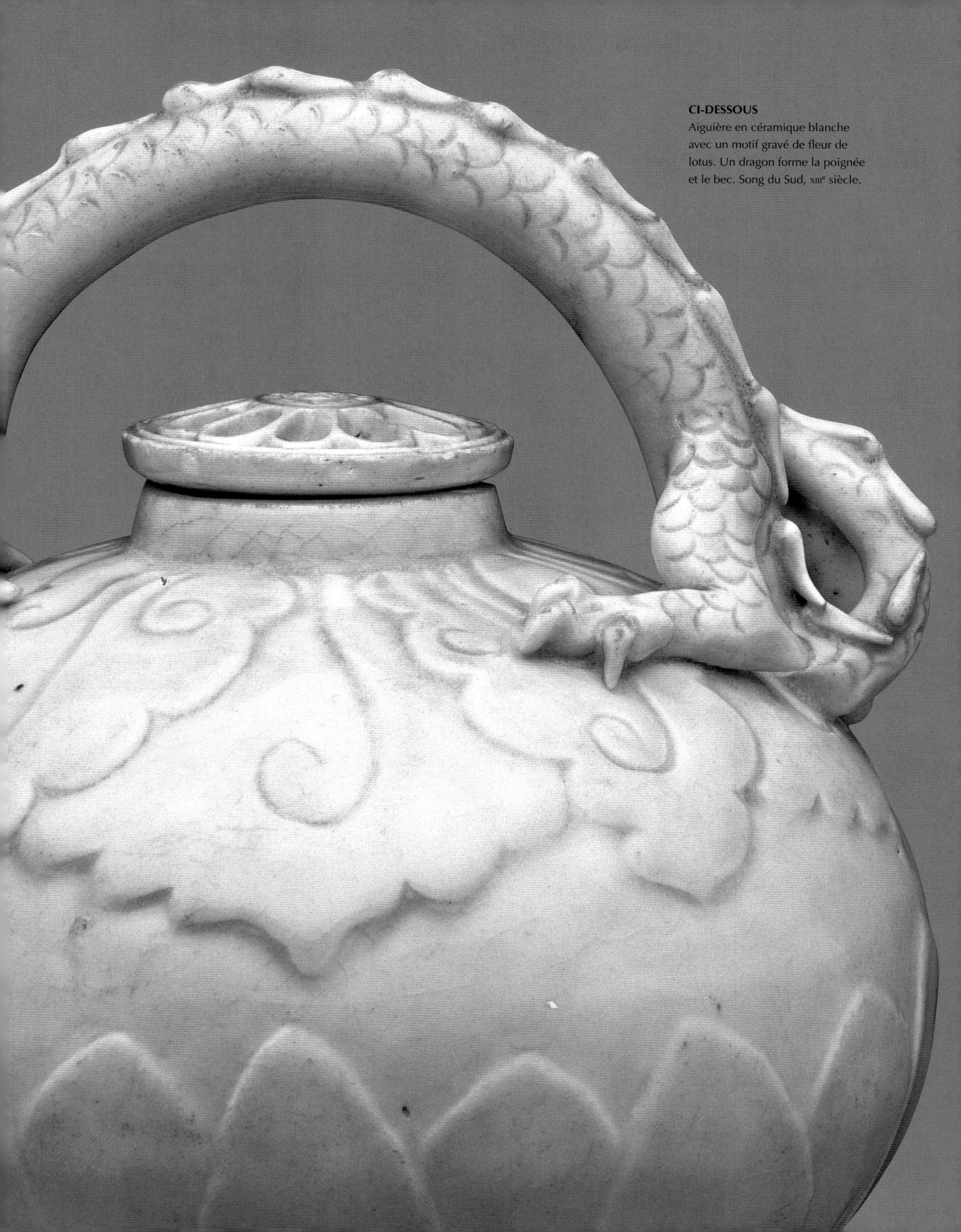

CI-DESSOUS
Aiguière en céramique blanche avec un motif gravé de fleur de lotus. Un dragon forme la poignée et le bec. Song du Sud, XIIIe siècle.

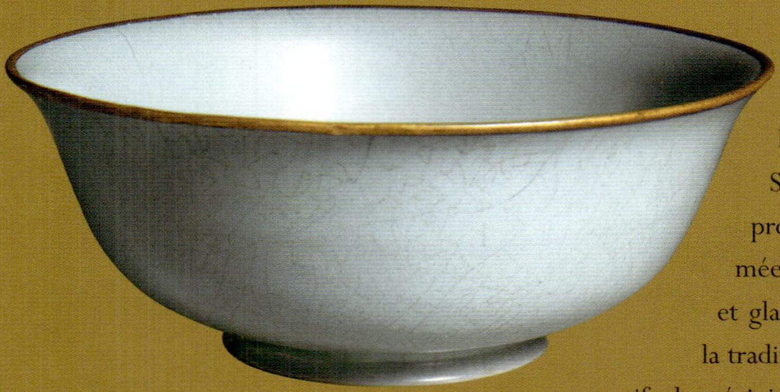

CI-DESSUS
Bol en céramique *ru* avec une épaisse glaçure opaque de couleur lavande, couverte de légères craquelures. Le bord est délimité par un ourlet de cuivre. À l'intérieur du bol, un verset de poésie de l'empereur Qianlong des Qing fut ajouté sur ordre impérial, daté de 1786. Dynastie des Song du Nord, XIIe siècle.

LA CÉRAMIQUE DES SONG

Sous les Song, des ateliers de la province du Hebei, dans le Nord, produisirent plusieurs sortes de céramiques qui firent la renommée de la dynastie, dont les *ding*, une porcelaine à pâte blanche fine et glaçure blanche brillante. À l'origine, les *ding* s'inspiraient de la tradition Tang des plats blancs simples. Ensuite, ils imitèrent les motifs des récipients en or et en argent en provenance de l'Iran, souvent avec des formes foliacées. Enfin, sous les Song du Sud, ils revinrent à des formes chinoises, mais avec des motifs gravés qui reprenaient des thèmes issus de la nature, comme les descriptions sobres et élégantes de plantes et d'animaux.

La céramique *yue* produite dans la province du Zhejiang au sud-est de la Chine, puis plus tard dans les ateliers du Nord, portait une couverte bleu-vert ou olivâtre typique, baptisée céladon en Occident (l'origine du terme est obscure). Les céladons du Nord surpassaient ceux du Zhejiang au niveau de l'adéquation entre les motifs gravés et la forme du récipient (voir p. 114).

La céramique *ru*, comme la *guan*, était destinée à la cour impériale. Elle portait une couverte non décorée, et était appréciée pour l'élégance de ses formes, qualités qui lui valurent les faveurs de la cour. Elle supplanta la céramique *ding* avant le déplacement forcé des Song vers le sud en 1126.

La céramique *cizhou*, également originaire du Nord, était déjà produite sous les Tang. Cette céramique en grès décoré de motifs épais dans une couverte noire ou bleue est la seule céramique peinte des Song qui ait perduré jusqu'à nos jours. En raison de sa robustesse et de ses motifs grossiers, elle se rapprochait davantage d'un art populaire que des articles raffinés qu'affectionnaient la cour impériale et les collectionneurs.

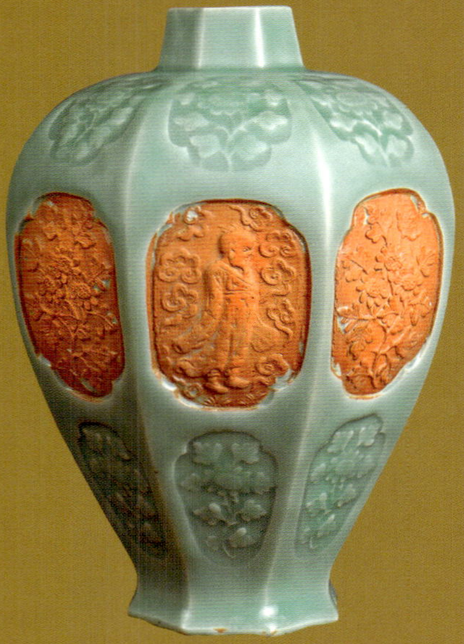

À GAUCHE
Céladon octogonal provenant de Longquan, dans la province du Zhejiang. Chaque face comporte trois cartouches moulés. Ceux du haut et du bas représentent des chrysanthèmes, tandis que le cartouche central non glaçuré décrit alternativement un sage dans les nuages ou une autre nuée de chrysanthèmes. Les cartouches étaient autrefois dorés et présentent encore des traces d'or. Dynastie des Yuan, XIVe siècle.

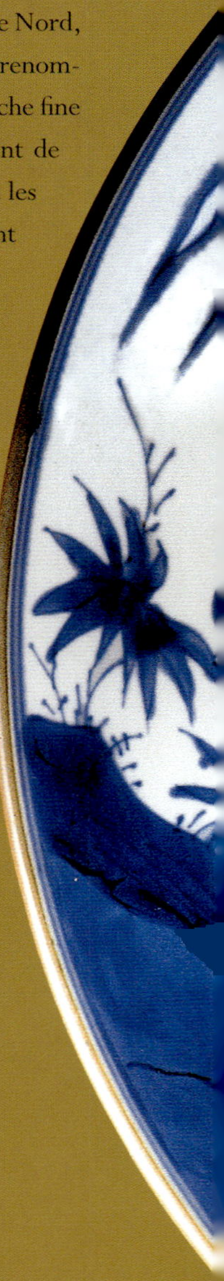

À DROITE
Plat « bleu et blanc » orné d'un *qilin*, animal mythique avec des cornes, des sabots et des écailles. Malgré son apparence, le *qilin* était une créature inoffensive et auspicieuse, non nuisible, féroce uniquement envers les méchants. Symbole de prospérité, il était censé annoncer l'avènement d'un sage. Dynastie des Ming, XVIe-XVIIe siècle.

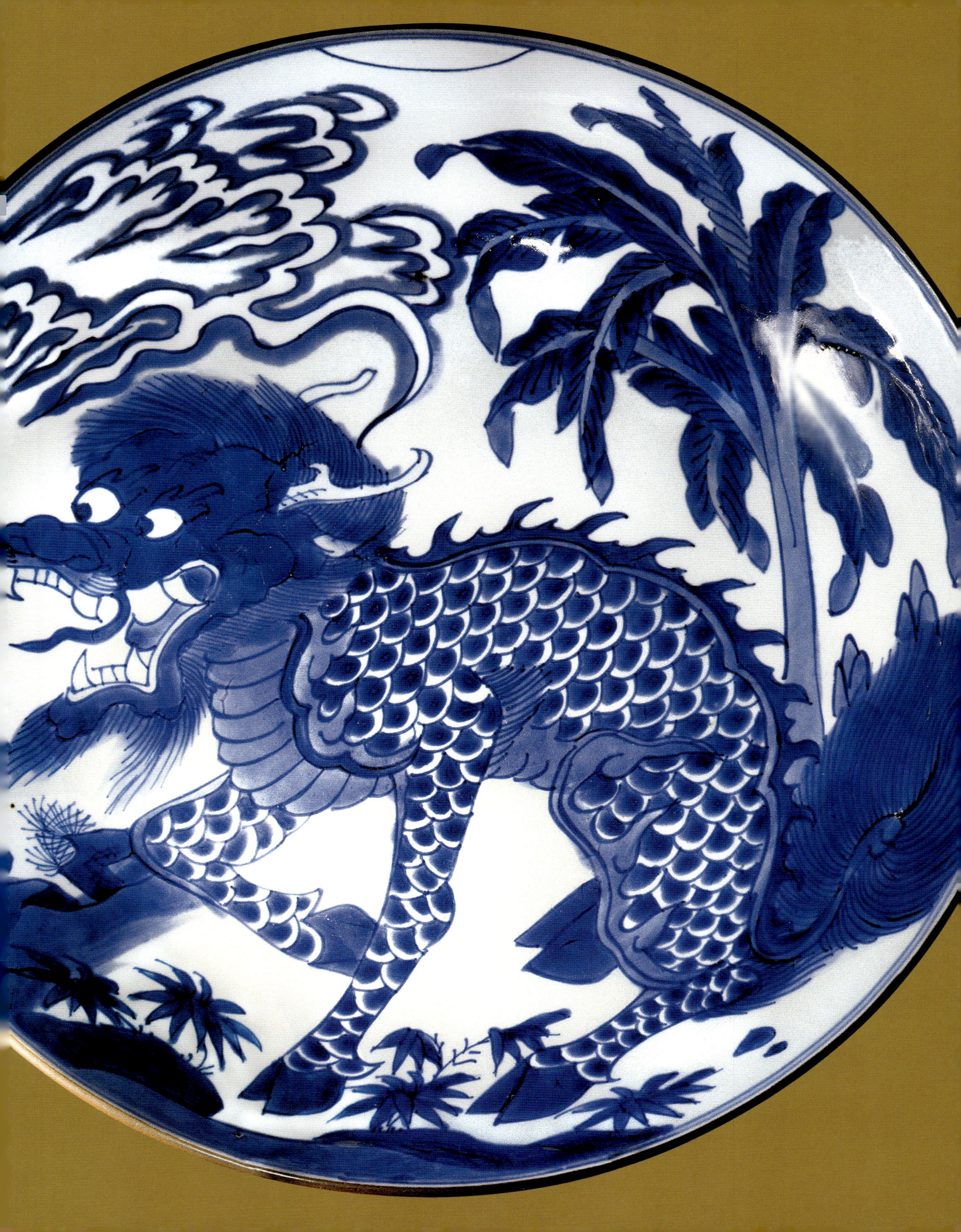

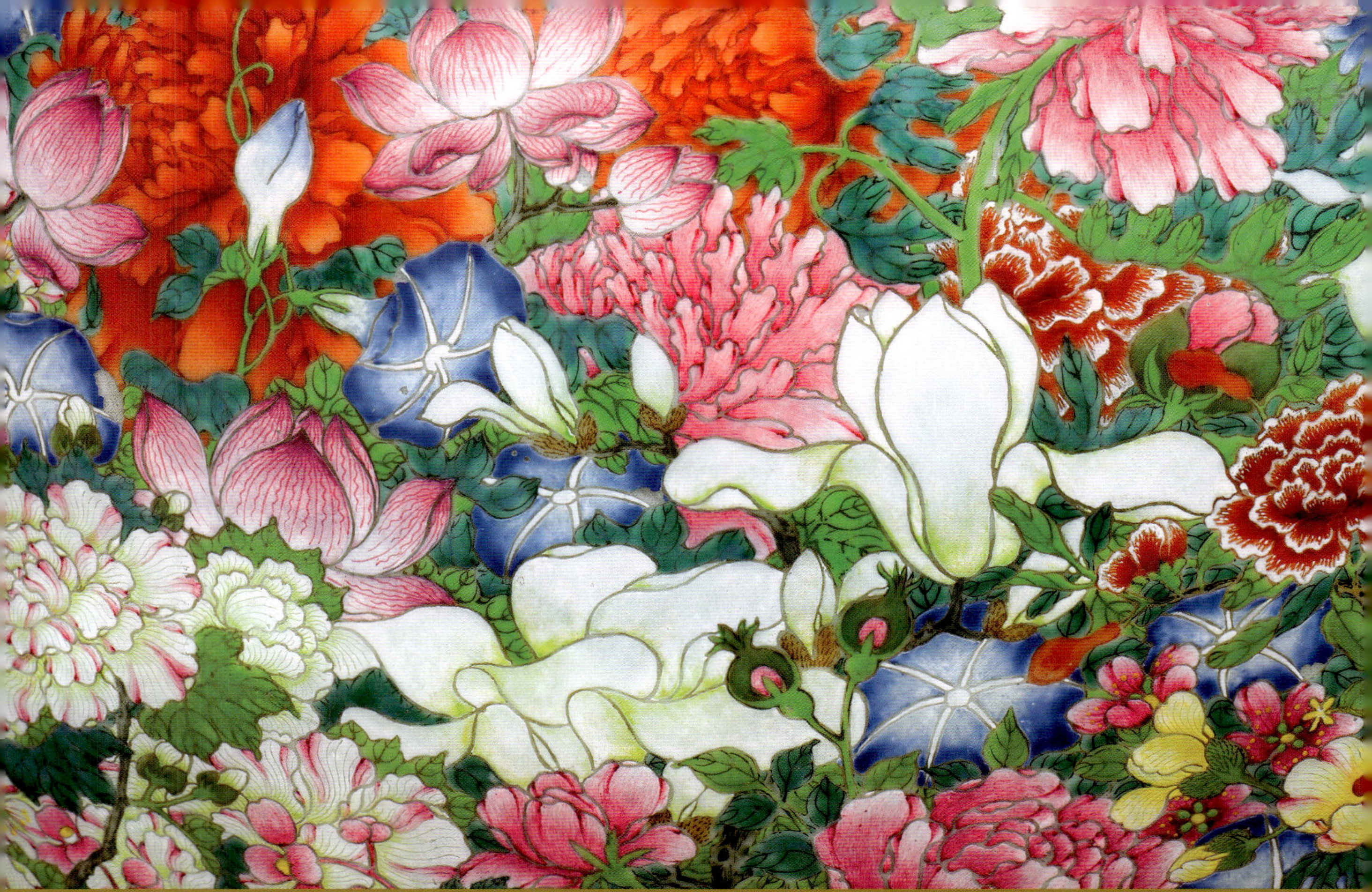

CI-DESSUS
Détail d'un vase de la « famille rose », réputée pour la finesse des détails et la facture délicate de ses motifs. Ce motif opportunément appelé mille-fleurs (il réunit chrysanthèmes, pivoines, lys, volubilis, roses, lotus et magnolias) est une véritable prouesse artistique. Provient de Jingdezhen, dynastie des Qing, règne de Qianlong, daté de 1790.

La dynastie des Yuan produisit également une céramique de qualité, aux motifs originaux et dont les glaçures colorées étaient influencées par les importations de l'Asie de l'Ouest (voir p. 140). La porcelaine « bleu et blanc » (voir p. 133) marqua une transition entre l'élégance simple des Song et la porcelaine plus colorée des Ming et des Qing.

LA MANUFACTURE IMPÉRIALE : JINGDEZHEN

Le rôle de Jingdezhen dans la province du Jiangxi, à l'est de la Chine, est capital dans l'histoire de la porcelaine chinoise. Son essor s'explique grâce aux importants gisements de matières premières dans les environs, à savoir le kaolin (argile blanche à porcelaine) et le feldspath (incorporé en poudre au kaolin). De plus, son emplacement sur le fleuve Yangzi et près du lac Boyang facilitait l'acheminement des produits finis. La production de céramique dans la région débuta sous les Han, mais c'est sous les Ming que Jingdezhen devint le centre principal, après l'installation des manufactures impériales.

Les ateliers impériaux employaient des chaînes de production, chaque pièce passant entre plusieurs mains. Un artisan dessinait le premier trait de couleur sous le rebord, un autre traçait le motif, puis un troisième peignait. Chaque artiste était spécialisé, dans les montagnes et l'eau, dans les oiseaux et les animaux, etc. Le martelage, la gravure, les ajours et autres traitements étaient aussi confiés à différents artisans. Soixante-dix ouvriers pouvaient travailler sur une pièce avant sa cuisson.

À la suite de l'émergence de nouvelles techniques sous les Yuan, les Ming et les Qing, l'ordre de ces interventions pouvait varier en fonction du style adopté. Dans le cas de la porcelaine « bleu et blanc » en vogue sous les trois dernières dynasties (voir pp. 1 et 113), la couverte bleue était posée avant la cuisson à haute température. En revanche, les récipients de la « famille rose » produits sous les Qing étaient peints après une première cuisson à une température relativement basse. Parfois, un décor en or était ajouté lors d'une troisième cuisson. Une autre porcelaine colorée, la « famille verte », est réputée pour son émail vert brillant. Parmi les différents types de porcelaine produits à Jingdezhen, on trouve aussi le céladon bleu-vert, originaire du Zhejiang et la porcelaine *wucai* (« cinq couleurs », soit rouge, jaune, vert, bleu et pourpre). Un tour permettait d'amincir les parois des récipients translucides très fins, comme la porcelaine coquille d'œuf. Les grandes pièces étaient produites en plusieurs parties, assemblées après cuisson.

Jingdezhen recensait aussi de nombreux ateliers privés, dont la production, de qualité variable, égalait parfois la qualité des manufactures impériales. Jingdezhen domine toujours la production de céramique chinoise, attirant aujourd'hui de nombreux touristes.

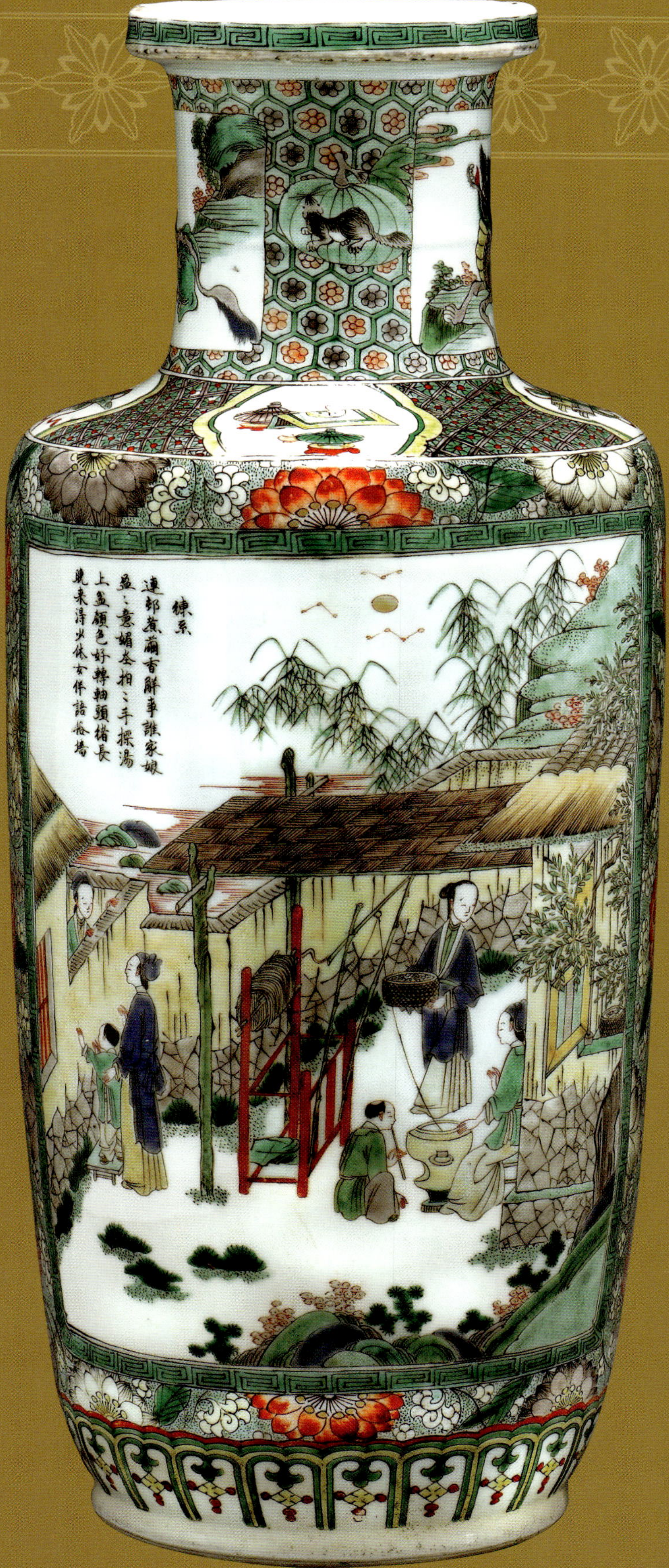

CI-CONTRE
Vase de la « famille verte » décoré de scènes représentant la culture du riz et, ici, la production de la soie, inspirées du *Gengzhi tu*, une œuvre populaire qui illustre des aspects de l'agriculture. Provient de Jingdezhen, dynastie des Qing, XVIIIe siècle.

明

UNE ÉPOQUE DE SPLENDEUR

Le début de la dynastie des Ming (1368-v. 1450)

PAGE DE DROITE
Les artisans Ming perfectionnèrent l'art de l'émail cloisonné au XVe siècle. Cette jarre de finition soignée est embellie d'un dragon et d'insignes impériaux. Cuivre émaillé, dynastie Ming, règne de Xuande (1426-1435).

CI-DESSOUS
L'empereur Hongwu (règne 1368-1398), fondateur de la dynastie des Ming, à l'âge de 62 ans. Encre et aquarelle sur papier, dynastie des Ming, vers 1390.

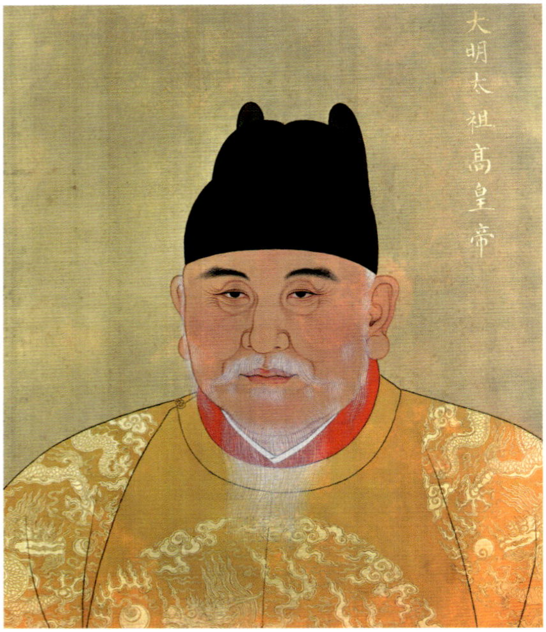

明 Sous le titre de Hongwu (« Splendeur militaire »), Zhu Yuanzhang régna pendant trente ans (1368-1398) depuis Nanjing, la première capitale de la dynastie des Ming. En 1369, il bouta les Yuan hors de Beijing, et la cour mongole se replia en Mongolie. Les armées de Hongwu les suivirent et envahirent en 1372 la capitale septentrionale des Mongols, Karakorum. Ce fut la fin du régime mongol en Chine, même si les Mongols restaient une menace aux frontières du nord. Au cours de son règne, Hongwu mit en œuvre plusieurs réformes révolutionnaires qui assurèrent la pérennité de la dynastie. Les mesures les plus spectaculaires visaient à redresser l'agriculture, ravagée par les nombreuses rébellions qui avaient agité les dernières années des Yuan. Les fermiers sans ressources furent employés pour réparer les voies navigables et les réservoirs, et en construire de nouveaux. De grandes étendues de terre furent repeuplées avec des gens venus d'autres régions et exonérés d'impôts, si bien qu'en dix ans la production de blé tripla. Des millions d'arbres furent plantés, notamment des espèces plus grandes pour produire du bois de construction pour les bâtiments et les bateaux. Au début des Ming, le commerce maritime augmenta, et le transport de marchandises du sud vers le nord se faisait essentiellement par la mer, d'où la nécessité de construire de grands navires en bois. Les familles de paysans eurent l'obligation de planter de petits arbres, comme les mûriers, les kakis et les jujubiers, afin de produire des fruits ou des feuilles pour l'alimentation des vers à soie.

En dépit de leur ampleur, ces réalisations marquaient une sorte de retour en arrière par rapport aux politiques menées par les Song et les Yuan, dont les recettes provenaient essentiellement de la taxation du commerce. L'agriculture n'était plus la principale source de recettes du gouvernement depuis le début des Tang, mais elle le redevint sous les Ming et les Qing.

Certains aspects de la politique de Hongwu portaient l'empreinte des Mongols, comme la propension à diviser

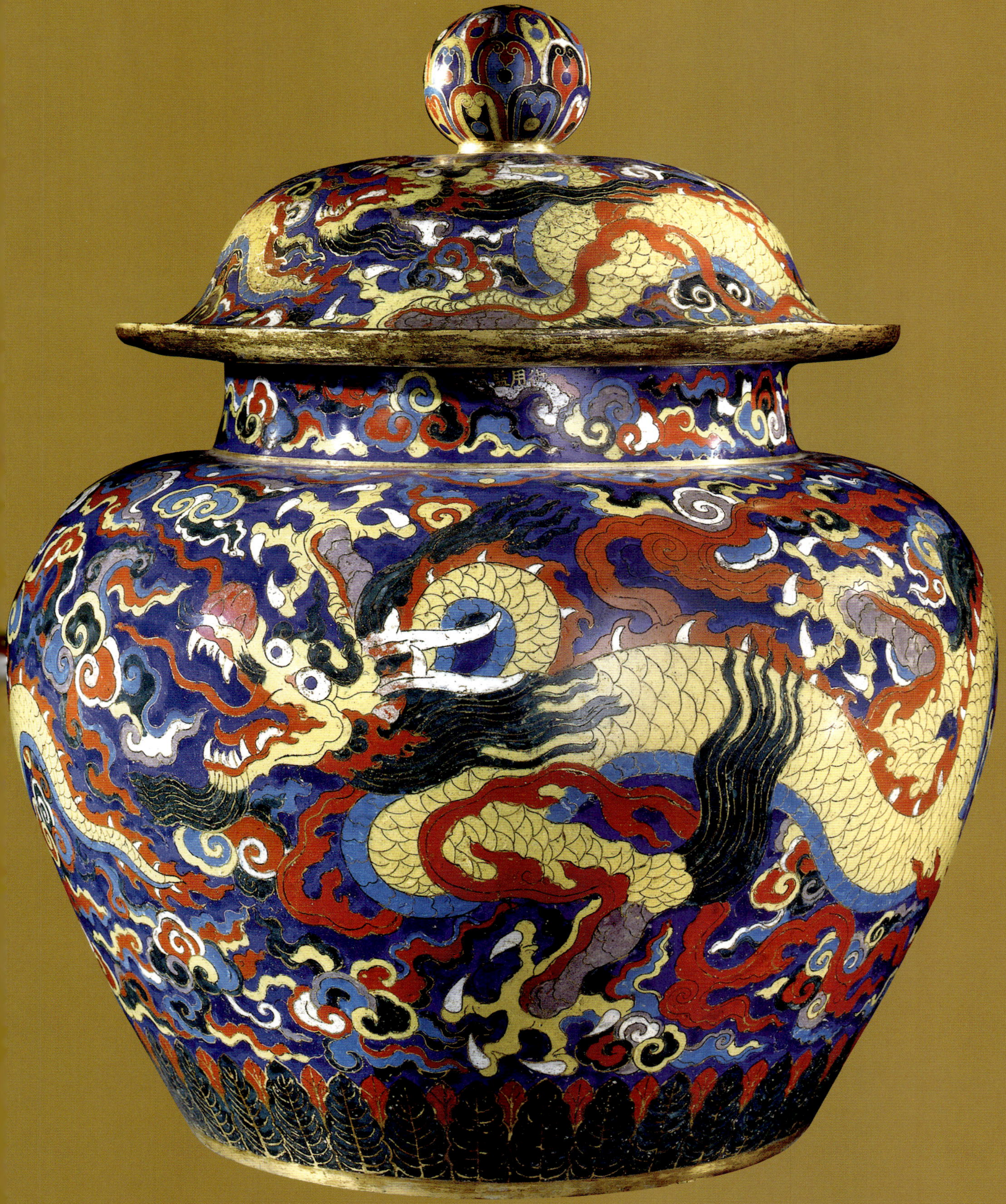

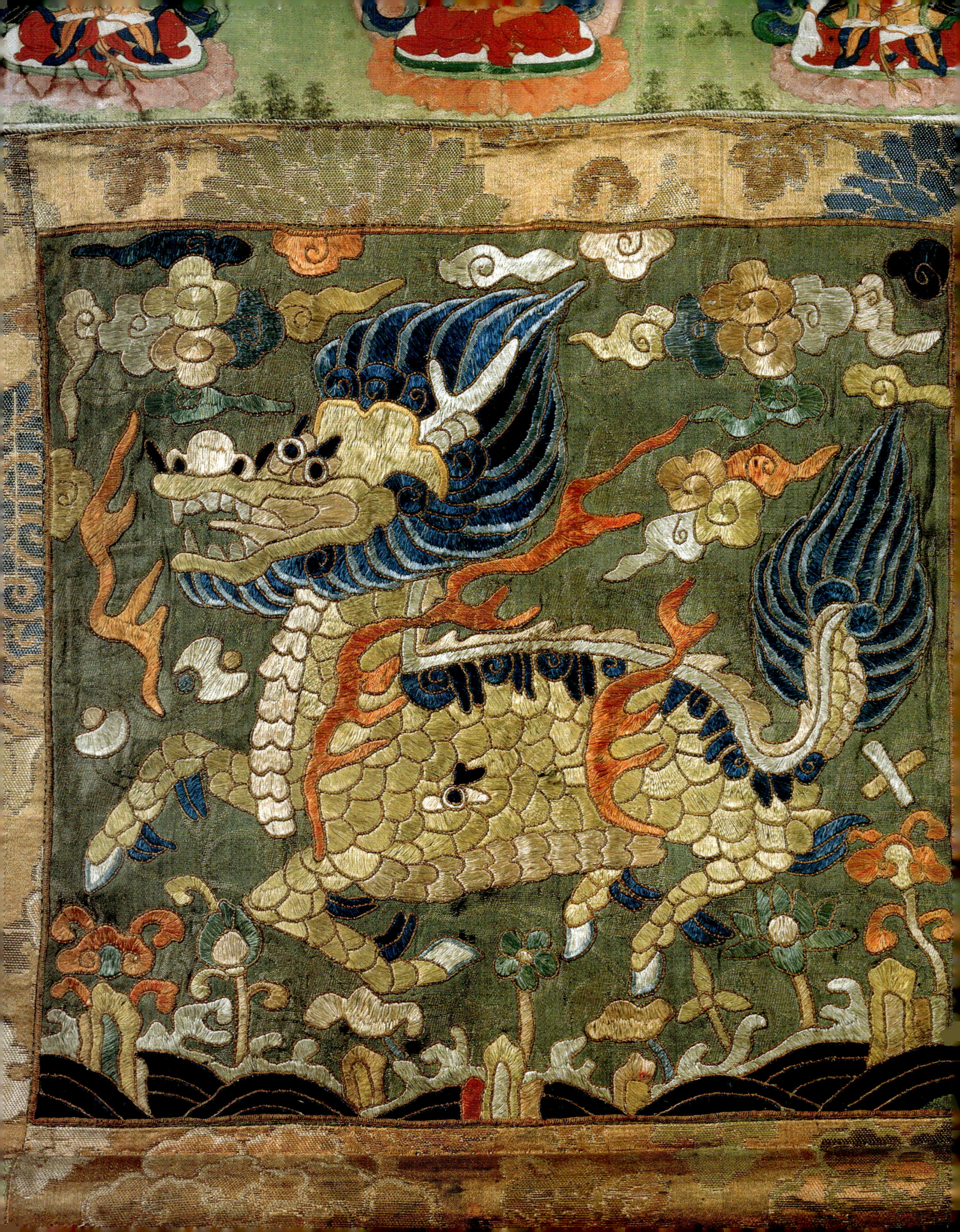

la population en catégories ou en castes selon les métiers. En théorie, ces catégories étaient immuables. Ainsi, un garçon né dans une famille paysanne devait devenir paysan à son tour, ainsi que tous ses descendants. Même chose pour les soldats et les artisans. Un des objectifs de ce système était de garantir l'approvisionnement constant de recrues pour l'armée et d'artisans pour les manufactures de l'État. Mais il fallait pour cela tenir un état civil précis, ce dont les Ming étaient incapables, à l'instar des dynasties précédentes. En quelques décennies, les registres perdirent tout rapport avec la réalité, et les conséquences sur les recettes fiscales du régime furent désastreuses.

L'ÉMERGENCE DES EUNUQUES

Une autre faiblesse du règne de Hongwu découlait de sa méfiance envers l'élite des lettrés, qui jouissaient d'un statut élevé sous la dynastie des Song. Leur rôle était encore appréciable, même s'il était plus modeste, sous les Yuan. Mais le premier empereur Ming était un paysan du Nord, qui préférait avoir affaire à des gens parlant le même langage que lui. C'est une des raisons pour lesquelles il instaura une coutume qui allait se révéler fatale pour la dynastie : l'affectation des postes de confiance aux eunuques.

Ces derniers étaient majoritairement originaires du Nord. Alors que l'éducation leur était en théorie interdite, ils surent rapidement se rendre indispensables à la dynastie, occupant des postes à haute responsabilité, comme le contrôle de la Garde de la robe brodée

À GAUCHE
En 1391, l'empereur Hongzu introduisit le *buzi*, ou insigne brodé que les dignitaires civils et militaires portaient sur leurs robes. Cet exemple du XVIIe siècle représente le *qilin* (voir p. 145), qui désigne un officier militaire du plus haut grade. Les *buzi*, également appelés « carrés mandarins », furent portés jusqu'à la fin de l'époque impériale en 1912.

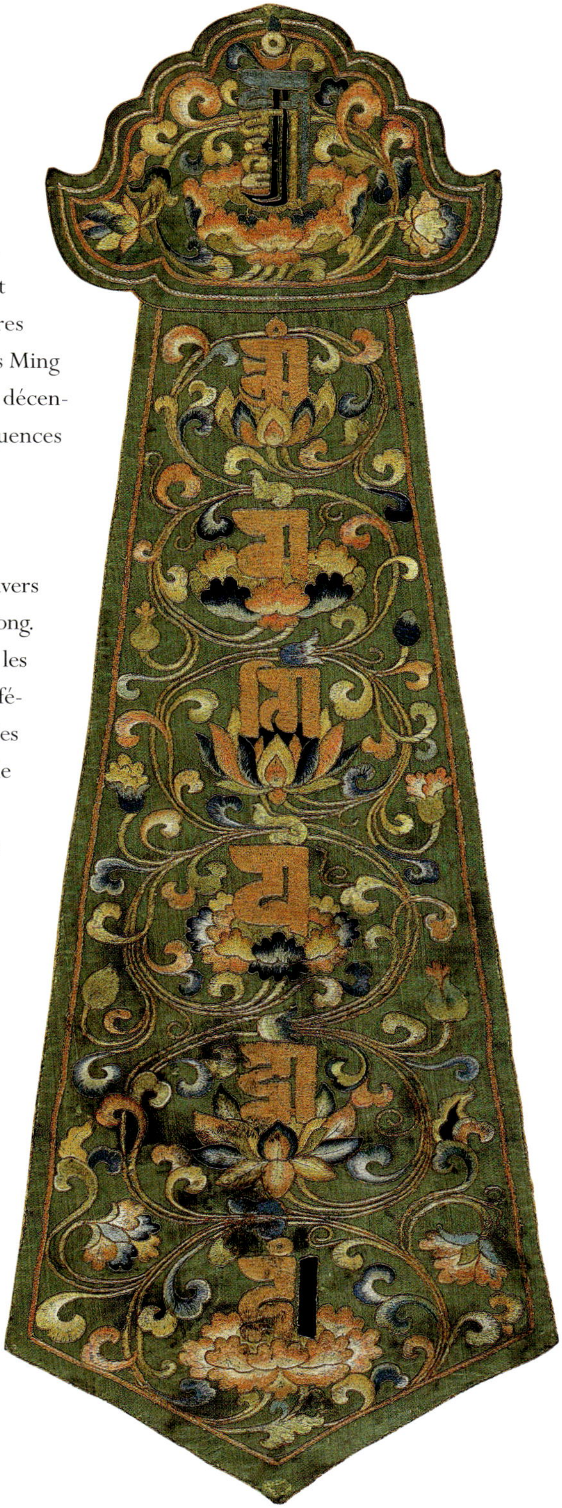

À DROITE
Associé à la dynastie des Yuan, le bouddhisme tibétain n'était pas très en vogue sous la dynastie des Ming. Cependant, Yongle et plusieurs autres souverains étaient de fervents adeptes de cette religion et ils soutinrent la construction de plusieurs temples tibétains à Pékin. Cette bannière décorée de broderies et d'applications était employée dans les rites bouddhiques tibétains. Dynastie des Ming, provenant certainement du Tibet.

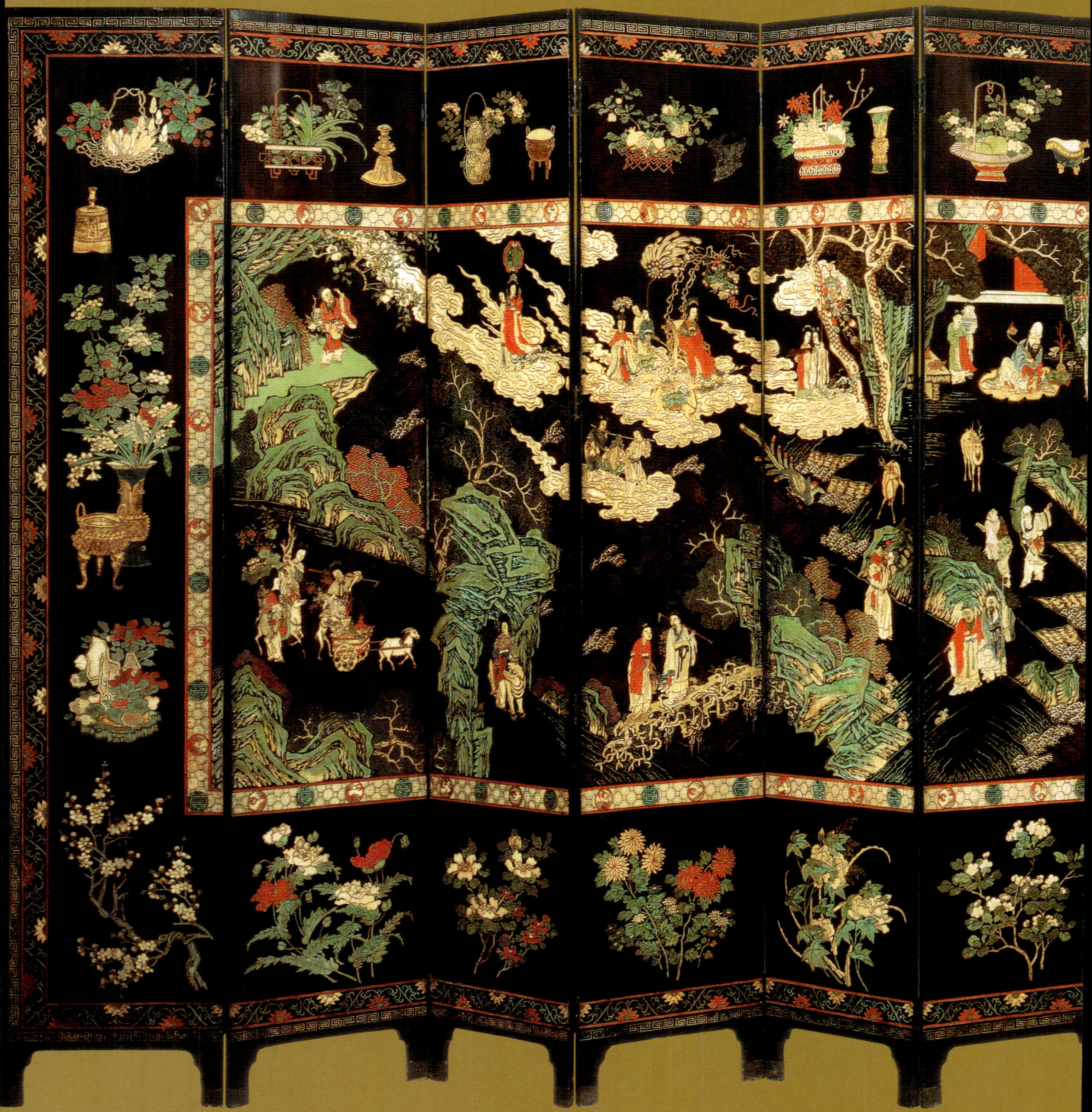

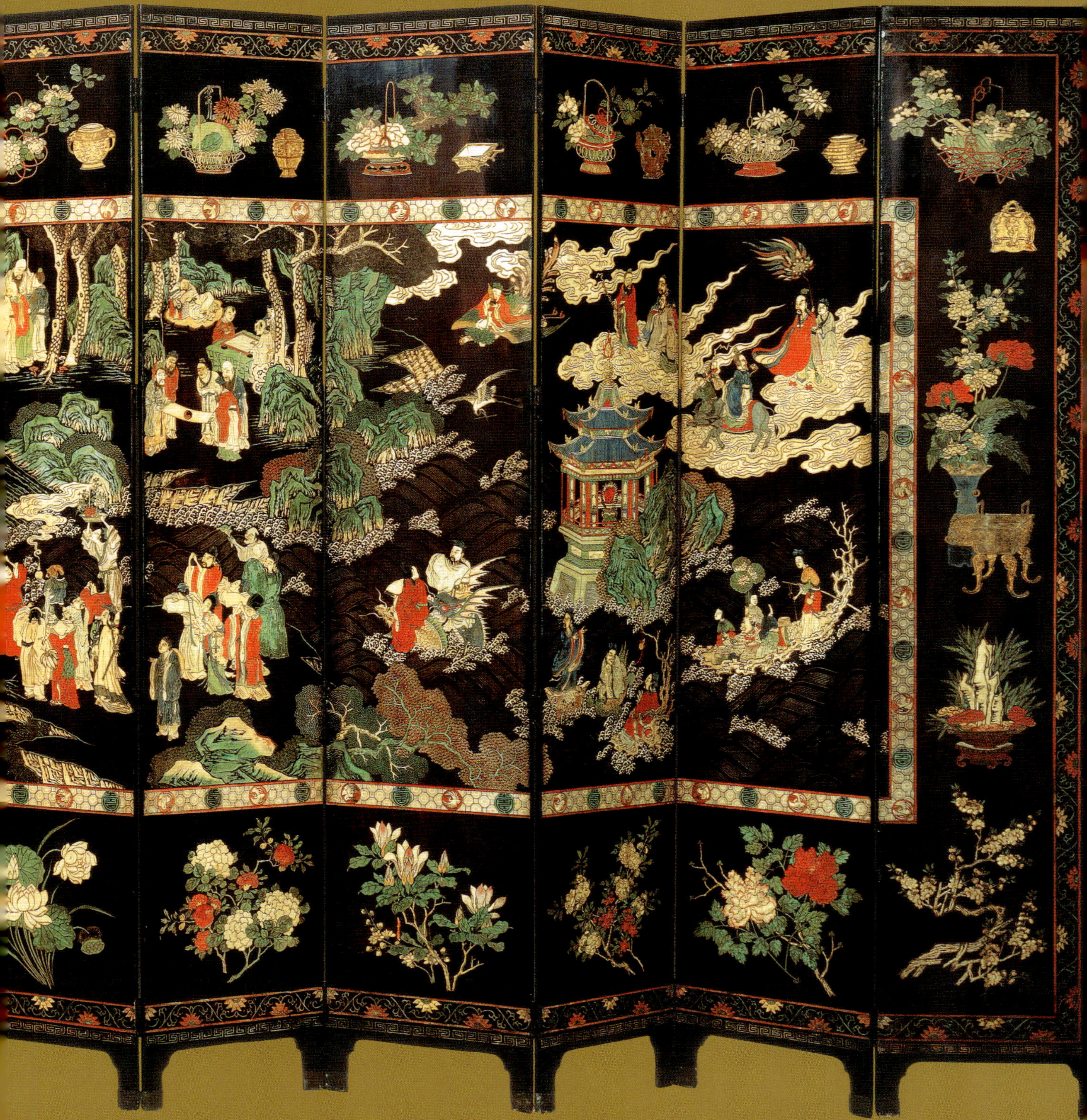

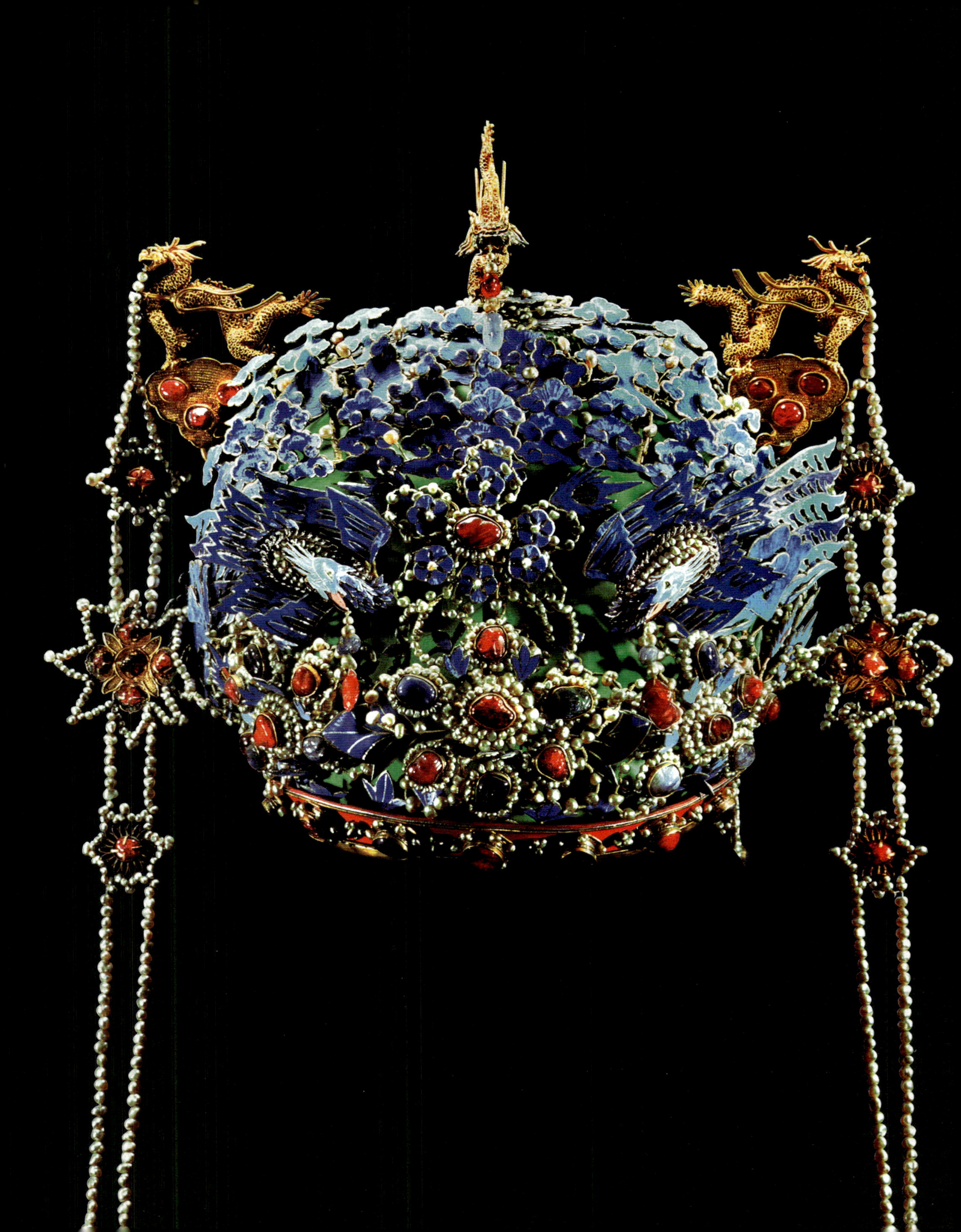

PAGES PRÉCÉDENTES
Ce paravent à panneaux articulés ornait la salle de réception d'une famille aisée. La scène mythologique populaire est celle de la naissance de Xi Wang Mu, la « Reine Mère de l'Ouest », qui reçoit les pêches de la vie éternelle de la part des Huit Immortels. Laque gravé sur bois recouvert de laque colorée et de peinture à l'huile, v. 1625-1650.

PAGE DE GAUCHE
« Couronne du phénix » portée par une impératrice Ming lors des cérémonies. Fabriquée sur une base en bambou laqué et soie verte, la couronne est décorée de phénix en jade (emblèmes de l'impératrice) et de dragons en or, ainsi que de fleurs en gemmes. La couronne compte près de 150 pierres précieuses et plus de 5 000 perles.

CI-DESSOUS
Bixia Yuanjun, « princesse des nuages bigarrés », déesse bienveillante des enfants, des femmes et de la destinée, devint infiniment populaire sous les Ming, attirant des milliers d'individus dans son sanctuaire sur la montagne la plus sacrée de Chine, Taishan (le mont Tai), dans le Shandong. Bois peint et partiellement doré. Dynastie des Ming.

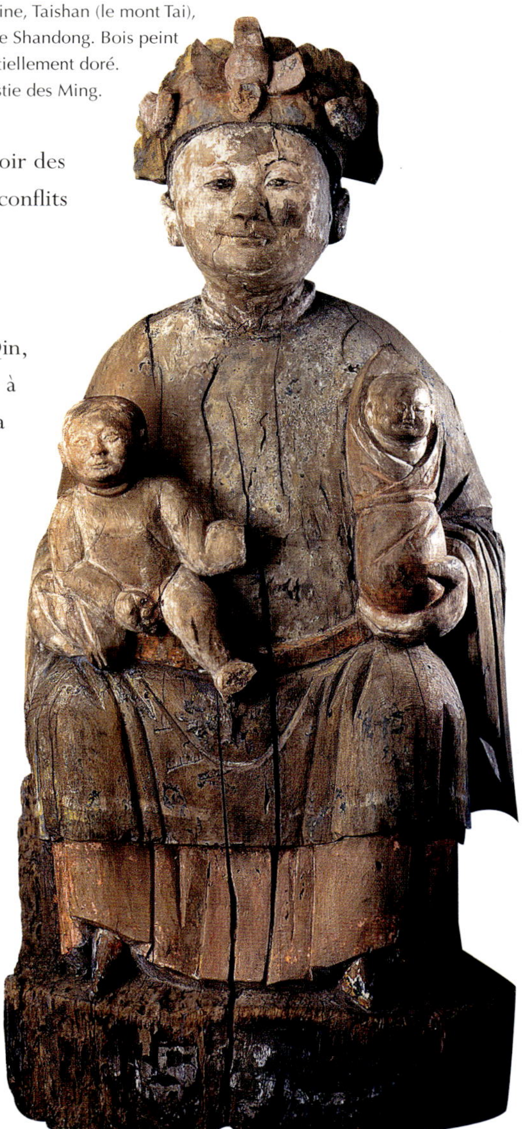

(Jin Yi Wei), la police secrète des Ming. Vers la fin de la dynastie, le pouvoir des eunuques au sein de l'administration impériale était considérable, et les conflits avec les fonctionnaires ordinaires étaient légion.

LA GRANDE MURAILLE DES MING

La Grande Muraille de Chine avait été construite par la dynastie des Qin, près de mille cinq cents ans plus tôt (voir p. 33), puis prolongée et réparée à maintes reprises par la suite. Mais c'est la dynastie des Ming qui entreprit la plus importante reconstruction des murs, qui aboutit à la forme actuelle. Les premières réparations furent entreprises par Hongzu, qui venait de vaincre les Mongols mais les considérait toujours comme ses principaux ennemis. Les travaux furent poursuivis par le troisième empereur Ming, Yongle (1402-1424), et ses successeurs. Ils durèrent près de deux siècles. Ayant transféré la capitale au nord, de Nanjing à Pékin, près de la partie orientale du mur, Yongle fut sûrement motivé par le besoin de défendre sa base. Mais il ne se contenta pas de reconstruire la partie orientale de la muraille et fit bâtir la spectaculaire forteresse de la passe de Jiayu, l'extrémité occidentale du mur, dans la province du Gansu (voir p. 152).

Hongwu ordonna également la réparation et l'agrandissement de la Grande Mosquée à Chang'an (Xi'an, voir p. 166). Située au cœur de la ville moderne, la mosquée encore en service fut fondée en 742, sous la dynastie des Tang, pour répondre aux besoins spirituels des nombreux marchands arabes et persans qui voyageaient en Chine le long de la route de la Soie. Sous la dynastie des Ming, ce commerce s'intensifia encore, encouragé par l'empereur.

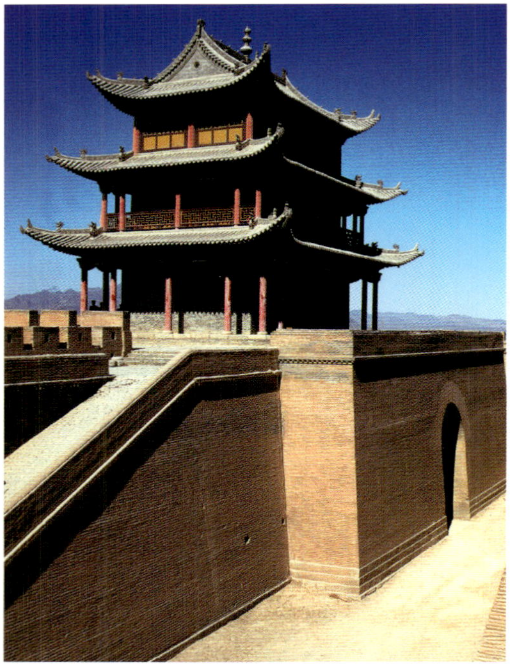

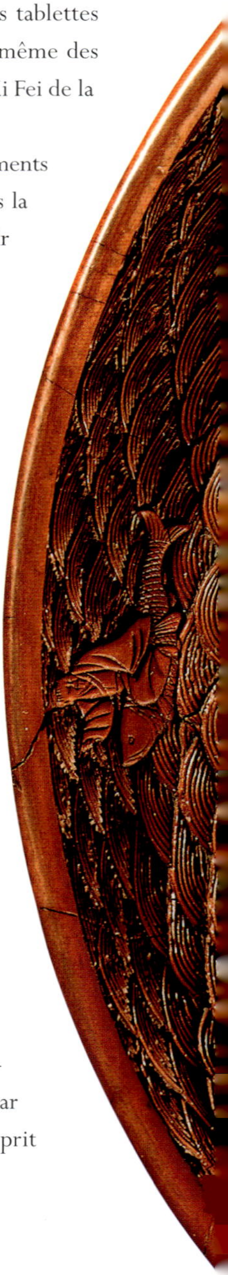

À première vue, le complexe de Xi'an n'évoque en rien la structure des mosquées du Moyen-Orient. Son style est entièrement chinois, avec des édifices semblables aux temples ou aux palais chinois en bois. Les dômes et les minarets sont remplacés par des cours, des arches cérémonielles, des portes, des tablettes en pierre et autres éléments chinois. On y recense même des inscriptions de grands calligraphes chinois, comme Mi Fei de la dynastie des Song et Dong Qichang des Ming.

À l'intérieur du complexe toutefois, tous les éléments d'une mosquée sont présents. L'édifice principal dans la troisième cour est une salle de prière qui peut accueillir mille fidèles, tandis qu'un bâtiment à deux niveaux sert de minaret. Un autre permet aux fidèles d'accomplir les ablutions rituelles. Le Coran complet est gravé sur de grands panneaux en bois, aux côtés de nombreuses inscriptions en arabe. Certains de ces éléments sont des adjonctions ultérieures, mais la reconstruction initiale date du début des Ming. La Grande Mosquée demeure le lieu de culte principal des cent mille habitants musulmans de Xi'an.

CI-DESSUS
La grande forteresse de Jiayuguan (passe de Jiayu), dans la province du Gansu, fut construite dès le début de la dynastie des Ming. Elle est la première ouverture à l'extrémité occidentale de la Grande Muraille (voir p. 151).

En dépit de ces premiers succès, Hongwu devint de plus en plus autocrate et paranoïaque, jusqu'à soupçonner ceux qui l'avaient toujours soutenu et servi, devenus trop puissants à ses yeux. Ils étaient régulièrement accusés d'avoir utilisé – innocemment – des mots interprétés comme des critiques. Hongwu mit en scène plusieurs procès pour l'exemple, qui se soldèrent par la mise à mort des victimes infortunées. Le haut dignitaire Hu Weiyong, vieux compagnon d'armes originaire de la même province, fut ainsi accusé à tort d'avoir fomenté une rébellion et de s'être allié aux Japonais et aux Mongols. Des milliers d'individus furent impliqués dans ce procès, qui s'acheva par l'abolition du Grand Secrétariat par l'empereur, qui prit les rênes du gouvernement.

PAGE DE DROITE
Ce plat fait partie des plus anciens objets en laque sculptée et polychrome, représentant une scène populaire. Il s'agit ici de « la fête au pavillon Lanting ». Dynastie des Ming, daté de 1489 (voir aussi pp. 166 à 168).

LA JOIE ÉTERNELLE : YONGLE

Le jeune empereur Jianwe (1398-1402) succéda à Hongwu. Après avoir vainement tenté d'écarter les puissants princes royaux, il fut déposé en 1402 par son oncle Zhu Di, prince de Yan, grâce au soutien des autres princes. Zhu Di prit

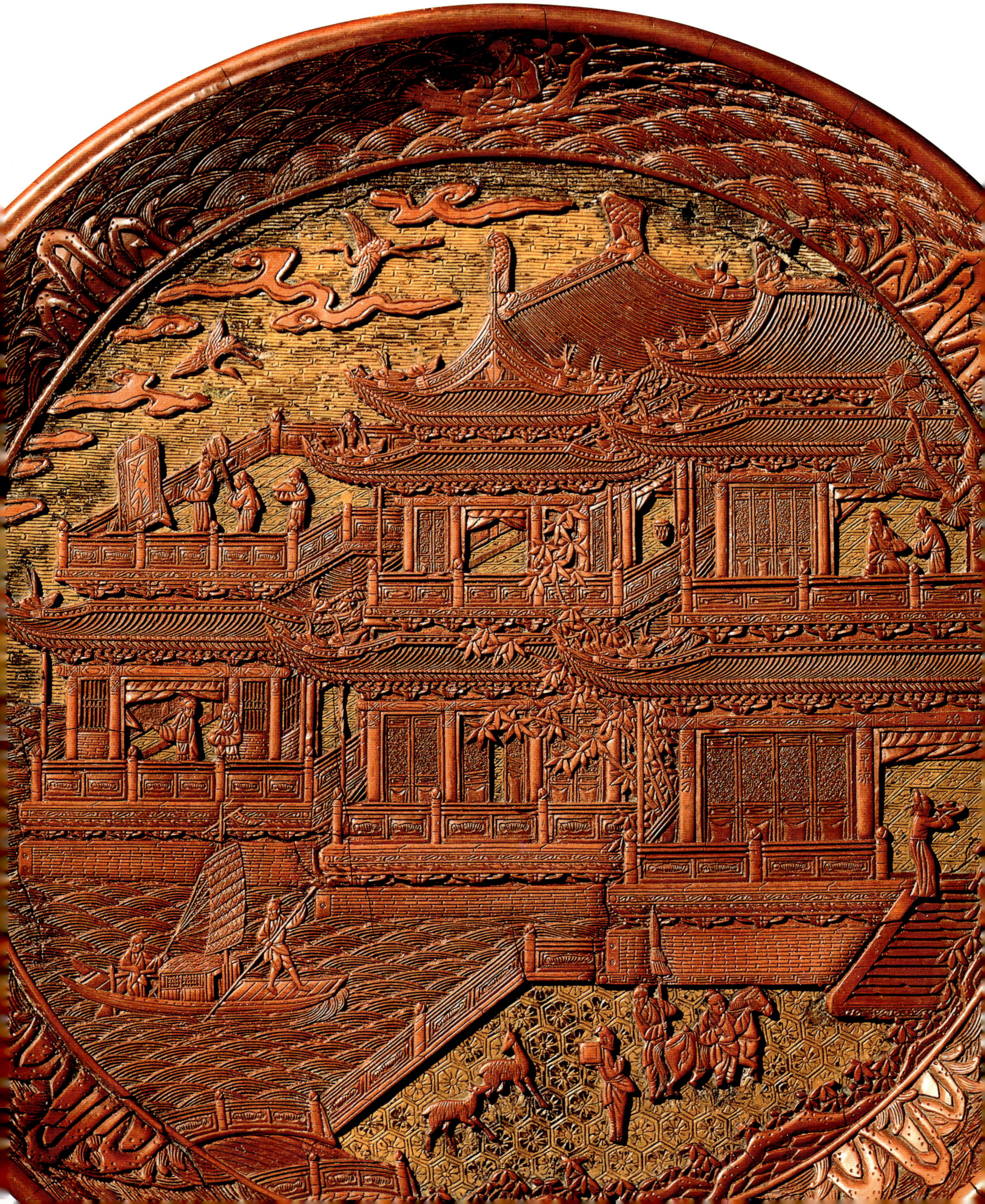

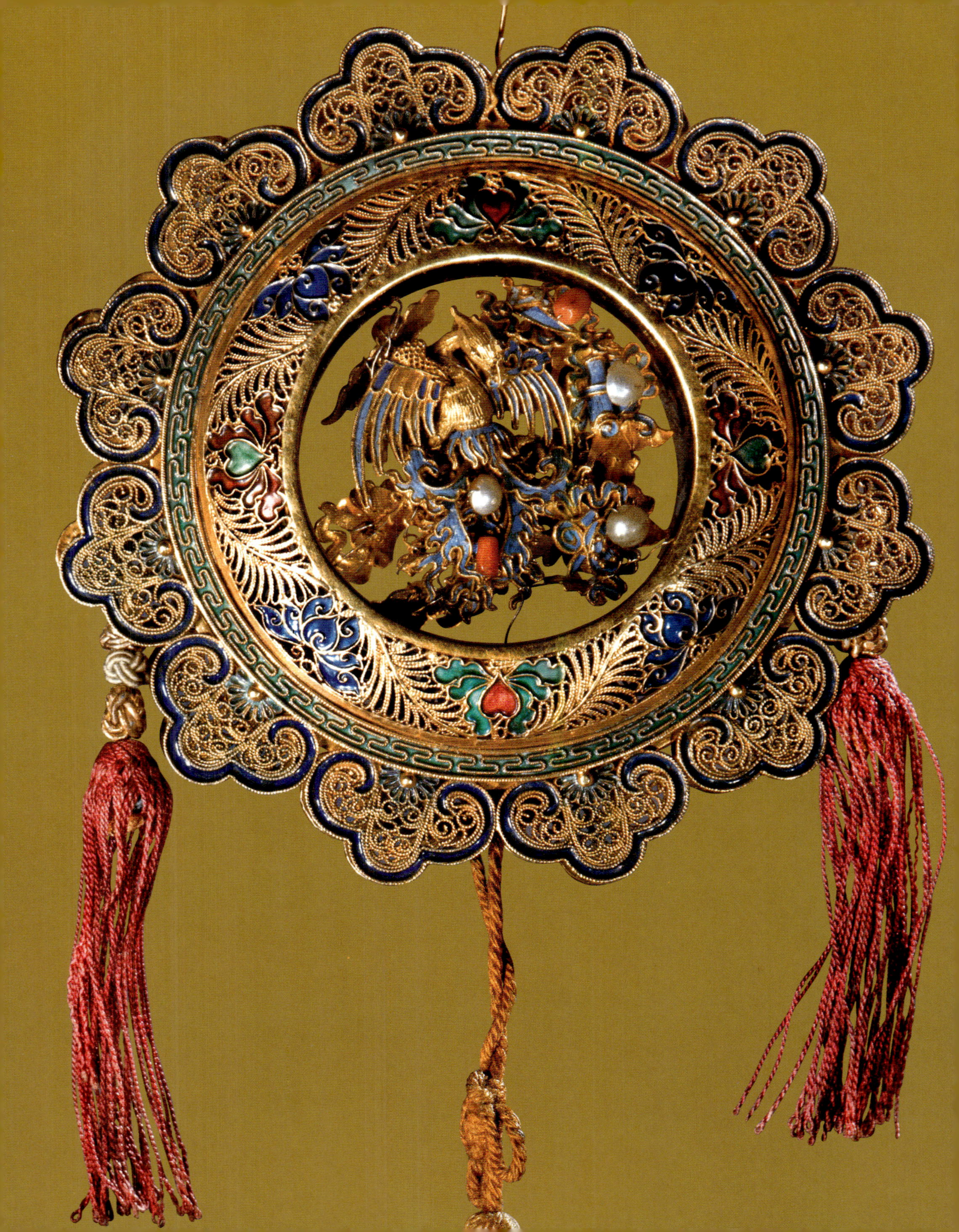

le titre de Yongle (« Joie éternelle ») et son règne (1402-1424) fut marqué par plusieurs réalisations. Le centre du pouvoir se trouvait à Pékin (« Capitale du Nord »), la vieille capitale Yuan de Dadu, dont il avait été gouverneur. En 1406, les travaux d'un nouveau palais impérial débutèrent. Il s'agit du « Grand Dedans », mieux connu sous le nom de « Cité interdite », construit sur le même site que les palais de la dynastie Yuan, mais légèrement au sud. Les principaux bâtiments subirent diverses adjonctions et altérations à la fin des Ming et sous les Qing, dans le respect de l'alignement nord-sud traditionnel (voir pp. 190 à 195). En 1415, Yongle décida de quitter la première capitale des Ming, Nanjing (« Capitale du Sud »), pour s'établir à Pékin.

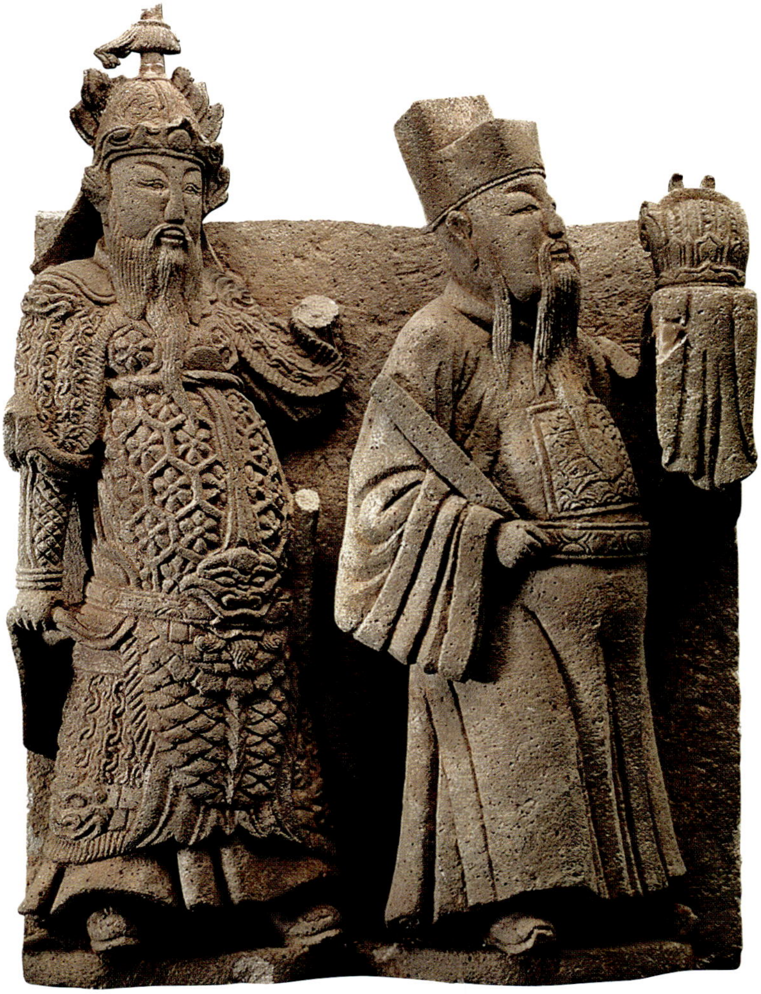

CI-DESSUS
Sculpture en pierre représentant un officier militaire (à gauche) et un haut fonctionnaire (à droite). Ce dernier porte le *buzi*, ou « carré mandarin », qui indique son rang (voir p. 146). Dynastie des Ming.

LES VOYAGES DE ZHENG HE

Les voyages remarquables du grand navigateur Zheng He (1371-1433) sont un autre fait notable du règne de Yongle. Musulman originaire du Yunnan, Zheng était devenu un eunuque en entrant au service du prince de Yan, qui avait conquis le Yunnan en 1382. Il occupa plusieurs postes militaires et, une fois son maître devenu l'empereur Yongle, Zheng fut chargé d'une série d'expéditions maritimes (1403-1425). Plusieurs douzaines de jonques immenses transportant plus de vingt mille hommes partaient à chaque voyage. Les plus grandes jonques de la flotte de Zheng He mesuraient plus de 130 mètres de long et 50 mètres de large, et hissaient neuf voiles. Ces bateaux étaient à l'époque les plus gros et les plus rapides du monde.

L'objectif de Zheng He était d'impressionner les souverains du sud et du sud-est de l'Asie par la richesse et le pouvoir de la Chine, pour exiger des tributs de leur part et faciliter les relations commerciales. Il atteignit largement son but. Zheng He visita entre autres Java, Sumatra, Malacca, la Thaïlande, Sri Lanka, Calicut, Cochin, et s'aventura même sur l'océan Indien, jusqu'à Aden (Yémen) et Mogadiscio en Afrique de l'Est. À plusieurs reprises, les Chinois s'interposèrent dans des conflits locaux.

PAGE DE GAUCHE
Ce pendentif devait appartenir à une riche mariée. Il porte les symboles favorables du phénix (oiseau mythique sans rapport avec le phénix occidental) d'un côté et du *qilin* au revers. Or et pierres semi-précieuses avec glands en soie, dynastie des Ming.

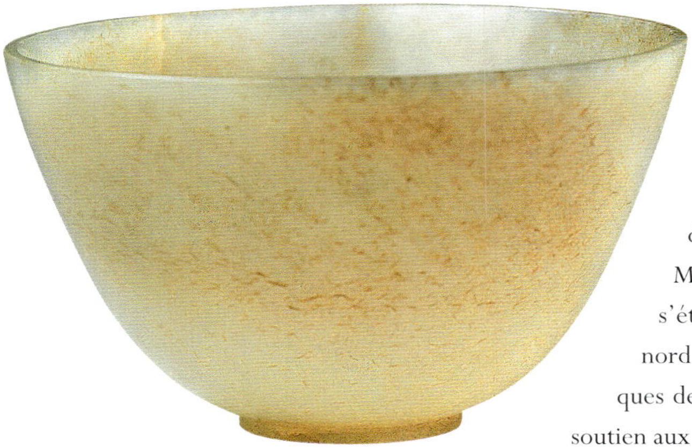

Les expéditions de Zheng He étaient bien plus ambitieuses que les premiers voyages effectués par les Portugais près d'un siècle plus tôt. Elles marquèrent l'apogée des conquêtes à l'étranger et le début du déclin de la puissance maritime de la Chine. En 1411-1415, les Ming réhabilitèrent le Grand Canal (voir pp. 80 à 82), qui s'était détérioré au fil des siècles. Les transports du sud vers le nord purent alors être réalisés par le canal, évitant ainsi les risques des voyages en mer. L'empereur cessa alors d'apporter son soutien aux explorations maritimes de longue distance. Les voyages de Zheng He restent uniques dans l'histoire de la Chine.

CI-DESSUS
Symbole du paradis et de l'immortalité, le jade était un matériau très précieux. Seuls les plus aisés pouvaient s'offrir des récipients en jade comme ce bol. Non seulement il était extrêmement difficile de créer des parois minces délicatement courbées, mais, de plus, la découpe d'un bol dans un grand bloc de jade très précieux impliquait des pertes importantes. Dynastie des Ming.

LA GRANDE ENCYCLOPÉDIE

Un autre accomplissement majeur du règne de Yongle fut la compilation de l'*Encyclopédie de Yongle*. Cet énorme ouvrage visionnaire fut commandé au début de son règne : l'empereur avait été impressionné par plusieurs œuvres moins ambitieuses que lui avaient présentées leurs rédacteurs. Il ordonna la production d'une œuvre bien plus importante, qui devait recouvrir l'ensemble des livres de l'époque. L'entreprise était gigantesque. Cinq rédacteurs en chef et vingt assistants furent nommés, et des érudits furent envoyés dans tout l'empire pour recueillir les données. L'*Encyclopédie de Yongle* fut achevée en cinq ans et transcrite par des maîtres calligraphes. Ses 11 095 volumes contenaient 22 937 chapitres, qui couvraient l'essentiel du savoir de l'époque. Malheureusement, la plupart des copies commandées furent perdues, et seuls 800 chapitres sont conservés, en partie dans des collections étrangères.

Peu d'empereurs de la fin des Ming parvinrent à égaler le talent et les réalisations de Hongwu et de Yongle. Le déclin de la puissance maritime chinoise à la suite de la réhabilitation du Grand Canal s'accompagna d'un recul de la politique conquérante des Ming au nord, de plus en plus défensive, alors que l'ennemi mongol redoublait d'agressivité pour repousser les Chinois vers les plaines. Ce conflit explique en grande partie la politique de restriction du commerce que les Ming décidèrent contre les Mongols, par le biais d'un embargo sur l'exportation d'armes et de métaux nécessaires à leur fabrication. Les assauts des Mongols culminèrent avec la capture de l'empereur Ming Zhengtong lors de la bataille de la forteresse de Tumu, dans le nord du Hebei, en 1449. Finalement relâché par les Mongols en 1457, Zhengtong poursuivit son règne, mais l'épisode entama sérieusement le prestige de la Chine des Ming.

PAGE DE DROITE
Trois des Huit Immortels, figures centrales de la mythologie taoïste. On peut voir ici le ménestrel Lan Caihe jouant de la flûte et Cao Guojiu, personnage quasi historique qui était le frère d'une impératrice, portant une tablette en or pour être admis à la cour. Ils flanquent He Xiangu, le seul immortel définitivement féminin, qui broie l'élixir de la vie éternelle. Ivoire, fin de la dynastie des Ming.

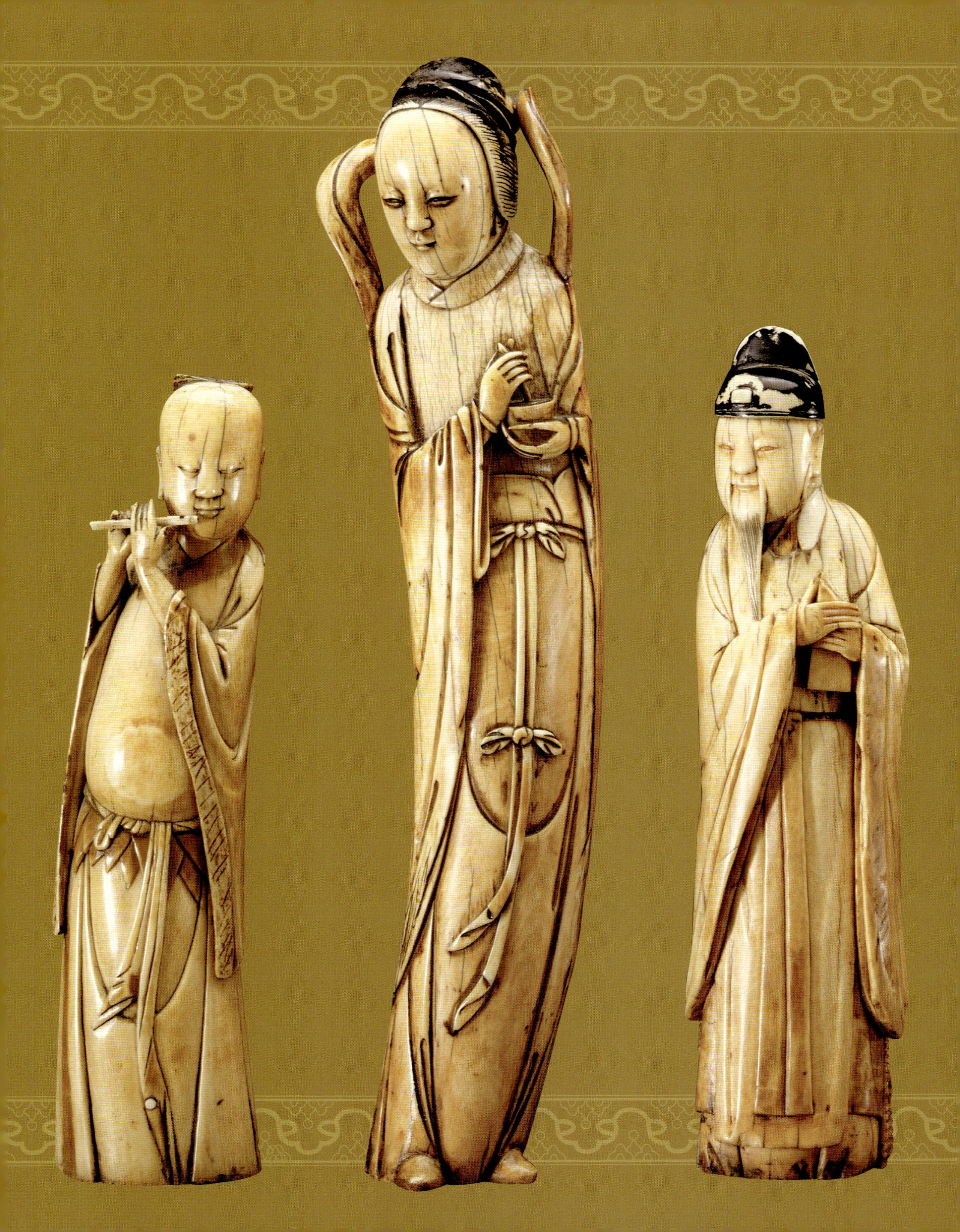

LE TEMPLE DU CIEL

Le cœur sacré de l'empire

En 1420, l'empereur Yongle ordonna la construction à Pékin d'un autel et d'un temple pour accomplir son sacrifice annuel au Ciel et à la Terre. Un siècle plus tard, l'empereur Jiajing (1522-1567) décida de séparer ces cérémonies et fit construire un autel indépendant dans la ville pour le sacrifice à la Terre. Depuis lors, le premier temple porte le nom de temple du Ciel.

Le complexe se situe au sud de l'ancienne porte méridionale de la ville de Pékin, le Qianmen, dans un parc animé le week-end par des chanteurs d'opéra et des musiciens amateurs. De nombreux éléments du complexe, entouré de deux enceintes, symbolisent le Ciel ou la Terre : l'enceinte extérieure possède une section arrondie qui représente le Ciel et une plus petite rectiligne représentant la Terre. À l'intérieur de ses murs, les édifices cérémoniels occupent un grand jardin planté de nombreux cyprès et de pins anciens. Ils incluent un autel de plein air sur une terrasse élevée à l'extrémité

PAGE DE DROITE
L'intérieur du Qi Nian Dian (salle des Prières pour les bonnes moissons), édifice rituel le plus sacré de la Chine impériale. La partie centrale du toit est soutenue par des piliers carrés, qui représentent les saisons (voir aussi p. 161).

CI-DESSOUS
L'empereur était porté jusqu'au Qi Nian Dian sur une litière au-dessus de ce panneau en marbre sculpté ; ses courtisans et les serviteurs empruntaient les marches de chaque côté.

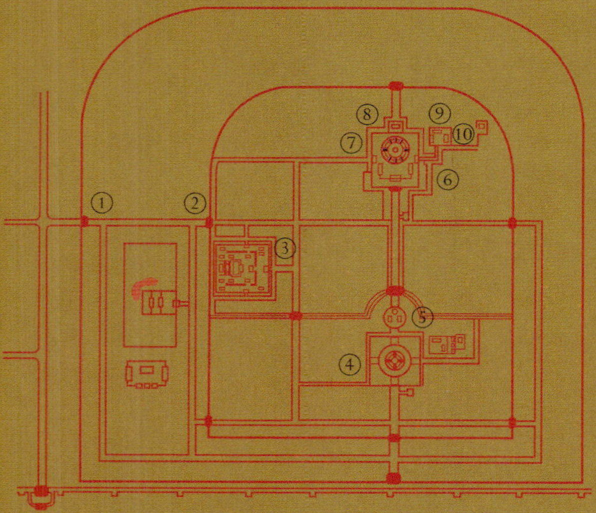

Plan du temple du Ciel. Les principales parties sont : 1. Autel du Ciel, 2. Temple de l'Auguste Ciel (Huangqian Dian), 3. Salle des Prières pour de bonnes moissons (Qi Nian Dian), 4. Avenue pavée, 5. « Mur de l'écho », 6. Palais de la Purification, 7. Porte principale, 8. Porte intérieure, 9. Enceinte extérieure, 10. Enceinte intérieure.

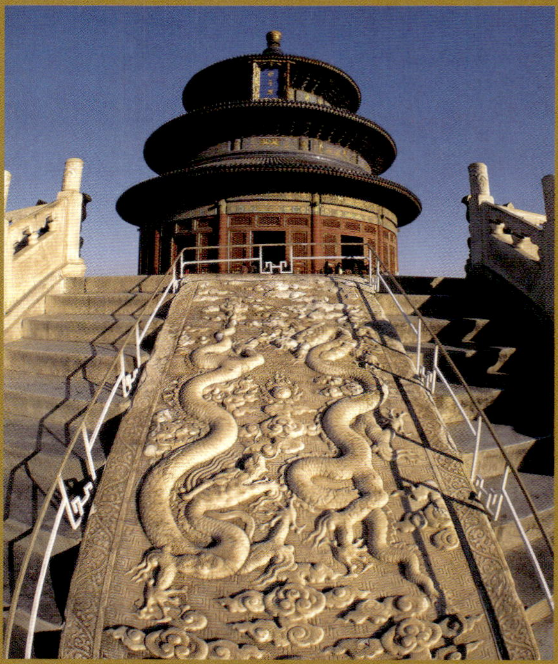

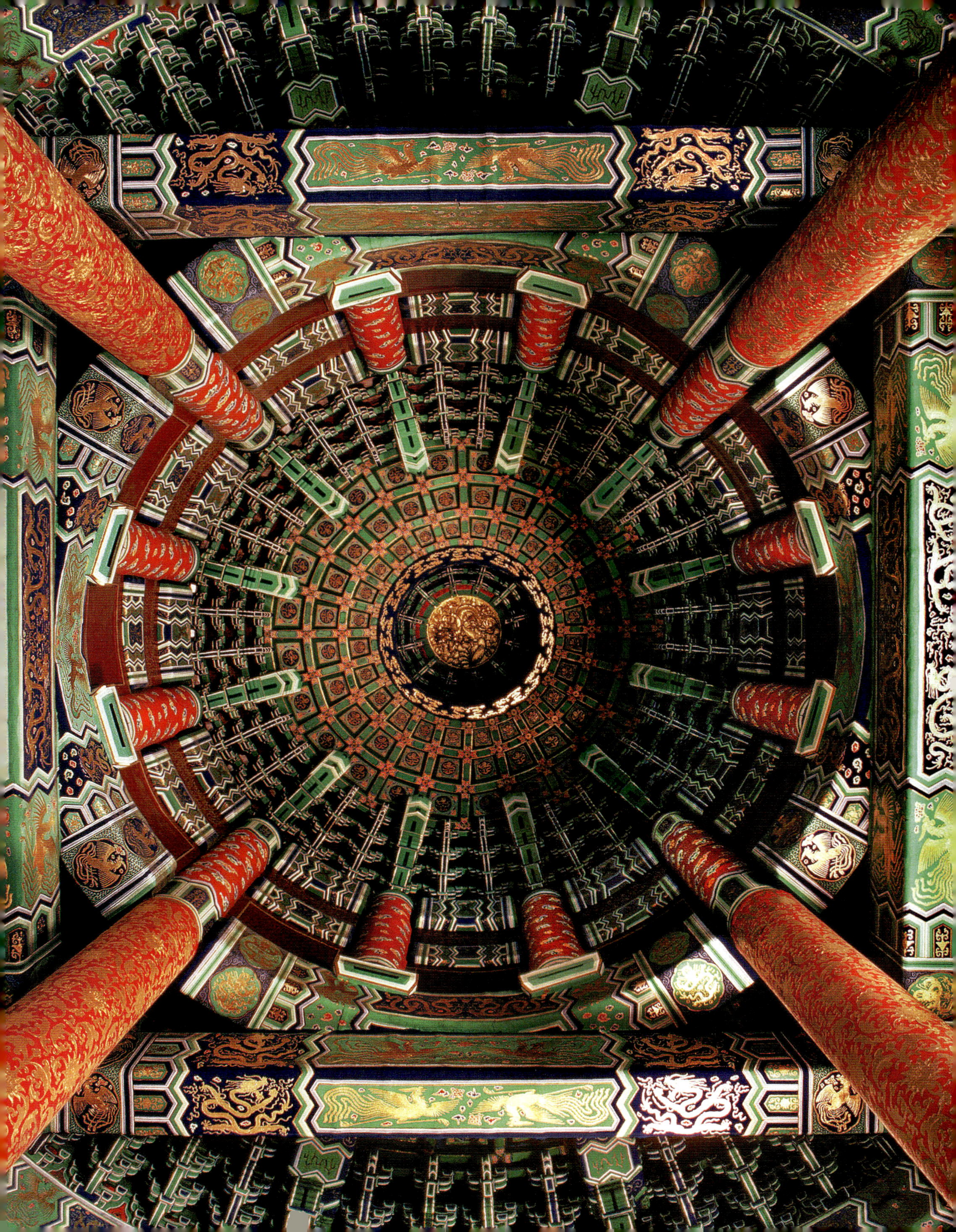

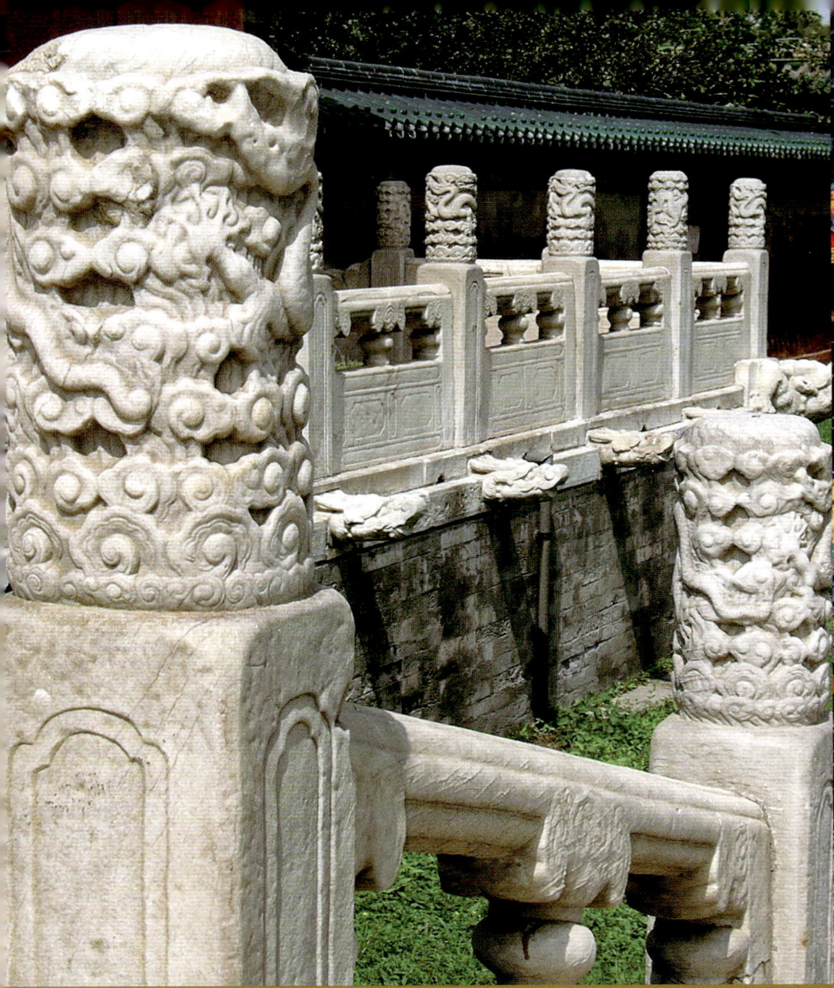

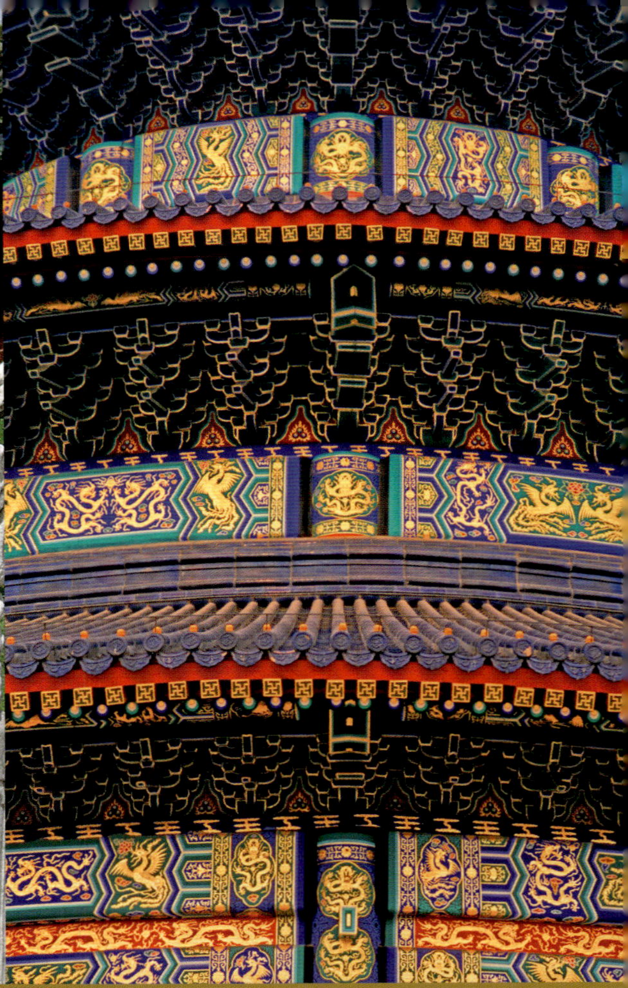

CI-DESSUS
Détail de la balustrade en pierre sculptée qui entoure la salle des Prières pour de bonnes moissons.

AU CENTRE
Récemment restauré, l'extérieur de la salle des Prières pour de bonnes moissons est une splendeur de couleurs et de motifs de bon augure.

sud, et un temple rond couvert de tuiles bleues à l'extrémité nord, reliés par une avenue pavée. Entre les deux s'élèvent le temple de l'Auguste Ciel, de taille inférieure, et d'autres édifices. Ceux-ci sont entourés d'une seconde enceinte circulaire grise couverte de tuiles bleues, aux propriétés acoustiques inhabituelles : une personne qui chuchote au nord peut être entendue distinctement à l'extrémité sud.

LE TEMPLE DES BONNES MOISSONS

Le grand temple rond à l'extrémité nord est le Qi Nian Dian (salle des Prières pour les bonnes moissons), où l'empereur venait prier le Ciel chaque année le huitième jour du premier mois lunaire. Ce temple était le plus important espace rituel clos de la Chine impériale, puisque le bien-être de l'empire et de ses sujets dépendait du bon déroulement des rites qui y étaient accomplis. Sur le plan architectural, il est célèbre pour son toit de tuiles vernissées d'un bleu vif, ainsi que pour sa charpente intérieure. Fondamentalement, il s'agit d'une structure en bois, comme tous les autres édifices palatiaux de Pékin. Cependant, en raison de sa forme circulaire et de son toit conique, les consoles au-dessus des colonnes sont concentrées sur une surface de plus en plus

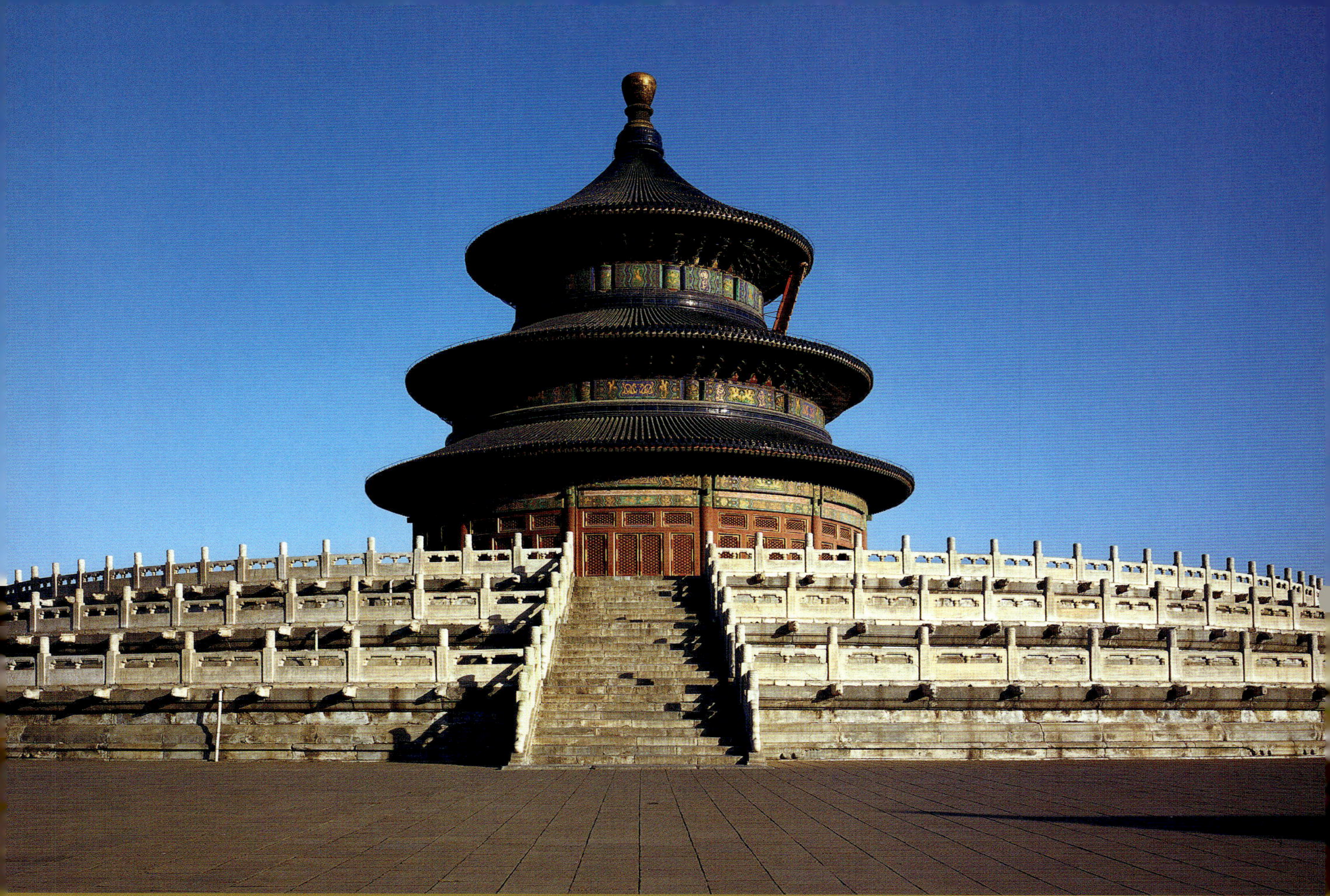

CI-DESSUS
La salle des Prières pour de bonnes moissons a une forme circulaire, caractéristique du ciel dans la cosmologie chinoise traditionnelle. S'élevant à 32 mètres de hauteur pour un diamètre de 30 mètres, le bâtiment était autrefois le plus haut de Pékin. À l'intérieur, la structure repose sur seulement 28 piliers en bois (voir p. 159).

petite. Comme toute la charpente intérieure en bois, elles sont peintes de motifs multicolores, ce qui rend la vue d'ensemble du plafond du temple particulièrement saisissante. Le toit est soutenu par trois groupes de colonnes : quatre colonnes intérieures représentent les quatre saisons, et deux ensembles de douze colonnes représentent respectivement les douze mois de l'année et les heures chinoises traditionnelles (deux heures chacune).

L'autel consiste en trois degrés en marbre, entourés de balustrades en marbre sculpté. Les détails des degrés et des balustrades forment des multiples de neuf, chiffre porte-bonheur de l'empereur. Après avoir accompli la cérémonie dans le temple des Prières, l'empereur se dirigeait vers le sud pour rejoindre les autres bâtiments cérémoniels et l'autel sacrificiel. En chemin, il s'arrêtait sur une plate-forme à mi-chemin, où une tente était montée pour lui permettre de changer d'habits cérémoniels.

Ces cérémonies eurent lieu pour la dernière fois la dernière année de la dynastie Qing. Plusieurs membres du nouveau gouvernement républicain tentèrent vainement de les perpétuer ; aujourd'hui, le temple est un monument national protégé et un parc public.

明

UNE LENTE DÉCRÉPITUDE

La fin des Ming (v. 1450-1644)

明 Après le règne de Yongle, les systèmes très centralisés institués au début de la dynastie se délitèrent progressivement. La liberté relative consentie par le gouvernement central favorisa l'initiative individuelle, même si l'autonomie totale ne fut jamais accordée. Aux XVe et XVIe siècles notamment, la prévalence de l'argent comme mode de paiement profita grandement au commerce et à l'industrie. Les fabriques d'argent du Shanxi se développèrent, mettant les crédits à la portée des marchands. Grâce à cette prospérité, les banquiers du Shanxi purent élargir leurs activités en dehors de leur province d'origine. Le commerce et l'artisanat devinrent plus lucratifs que l'agriculture, en particulier dans les provinces maritimes du Sud et du Sud-Est.

Pourtant, dès le début du XVIIe siècle, la dynastie Ming commença à décliner. La cause principale était le conflit de plus en plus violent qui opposait les eunuques (qui avaient la confiance d'empereurs successifs qui manquaient de fermeté) aux mandarins, dont beaucoup furent renvoyés à l'instigation des eunuques. Après 1615, les mandarins formèrent des partis soutenus par des académies. L'académie Donglin à Wuxi dans le Jiangsu devint le principal contre-pouvoir face aux eunuques. L'eunuque le plus célèbre était Wei Zhongxian, qui s'était castré lui-même afin de se frayer un chemin jusqu'au palais impérial. Une fois dans la place, il s'empressa de faire exécuter plusieurs membres du Donglin. Lors de l'intronisation du dernier empereur Ming en 1628, Wei fut abattu, et le Donglin réhabilité. Les Ming durent alors affronter une crise bien plus grave.

CI-DESSOUS
Grande coupe en cloisonné décorée avec un dragon rouge et plusieurs emblèmes favorables. L'émail cloisonné est une technique complexe, qui exige la création de cloisons soudées garnies de différents émaux colorés sur une base métallique (en Chine, généralement du cuivre). À partir des Ming, le cloisonné complexe de Pékin éta t particulièrement réputé (voir aussi p. 145). Dynastie des Ming, règne de Wanli (1573-1620).

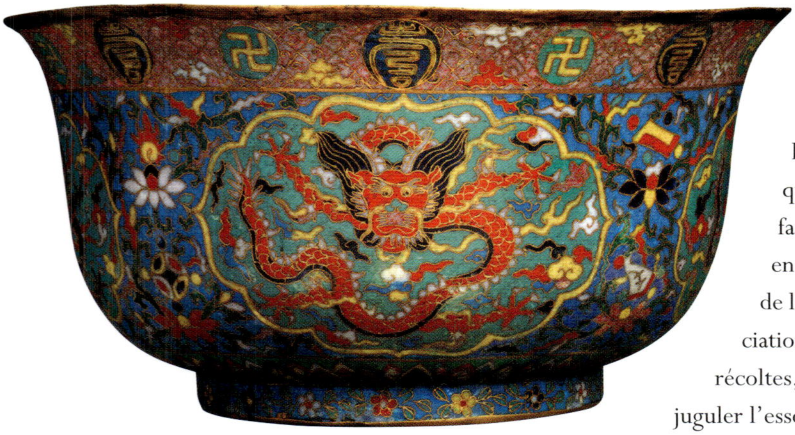

LA CHUTE DES MING

Durant la seconde moitié du règne des Ming, la combinaison de la corruption des eunuques de la cour, des dépenses engagées par la famille impériale et des campagnes désastreuses en Corée avait sérieusement entamé les finances de l'empire. En outre, les débuts de la « petite glaciation » du XVIIe siècle avaient causé de mauvaises récoltes, et les armées des Ming ne parvenaient pas à juguler l'essor du banditisme dans les campagnes. Dans les années 1627-1628, de violentes rébellions éclatèrent dans différentes régions de la Chine. Les plus importantes étaient la conséquence directe d'une succession de mauvaises récoltes au nord-ouest, qui avaient laissé les paysans affamés. De plus, les garnisons de la région se vidaient, l'État ayant remercié un grand nombre de soldats pour faire des économies.

Rapidement, la plupart des provinces du nord la Chine furent touchées, et plusieurs groupes de rebelles se réunirent sous le commandement d'un ancien berger nommé Li Zicheng. Il tenta d'installer un régime rival dans la province du Henan, avant de se déplacer à Chang'an pour préparer sa marche sur Pékin. En 1644, il envahit la capitale. Le dernier empereur Ming, Chongzhen (1628-1644), se suicida sur une colline dominant la Cité interdite.

Parallèlement à la révolte de Li Zicheng, une deuxième rébellion avait éclaté dans la province du Hubei, au nord du fleuve Yangzi. En 1644, les rebelles s'emparèrent du Sichuan à l'ouest. Le chef de ce soulèvement, Zhang Xianzhong, être tyrannique et brutal, acheva de mettre à mal le pouvoir des Ming. Pourtant, c'est une autre menace qui allait précipiter la fin de la dynastie, et qui avait pour nom les Mandchous. Ce peuple tungu descendait des Jurchen, qui avaient régné sur la Chine aux XIIe et XIIIe siècles sous le nom de Jin.

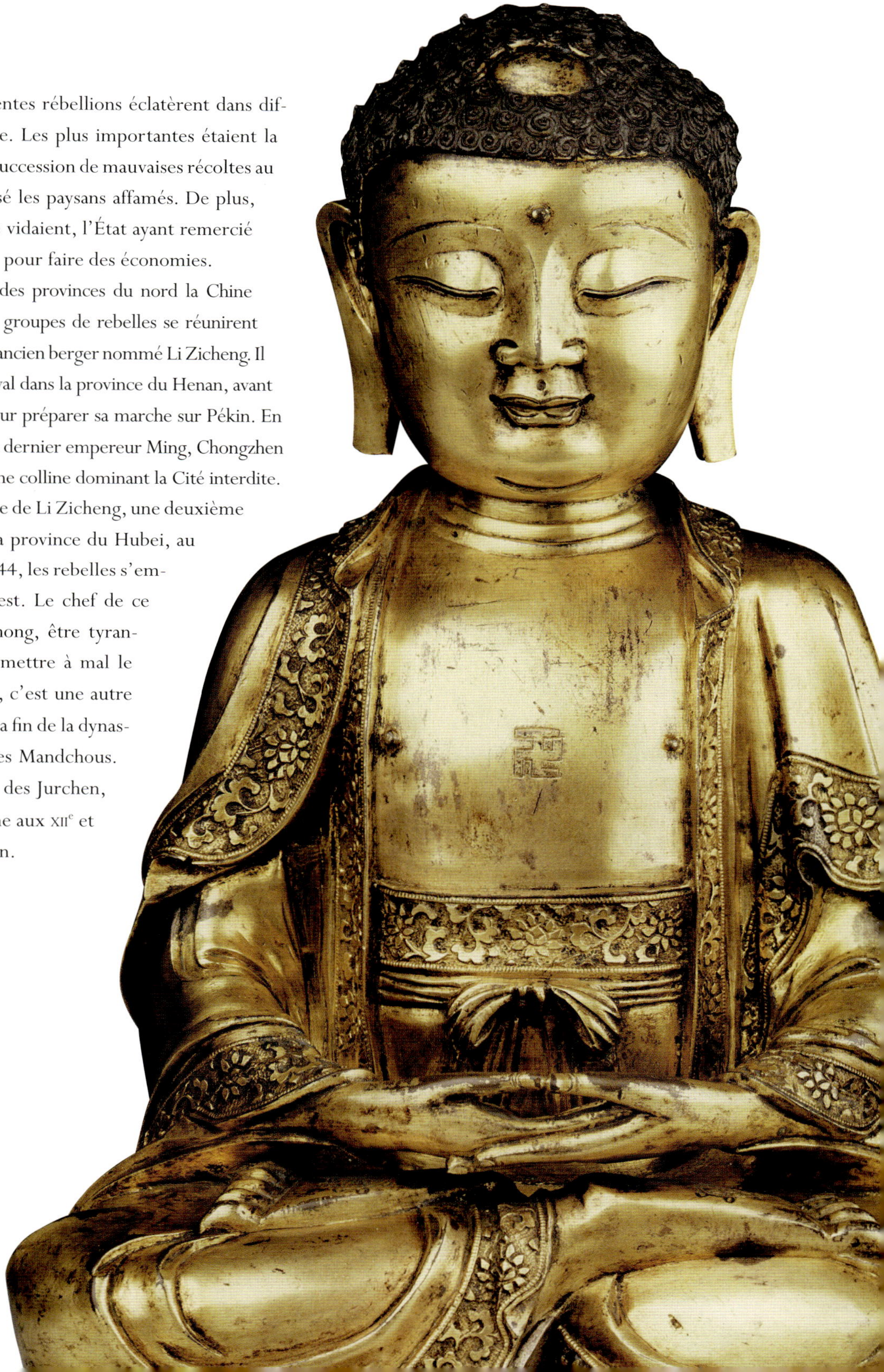

À DROITE
À l'exception de Jiajing (1522-1567), résolument taoïste, les empereurs Ming étaient de fervents bouddhistes. Les styles tibétains influencèrent la sculpture bouddhique de l'époque, mais le rendu lisse de l'étoffe et l'absence de pierres précieuses incrustées sur cette figure du Bouddha en méditation sont clairement chinois. Bronze doré, dynastie des Ming, XVIe siècle.

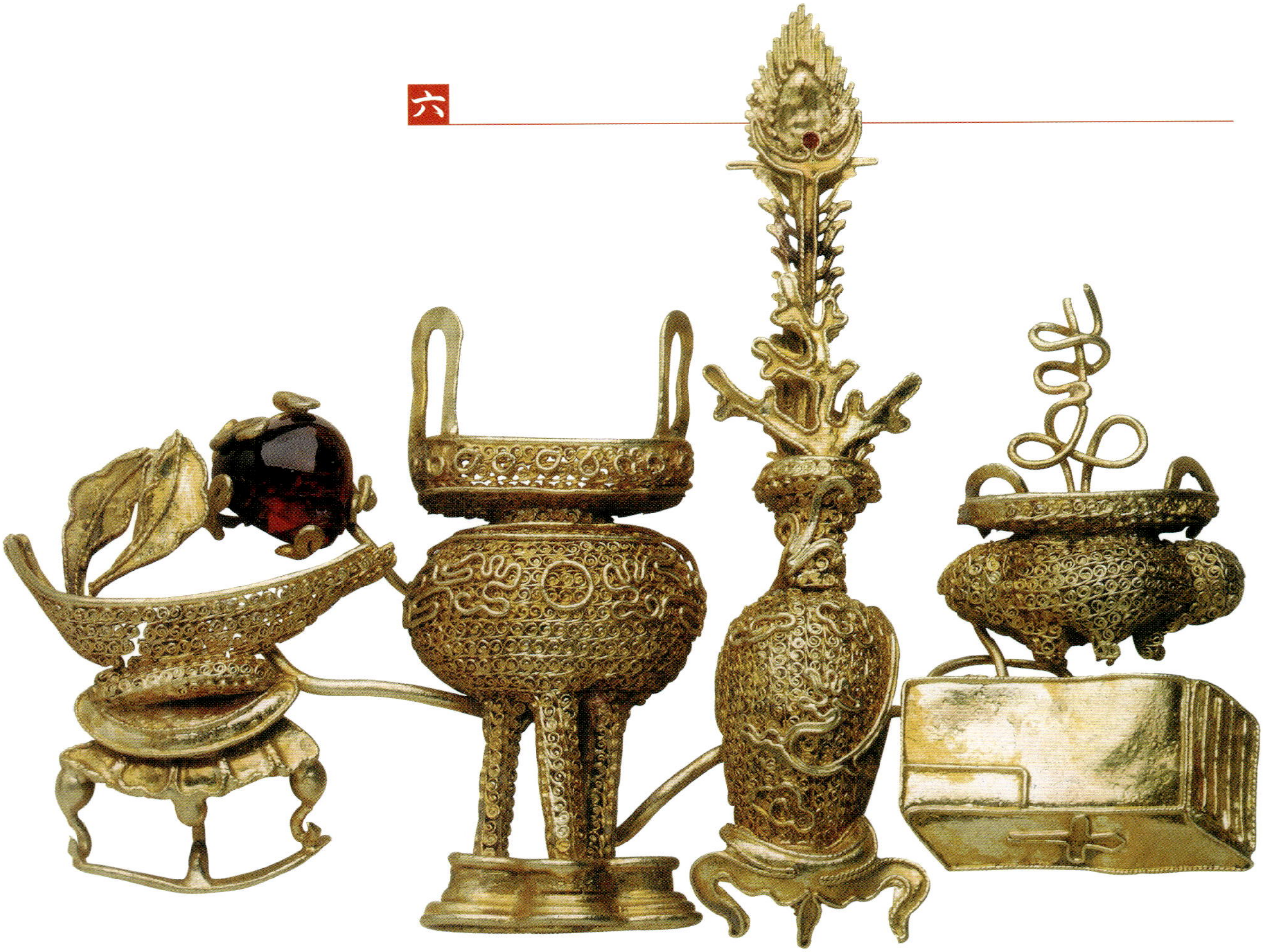

LES ARTS DES MING

La peinture des Ming perpétua les tendances introduites à l'époque des Song et des Yuan, notamment la peinture des lettrés. Au cours des dernières décennies de la dynastie, le peintre Dong Qichang (1555-1636) prit de l'importance et ses paysages étaient très recherchés (voir p. 167). Ses *Huit scènes d'automne* sont régulièrement reproduites dans les ouvrages sur la peinture chinoise. Dong était un haut fonctionnaire et un érudit aux talents multiples, dont l'œuvre est considérée comme plus austère qu'émotionnelle. Parfois audacieux dans sa manière de traiter le paysage, il pouvait aussi sacrifier la réalité pour un effet artistique. Il estimait que les peintres devaient être des amateurs désintéressés, ce qu'étaient d'ailleurs en théorie la plupart des peintres lettrés. Dong exerça une influence majeure sur l'évolution de cette école de pensée sous les dynasties des Ming et des Qing. C'était aussi un maître calligraphe, et l'empereur Qing Qianlong modela sa propre calligraphie d'après son style.

À l'opposé, Xu Wei (1521-1593), contemporain un peu plus âgé de Dong, fut un individualiste extrême, dans son œuvre comme dans sa vie. Il quitta sa charge de fonctionnaire pour mener une vie de plaisirs. Il ne gagna jamais beaucoup d'argent, mais ses peintures devinrent très recherchées après sa mort, inspirant les artistes individualistes

CI-DESSUS
Sous la dynastie des Ming, les orfèvres impériaux avaient acquis une grande dextérité pour créer des objets au décor de filigrane complexe, comme ces accessoires de coiffure. Or et pierres précieuses, dynastie des Ming, vers 1600.

À DROITE
La fabrication des chaufferettes portatives pour les mains *(shoulu)* en cuivre ou alliage de cuivre atteignit son apogée à la fin des Ming. À cette époque, elles symbolisaient un haut rang social pour les hommes comme pour les femmes. La chaleur dégagée par le charbon à l'intérieur du récipient s'échappait à travers son couvercle ajouré. Cuivre martelé et ajouré, dynastie des Ming, XVIe siècle.

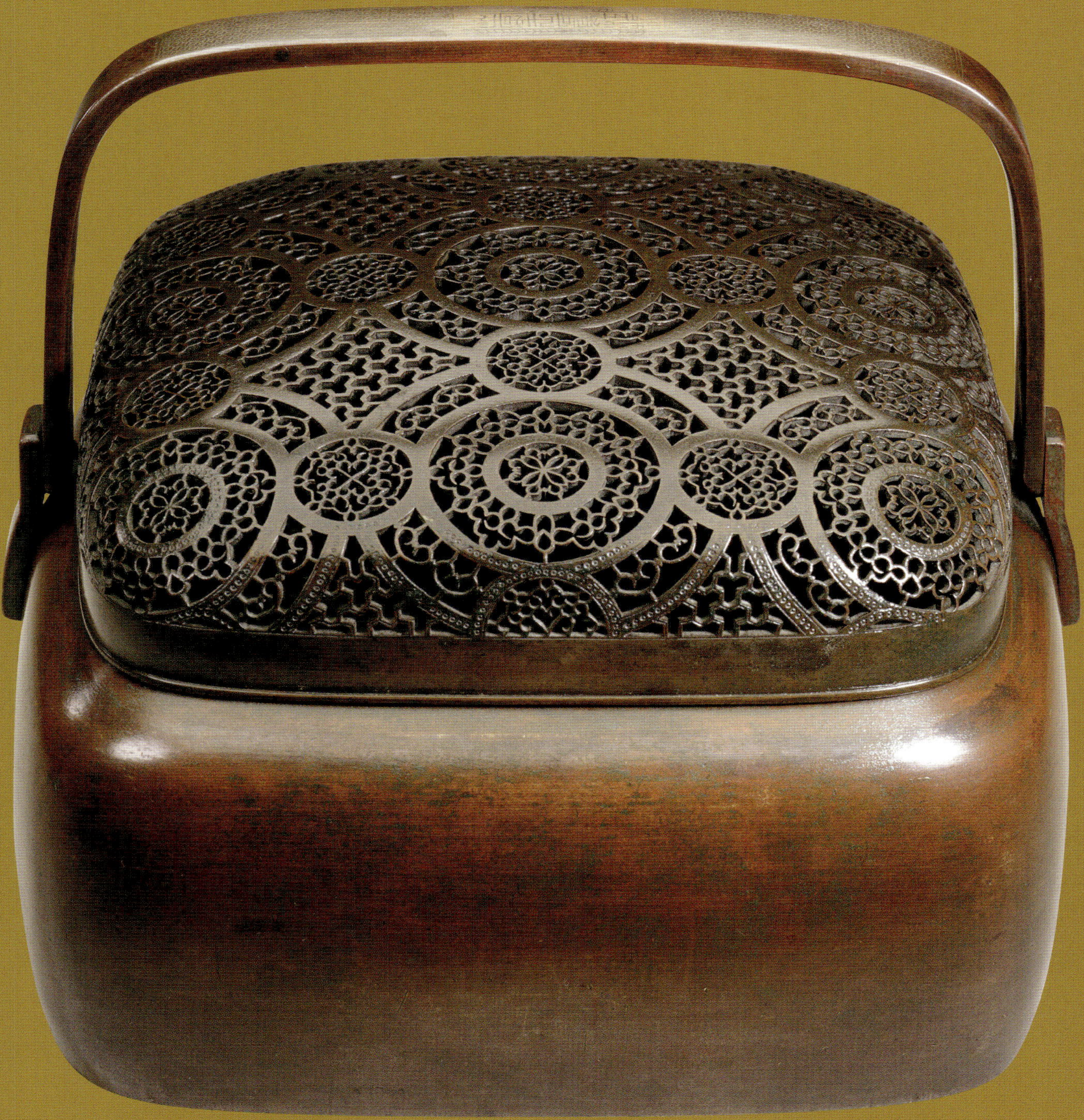

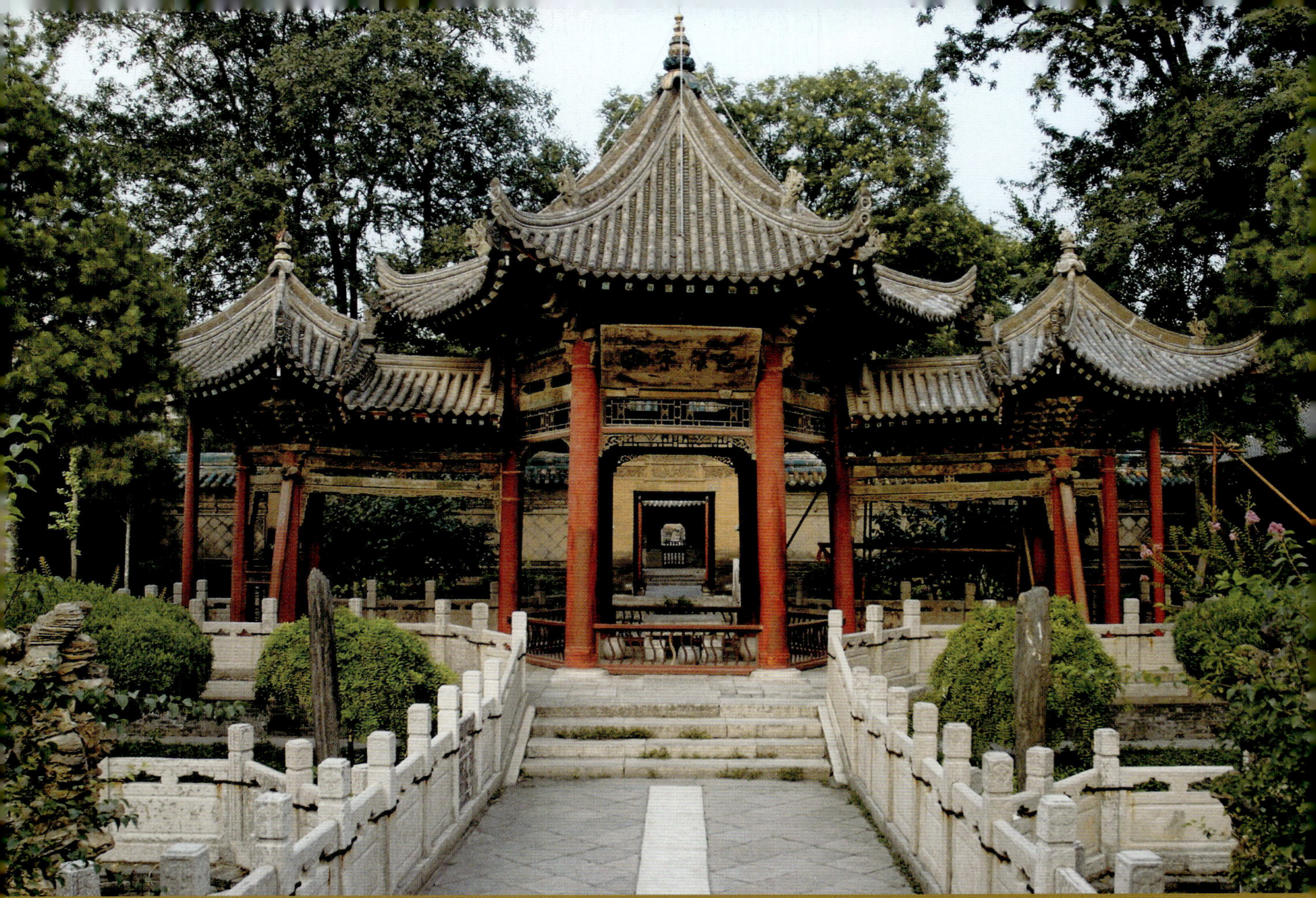

CI-DESSUS
Un pavillon dans les jardins de la Grande Mosquée (Daqingzhen Si) de Xi'an, qui fut restaurée par l'empereur Ming Hongwu au profit des marchands musulmans et de la communauté dans son ensemble (voir p. 151). La mosquée porte aussi des inscriptions qui sont l'œuvre de non-musulmans, comme Dong Qichang (voir page de droite et p. 164).

PAGE DE DROITE
Buffle dans l'eau, extrait d'un album intitulé *Fleurs d'œillet* de Dong Qichang (1555-1636, voir p. 164). Ses paysages non conventionnels et dénués de sentiments influencèrent nombre d'artistes. Encre de couleur sur papier.

Qing puis ceux du XXe siècle. Rejetant le formalisme des paysages chinois classiques, Xu Wei analysait la nature avec minutie, à la recherche de détails comme les feuilles déchirées des bananiers ou des rochers déchiquetés, qu'il rendait par quelques coups de pinceau vigoureux.

LAQUE ET PORCELAINE

Quelques-uns des plus beaux exemples de laques, toutes tailles confondues, furent produits sous les Ming. La laque chinoise est un vernis obtenu à partir de la sève résineuse du laquier, qui pousse dans la plupart des provinces de l'ouest et du sud de la Chine, du Shanxi au Yunnan. Plusieurs couches fines sont appliquées sur un support en bois ou en plâtre, qu'on laisse sécher avant de poser une dernière couche. L'aspect final est lisse et brillant. La laque résiste à l'air, à l'eau, à l'acide ou aux alcalis. De couleur marron à l'état naturel, elle est souvent peinte en rouge ou en noir.

La ville de Fuzhou se spécialisa dans une méthode appelée laque sans support. Sur une base en argile, en plâtre ou en bois, des couches de soie ou de lin étaient collées à l'aide de laque. Une fois qu'un nombre suffisant de couches avait été appliqué, le réci-

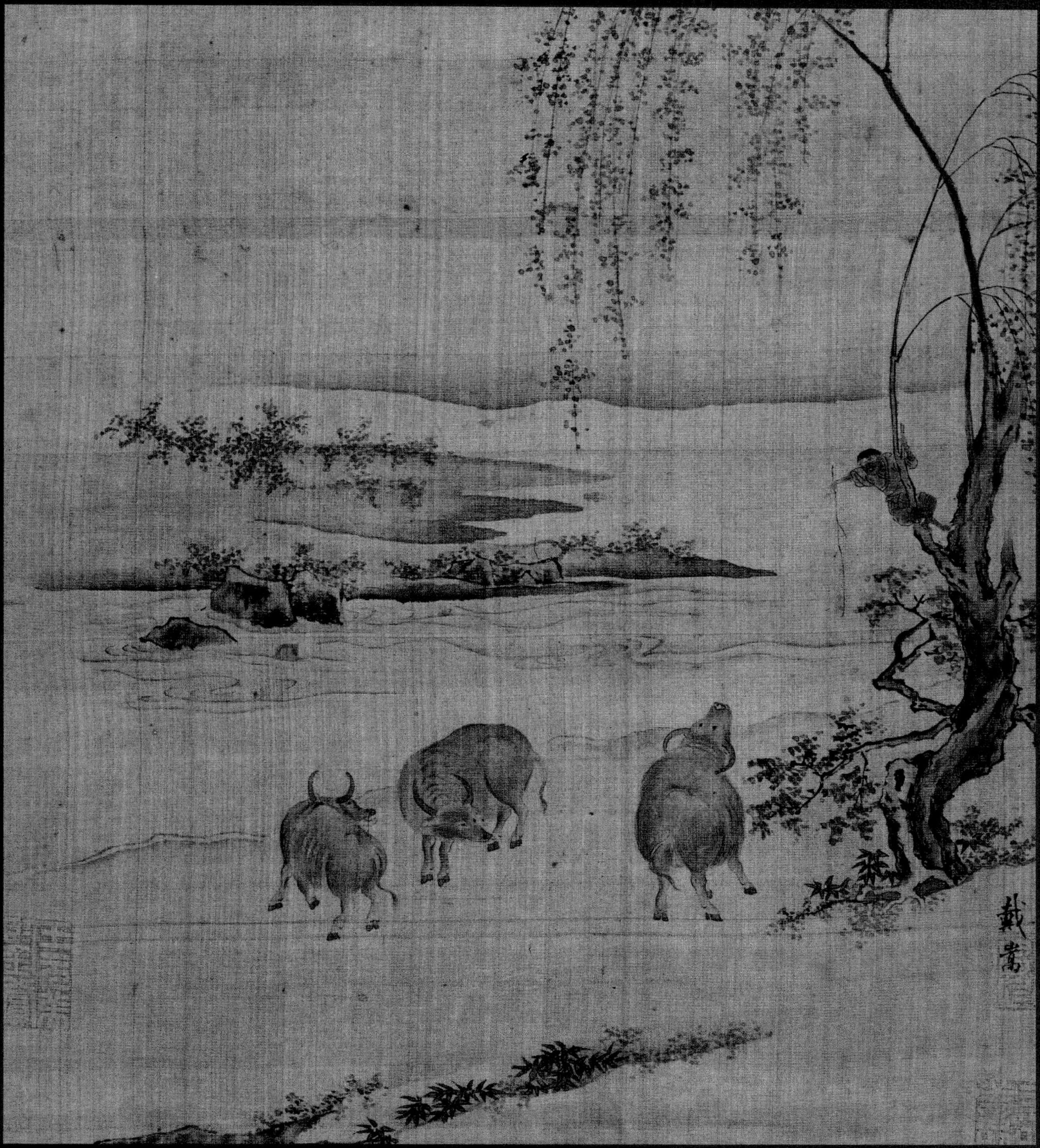
戴嵩

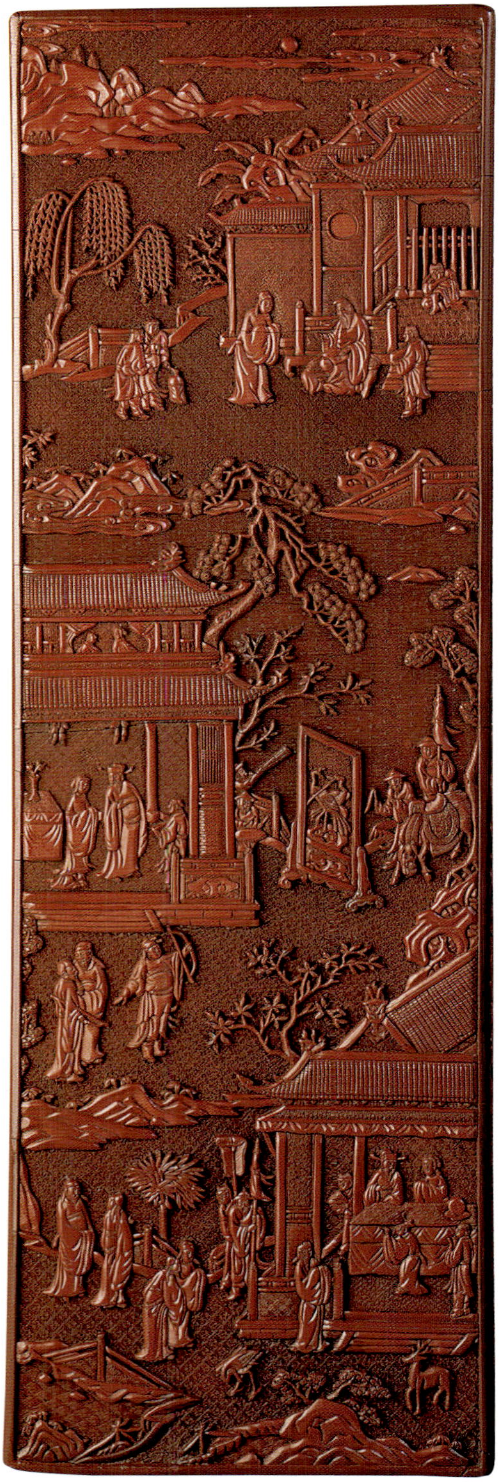

pient était mis à sécher, puis le support en bois ou en plâtre était retiré. Légers et résistants, les objets ainsi obtenus recevaient parfois des couches supplémentaires de laque, dans lesquelles des motifs pouvaient être sculptés.

La porcelaine profita des progrès techniques réalisés sous les Yuan, et des récipients polychromes de tout type furent produits en grandes quantités dans les manufactures royales de Jingdezhen (voir pp. 142-143). Introduit sous les Yuan, le cloisonné, ou *jin tai lan*, connut un nouvel apogée au milieu du XVe siècle (voir pp. 145 et 162). Le laque de Fuzhou, le cloisonné de Pékin et la porcelaine de Jingdezhen étaient considérés comme les « trois trésors » des arts et de l'artisanat chinois.

UN REFUGE ESTHÉTIQUE : LES JARDINS

Il existait plusieurs sortes de jardins en Chine : les jardins impériaux, vastes et aérés ; les jardins des temples, associés aux monastères bouddhiques ou aux temples taoïstes ; et les jardins privés, réservés à l'agrément des familles et de leurs amis. Ces derniers atteignirent des sommets sous la dynastie des Ming, notamment dans le sud-est de la Chine, à Suzhou, Hangzhou et Yangzhou. De nos jours, les jardins de Suzhou comptent parmi les plus célèbres. À leur apogée, ces jardins, qui appartenaient à des lettrés, n'étaient pas tant des espaces ouverts cultivés, comme en Occident, que des décors pour les édifices, qu'ils

À GAUCHE
La technique du laque sculpté représentant une scène figurative fut perfectionnée sous les Ming. Ces objets (comme cette boîte) étaient souvent le fruit de commandes impériales. La scène centrale représente le fondateur de la dynastie des Tang, Li Yuan, qui remporta la main de sa future épouse en décochant une flèche dans l'œil d'un paon peint. Fin des Ming ou début des Qing, XVIIe siècle.

PAGE DE DROITE
Une grande partie du mobilier des Ming a été conservée, peut-être en raison de l'attrait esthétique qu'il suscita dans le monde entier. Les premières chaises chinoises, introduites vers l'an mille par les nomades, étaient pliables. Par la suite, les chaises fixes se généralisèrent, tandis que les modèles pliables étaient toujours fabriqués pour l'extérieur. Bois avec charnières en fer, incrustations d'argent et assise en textile. Dynastie des Ming, vers 1600.

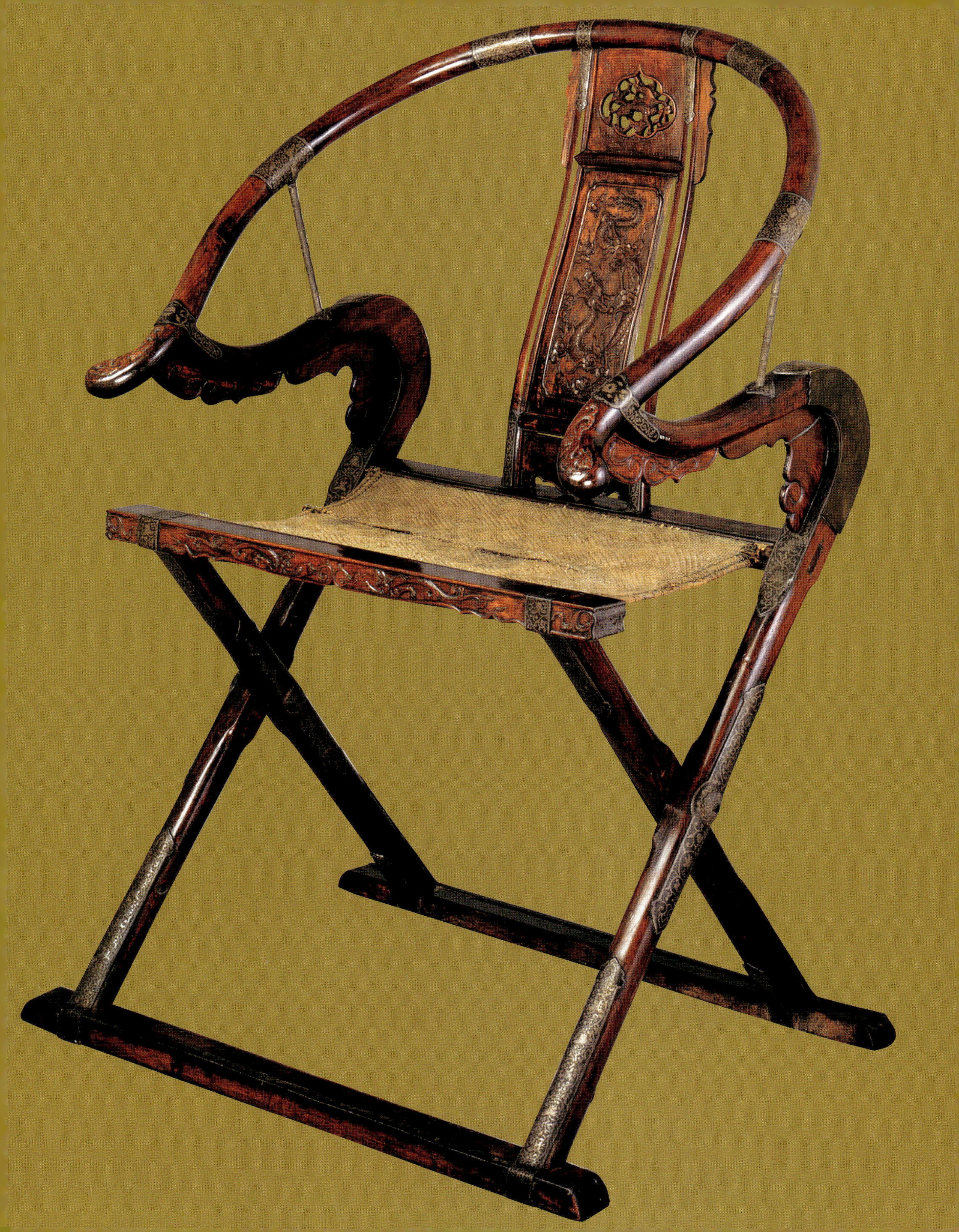

soient résidentiels ou purement décoratifs, comme des pavillons ou des kiosques. Les jardins étaient conçus pour être vus depuis ces bâtiments et comportaient généralement, outre les arbres et les fleurs, des cascades, voire des bassins, et des rochers décoratifs.

En dépit de leur taille modeste, les jardins devaient donner aux visiteurs l'impression qu'ils étaient perdus dans un vaste paysage. Les rochers étaient souvent tractés depuis le fond d'un grand lac ou d'une rivière, où l'érosion leur avait donné des formes inhabituelles. Parfois, les jardins étaient divisés en deux ou trois parties par des édifices, ou bien comportaient une petite île accessible par une passerelle.

L'ÈRE DE LA LITTÉRATURE ROMANESQUE

C'est sous la dynastie des Ming que furent écrites quatre des plus grandes œuvres de fiction chinoises : *Le Roman des Trois Royaumes* de Luo Guanzhong (v. 1333-1400), *Les Bords de l'eau* de Shi Naiyan (peut-être un pseudonyme de Luo Guanzhong), *Le Voyage en Occident* de Wu Cheng'en (v. 1500-v. 1582), et *Jin Ping Mei* (*Fleur de prunier en fiole d'or*, ou *Le Lotus d'or*), imprimé de manière anonyme en 1610. Les trois premiers sont essentiellement des romans d'aventure inspirés de faits historiques, alors que le dernier est un portrait de la société de la fin des Ming, dans toute sa cupidité et sa corruption – le premier roman-fleuve de l'histoire de la littérature chinoise qui traite de la vie contemporaine. Les descriptions détaillées des activités sexuelles du héros entraînèrent l'interdiction du roman durant une grande partie de la dynastie Qing suivante, mais beaucoup continuèrent à le lire. L'identité de l'auteur, qui a utilisé un pseudonyme, reste un mystère.

À DROITE
Le jardin le mieux préservé de Suzhou est le Liuyuan (« jardin Attardez-vous »), fondé en 1583 par le courtisan Xu Taishi. C'est un des quatre plus célèbres jardins de Chine, avec le jardin du Palais d'été (Pékin), la Résidence de montagne (Chengde) et le jardin de l'Humble administrateur (toujours à Suzhou).

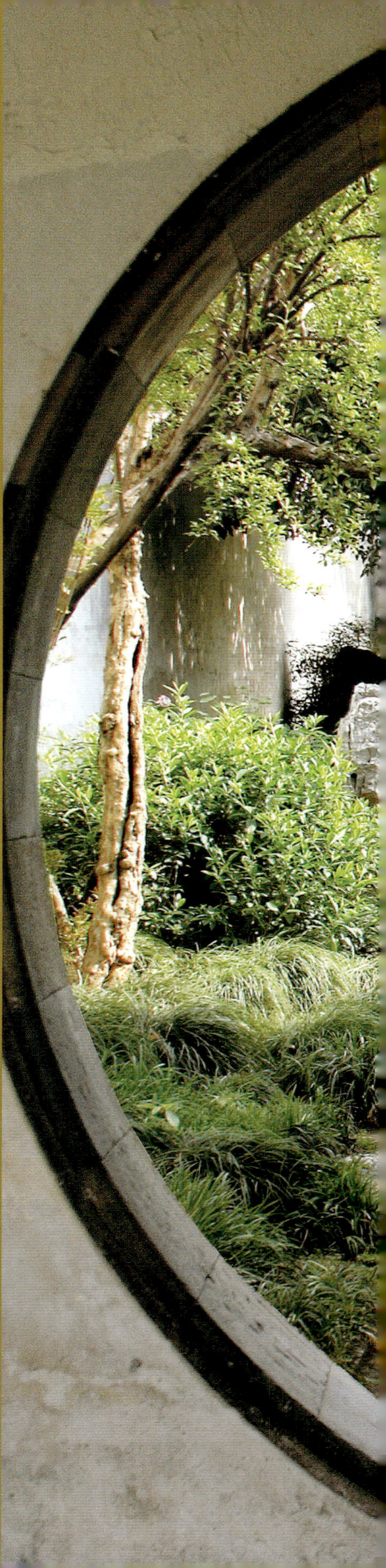

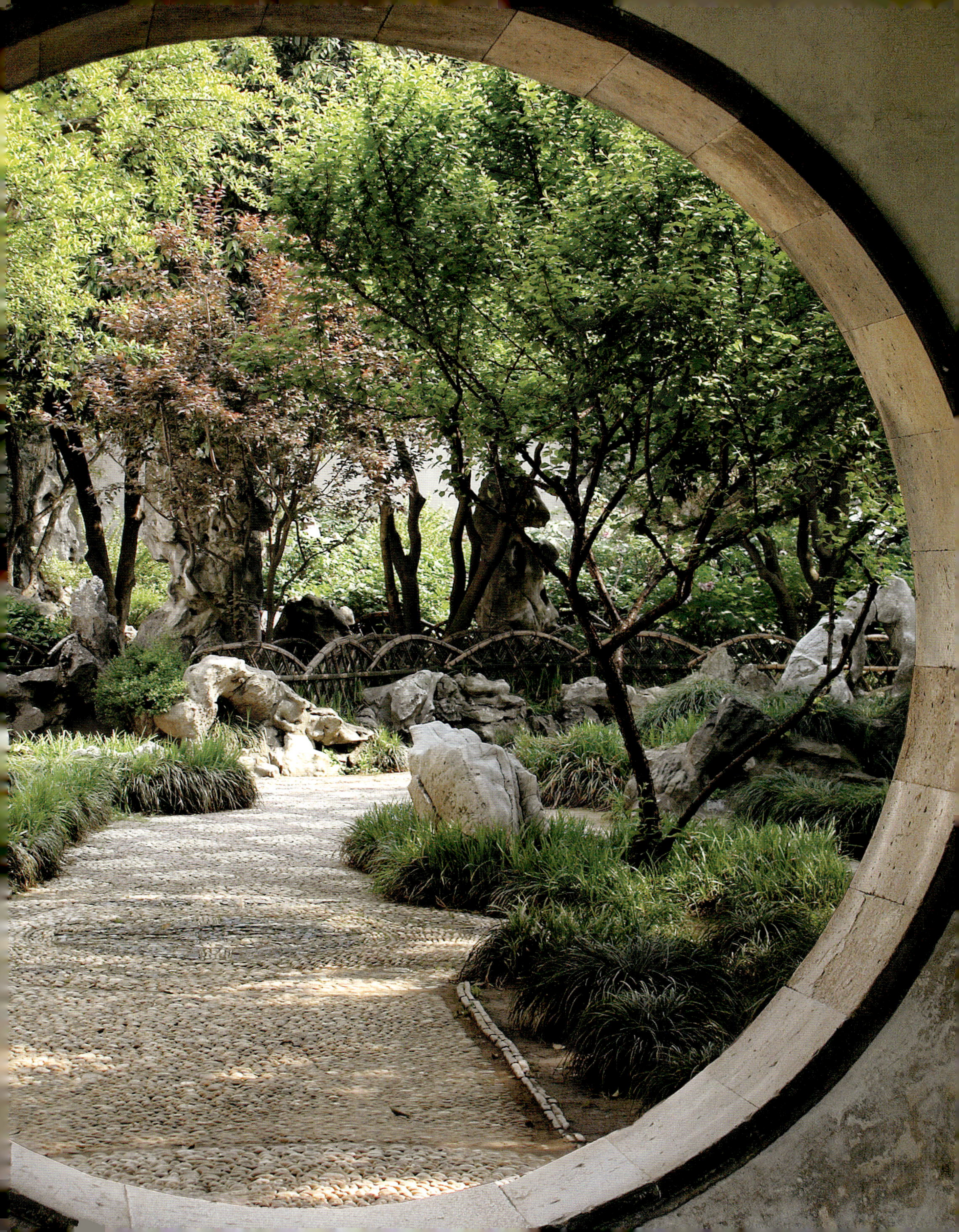

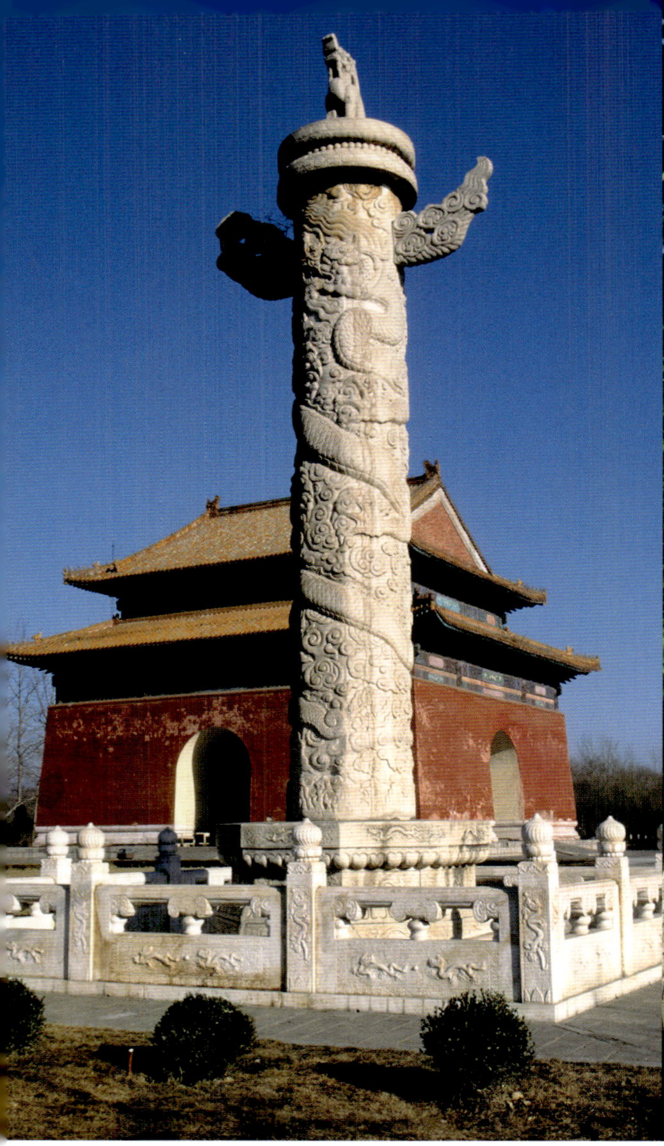

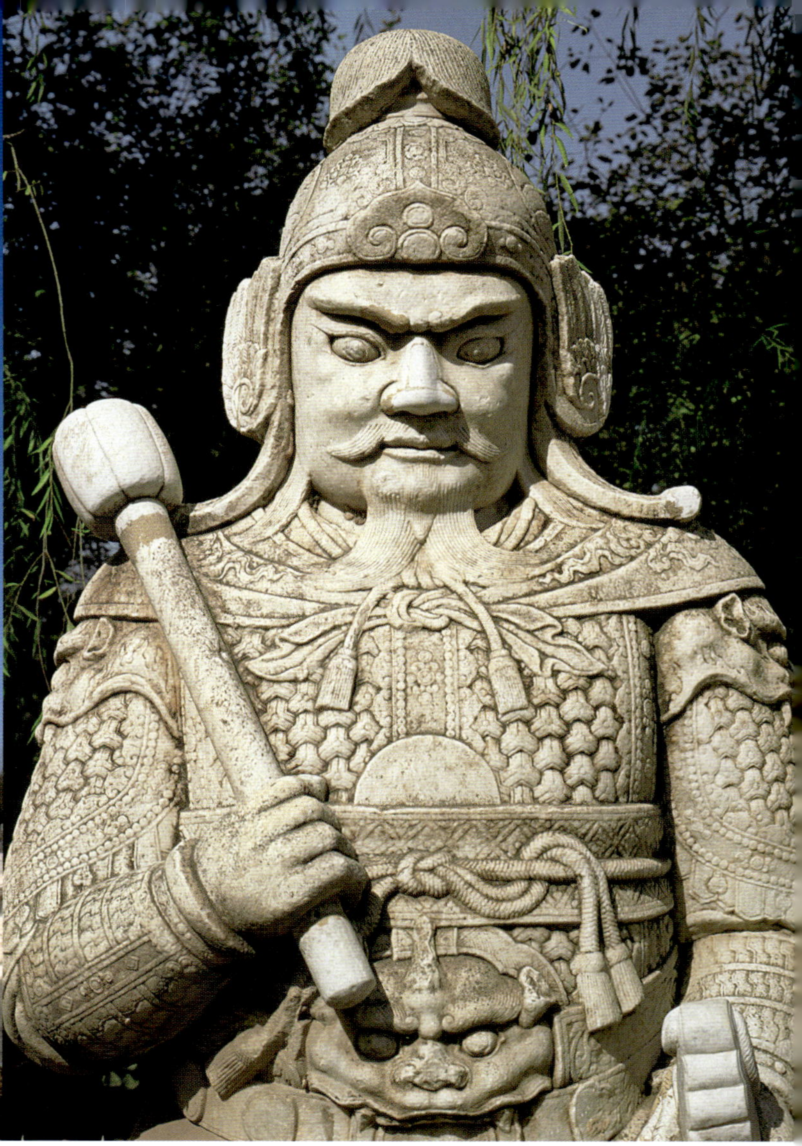

CI-DESSUS
Le pavillon de la Stèle, avec une de ses colonnes décoratives colossales sur la Voie de l'esprit à Shisanling. Il s'agit de la nécropole de 13 empereurs Ming de Yongle à Chongzhen, dernier empereur de la dynastie, qui se suicida en 1644.

Feng Menglong (1574-1646) et le philosophe Li Zhi (1527-1602) sont deux autres figures de la littérature de la fin des Ming. Feng était un auteur prolifique de récits basés sur la vie contemporaine, qui traitaient fréquemment du drame des femmes réduites à l'esclavage et à la prostitution. Li Zhi s'en prenait avec détermination au néoconfucéen Zhu Xi des Song, et défendait la liberté de l'individu et l'égalité des sexes. Ses idées étaient trop novatrices pour l'époque, et Li Zhi, accusé de « corrompre les esprits », fut condamné à mort.

LES TOMBES DES MING

À 50 km environ au nord-ouest de Pékin se trouve la nécropole de treize empereurs Ming, Shisanling (les Treize Tombes). Le site fut choisi par l'empereur Yongle pour ses propriétés géomanciennes. Les tombes sont distribuées le long d'un arc orienté vers le

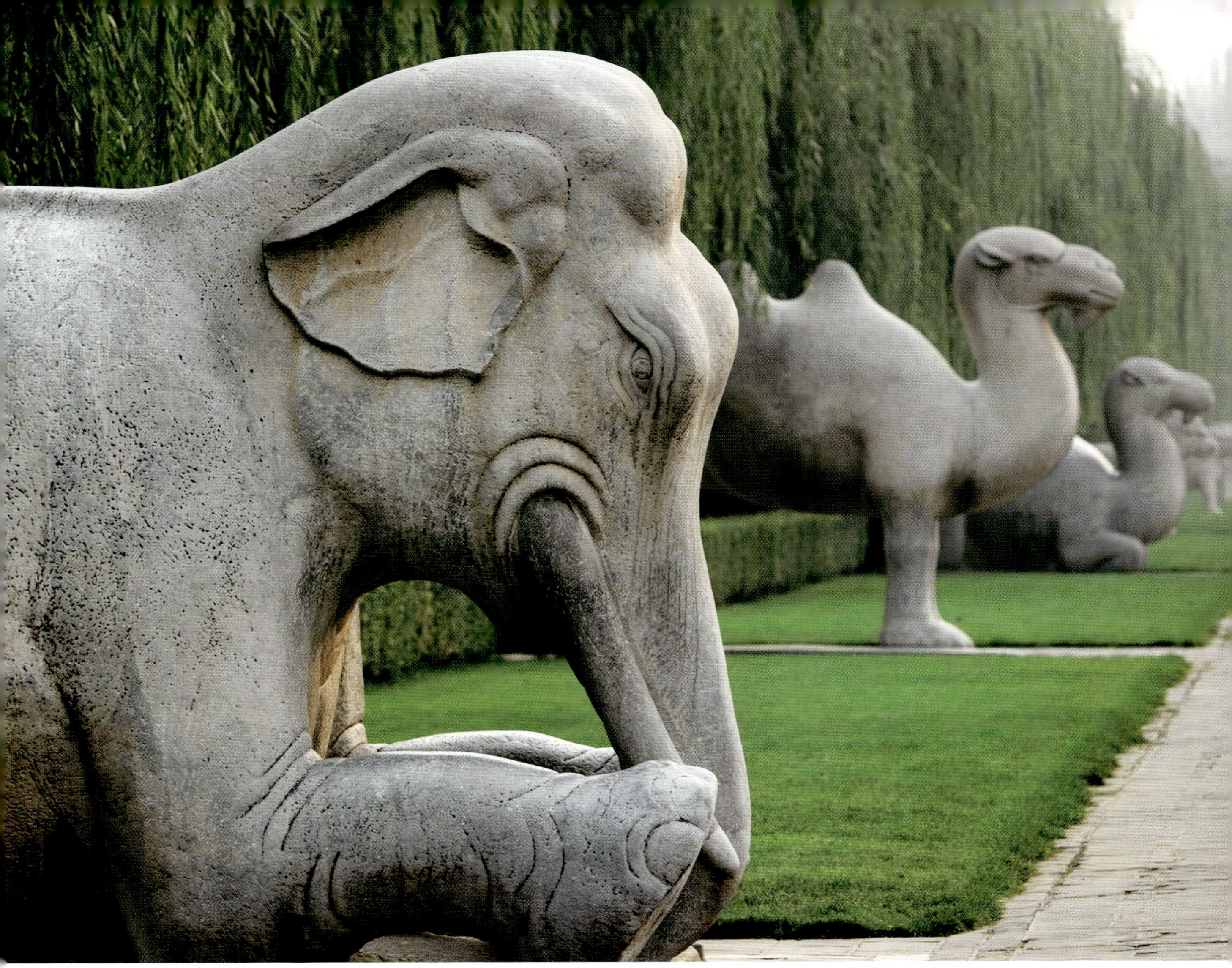

sud dans un amphithéâtre naturel formé par des collines. Elles sont entourées par un mur de 7 km de long et on y accède depuis le sud par un chemin appelé *shen dao* (Voie de l'esprit) qui franchit d'abord la Grande Porte rouge et prend fin devant les édifices du Changling, le mausolée de Yongle.

Les sépultures des empereurs se trouvent dans de grands monticules funéraires derrière les monuments cérémoniels. Ces derniers sont construits sur des plates-formes en pierre, sur le modèle des principaux bâtiments de la Cité interdite à Pékin. Leurs murs rouges sont surmontés de consoles en bois aux couleurs vives qui soutiennent des toits aux tuiles jaunes. Les collines boisées à l'arrière-plan créent un décor imposant pour ces splendides édifices. Seules trois tombes ont été partiellement fouillées, et deux seulement, le Changling et le Dingling, le mausolée de l'empereur Wanli (Shenzhong, 1573-1620), sont ouvertes au public avec une grande partie de leur contenu.

CI-DESSUS ET AU CENTRE
Deux douzaines d'animaux bordent la Voie de l'esprit menant aux mausolées des Ming, dont ces éléphants et ces chameaux, ainsi que 12 statues de hauts dignitaires civils et militaires. Ces derniers (au centre) sont représentés avec les vêtements cérémoniels qu'ils portaient en présence de l'empereur.

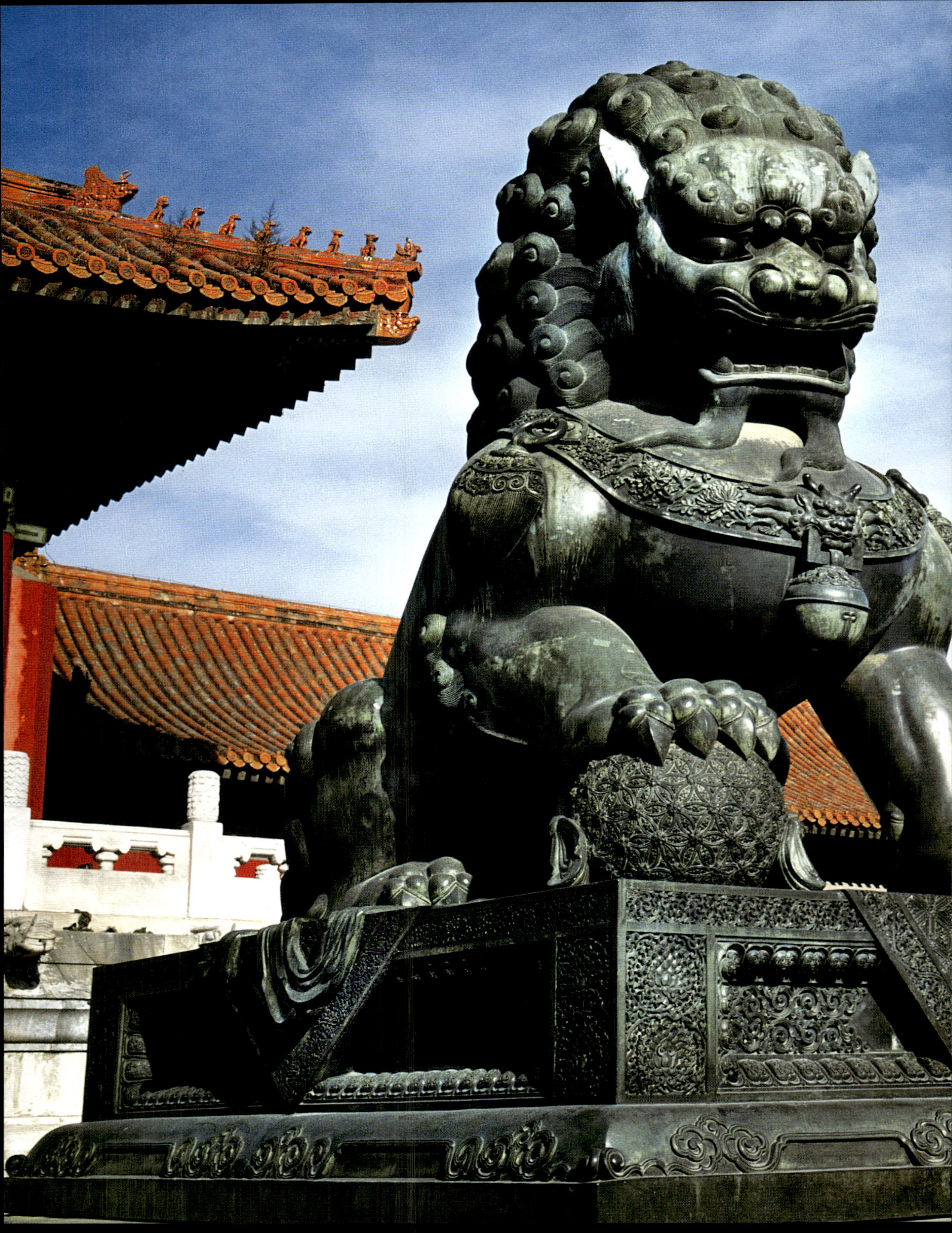

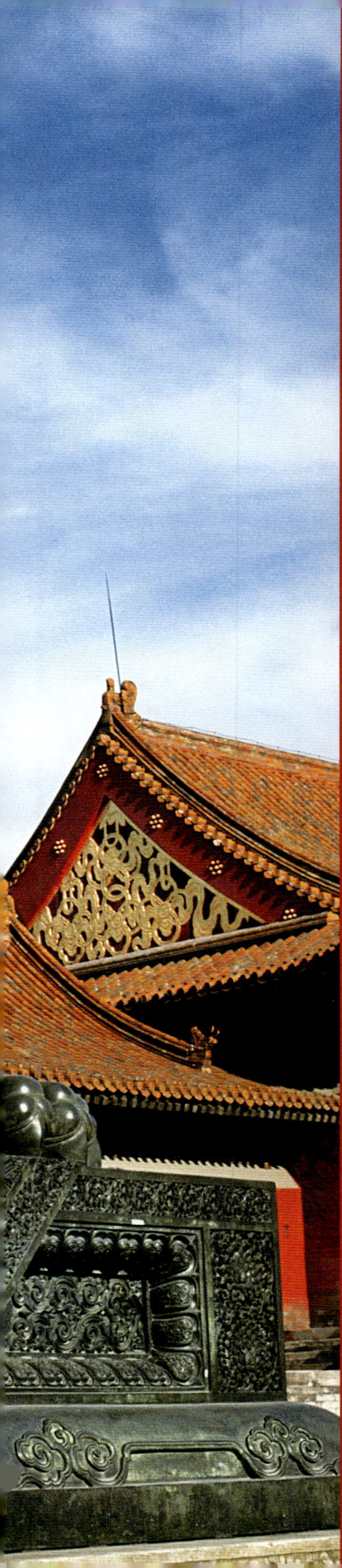

七

CHAPITRE VII

ZÉNITH ET DECLIN DE L'EMPIRE

1644 – 1911

LES QING

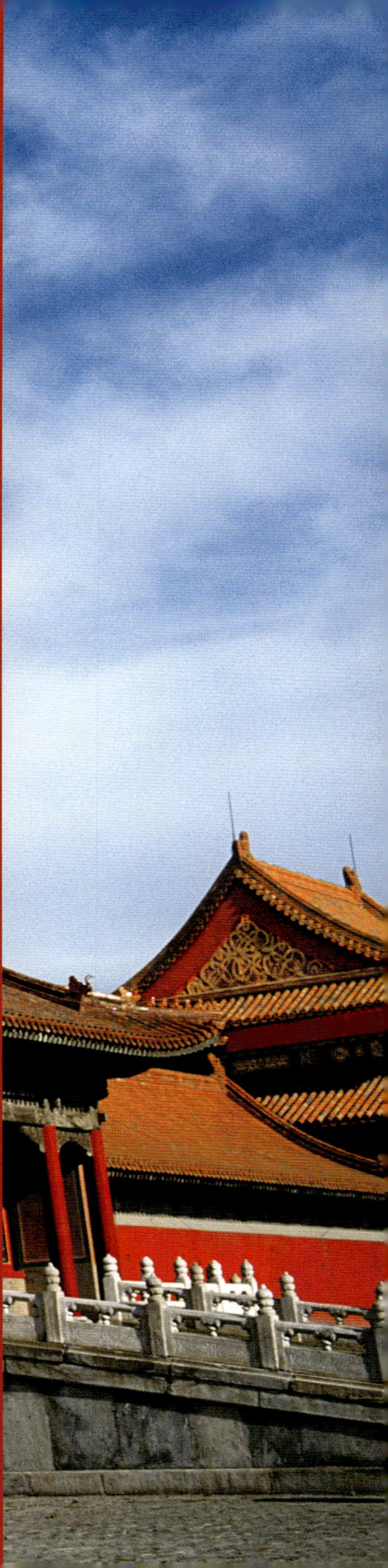

康熙

LE DRAGON DE L'EST

L'époque de Kangxi (1644-1735)

PAGE DE DROITE
Détail d'un dragon sur la robe de cour jaune *(chaofu)* appartenant à l'empereur Qing Kangxi (son petit-fils Qianlong porte une robe identique p. 199). Gaze de soie imprimée et fils métalliques, règne de Kangxi (1661-1722).

CI-DESSOUS
Un artiste anonyme de la cour réalisa ce portrait du jeune Kangxi dans une pose érudite. Il porte une robe ordinaire et tient un pinceau. Rouleau suspendu, encre et couleur sur soie, règne de Kangxi.

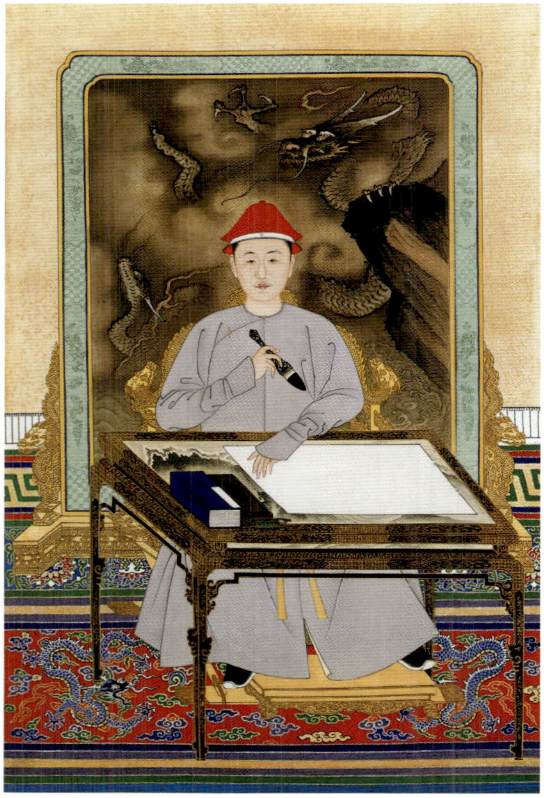

康熙 Avant d'envahir la Chine en 1644, les Mandchous avaient affermi leur puissance au cours du demi-siècle précédent. En 1616, le chef tribal Nurhaci (1559-1626) avait unifié de force les différentes tribus. Reniant l'allégeance de son peuple à la Chine, il s'était autoproclamé « Khan du Grand Jin », par référence à ses ancêtres les Jurchen, qui avaient gouverné le nord de la Chine sous le nom de dynastie des Jin (voir p. 109). Nurhaci mit toute la population mandchoue sur le pied de guerre, sous l'égide des Huit Bannières. Une bannière n'était pas seulement une organisation militaire, mais aussi une institution administrative : les familles mandchoues étaient réparties à perpétuité entre les huit bannières, qui se distinguaient par les couleurs de leurs drapeaux, quatre unis et quatre avec des bordures.

De cette façon, les Mandchous levèrent une force militaire puissante et organisée, capable de rivaliser avec les armées des Ming et les rebelles de Li Zicheng, qui s'étaient emparés de Pékin en avril 1644. Peu après, les armées mandchoues pénétrèrent en Chine depuis la Mandchourie, traversant la Grande Muraille par la passe de Shanghaiguan (« Passe entre la montagne et l'océan »). La légende raconte que le général Ming Wu Sangui (1612-1678), chargé de défendre la passe, laissa entrer les envahisseurs car un des commandants de Li Zicheng s'était épris de sa concubine. Par l'intermédiaire des Manchous, il espérait remonter jusqu'à Li. La traîtrise de Wu Sangui s'explique peut-être davantage par la volonté de restaurer l'ordre après le suicide du dernier empereur Ming, Chongzheng, face à la rébellion de Li Zicheng (voir p. 163). D'ailleurs, l'alliance avec les Mandchous fut contractée au motif de venger la mort de Chongzheng.

Les armées réunies des Mandchous et de Wu Sangui eurent raison de Li Zicheng, et les Mandchous occupèrent Pékin en mai 1644. Quelques jours plus tard, le souverain mandchou Shunzhin, âgé de cinq ans, fut déclaré empereur d'une nouvelle dynastie, les Qing (« Purs »), qui devait être la dernière de la Chine. En guise de récompense, Wu Sangui fut nommé à la tête

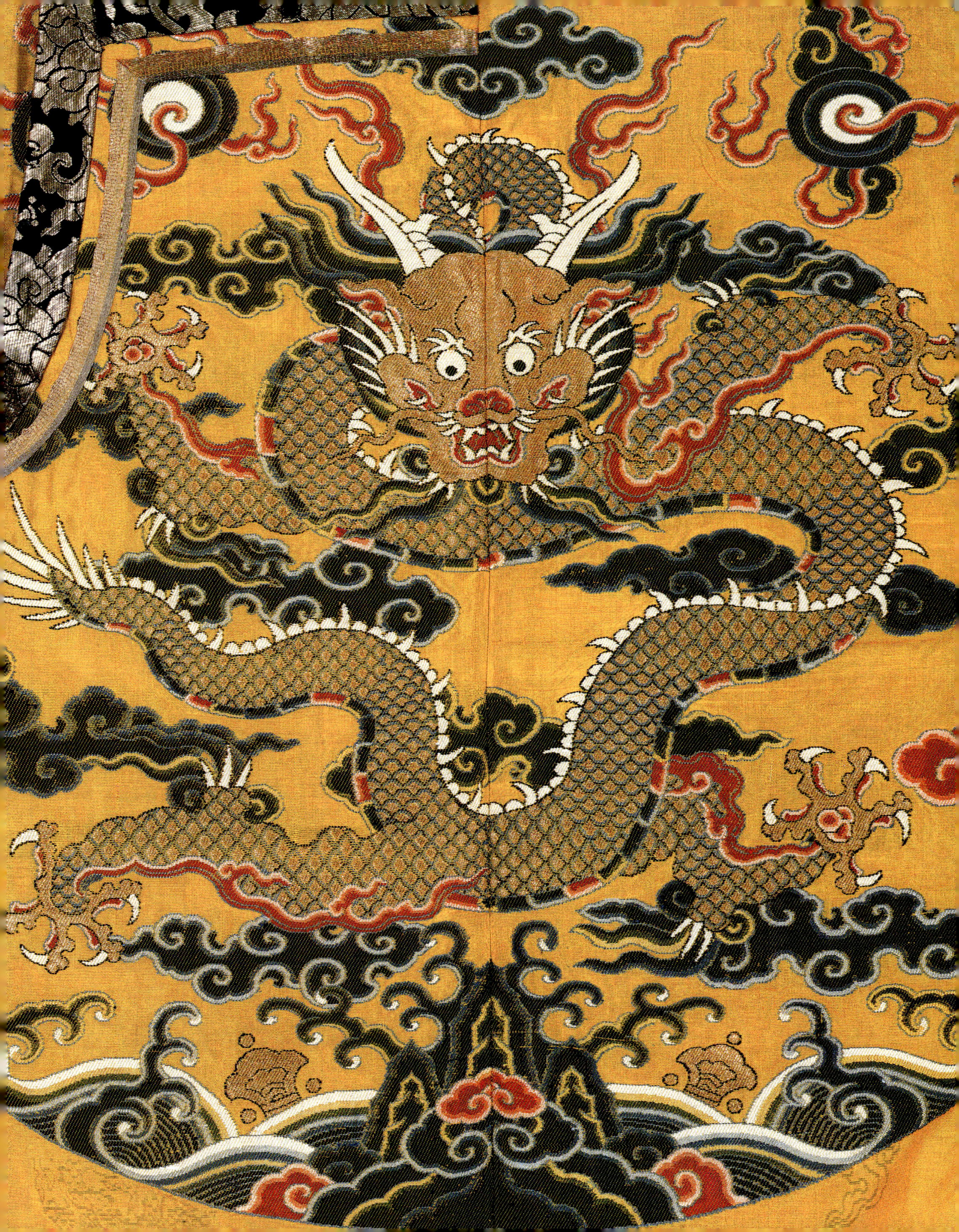

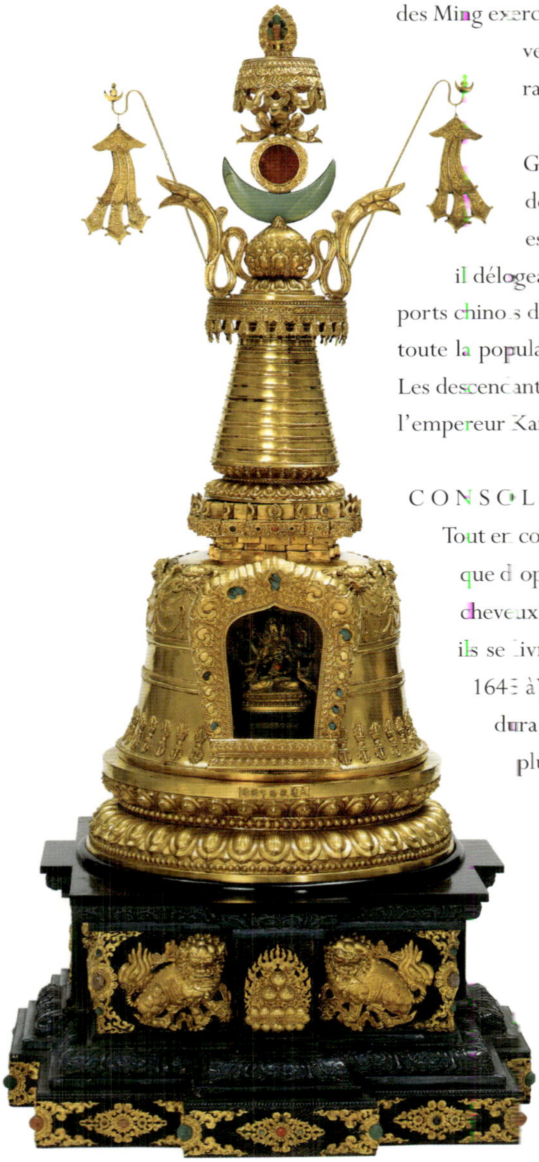

CI-DESSOUS
Petit reliquaire en forme de *chörten* ou stupa tibétain. Il illustre le style sino-tibétain de l'art bouddhique créé sous les Qing. Les souverains de cette dynastie étaient des adeptes du bouddhisme tibétain. Métal doré et argent incrusté de rubis, turquoise et lapis-lazuli. Dynastie des Qing, règne de Qianlong (1735-1796).

d'une grande région au sud-ouest du pays. Par la suite, il se rebella contre les Mandchous – il est communément considéré comme un traître vis-à-vis des deux dynasties des Qing et des Ming. Après sa mort en 1678, la révolte fut rapidement matée.

En raison du jeune âge de Shunzhi, son oncle Dorgun prit le rôle de régent. Il est en grande partie responsable de la conquête du reste de la Chine. Li Zicheng fut tué peu après sa défaite par une milice locale. Zhang Xianzhong, le chef de la rébellion du Sichuan, fut assassiné en 1647. Par la suite, l'opposition militaire aux Mandchous fut menée par une série de mandarins demeurés fidèles aux Ming. Plusieurs prétendants à la succession des Ming exercèrent leur domination sur des territoires décroissants et furent progressivement repoussés vers le sud et vers l'ouest. Pour finir, les nouveaux souverains occupèrent la totalité de la Chine à l'exception de Taiwan.

Une figure importante du mouvement anti-mandchou au sud était Guoxinggye (1624-1662), aventurier militaire et pirate connu sous le nom de Coxinga en Europe. Pendant plusieurs décennies, il explora la côte sud-est de la Chine et, en 1661, contraint par les Qing de quitter le continent, il délogea les colons hollandais de Taiwan. De là, il mena de fréquents raids sur les ports chinois de la côte. Dans une ultime tentative pour le contrer, les Qing évacuèrent toute la population des territoires côtiers, mais la menace ne prit fin qu'avec sa mort. Les descendants de Coxinga gouvernèrent Taiwan jusqu'en 1682, lorsque les troupes de l'empereur Kangxi réussirent à occuper l'île.

CONSOLIDATION ET ASSIMILATION

Tout en consolidant leur pouvoir, les Mandchous mirent en œuvre une sévère politique d'oppression. Ils décrétèrent que tous les mâles chinois devraient tresser leurs cheveux en une natte, sous peine d'être décapité. Au moindre signe de rébellion, ils se livraient à des massacres à grande échelle parmi la population, comme en 1645 à Yangzhou, dans le bas Yangzi ; un compte rendu relate cette hécatombe qui dura dix jours. Cependant, même si les Mandchous demeuraient sensibles aux plus petits signes de mécontentement, ils comprirent rapidement que pour gouverner la Chine il leur fallait au moins gagner l'acceptation tacite de leur autorité par le peuple chinois. Les mesures extrêmes se raréfièrent. Quelques sociétés secrètes anti-mandchoues continuèrent toutefois à exister dans certaines régions.

Dès le début, tandis qu'ils s'affairaient à mater toute opposition militaire, les Qing savaient que pour établir une nouvelle dynastie de façon

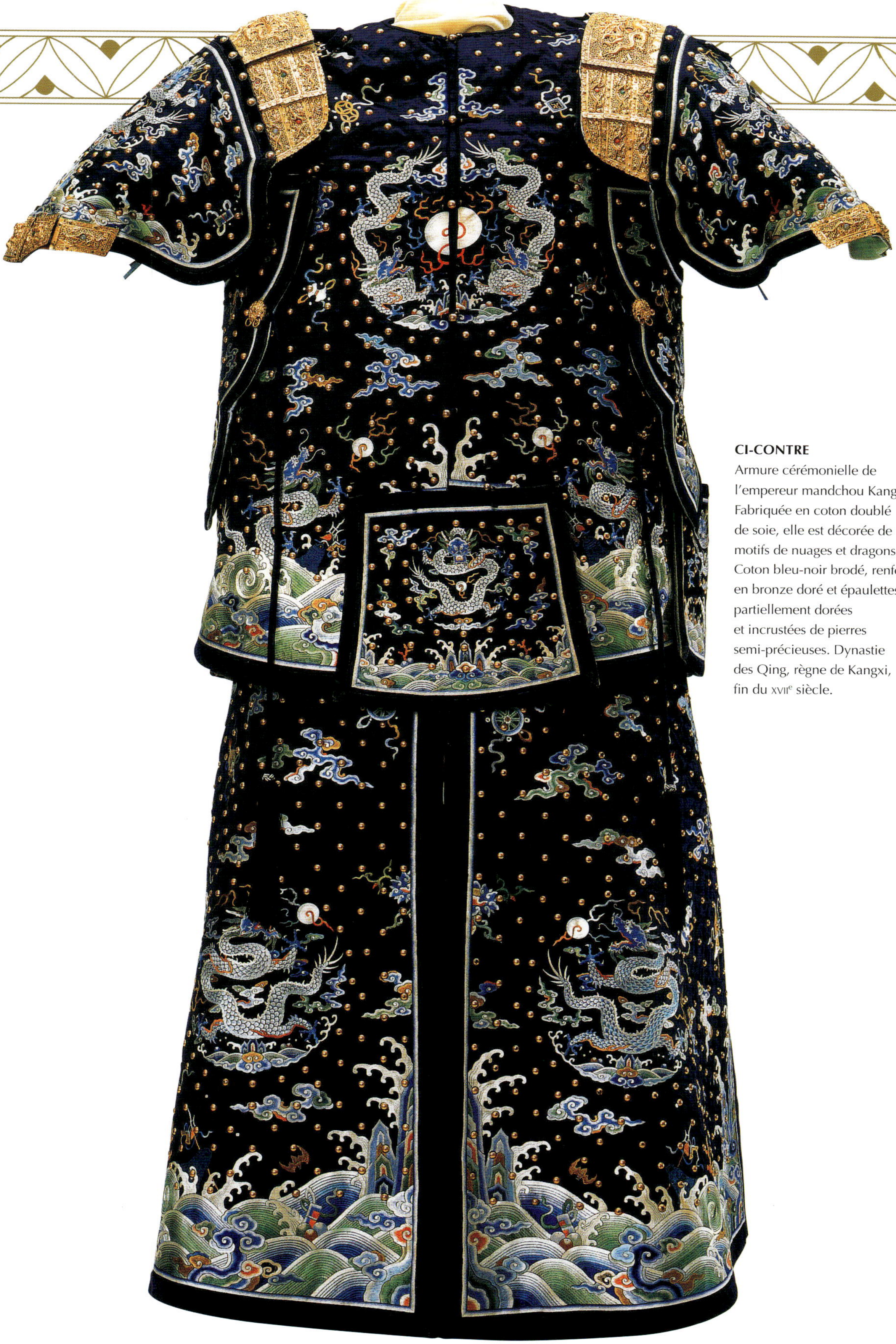

CI-CONTRE
Armure cérémonielle de l'empereur mandchou Kangxi. Fabriquée en coton doublé de soie, elle est décorée de motifs de nuages et dragons. Coton bleu-noir brodé, renfort en bronze doré et épaulettes partiellement dorées et incrustées de pierres semi-précieuses. Dynastie des Qing, règne de Kangxi, fin du XVIIe siècle.

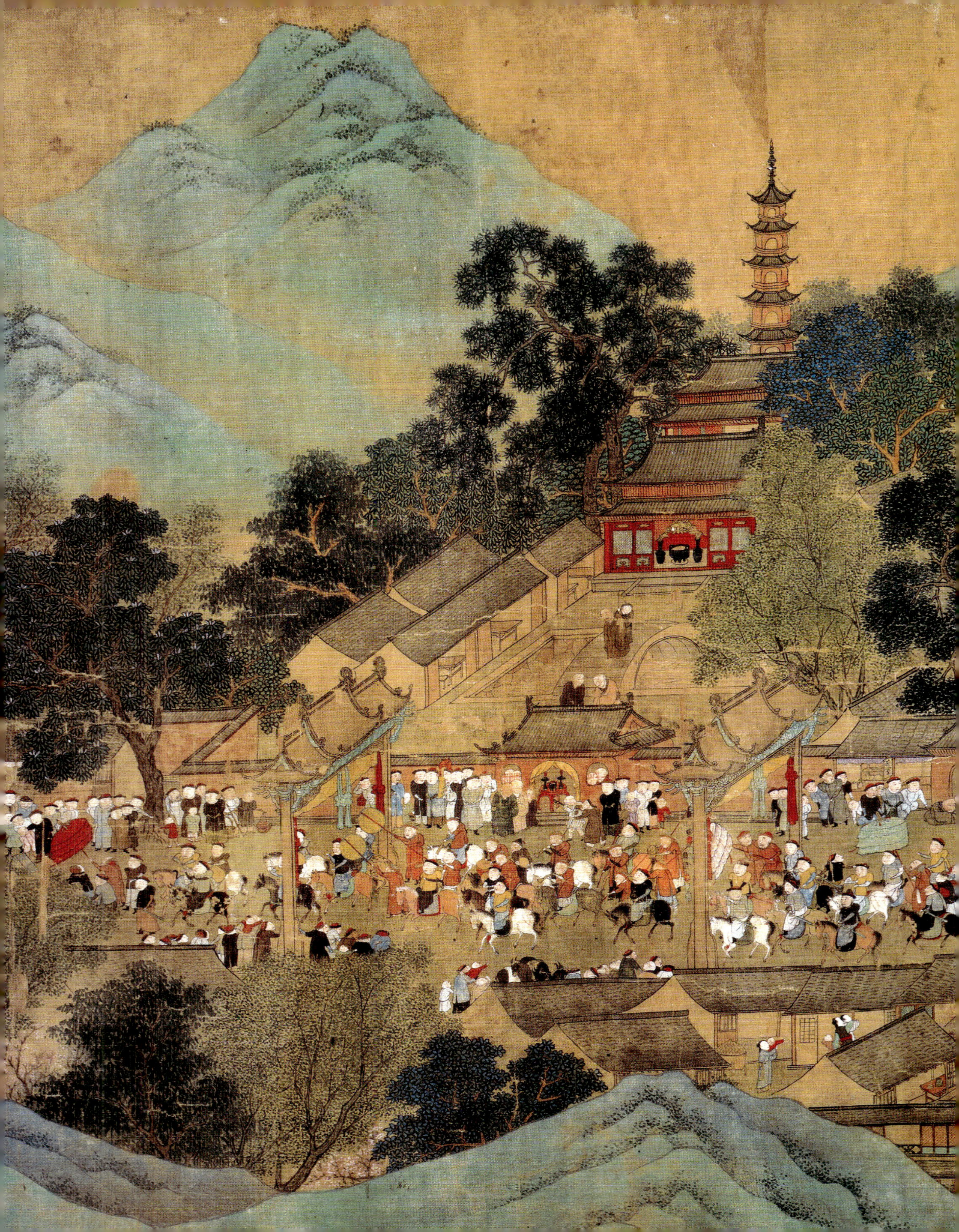

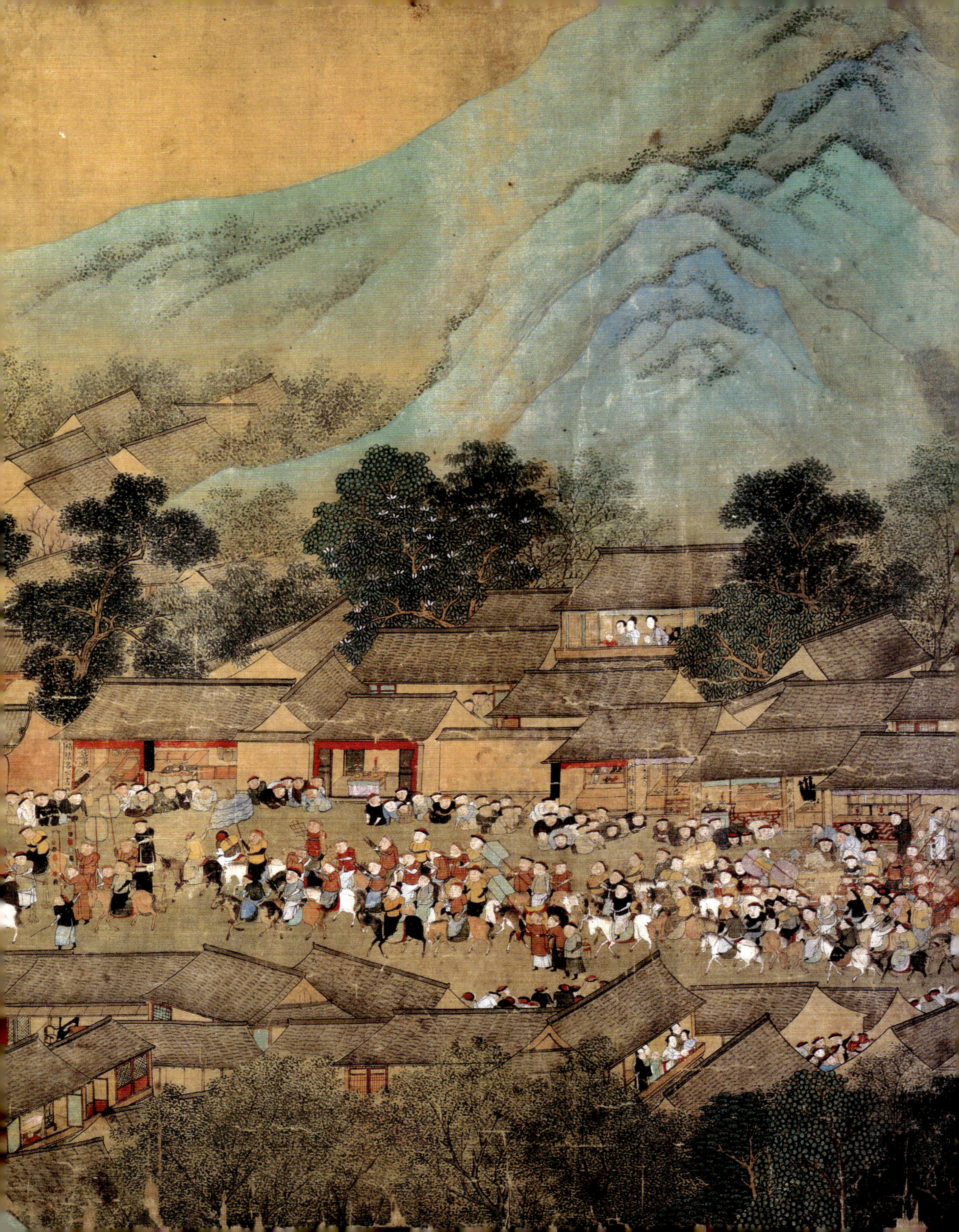

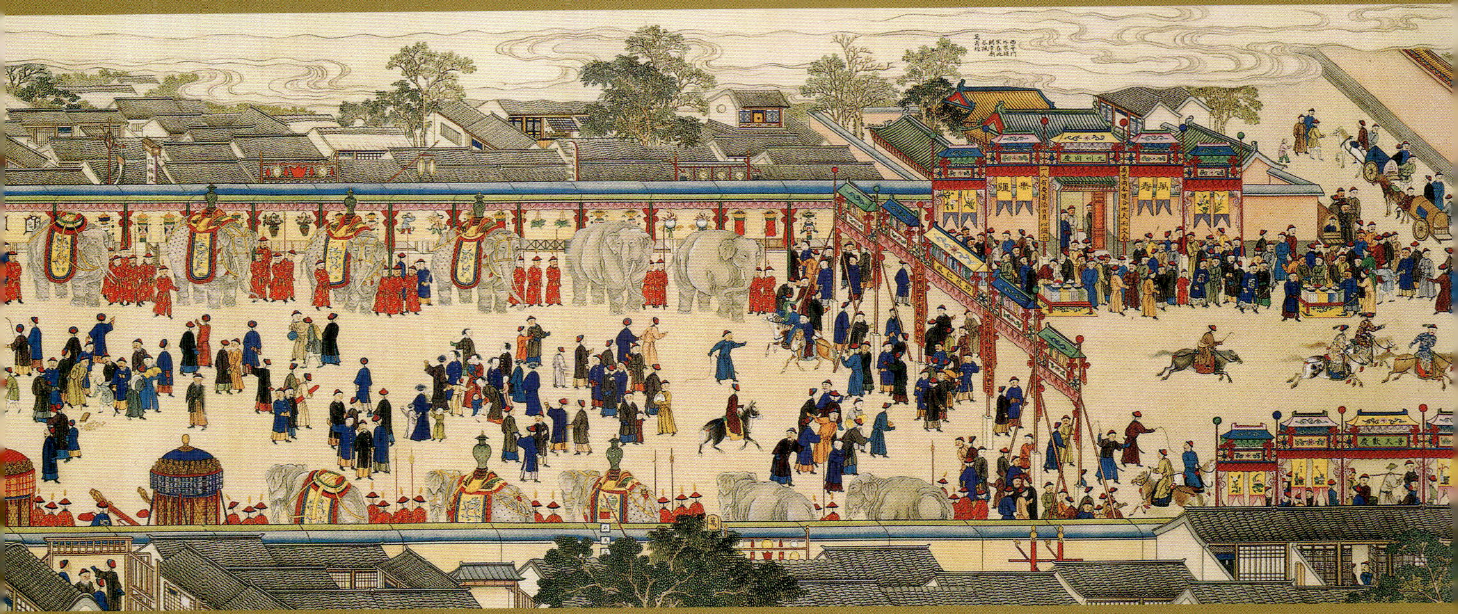

PAGES PRÉCÉDENTES
Kangxi en visite dans la plaine de Jianghan en 1699, lors d'une de ses six grandes tournées d'inspection dans la région du Yangzi. Les troupes impériales franchissent les portes de la ville sous les regards des gens du peuple. D'après une peinture de Jiao Bingzhen (1689-1726), un des premiers peintres chinois à adopter les influences occidentales, par exemple dans l'usage des ombres. Encre et couleur sur papier doublé de papier de soie, dynastie des Qing.

pérenne ils devaient restaurer le système de gouvernement qui avait fonctionné auparavant. Ainsi, dès 1646, pendant la minorité du premier empereur Qing, Shunzhi (règne 1644-1661), le traditionnel système d'examens de la fonction publique fut restauré afin de garantir le recrutement continu de jeunes mandarins. Les Mandchous poursuivirent cette politique tout au long de leur règne. Beaucoup d'anciens fonctionnaires et d'érudits Ming qui répugnaient à se soumettre à leur volonté se retirèrent, mais les plus jeunes n'avaient d'autre alternative que de servir les Qing, comme leurs pères avaient servi les Ming.

Les souverains Qing adhéraient à une vision confucéenne du gouvernement, plus particulièrement aux idées néoconfucéennes du philosophe Song Zhi Xi (voir p. 120), qui insistait sur le respect de l'autorité. D'éminents lettrés confucéens furent chargés d'éduquer les princes royaux. À l'image des anciens souverains de la Chine, les empereurs dirigeaient les cérémonies annuelles au temple du Ciel (voir pp. 158 à 161) et ailleurs. À tous les niveaux, les Mandchous cherchaient à apparaître comme des admirateurs scrupuleux de la culture chinoise.

Les souverains mandchous ont été décrits comme des despotes éclairés, réputation méritée dans une large mesure. En choisissant de gouverner la Chine avec des méthodes chinoises, ils favorisèrent la stabilité sociale et, autant que possible, le maintien de relations amicales avec leurs voisins. En conséquence, l'économie put se développer et l'opposition au pouvoir des Qing diminua, sans disparaître totalement. Au XVIIIe siècle, des rébellions favorables aux Ming éclatèrent encore dans l'Anhui et le Sichuan, entre autres. Mais jusqu'au XIXe siècle, lorsque le déclin de l'empire se confirma, ces révoltes ne représentèrent pas une grande menace pour la dynastie.

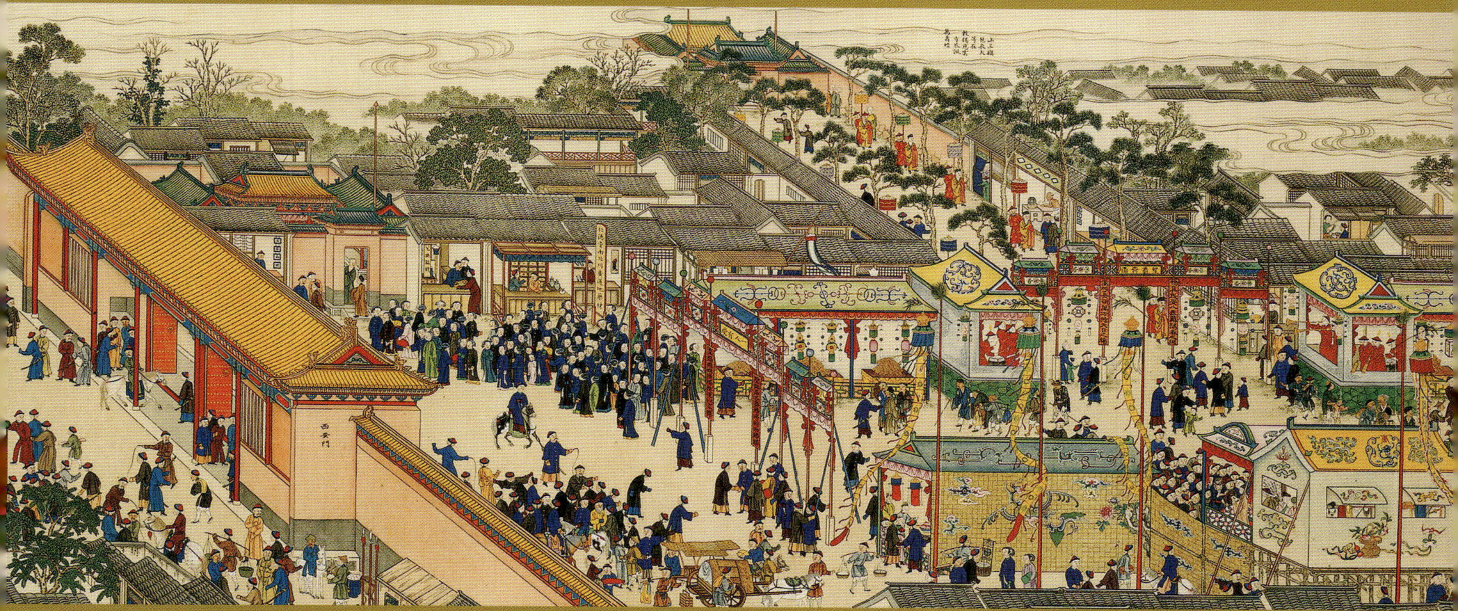

UN EMPIRE ÉTENDU

Jeune homme plein d'enthousiasme, Shunzhi tenta d'instaurer plusieurs réformes, mais, pendant son règne, le pouvoir réel était entre les mains de princes royaux comme Dorgon et Aubai (Oboi). En grandissant, Shunzhi se sentait de plus en plus attiré par le bouddhisme, et il songea même à abdiquer pour se faire moine. Après sa mort prématurée à l'âge de vingt-trois ans, trois empereurs compétents se succédèrent sur le trône et gouvernèrent la Chine jusqu'à la fin du XVIIIe siècle. Le premier d'entre eux était un garçon de huit ans, qui prit pour nom de règne Kangxi. Son règne (1661-1722) est le plus long de l'histoire de la Chine et il fut un empereur au talent exceptionnel.

Comme son père, Kangxi régna d'abord par l'entremise de régents. Lorsqu'il prit enfin les rênes du pouvoir à quinze ans, en 1669, Kangxi dut bientôt faire face à la rébellion de trois gouverneurs régionaux, menés par Wu Sangui. Il les mata en 1681 et, l'année suivante, les armées Qing renversèrent le dernier bastion de résistance anti-Qing à Taiwan. En 1689, Kangxi conclut un traité avec la Russie, qui accordait la vallée de l'Amour à la Chine et fixait la frontière entre ces deux empires en expansion.

Les Qing tentèrent également de soumettre les Tibétains et d'autres peuples d'Asie centrale, dont les Mandchous partageaient les traditions nomades. Pour cela, ils durent résister aux ambitions d'un puissant monarque prénommé Galdan, dont le territoire à la fin du XVIIe siècle couvrait une grande partie de la région. Galdan fut finalement vaincu en 1696 par les armées de Kangxi, et la Chine rétablit son influence sur la région, y compris au Tibet. En effet, le Tibet occupait une place particulière dans la vision du monde des Qing. Adeptes du bouddhisme tibétain, ils se considéraient comme des pro-

CI-DESSUS
Détail d'un rouleau appartenant à une série qui relate les célébrations du 60e anniversaire de Kangxi, en 1714. Cette copie fut commandée à la fin du XVIIIe siècle pendant le règne du petit-fils de Kangxi Qianlong. Rouleau, couleur sur soie, dynastie des Qing.

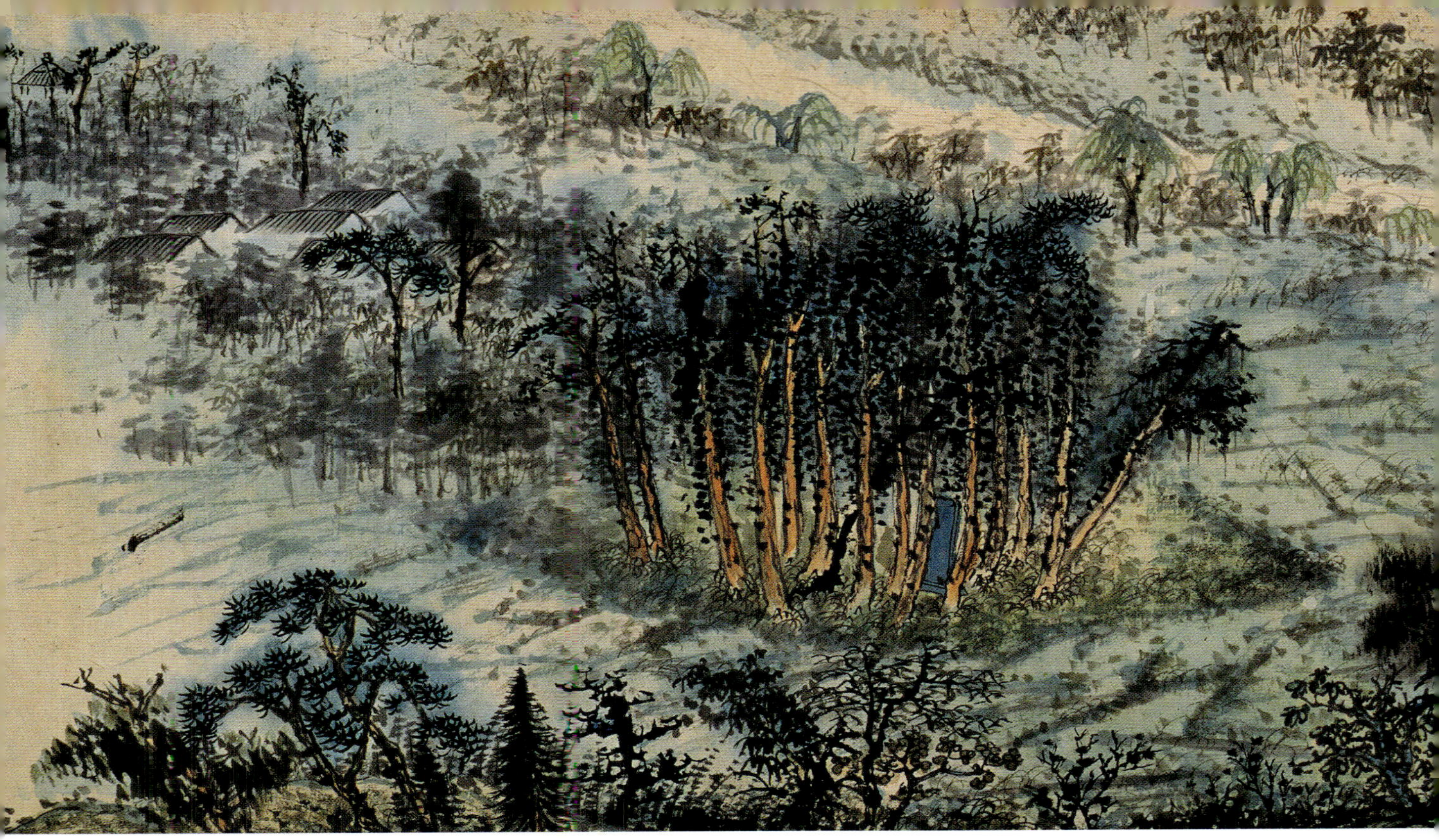

CI-DESSUS
Les Tombes ancestrales de la famille Fei, de Shi Tao (ou Tao Ji, 1642-1707). Shi Tao était un des peintres appelés « individualistes » au début des Qing. Ces artistes revitalisèrent la peinture de paysage ainsi que d'autres genres en s'éloignant des styles plus stricts de la dynastie précédente.

tecteurs de la culture tibétaine. En 1652, sous le prédécesseur de Kangxi, le « Grand Cinquième » dalaï-lama Ngawang Lobsang Gyatso (1612-1682) avait été invité en visite officielle à Pékin, où il fut reçu en grande pompe. Par la suite, les dalaï-lamas furent traités comme une sorte d'aumôniers du trône impérial. Sur les vastes terres de la résidence de Kangxi à Chengde, dans les collines à l'extrême nord-est de Pékin, celui-ci fit construire des palais dans le style des grands bâtiments cérémoniels de Lhassa, la capitale tibétaine (voir p. 204). En partie parce que les visiteurs venus du Tibet et de l'Asie centrale tombaient souvent malades dans l'atmosphère différente de Pékin, c'est ici que l'empereur et sa cour passaient les mois d'été, et où Kangxi recevait les ambassadeurs étrangers. Les migrations saisonnières faisaient partie du mode de vie traditionnel des Mandchous et des autres peuples des steppes asiatiques.

Le successeur de Kangxi, Yongzheng (règne 1722-1735), offrit son propre palais baptisé le Yonghe Gong aux bouddhistes tibétains pour en faire un centre de culte et d'étude à Pékin. Le Tibet devint finalement un protectorat chinois en 1751 sous l'empereur Qianlong, tout en conservant une grande autonomie.

Au cours de son long règne, Kangxi effectua par ailleurs six tournées d'inspection dans la région toujours plus prospère du Yangzi (voir pp. 180-181). Il mourut à l'âge de soixante-huit ans, ayant régné soixante et un ans. Son quatrième fils Yongzheng lui succéda. Une controverse subsiste sur le fait que Yongzheng ait été le premier choix de Kangxi, car la primogéniture n'était pas le principe de succession privilégié par la

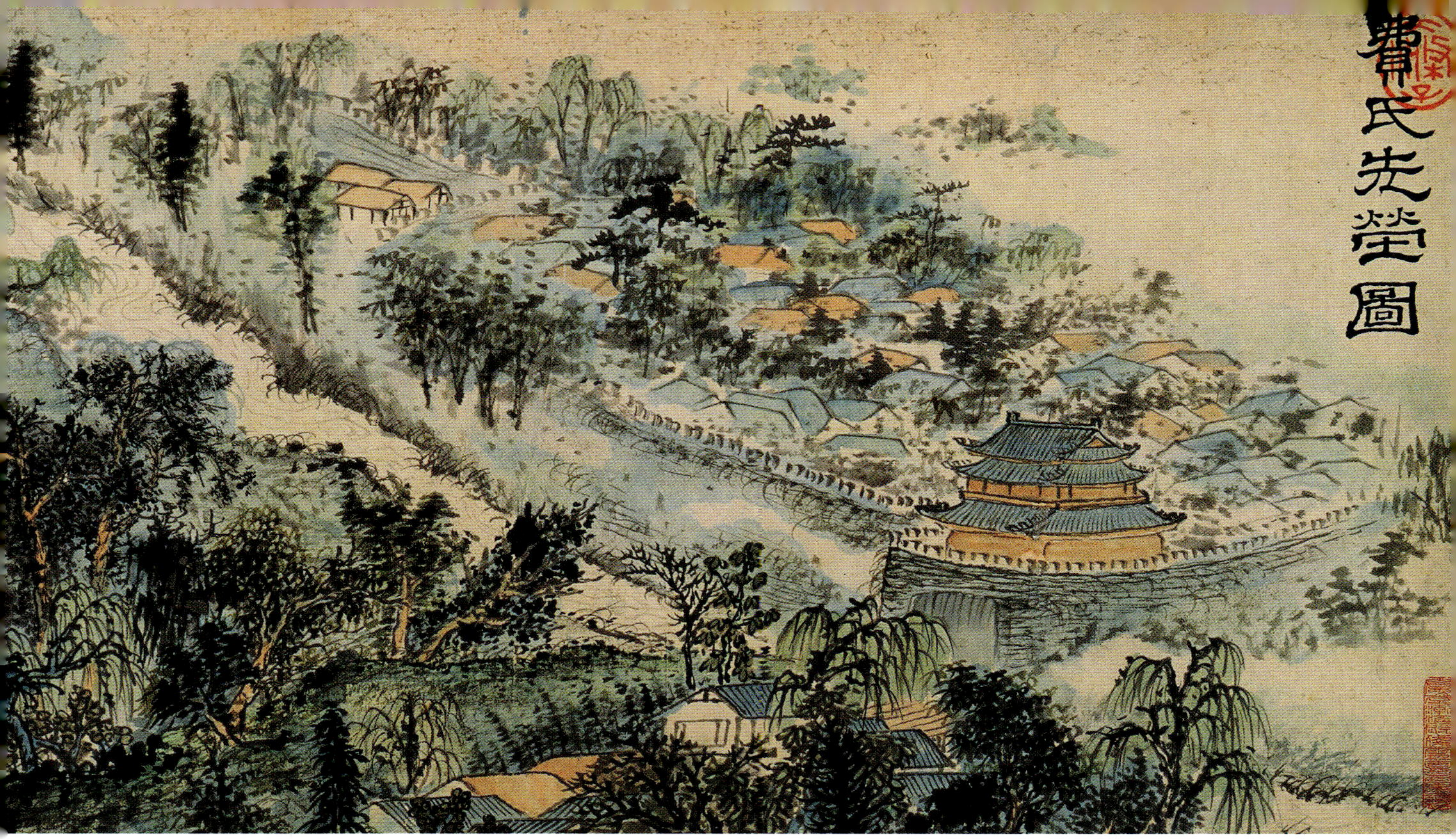

dynastie des Qing. L'empereur sortant exprimait généralement un premier choix, mais sa mort donnait souvent lieu à d'âpres luttes pour le trône. Néanmoins, Yongzheng fut un administrateur habile et sut s'appuyer sur les réalisations de son père pour perpétuer et même renforcer la politique de taxation. Yongzheng ne régna que dix-sept ans et mourut subitement alors qu'il semblait au sommet de sa puissance.

LES ARTS DU DÉBUT DES QING

Pendant que d'excellents artistes perpétuaient la tradition classique de la peinture, la nouvelle dynastie s'accompagna d'un élan individualiste inédit qui conduisit les artistes à rompre avec l'académisme des Ming. Parmi les peintres individualistes, le peintre du début des Qing Zhu Da (v. 1626-v. 1705), surnommé Bada Sharen, était un des plus célèbres. Membre de l'ancienne famille royale Ming (Zhu était le nom de famille des Ming), Zhu Da fut impliqué dans les troubles de la fin de la dynastie et décida de devenir moine. Mais rapidement, il renonça à ses vœux pour mener une vie excentrique et bohème, interrompue par une série de dépressions nerveuses. Il peignait essentiellement des oiseaux, des agneaux, des poissons, et autres sujets issus de la nature, qu'il dotait d'une personnalité individuelle, souvent teintée d'humour. Ses peintures étaient appréciées de son vivant et le sont restées ensuite.

Shi Tao, ou Tao Ji (1642-1707), né Zhu Ruoji, était aussi un peintre individualiste et un descendant de la famille royale des Ming. Son père avait été impliqué dans la lutte

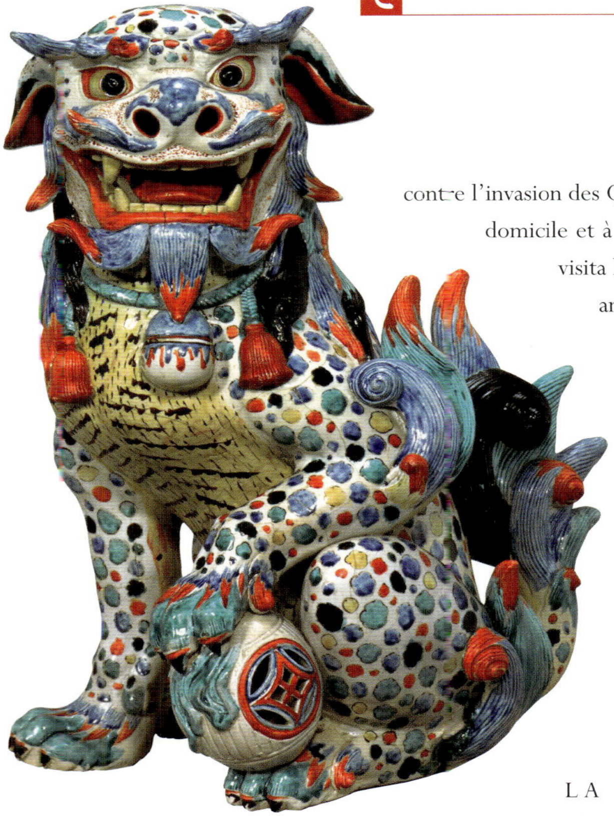

contre l'invasion des Qing, puis capturé et exécuté, ce qui força Shi Tao à quitter le domicile et à se faire moine. Après avoir beaucoup voyagé dans le Sud, il visita le mont Huang dans la province de l'Anhui, où il séjourna six ans. Tombé amoureux de ce paysage montagneux, il y réalisa ses plus belles œuvres (voir pp. 184-185).

Shi Tao était un artiste polyvalent. Outre la peinture, il était aussi réputé pour ses talents de calligraphe, de poète et de paysagiste. Même s'il vénérait le peintre Ni Zan des Yuan, il résuma la philosophie de son époque en quelques mots : « Les barbes et les sourcils des vieux maîtres ne peuvent pousser sur mon visage ; les poumons et les intestins [pensées et sentiments] des vieux maîtres ne peuvent être transférés dans mon estomac [esprit]. » Cette déclaration était passablement révolutionnaire pour l'époque, dans un pays où la révérence pour le passé était de mise.

LA CÉRAMIQUE DES QING

Sous les Qing, le volume de la production de céramique augmenta. La céramique « bleu et blanc » était la plus commune, mais toutes les innovations techniques introduites sous les Yuan et les Ming furent perpétuées sous les Qing. Des imitations réussies des *ru* et d'autres formes antérieures furent produites dans les manufactures impériales de Jingdezhen. C'est à cette époque que ce grand centre de porcelaine (voir pp. 142-143) atteignit son apogée. Les ateliers impériaux et privés produisaient des pièces de style « famille verte », « famille rose », « sang de bœuf » et « fleur de pêcher » destinées à la cour, au commerce et à l'exportation, en particulier pour un marché occidental toujours plus amateur.

Hormis les céramiques produites dans les ateliers impériaux, d'autres modèles étaient appréciés. Yixing, d'après la ville du même nom dans la province du Jiangsu où se trouvait le centre de production, est le nom donné aux trois grands types de grès sans couverte : « argile violette » (*zisha* ou *zini*, en réalité un marron tirant sur le pourpre), « argile rouge » (*zhuni*, qui doit sa couleur au minerai de fer) et « argile fortifiée » *(duanni)*, qui combinait d'autres minéraux aux deux premiers types pour obtenir un large éventail de teintes, dont le vert et le noir. L'argile de Yixing n'avait jamais de couverte : sa porosité était censée exalter les arômes du thé, si bien qu'elle fut essentiellement réservée à la fabrication de nombreuses théières et d'objets pour les bureaux des lettrés. Au début de la période Qing, beaucoup de vaisselle Yixing fut exportée en Europe.

CI-DESSUS
Un « chien-lion » ou « chien de Fo » (Bouddha). Des paires de ces créatures de gardien hybrides, en bronze ou en pierre sculptée, flanquaient les entrées des temples bouddhiques. Les miniatures comme celle-ci étaient populaires sous les Qing pour éloigner le mauvais sort dans les foyers et les bâtiments en général. Porcelaine, dynastie des Qing, XVIIe siècle.

PAGE DE DROITE
Les insignes introduits par les Ming (voir p. 146) étaient toujours utilisés, avec de légères modifications, sous les Qing. Ici, la grue désigne un fonctionnaire de premier ordre. Satin et soie brodée, plumes et fil d'or. Dynastie des Qing, règne de Kangxi.

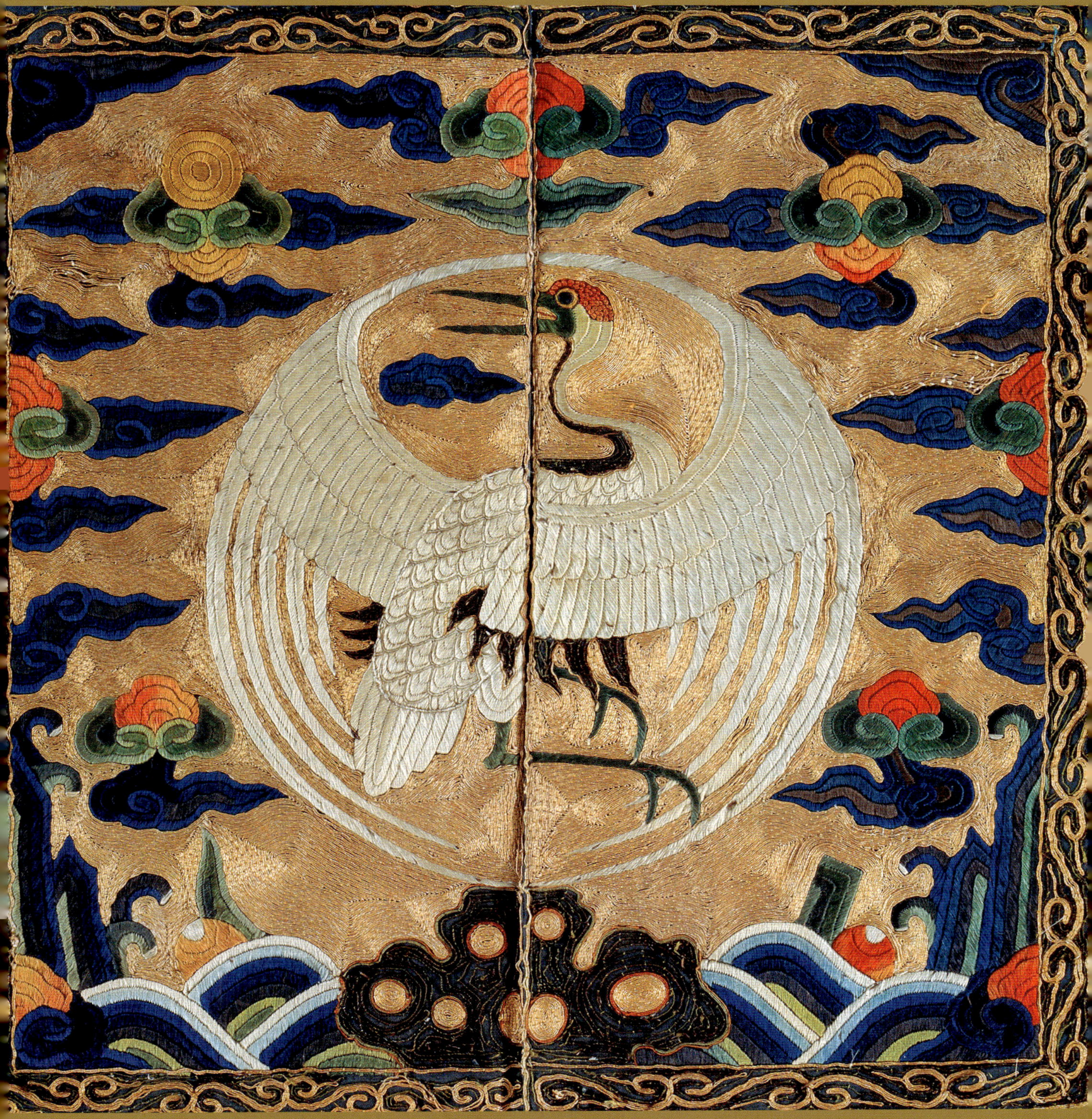

La céramique de Dehua, ou «blanc de Chine», était également prisée sous les Qing. Cette porcelaine fabriquée dans le district de Dehua (province de Fujian) depuis les Ming est encore produite de nos jours. Exportée en Occident sous les Qing aux XVIIe et XVIIIe siècles, elle fut baptisée «blanc de Chine» en raison de sa pureté. Elle servait essentiellement à fabriquer les statues de divinités bouddhiques et autres objets de culte, comme les bougeoirs et les brûleurs d'encens, peut-être parce que la couleur blanche est associée à la révérence en Chine (c'est la couleur du deuil et de la piété filiale, par exemple). À proprement parler, le terme «porcelaine de Dehua» se réfère uniquement aux plus beaux exemples, fabriqués à Dehua même ; le terme plus général de «porcelaine du Fujian» désigne les pièces mineures en «blanc de Chine», comme la vaisselle et autres objets usuels.

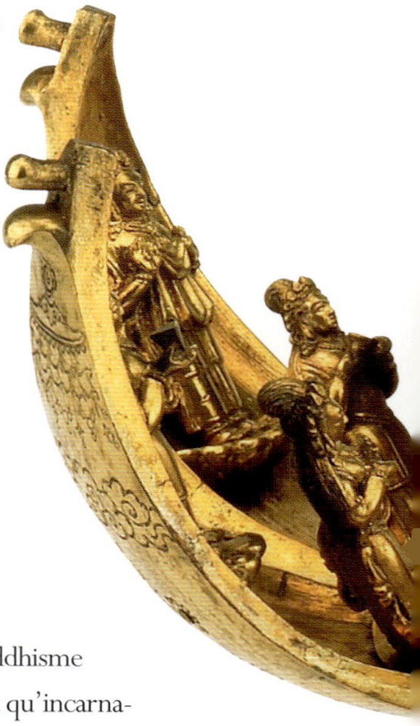

LES ARTS DU BOUDDHA

Les Mandchous, comme les Mongols, étaient des adeptes du bouddhisme tibétain. Les empereurs Qing étaient révérés (et représentés) en tant qu'incarnations de Manjusri, le bodhisattva de la sagesse. Le style sino-tibétain caractéristique de l'art bouddhique développé sous les Yuan continua d'évoluer sous les Qing. La construction d'un stupa de style tibétain dans le parc Beihai à Pékin fut une des premières réalisations de la nouvelle dynastie, et d'autres édifices quasiment tibétains furent érigés dans la résidence impériale de Chengde (voir pp. 184 et 204). Les styles tibétains se retrouvent dans un large éventail d'objets de culte, comme les *mandalas* et les reliquaires (voir illustration à droite et p. 178).

En dépit de leur dévotion personnelle envers le bouddhisme tibétain, Kangxi et ses successeurs souhaitaient apparaître comme des disciples assidus de la culture traditionnelle chinoise. Ils pratiquaient la calligraphie et composaient de la poésie avec plus d'ardeur encore que leurs prédécesseurs chinois. Ils commandèrent l'histoire dynastique des Ming, le plus gros dictionnaire de chinois jamais compilé, avec 45 000 entrées et la publication d'une collection de livres en chinois en quatre parties, dont l'ampleur excédait même l'*Encyclopédie de Yongle* (voir p. 156). Toutefois, ils veillaient à exclure de ces ouvrages les termes ou les idées critiques à leur encontre. Privée d'exutoire pour exprimer une pensée indépendante, l'élite érudite se replia sur l'érudition chinoise classique, poursuivant ce qui fut appelé *kaozheng xue*, ou «recherche basée sur la preuve», soit une méthode d'examen critique des textes classiques (voir pp. 206-207).

PAGE DE DROITE
Les *mandalas* – représentations du cosmos bouddhique – ont une place importante dans le bouddhisme tibétain et peuvent prendre différentes formes. Ce délicat exemple en trois dimensions s'ouvre pour révéler une manifestation ésotérique du Bouddha, entouré de déesses. Il illustre bien les styles sino-tibétains en vogue sous les Qing (voir aussi p. 178). Bronze doré, dynastie des Qing, XVIIe ou XVIIIe siècle.

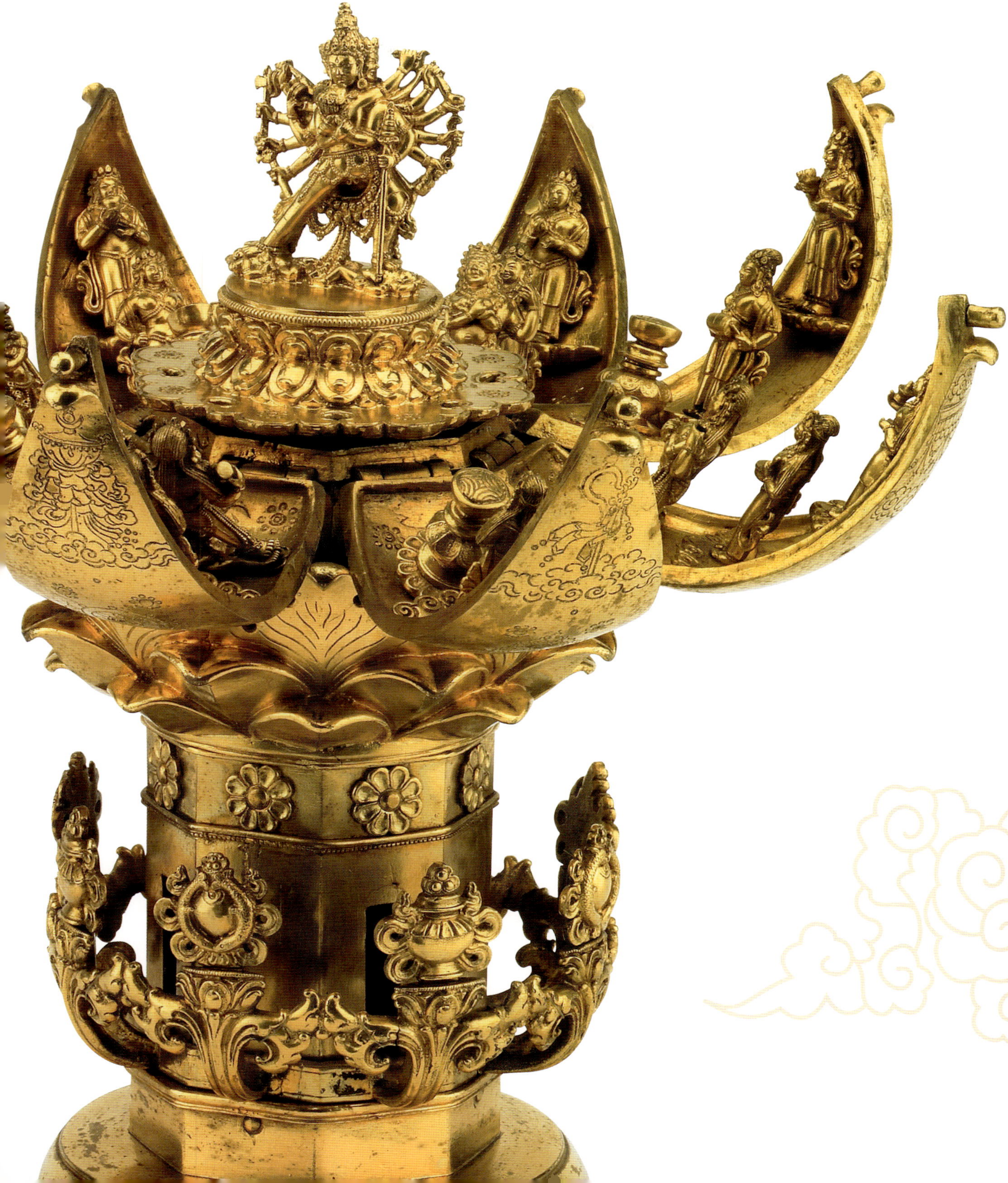

LA CITÉ INTERDITE

Le « Grand Dedans »

Lorsque l'empereur Yongle des Ming (règne 1403-1424) décida de construire un palais dans sa nouvelle capitale Pékin, il avait beaucoup de précédents sur lesquels s'appuyer. Le plan général du palais impérial avait été établi par les Sui et les Tang, et Yongle venait d'achever le premier palais des Ming, construit par son père Hongwu à Nanjing. C'est ce palais (détruit par les Qing en 1644) qui servit de modèle à ce qui allait devenir le dernier siège du gouvernement impérial chinois. Modifié et agrandi sous les Qing, il fut intitulé le « Grand Dedans », mieux connu aujourd'hui comme la Cité interdite.

CONSTRUIRE POUR L'EMPEREUR

Les bâtiments chinois étaient construits dans le matériau local le mieux adapté : dans les plaines du Nord, il s'agissait essentiellement d'adobe, tandis que dans le Sud et dans les régions vallonnées, l'emploi de la pierre était privilégié. Toutefois, les palais impériaux, les bâtiments officiels, les salles de temple et les grandes propriétés étaient presque invariablement construits en bois, ce qui explique que si peu de bâtiments

PAGE DE DROITE
Une scène décrite dans le poème de l'empereur Qianlong, vue panoramique de la capitale, par l'artiste de la cour Xu Yang. On peut y voir la Cité interdite couverte de neige, en direction du nord. Dynastie des Qing, règne de Qianlong, 1747.

CI-DESSOUS
Vue actuelle de la Cité interdite, en direction du sud, avec les bâtiments modernes à l'horizon. L'axe central nord-sud du palais impérial, le long duquel se dressent les principales structures du palais, est clairement visible, avec les bâtiments annexes de chaque côté.

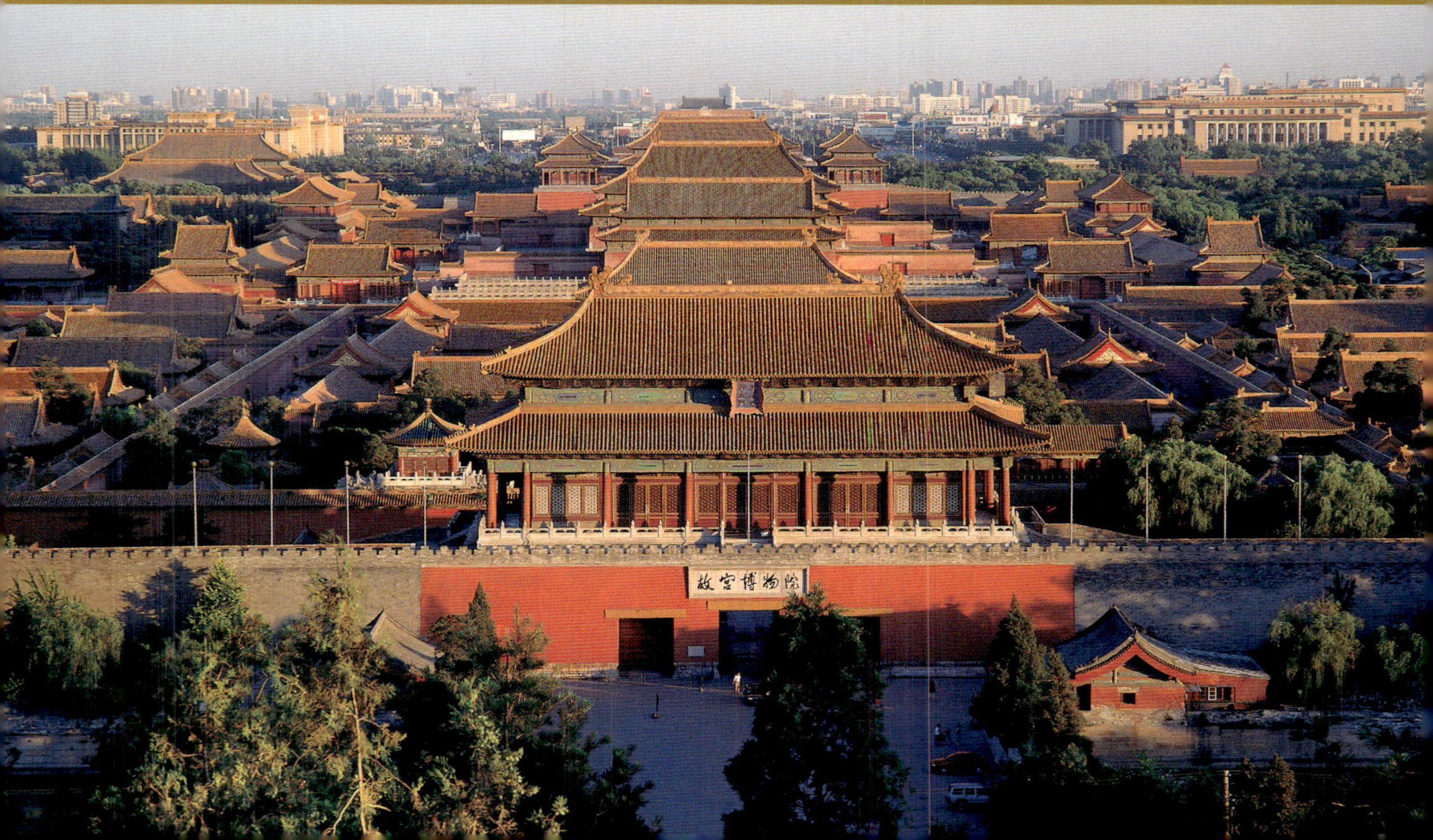

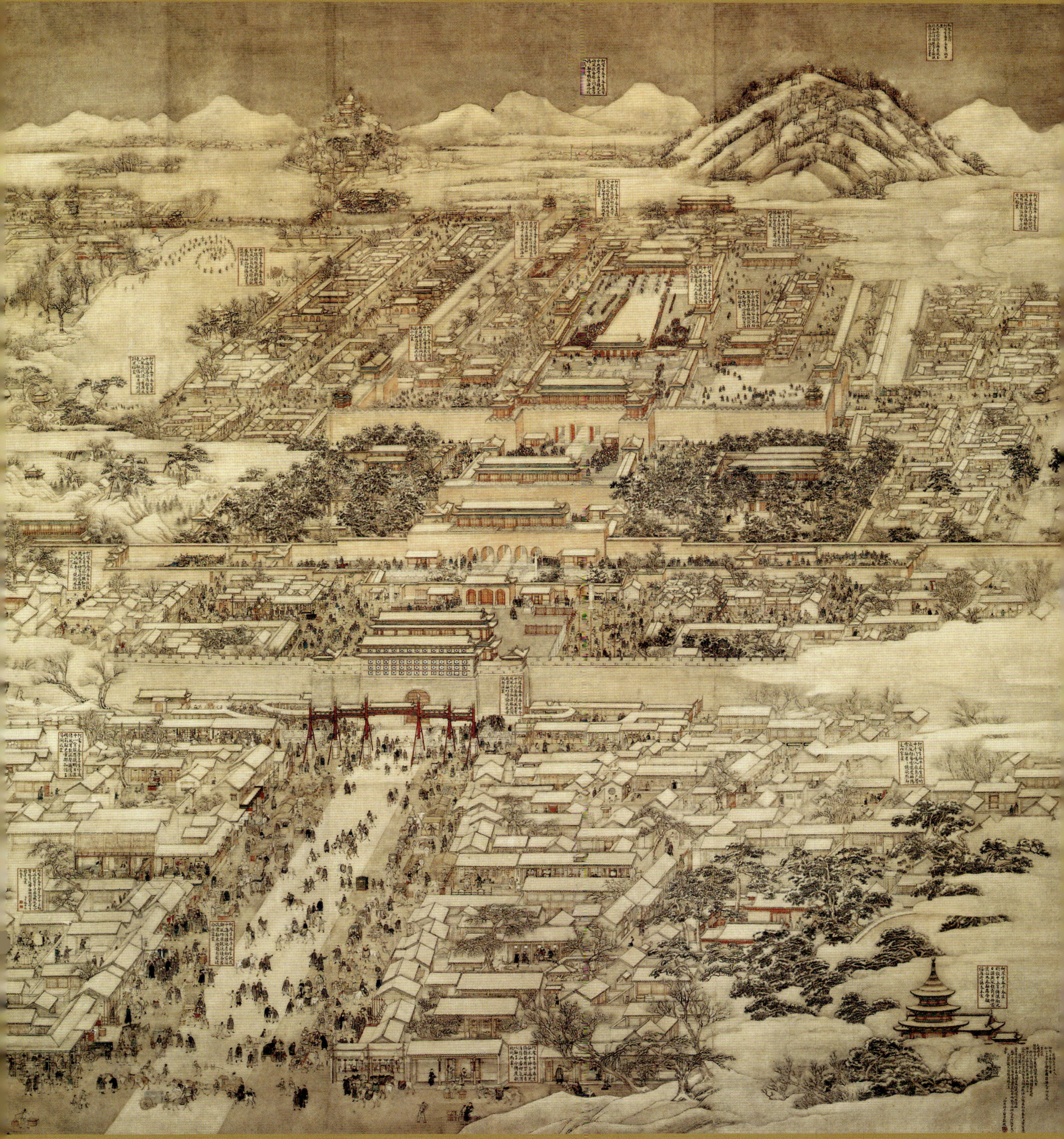

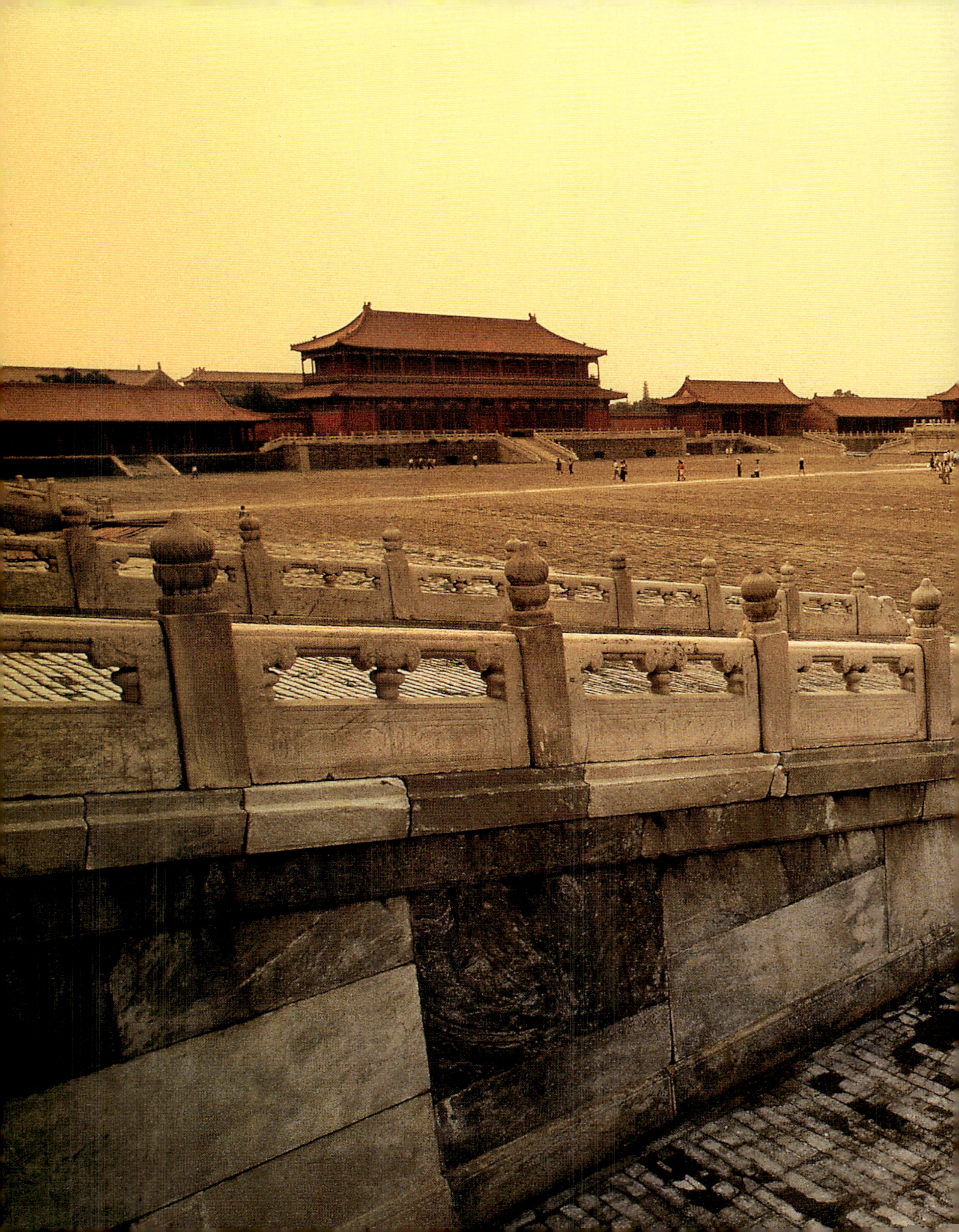

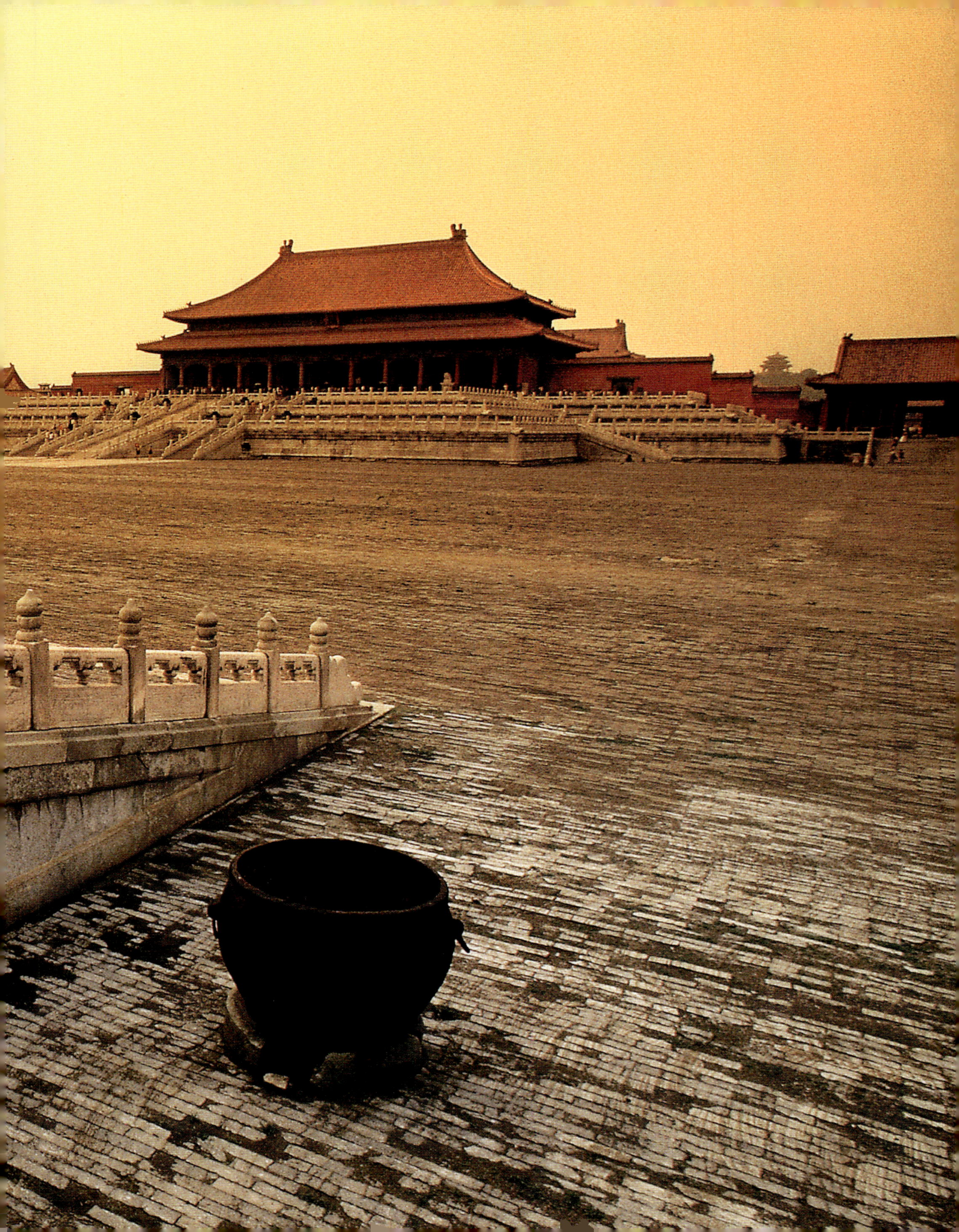

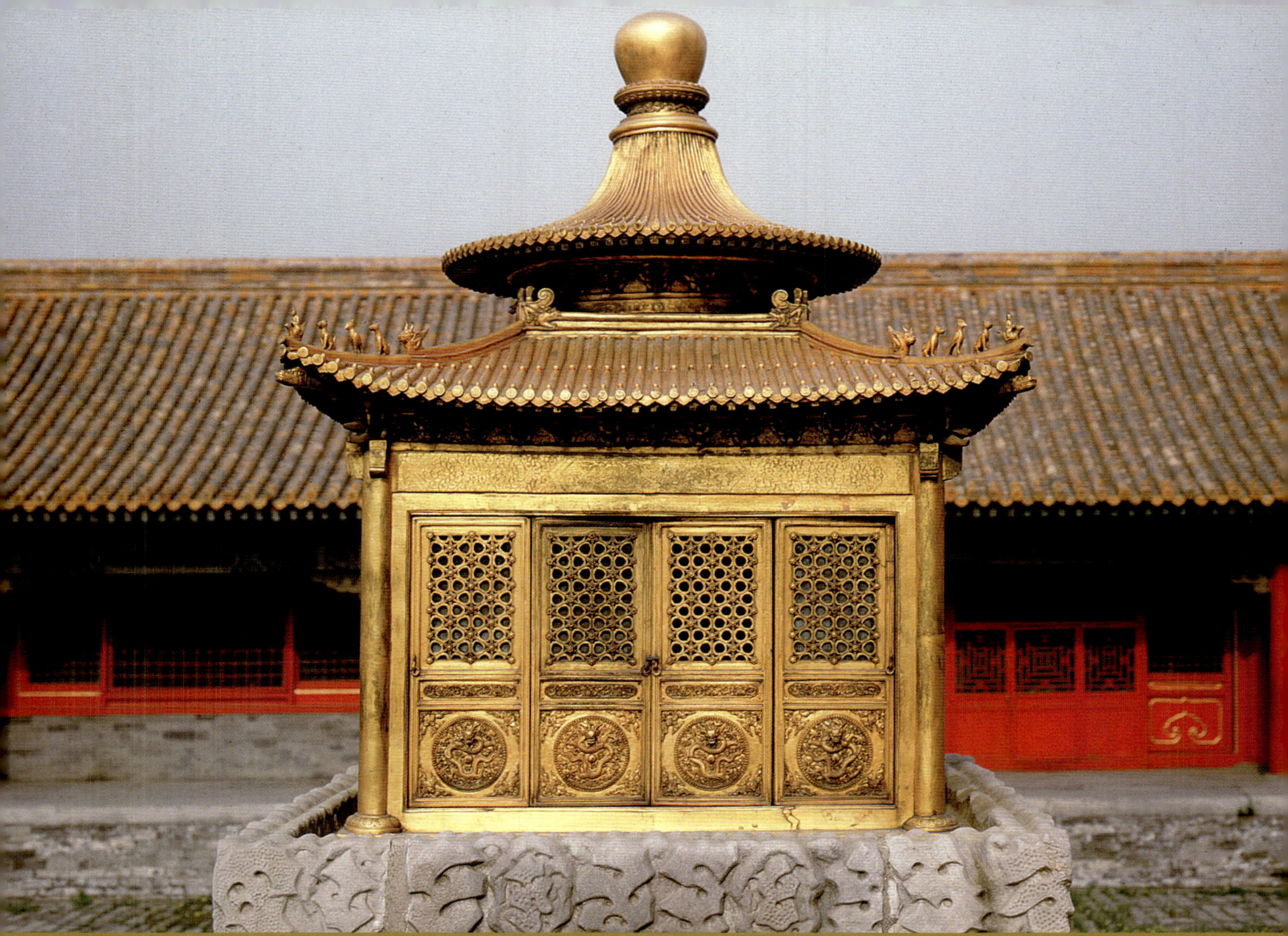

CI-DESSUS
Autel en bronze doré près du palais de la Pureté céleste, dans le Palais intérieur, qui était le cœur administratif de l'empire. Ce palais fut la résidence des premiers empereurs Qing, mais par respect pour Kangxi, qui y vécut soixante ans, les proches de Yongzheng occupèrent ensuite un palais plus petit à l'ouest.

PAGES PRÉCÉDENTES
La Salle de l'Harmonie suprême (à droite) dans la Cour extérieure, qui était le cœur cérémoniel de l'empire, domine le côté nord de la place. C'est là que se dresse le trône impérial.

impériaux anciens ont subsisté. La plupart furent incendiés par les différentes armées rebelles qui renversèrent leurs occupants. En revanche, lorsqu'ils ne sont pas délibérément détruits, les bâtiments en bois peuvent s'avérer très résistants. Certains édifices non impériaux comme les salles des monastères ont subsisté pendant de nombreux siècles, voire plus d'un millénaire, malgré les tempêtes, les tremblements de terre et autres catastrophes naturelles, grâce à l'aptitude du bois à se dilater ou se rétracter en réponse aux variations du climat, et aussi par l'agencement astucieux des colonnes, des poutres et des consoles, comme c'est le cas de la Cité interdite.

À partir de la dynastie des Song, la majorité des palais impériaux furent construits sur une esplanade en pierre ou en terre tassée. Leurs toits aux lourdes tuiles étaient soutenus par de hautes colonnes faites de troncs d'arbre provenant des forêts vierges du Sud-Ouest ou du Nord-Est. Les plus grands bâtiments en contenaient plusieurs douzaines.

Ces colonnes étaient reliées à leur sommet par des poutres transversales, tandis que des consoles en bois élaborées assuraient la transition avec la charpente du toit (voir

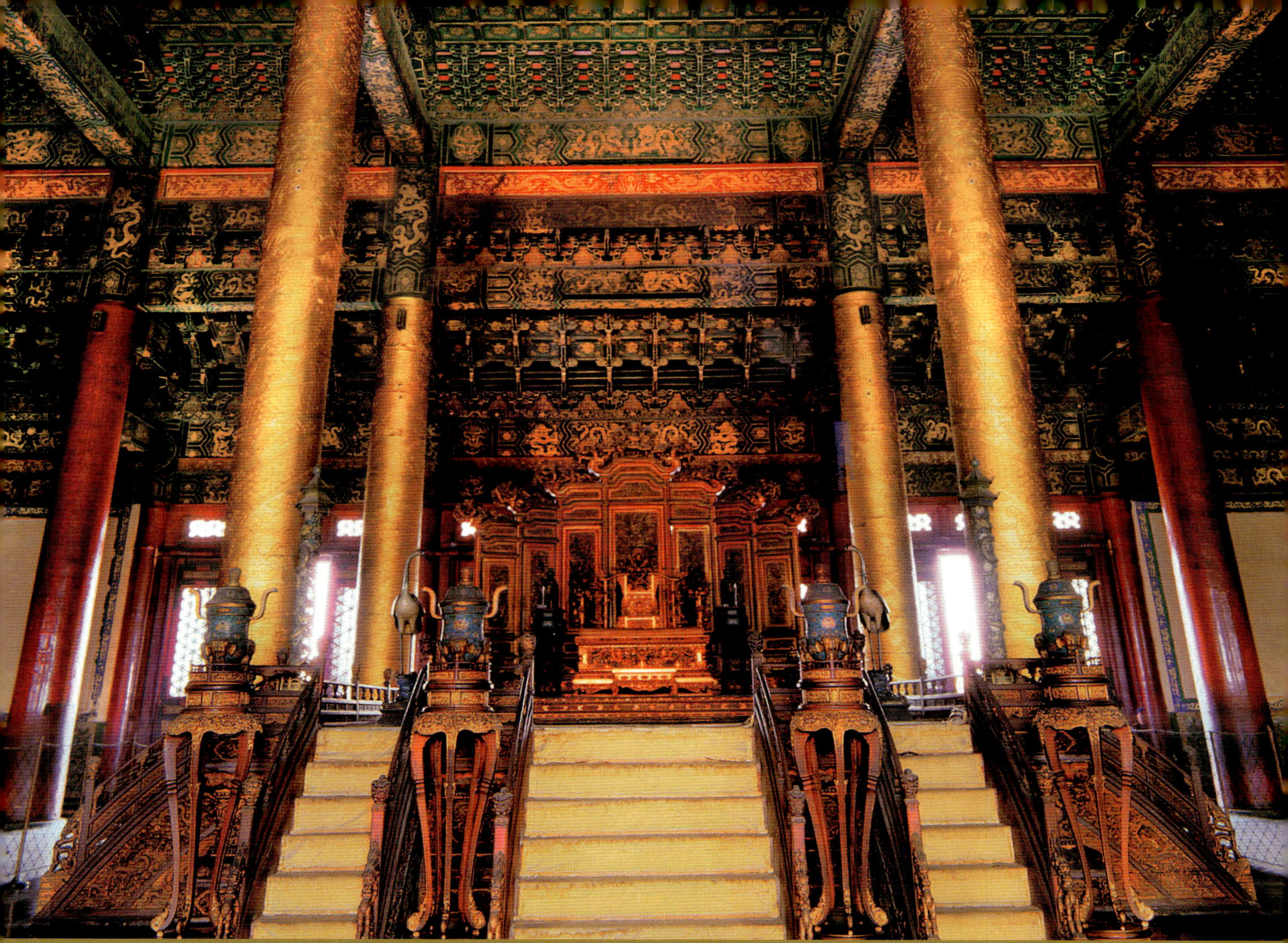

p. 197). Les consoles étaient constituées de composants imbriqués qui étaient assemblés plutôt que cloués. Le nombre et le type de consoles dépendaient de leur position dans l'édifice, car les toits à croupe comportaient de larges débordements.

La taille du bâtiment était mesurée par le nombre d'espaces *(jian)* entre les poutres. À l'origine, les bâtiments du palais étaient limités à 9 999 *jian* car le nombre 10 000 *(wan)* était réservé à l'empereur, parfois appelé le Seigneur des Dix Mille Ans (Wan Sui Ye). En plus de cela, le chiffre neuf avait une valeur bénéfique.

Les murs du palais étaient constitués d'un clayonnage enduit de torchis, et chaque bâtiment cérémoniel était peint à l'intérieur comme à l'extérieur. Dans le cas de la Cité interdite et d'autres palais des Ming et des Qing, les murs extérieurs étaient en ocre rouge, tandis que les madriers, les poutres et les consoles étaient ornés de motifs peints multicolores complexes. Les toits étaient couverts de tuiles vernissées plates, de couleur jaune d'or, reliées par des arêtes verticales cylindriques. Les angles des toits étaient ornés de rangées d'animaux protecteurs en terre cuite (voir p. 197).

CI-DESSUS
Le trône impérial en or sur une plate-forme élevée à l'intérieur de la salle de l'Harmonie suprême, dans la Cour extérieure de la Cité interdite. Les Qing ne modifièrent pratiquement pas le plan du palais établi par les Ming, mais rebaptisèrent plusieurs bâtiments principaux. Par exemple, la salle de l'Harmonie suprême s'appelait auparavant la salle de la Suprématie impériale. Derrière le trône se dressent un splendide paravent décoré de dragons enroulés et, de chaque côté du trône, un chandelier en forme de grue, un brûleur d'encens en forme d'éléphant et une colonne en émail cloisonné surmontée d'une pagode.

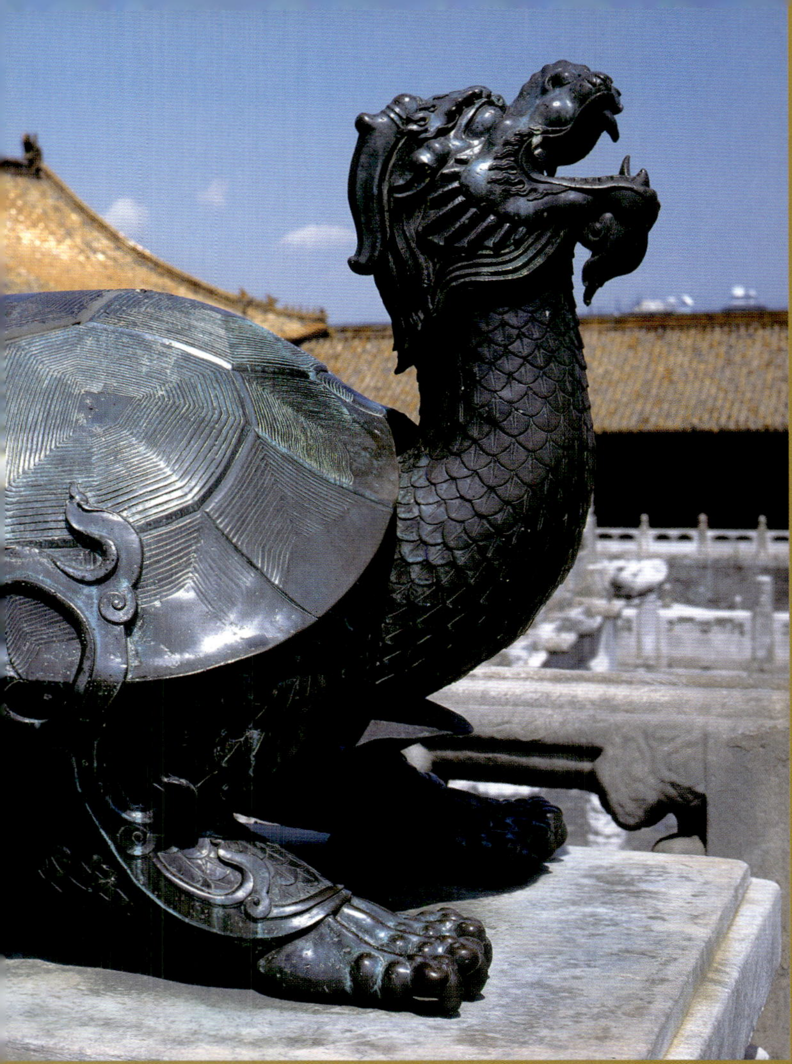

PÉNÉTRER DANS LE « GRAND DEDANS »

La Cité interdite comprend plusieurs bâtiments orientés vers le sud conformément à la tradition (le sud est la principale direction cardinale pour les Chinois), et agencés le long d'un axe nord-sud. Les grands ensembles sont séparés par des cours, bordées de chaque côté par des bâtiments annexes et d'autres de taille plus modeste (bureaux et logements). Deux axes parallèles encadrent l'axe principal le long duquel les bâtiments annexes sont alignés.

Les visiteurs qui arrivent à la Cité interdite depuis le sud franchissent d'abord la porte extérieure, Tian'anmen (porte de la Paix céleste). Après une première cour, des douves et un mur entourent le complexe palatial proprement dit. La porte principale est l'imposante Wumen (porte du Midi), construite en 1420 et restaurée ultérieurement. Le Wumen permettait d'accéder au Palais extérieur, en traversant les élégantes canalisations de la rivière de l'Eau dorée grâce à un des cinq ponts en marbre. Au nord, la Cour extérieure est la plus vaste du palais, réunissant les bureaux et la branche exécutive du gouvernement impérial. Ensuite, encore plus au nord, les Trois Salles cérémonielles se déploient l'une derrière l'autre sur l'axe principal : la salle de l'Harmonie suprême, qui abrite le trône impérial (voir p. 195), la salle de l'Harmonie parfaite et la salle de la Préservation de l'harmonie. Comme leur nom l'indique, ces Trois Salles avaient une fonction exclusivement cérémonielle.

Au nord des salles, le complexe du Palais intérieur, conforme à la tradition, est l'endroit où résidaient les empereurs Ming et Qing et leurs familles. Il accueillait également les plus proches conseils de l'empereur et sa garde impériale. Outre son épouse, l'empereur avait plusieurs épouses impériales, souvent au nombre de quatre, ainsi que de nombreuses concubines. De par leur état, les eunuques étaient à l'origine chargés de veiller sur les membres féminins de la famille impériale. Mais, sous les Ming et les Qing, ils acquirent de nombreuses responsabilités au sein du foyer impérial, depuis la gestion des denrées qui entraient au palais à la garde du sceau impérial.

CI-DESSUS
Cette tortue en bronze à l'extérieur de la salle de l'Harmonie suprême symbolisait le souhait que l'empereur ait une longue vie et règne longtemps.

PAGE DE DROITE, EN HAUT
Illustration de l'agencement élaboré des poutres horizontales, des consoles complexes et des piliers en bois du plafond dans la salle de l'Harmonie suprême (voir pp 194-195).

PAGE DE DROITE, EN BAS
Détail des toits typiques de la Cité interdite en tuiles jaune d'or. Des animaux protecteurs sur les bords des toits sont censés détourner les esprits maléfiques du bâtiment.

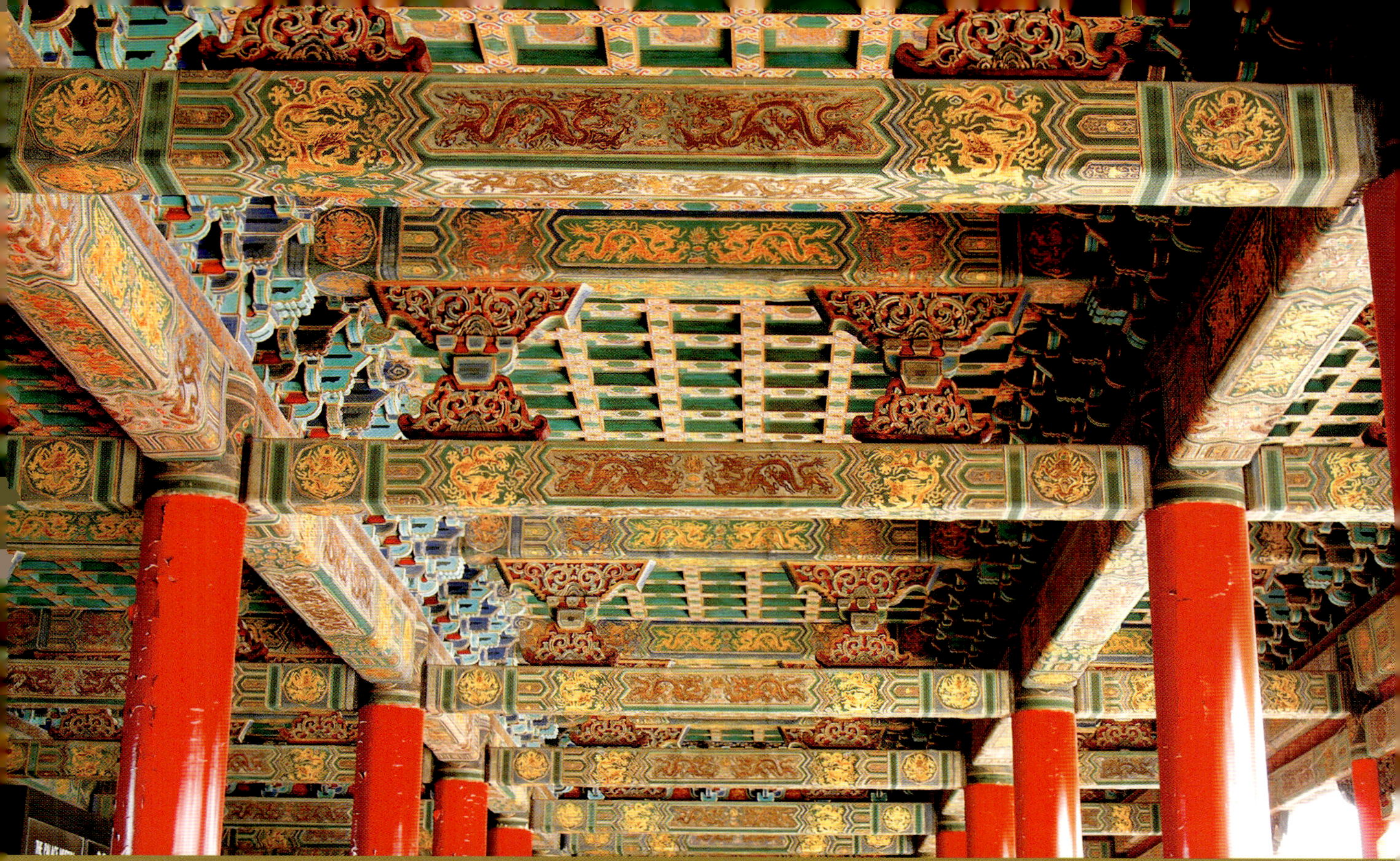

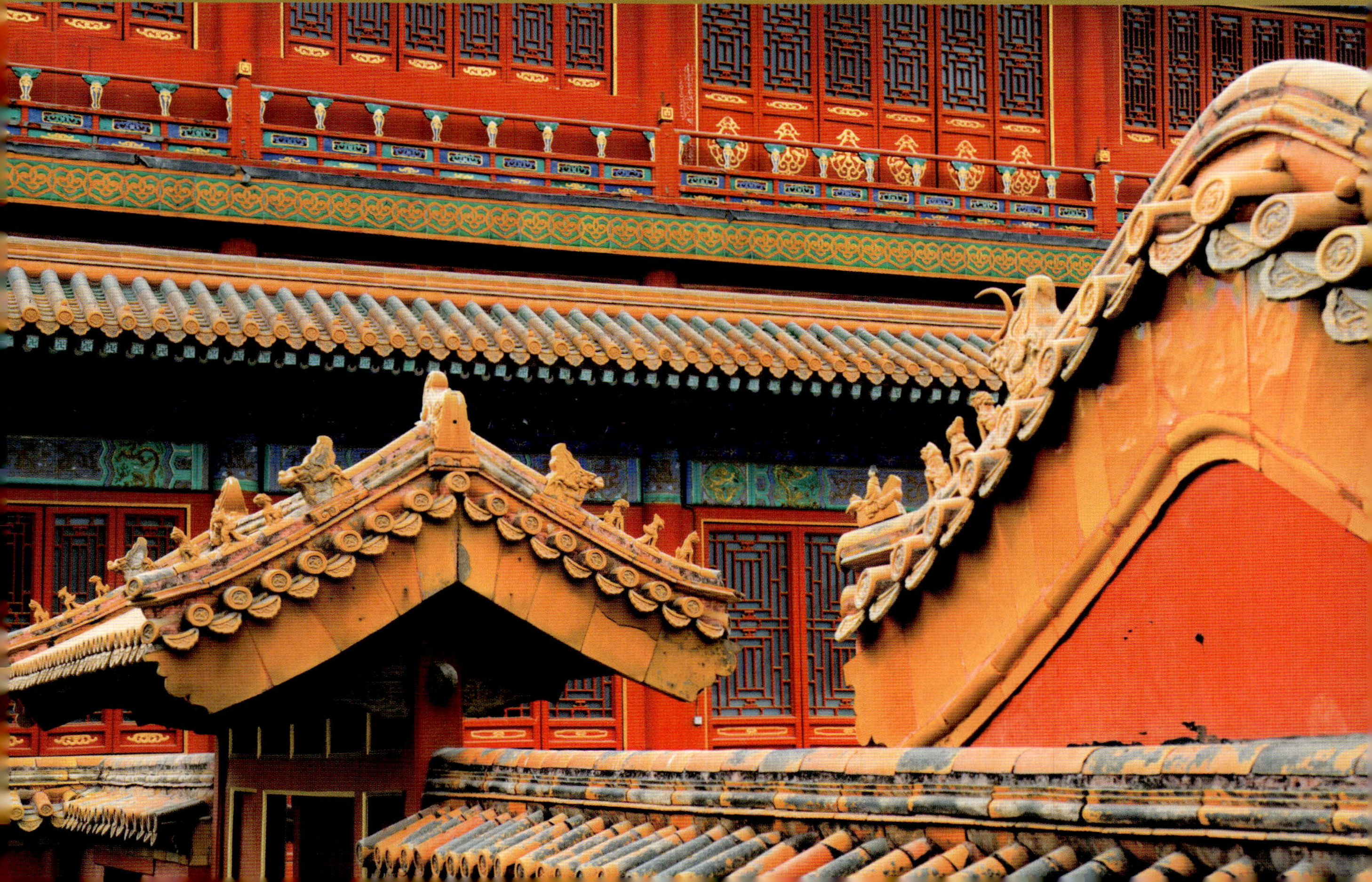

乾隆

LE SOLEIL COUCHANT

Qianlong et la fin des Qing (1735-1912)

PAGE DE DROITE
L'Empereur Qianlong en habits de cérémonie, par un artiste anonyme de la cour. Il porte une robe d'un « jaune brillant » *(ming huang)* réservé à l'empereur (voir aussi p. 177). Rouleau suspendu, couleur sur soie, fin du XVIIIe siècle.

乾隆 À la mort de Yongzheng en 1735, son quatrième fils, le petit-fils préféré de Kangxi, fut choisi pour lui succéder. Hongli (1711-1799) prit le titre de règne Qianlong (« Fort et prospère ») et régna pendant soixante ans. Il abdiqua en 1796 en signe de piété filiale, ne souhaitant pas dépasser les soixante et un ans de règne de son illustre grand-père. Son règne marqua l'apogée de la dynastie des Qing. Au XVIIIe siècle, l'Empire chinois connut son expansion maximale, englobant la Mongolie-Extérieure et des régions d'Asie centrale et de Sibérie orientale qui ont fait partie de l'ancienne Union soviétique.

La Chine connut également une croissance économique et démographique, grâce notamment à une politique de taxation qui privilégiait les petits fermiers. De nouvelles semences importées des Amériques et d'ailleurs furent introduites, comme l'arachide, la patate douce, le maïs, et la production de cultures industrielles comme le thé, le coton et le sucre connut une augmentation rapide. Les activités commerciales se développèrent, et beaucoup de grandes et petites organisations commerciales, comme les guildes, fleurirent, notamment dans la région du bas Yangzi. Qianlong effectua six tournées d'inspection dans le Sud prospère, imitant les six tournées de Kangxi, et visita plusieurs villes méridionales, comme Suzhou et Hangzhou. Beaucoup d'endroits conservent la trace de son passage sous forme de plaques commémoratives écrites de la main de l'empereur.

Pendant la seconde moitié du XVIIIe siècle, les dépenses de la dynastie commencèrent à excéder ses recettes. Malgré cela, Qianlong insista pour mener à bien dix campagnes militaires victorieuses et poursuivre les opérations militaires dans le nord du Turkestan. Ses inspections dans le Sud grevèrent lourdement les caisses de l'État.

Du fait de ces dépenses et de la corruption, Qianlong laissa derrière lui de graves problèmes financiers, et la dynastie vint à manquer de réserves substantielles. Le zénith de la Chine de Qianlong fut suivi d'un siècle de déclin. Le désastre s'amplifia au XIXe siècle, lorsque les Qing durent affronter plusieurs rébellions massives, ainsi que des incursions croissantes de la part de puissances étrangères.

CI-DESSOUS
Gourde plate décorative *(bianhu)* provenant des manufactures impériales de Pékin, qui reprend la forme d'un bronze ancien. Cuivre avec émail cloisonné et dorure. Dynastie des Qing, règne de Qianlong (1735-1796).

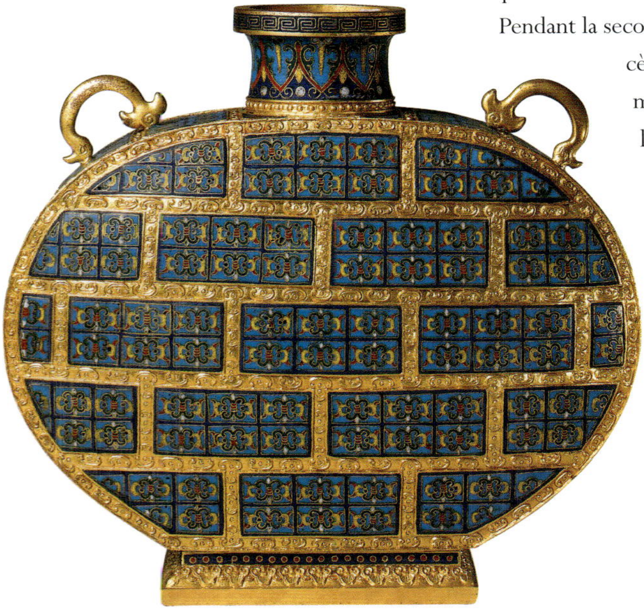

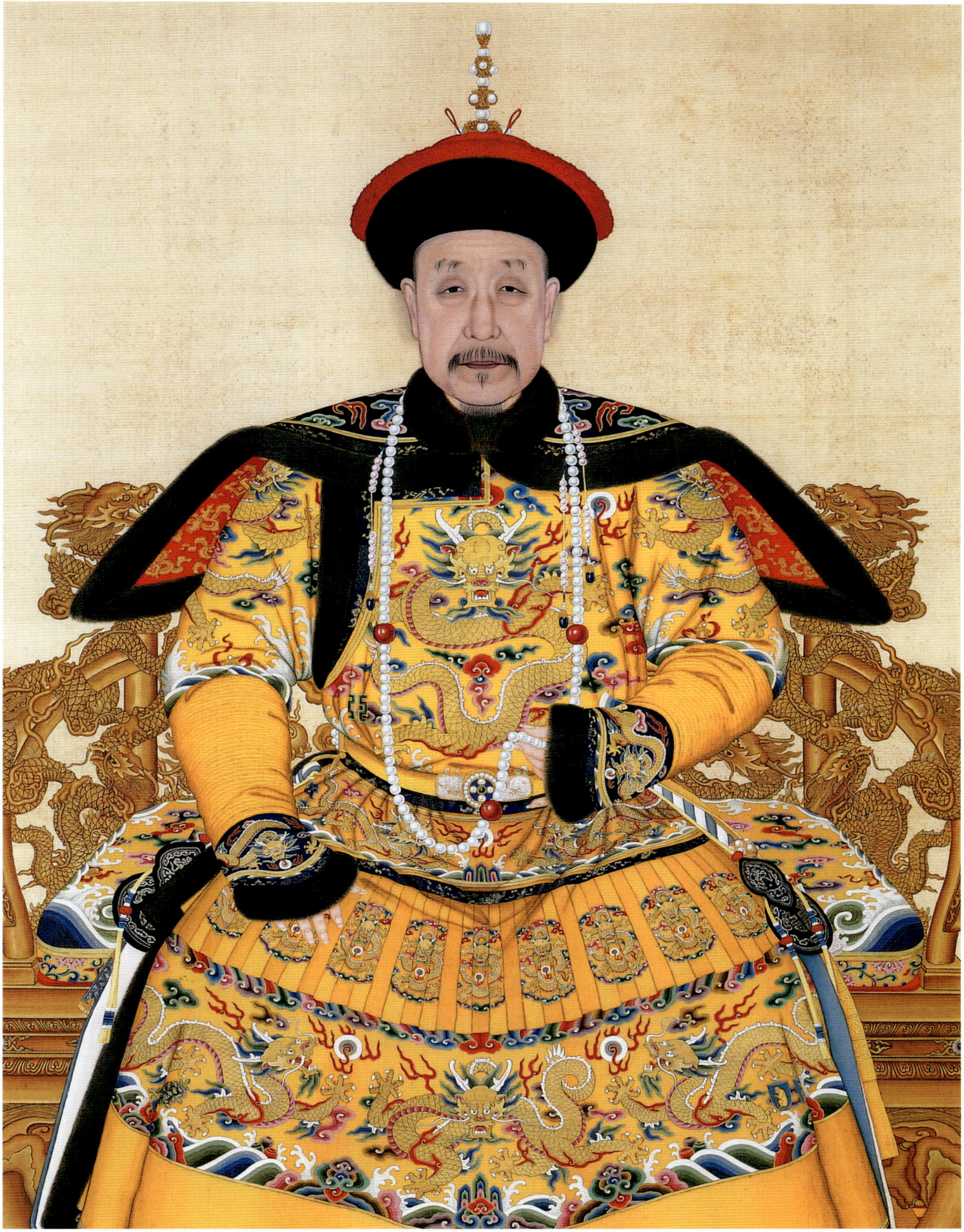

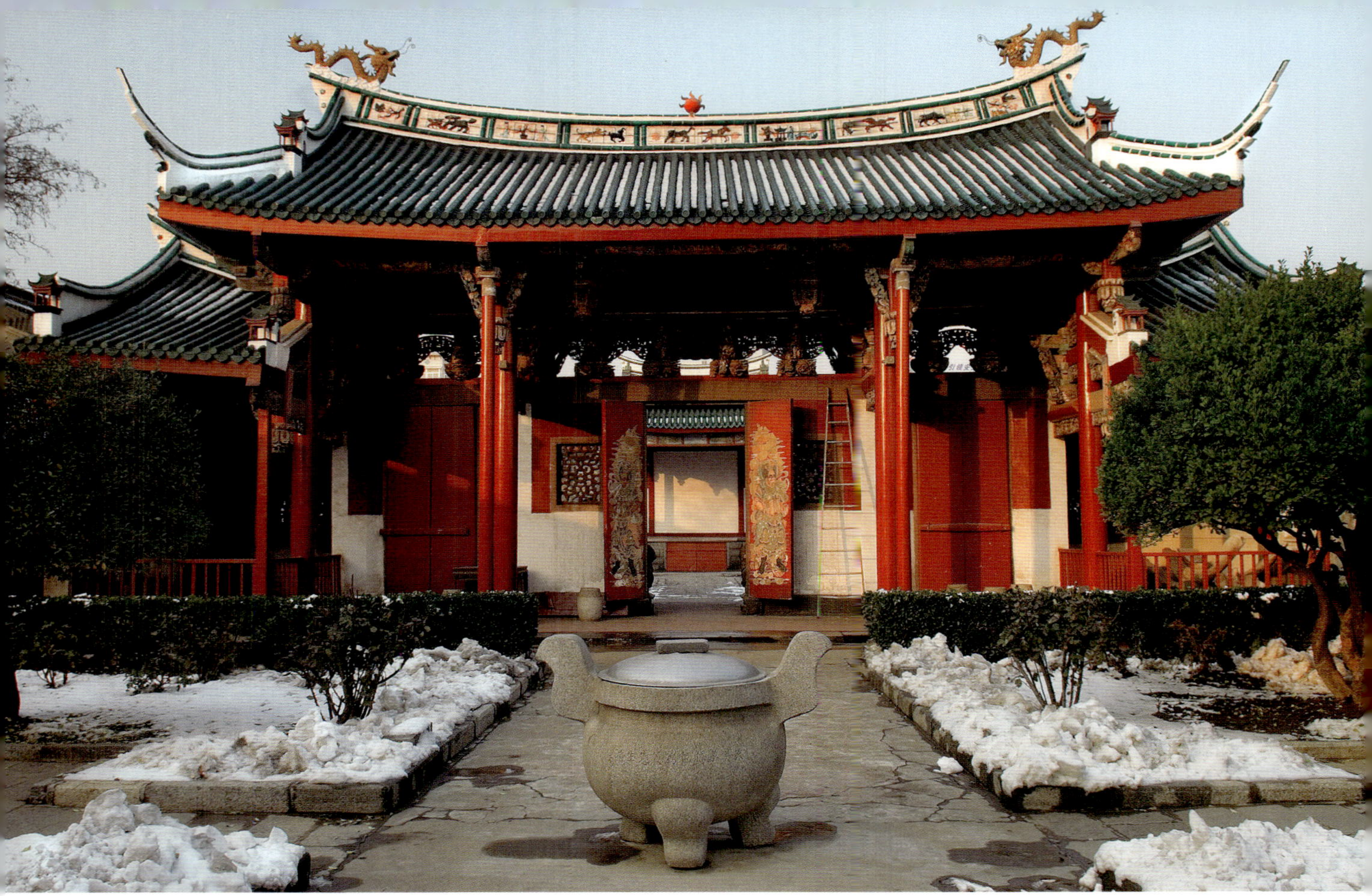

CI-DESSUS
Fondé en 1884, le palais de la Reine céleste à Yantai, dans le Shandong, est un célèbre temple dédié à la déesse populaire Mazu, patronne des marins. Le port de Yantai fut déclaré ouvert au commerce avec les pays occidentaux en 1873. En 1876, une convention ouvrant d'autres ports chinois au commerce étranger y fut signée.

PAGE DE DROITE
Cette grande pierre de jade sculptée de 114,5 cm de haut représente les Neuf Aînés de Huichang, célèbre réunion proposée par le poète Tang Bao Juyi à ses amis érudits, qui flânent dans un paysage idéal. Un poème de l'empereur Qianlong, à qui cette pièce appartenait, exalte la longévité du jade. Jade vert (néphrite), daté de 1787.

L'ESSOR DE L'INFLUENCE EUROPÉENNE

L'émergence et l'influence croissante de puissances étrangères est un facteur clef de l'histoire de la dernière dynastie impériale de la Chine. Même si le premier archevêque chrétien de Pékin mourut en 1338 sous le règne des Mongols, ce n'est qu'après la fondation de l'ordre jésuite par Ignace de Loyola, en 1534, qu'un nouvel effort fut mis en œuvre par l'Église pour envoyer des missionnaires en Asie de l'Est. Après la fondation du comptoir commercial de Macao par les Portugais, les missions purent prendre pied sur le sol chinois et le premier jésuite à laisser son empreinte fut Matteo Ricci. Il atteignit Pékin en 1601.

Au début, les chrétiens acquirent une reconnaissance officielle en portant des robes bouddhiques, mais Ricci comprit rapidement que pour gagner les classes éduquées à sa cause il devait s'immerger dans la culture chinoise. Une de ses méthodes consistait à souligner toutes les analogies qu'il pouvait relever entre le christianisme et les croyances orthodoxes chinoises. Ainsi, il utilisait le nom de l'ancien grand dieu Shangdi (« Seigneur Suprême », voir p. 21) pour nommer le dieu chrétien. Les Chinois, de leur côté, étaient fascinés par les connaissances techniques et les dispositifs mécaniques des Occidentaux, notamment les horloges. Finalement, les jésuites entrèrent au service du gouvernement en tant qu'astronomes, géographes et cartographes. Plusieurs grands érudits chinois se convertirent, et Kangxi publia en 1692 un décret tolérant le culte chrétien.

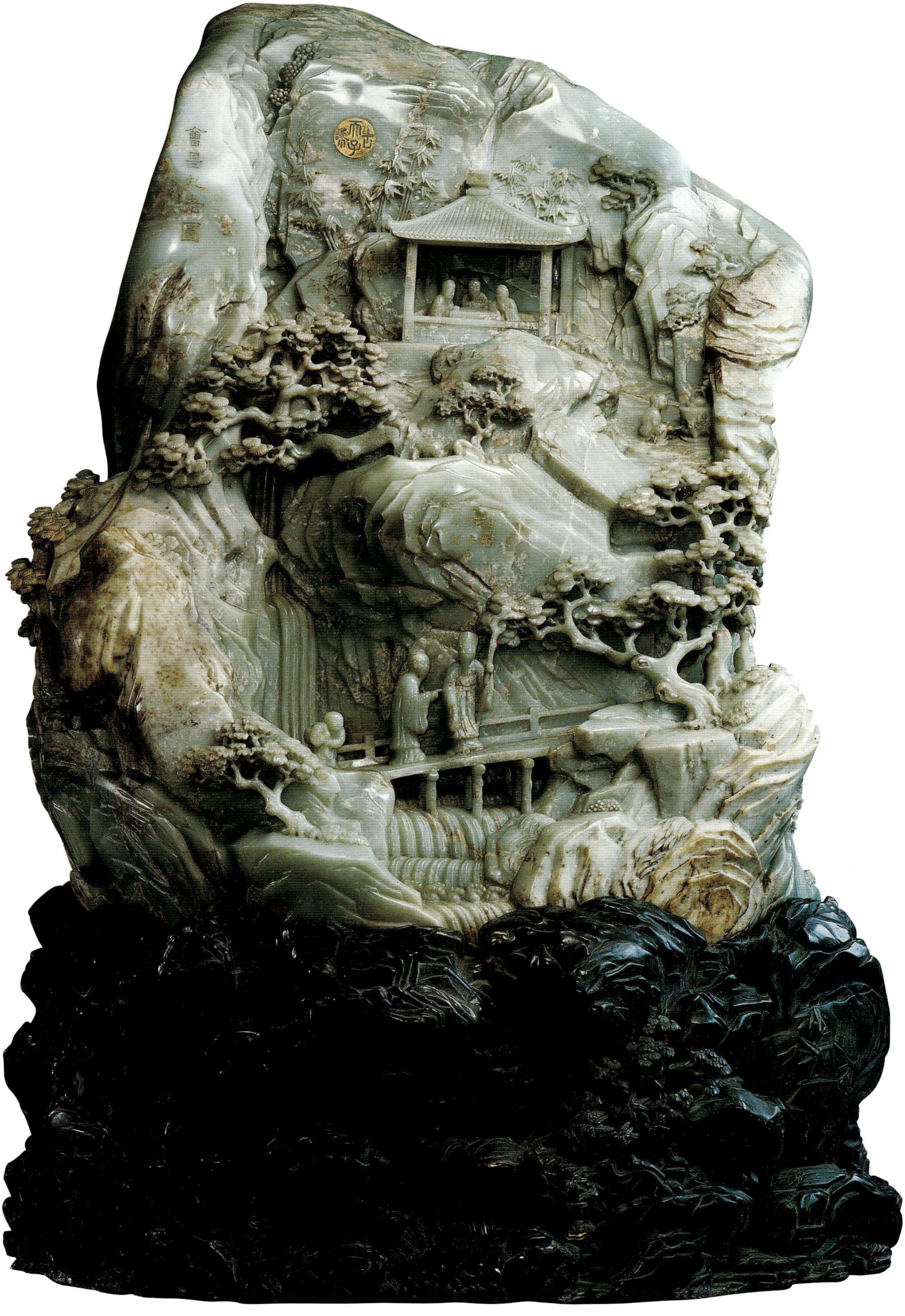
會昌九老圖

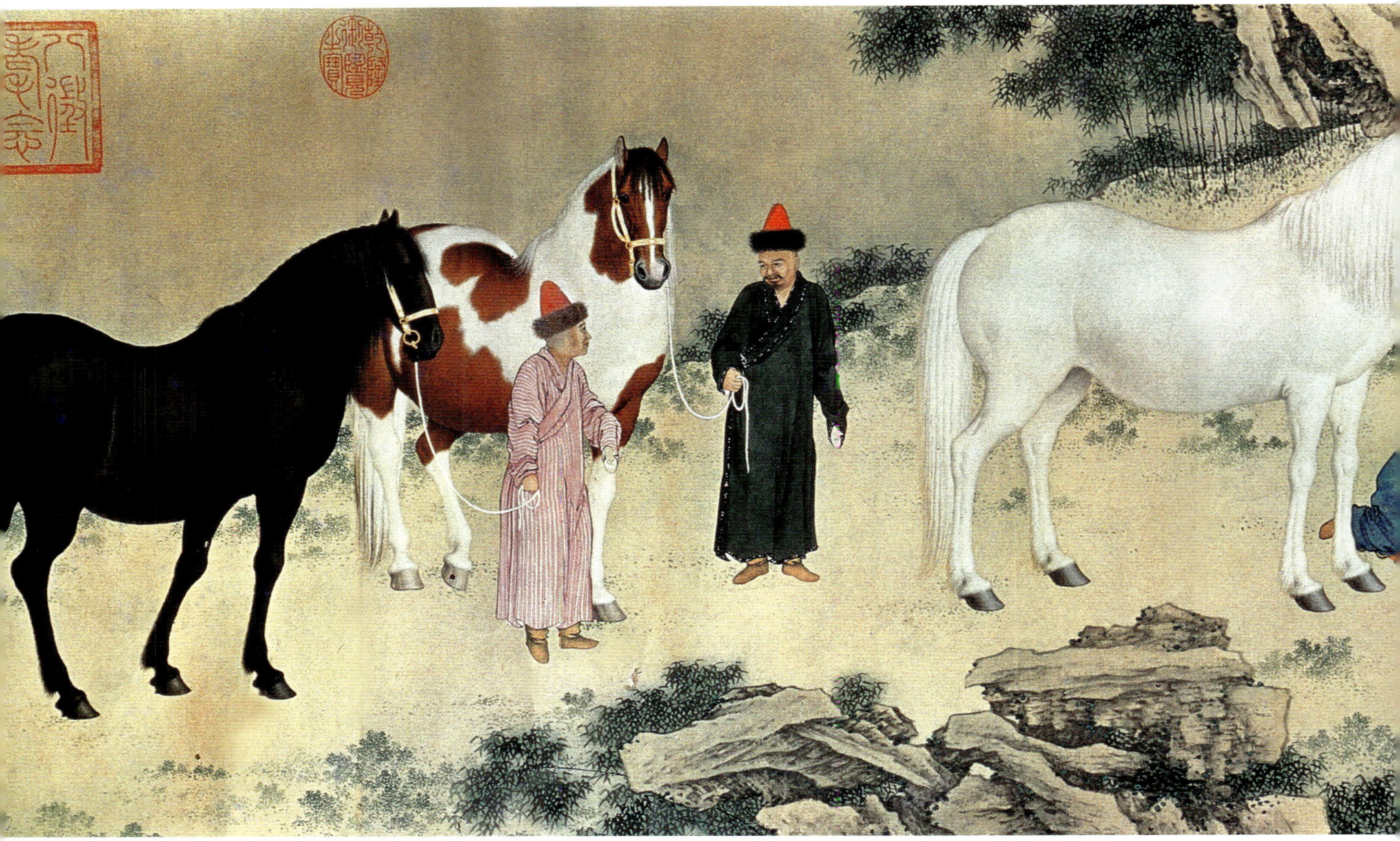

CI-DESSUS
Kazakhs présentant des chevaux à Qianlong, de Giuseppe Castiglione (1688-1766), réalisé avec des artistes anonymes de la cour. Peintre, architecte et missionnaire jésuite, Castiglione arriva à Pékin en 1715 et travailla à la cour impériale jusqu'à sa mort (voir p. 205). Connu en Chine sous le nom de Lang Shining, il collabora avec des artistes locaux pour proposer une combinaison originale des techniques et des sujets occidentaux et chinois. Rouleau horizontal, encre et couleur sur papier, 1757.

Les jésuites gagnèrent du terrain en Chine en acceptant le culte des ancêtres comme une pratique sociale et non religieuse, mais les dominicains persuadèrent le pape d'émettre une bulle papale en 1715 interdisant aux chrétiens chinois de pratiquer ce culte. Les Chinois réagirent en expulsant de nombreux missionnaires.

Les marchands portugais furent suivis par les Hollandais, qui contrôlèrent Taiwan pendant une brève période avant d'être chassés par Coxinga dans les années 1660 (voir p. 178). Ensuite, ce fut le tour des Anglais et des Français. Au milieu du XIXe siècle, les pays européens, le Japon et les États-Unis avaient établi une présence en Chine. Tous cherchaient à ouvrir la Chine au libre commerce, et n'hésitaient pas à employer la force lorsque les négociations échouaient. Conséquence de cela, en 1842, Hong Kong fut cédée à la Grande-Bretagne, et Taiwan fut ensuite occupée par le Japon. Des traités unilatéraux ouvrirent de nombreux ports chinois, comme Shanghai et Tianjin, et accordèrent des droits extraterritoriaux aux puissances occidentales, selon lesquels les résidents de certaines régions n'étaient soumis qu'aux lois de la puissance occupante, et non de l'empire.

Déjà sur le déclin, la dynastie Qing se révéla incapable de résister aux politiques de plus en plus cupides des puissances étrangères, ou au nombre croissant de rébellions. Ce fut le cas

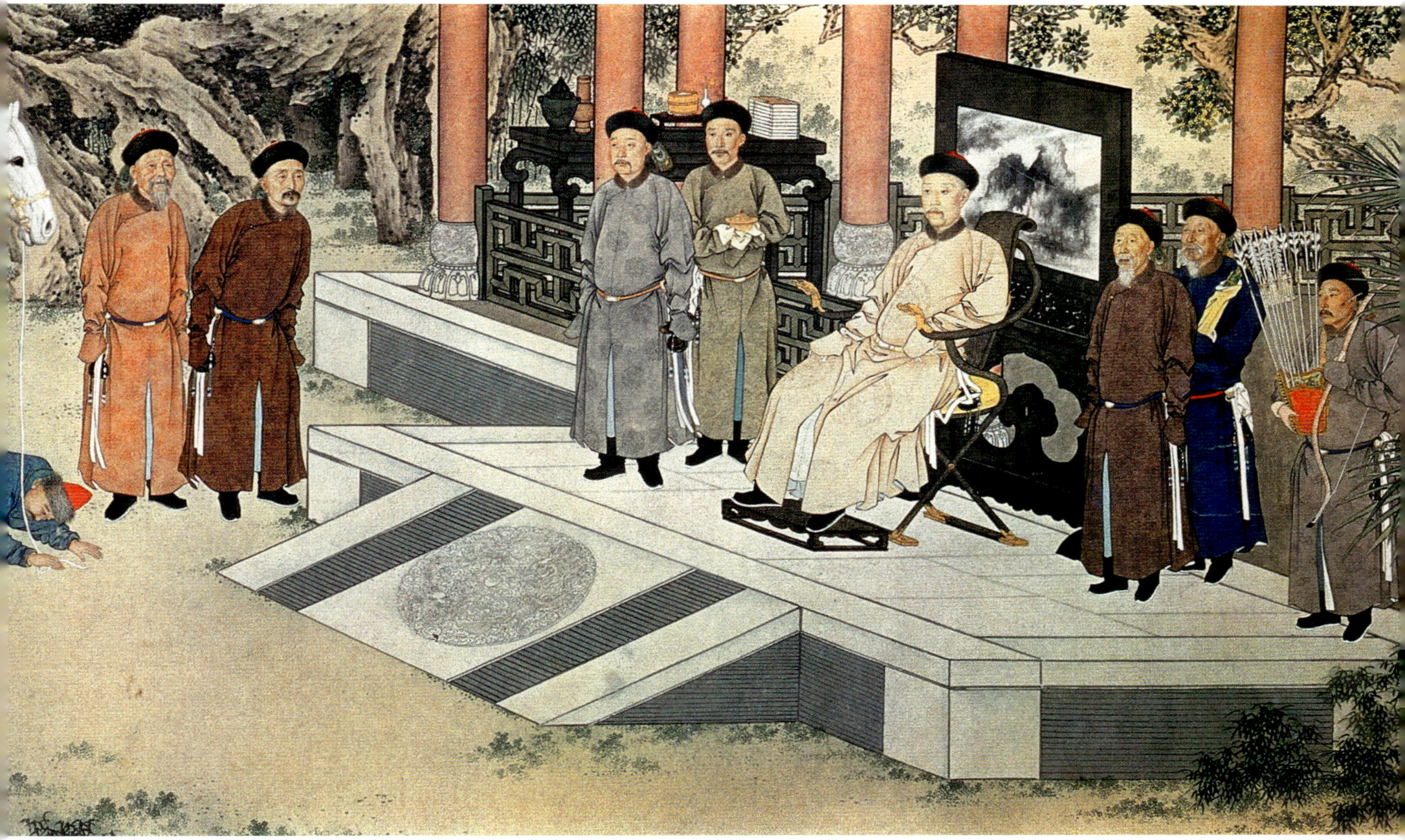

de la rébellion Taiping, qui débuta en 1850. Cette révolte incroyablement sanglante, menée par un chef charismatique qui s'était converti au christianisme et prétendait être le jeune frère du Christ, envahit une grande part du centre et du sud de la Chine. Elle ne fut vaincue qu'en 1864 grâce aux efforts des mandarins fidèles aux Mandchous, qui dépêchèrent des troupes chinoises recrutées localement. Ainsi, au fil du temps, les Mandchous avaient de plus en plus souvent recours aux Chinois pour constituer et même commander leurs armées.

LA FIN DE L'EMPIRE

Vers la fin du XIXe siècle, tous les espoirs de réformes politiques et économiques furent balayés par l'impératrice douairière Cixi (1835-1908), ultraconservatrice. Pendant les règnes de son fils Tongzhi (1862-1874) et de son neveu Guangxu (1874-1908), le pouvoir était en réalité entre ses mains. Guangxu était favorable au mouvement de réforme modéré de 1898, mais Cixi le fit placer en résidence surveillée. Elle gaspilla des fonds précieux pour financer un nouveau Palais d'été près de Pékin. Autre désastre, elle apporta également son soutien à la révolte des Boxers (1899-1901), qui aboutit à des attaques contre les légations étrangères. Le train de vie dispendieux de Cixi bloquait toute

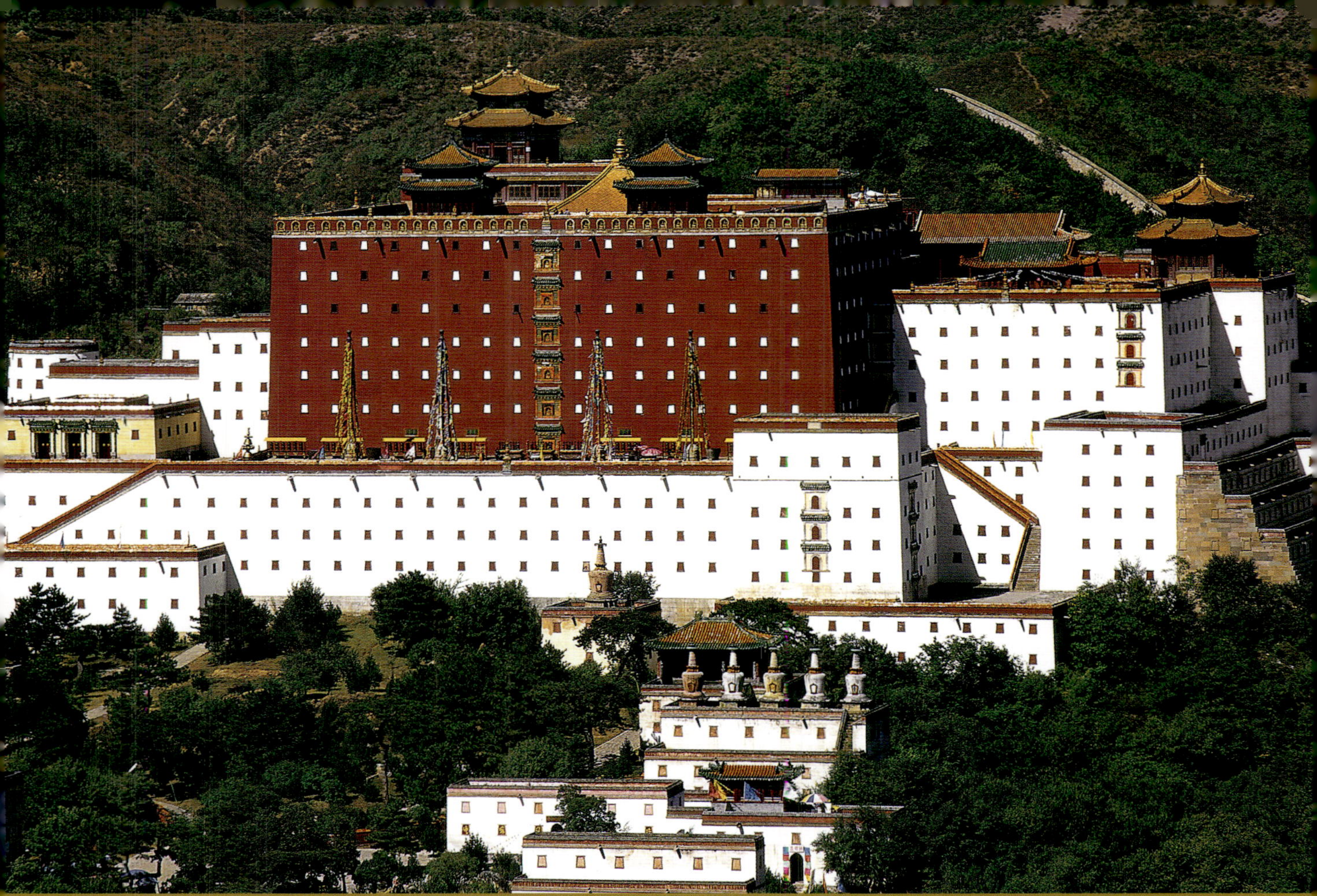

CI-DESSUS
Putuo Zingcheng, le « Petit Potala », temple bouddhique et palais érigés en 1767-1771 par l'empereur Qianlong à Chengde, la résidence d'été impériale située dans les collines à 160 km au nord-est de Pékin. Construite entre 1703 et 1789, cette vaste résidence comprend plusieurs bâtiments dans le style des édifices monumentaux de Lhassa, capitale du Tibet et siège des dalaï-lamas, dont les empereurs Qing étaient les protecteurs.

modernisation du dispositif militaire, si bien que les armées Qing se montrèrent impuissantes lorsque les troupes de sept puissances occidentales (les États-Unis, la Grande-Bretagne, la Russie, l'Allemagne, l'Autriche, la France et l'Italie) aidées du Japon envahirent la Chine et occupèrent Tianjin et Pékin.

Les alliés exigèrent des indemnités financières qui précipitèrent la fin de la dynastie. Après la mort de Cixi et de Guanxu en 1908, le trône échut à un enfant, Xuantong (Puyi). Tandis que des révoltes éclataient de toutes parts, les réformateurs s'emparèrent du gouvernement en 1911 et proclamèrent une république. Puyi abdiqua en 1912, mais fut autorisé à demeurer dans le palais impérial jusqu'en 1924 (il termina ses jours en tant que modeste jardinier à Pékin, où il mourut en 1967). Ainsi la dynastie mandchoue s'acheva-t-elle, et avec elle plus de deux mille ans de régime impérial, dans un souffle.

L'ART ET LA LITTÉRATURE DE LA FIN DES QING

Grand mécène des arts, Qianlong accueillit plusieurs peintres à sa cour. Il admirait le style européen du peintre jésuite italien Giuseppe Castiglione (1688-1766), à qui il commanda des peintures de paysages, de la cour, de cérémonies militaires, de cavaliers et d'autres sujets (voir illustration pp. 202-203). Qianlong chargea plusieurs missionnaires jésuites de construire le vieux palais d'Été (entre 1750 et 1765), autrefois appelé Qingyi Yuan (Jardin des vagues claires), à proximité de Pékin. En 1860, le palais fut pillé et incendié par les armées franco-britanniques, afin de convaincre le gouvernement chinois d'entamer des relations diplomatiques et de prendre des mesures pour faciliter le commerce international. Ses ruines laissent encore apercevoir son style « sino-baroque ».

La collaboration des artistes de la cour avec Castiglione pour la réalisation de plusieurs œuvres introduisit de puissants éléments européens dans la peinture chinoise, essentiellement au niveau des ombres et de la perspective. En dehors de la cour, la peinture traditionnelle continuait à se développer et, au cours du règne de Qianlong, la tendance individualiste du début des Qing fut perpétuée par le groupe des « Huit Excentriques de Yangzhou ». Dans cette ville prospère du Jiangsu, à l'est de la Chine, les marchands de sel et autres commerçants des classes moyennes offraient un marché à ces artistes, et Shi Tao, un artiste du début des Qing (voir pp. 184-186), y passa la fin de sa vie. Les Excentriques – Wang Shishen (1686-1759), Huang Shen (1687-1772), Li Shan (v. 1686-1756), Jin Nong (1687-1764), Gao Xiang (1688-1753), Zheng Xie (1693-1765), Li Fangying (1696-1755) et Luo Pin (1733-1799) – étaient des esthètes d'origine plutôt modeste, qui avaient renoncé aux aspirations de richesse et de statut social afin d'être libres d'exprimer leurs vrais sentiments dans leurs peintures. Leurs sujets de prédilection étaient les fleurs de prunier (pour lesquelles Wang Shishen était réputé), les lilas, les bambous, les pins, les rochers. Huang Shen, originaire du Fujian, peignait plutôt des figures humaines : pêcheurs, tisseurs de soie et mendiants.

En littérature, deux romans de cette époque sont reconnus comme des chefs-d'œuvre. Le premier, traduit en français sous le titre *Le Rêve dans le pavillon rouge* ou *L'Histoire de la pierre*, fut écrit par Cao Xueqin, le descendant d'une des plus riches familles chinoises dont les fabriques de soies fournissaient les vêtements pour la cour impériale. Son roman est le récit détaillé de la vie quotidienne dans une maison habitée par une grande famille de plusieurs douzaines de membres, avec d'innombrables domestiques. Sur les centaines de personnages, plusieurs douzaines sont inoubliables. Tous ont un caractère propre, qu'ils fassent partie de la famille ou des serviteurs. Le second roman, écrit par Wu Jingzi, s'intitule *L'Histoire de la forêt des lettrés*. Il s'agit du grand roman

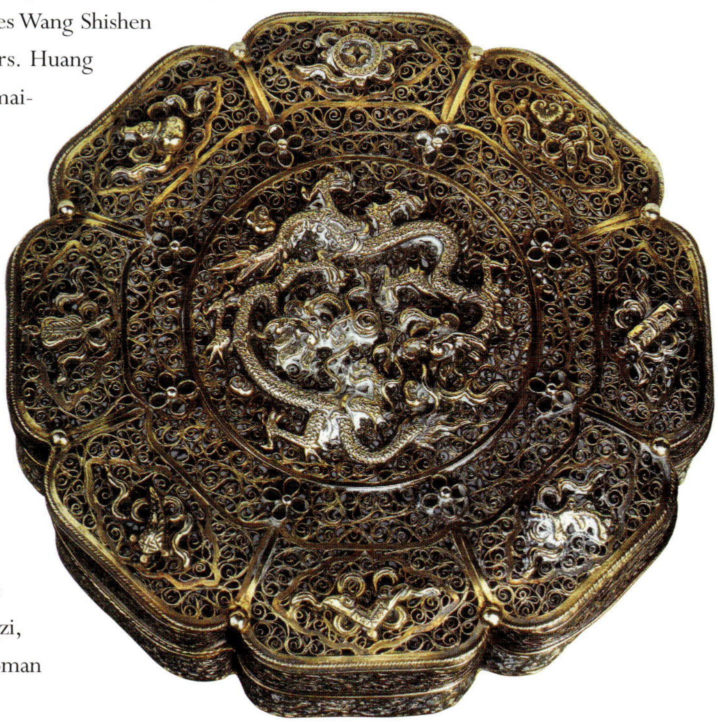

CI-DESSOUS
Boîte octogonale en filigrane – huit est un chiffre porte-bonheur dans la culture chinoise – au décor complexe. Les motifs de dragons démontrent le talent des artisans métallurgistes chinois de la dynastie des Qing. Argent et or, XVIIIe ou XIXe siècle.

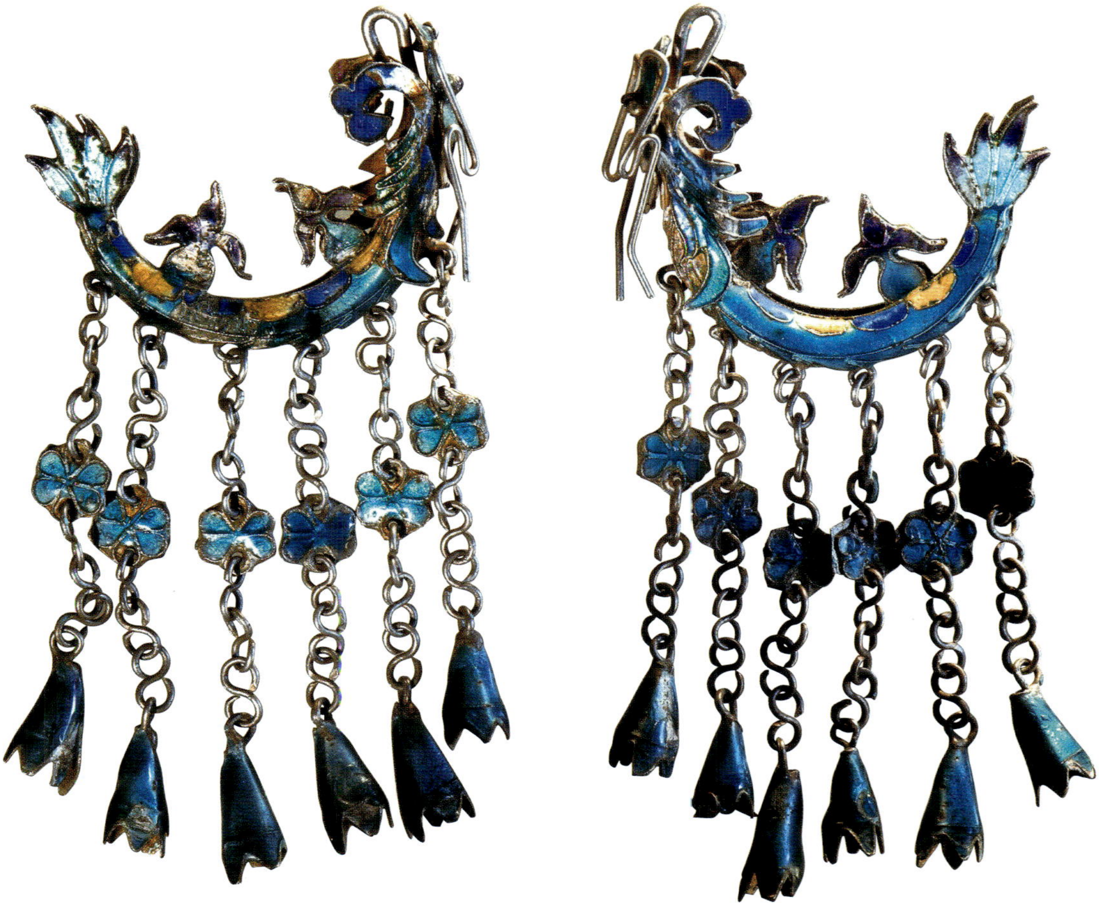

CI-DESSUS
Ces boucles d'oreilles raffinées étaient portées par les Chinoises aisées comme signe distinctif de leur statut social. Argent et émail bleu, dynastie Qing, fin XVIIIe-début XIXe siècle.

PAGE DE DROITE
Les femmes devinrent un sujet de prédilection des artistes à l'époque Qing. *Lu Zhu composant un poème* est une peinture tirée de *Dix femmes célèbres*, album de Sun Huang. Encre et peinture sur soie, daté de 1757.

PAGES SUIVANTES
Panneau de table figurant un érudit et ses serviteurs dans un pavillon au bord d'une rivière. Les érudits représentés dans un décor champêtre forment un sujet qui fut beaucoup repris au cours des siècles. Laque rouge sculpté, dynastie des Qing, XVIIIe siècle.

satirique de la Chine, dans lequel Wu Jingzi se montrait extrêmement critique envers le système des examens de l'État, qui reposait à cette époque sur l'aptitude des candidats à produire des essais selon un modèle précis, inspiré de l'idéologie des néoconfucéens de la dynastie des Song. Certains mandarins issus de ce système se révélaient fondamentalement ignorants et inaptes à exercer leurs fonctions. Wu Jingzi se montre impitoyable à leur égard, mais sa satire plutôt subtile s'appuie sur une intelligence critique aigue.

Durant les deux dernières décennies de la dynastie Qing, les romans satiriques se multiplièrent, souvent publiés sous forme de feuilletons dans des magazines imprimés par les nouvelles presses mécaniques, qui permettaient aussi d'imprimer les premiers journaux populaires. Les temps changeaient à vive allure.

VERS UNE NOUVELLE CALLIGRAPHIE

Sous les Qing, les lettrés s'adonnèrent à l'examen critique *(kaozheng xue)*, qui consistait à authentifier des textes anciens en établissant des comparaisons détaillées avec les inscriptions retrouvées sur les stèles de pierre et les récipients rituels en bronze. Cette étude rigoureuse était en partie une réaction à l'attitude des souverains du début des Qing, qui muselaient toute pensée indépendante. Mais elle eut pour effet de stimuler l'expérimenta-

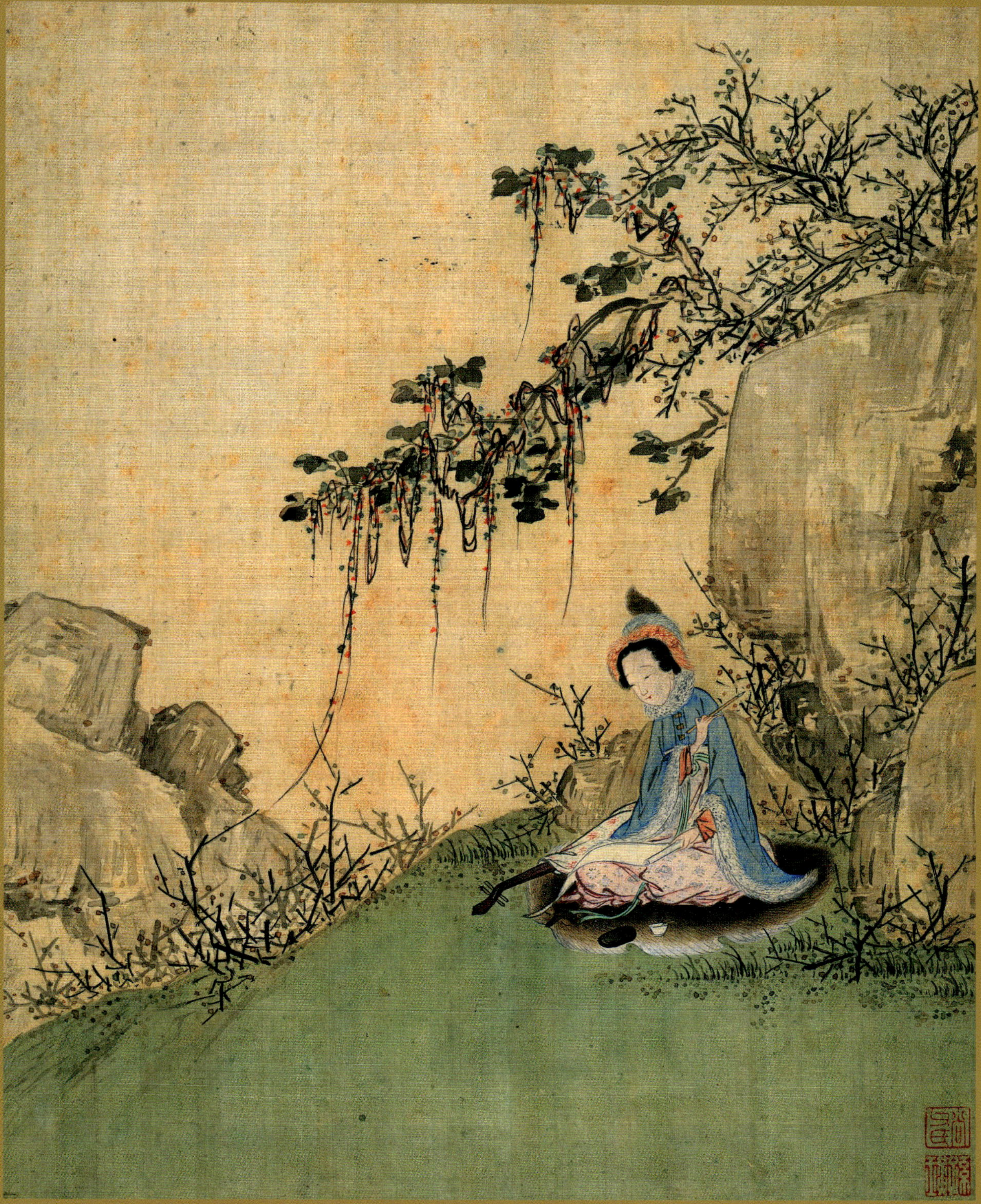

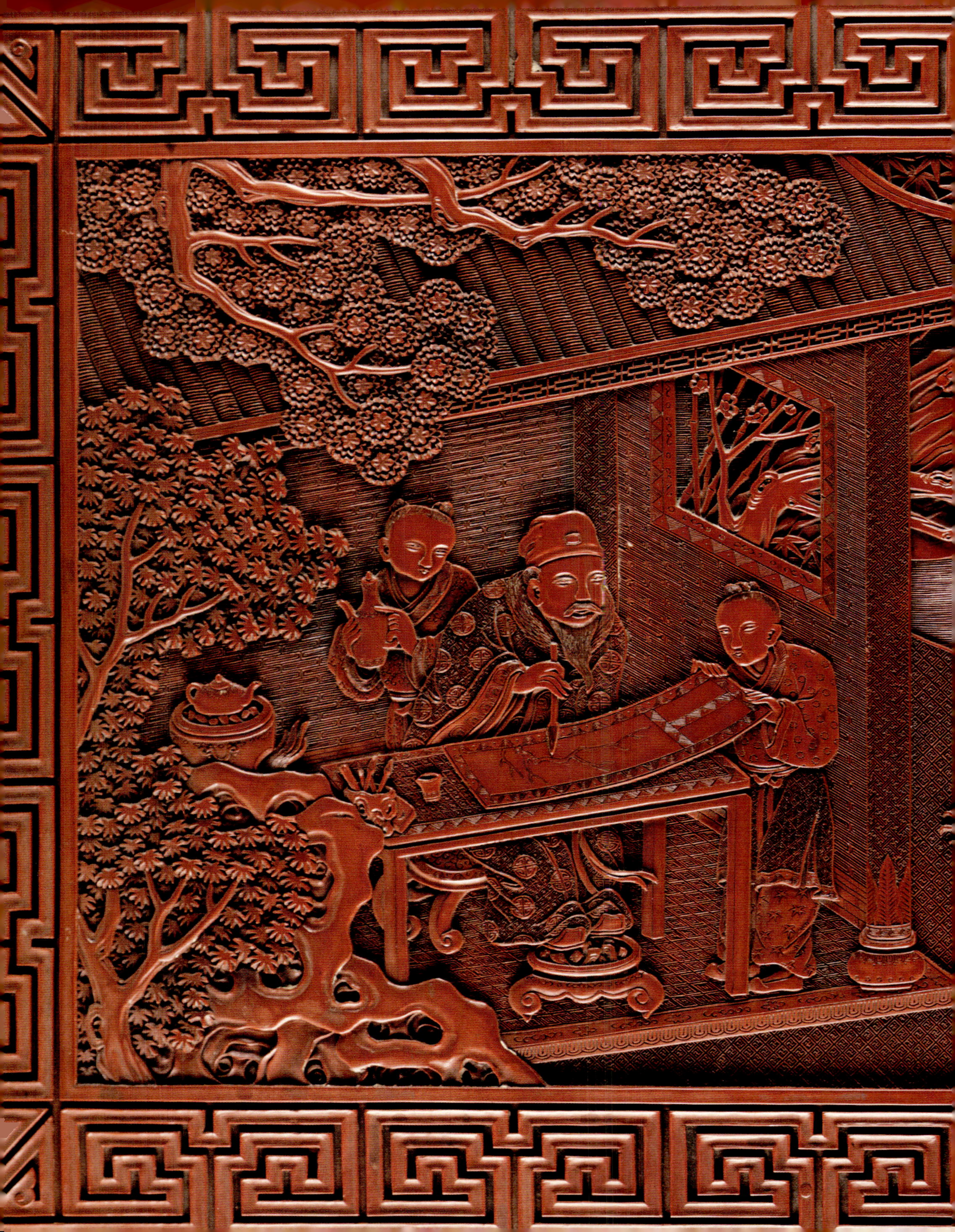

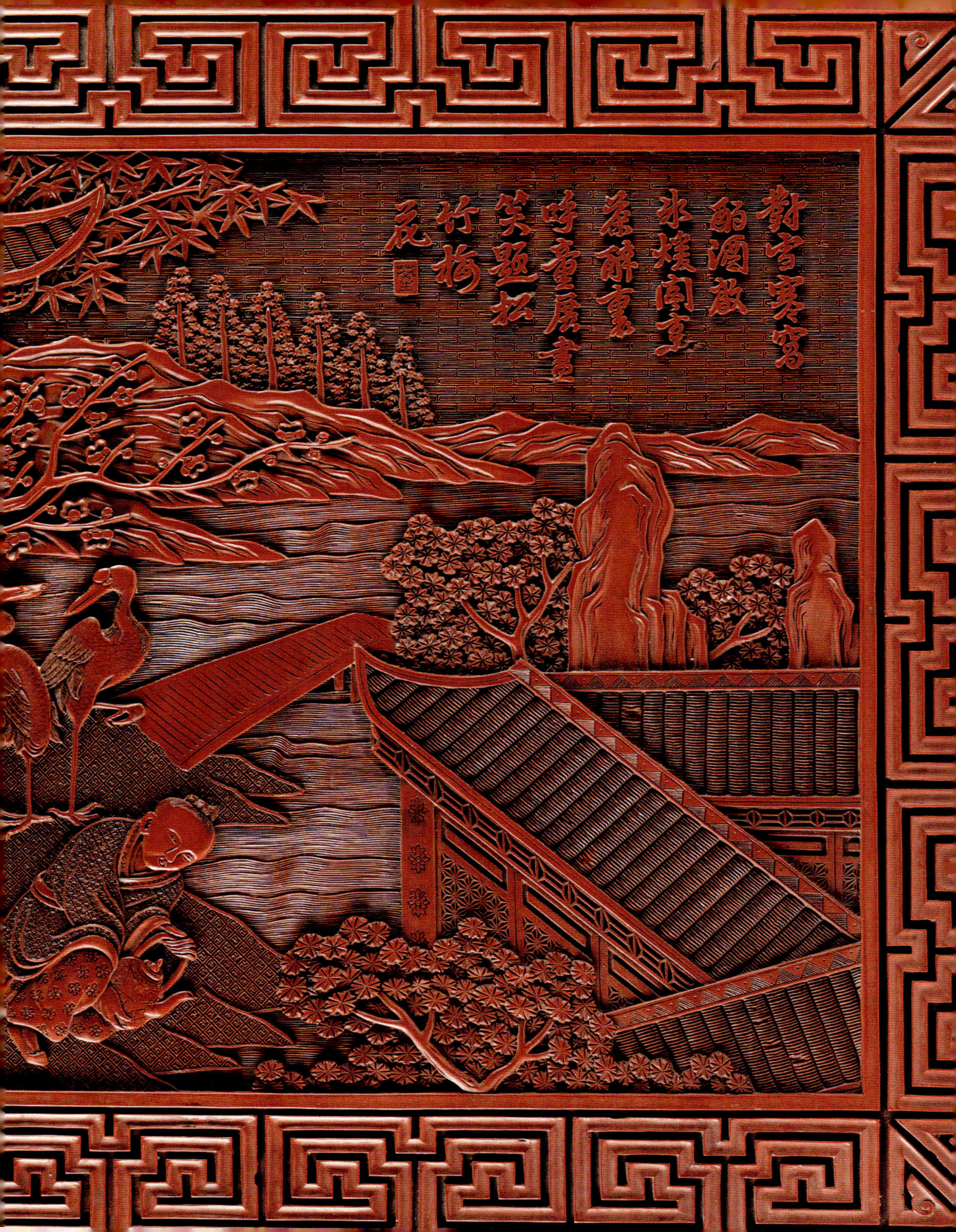
對雪寒窗酌酒敲冰煖閣烹茶醉裏呼童展畫笑題松竹梅花

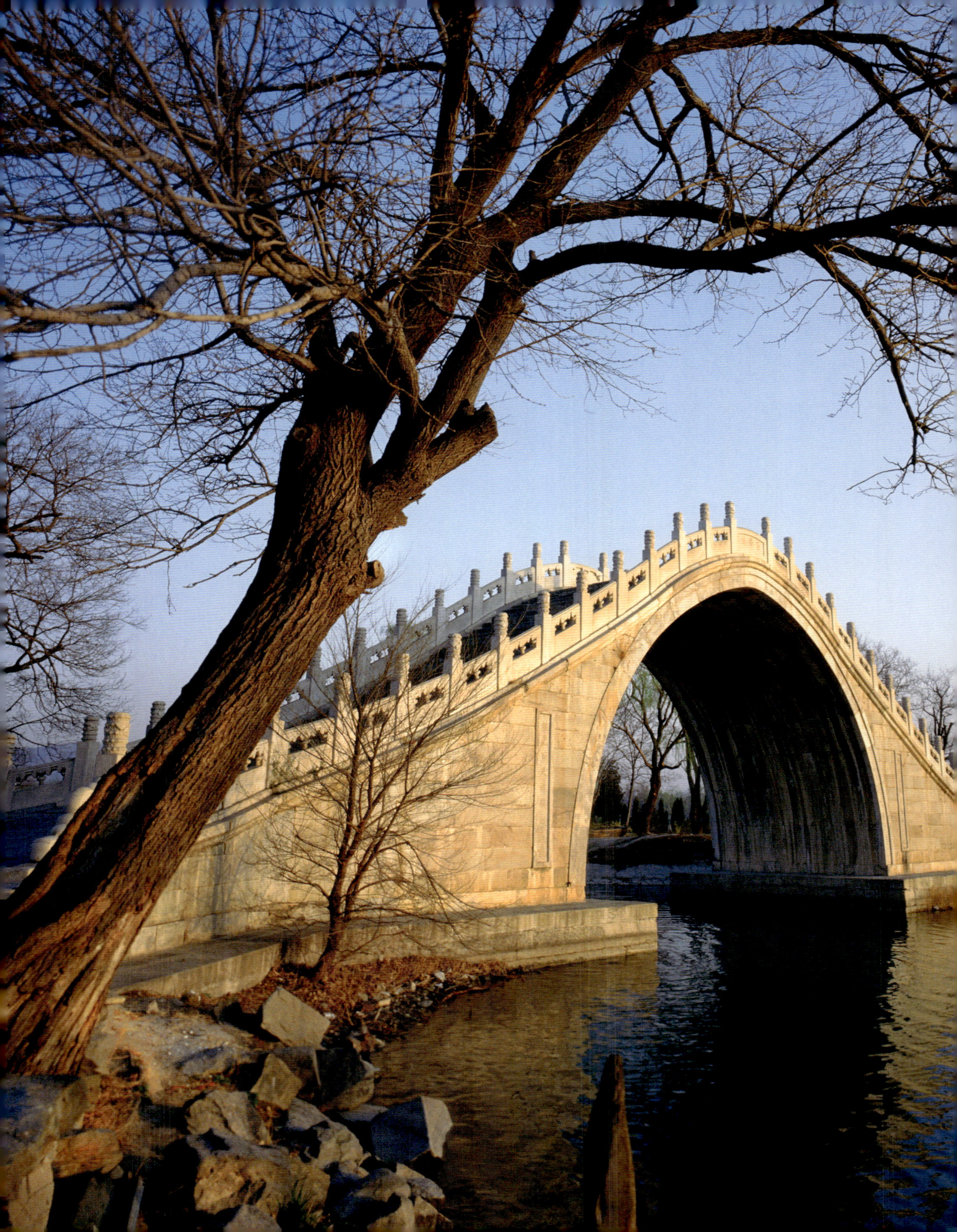

tion en matière de calligraphie. Ce renouveau prit en partie la forme d'une critique éclairée des maîtres postérieurs aux Han, dont le style avait été révéré au point de réprimer toute innovation. Le grand Wang Xizhi était particulièrement visé, et son influence fut critiquée pour la première fois par Jin Nong, un des Huit Excentriques de Yangzhou. Celui-ci définit un style calligraphique « hérétique » dont les caractères ressemblaient à des blocs tracés avec une encre épaisse et un pinceau droit, par opposition au style délié et élégant de Wang Xizhi et des autres.

PAGE DE GAUCHE
Le pont de la Ceinture de jade, en marbre et en pierre blanche (1751-1764), sur le lac Kunming dans la propriété du palais d'Été impérial à Pékin. Les rampes sont ornées de grues, et l'arc unique particulièrement voûté a été conçu pour permettre le passage du bateau-dragon de l'empereur Qianlong.

TRADITION ET INNOVATION À LA FIN DE L'EMPIRE

À partir du règne de Qianlong jusqu'à la fin de l'empire, de nombreuses innovations virent le jour parallèlement à la production ininterrompue d'œuvres de grande qualité dans la lignée des styles, des genres et des sujets traditionnels. Parmi les artistes célèbres, Fei Danxu (ou Zitiao, 1802-1850) travailla essentiellement dans les provinces du Jiangsu et du Zhejiang. Il était réputé pour ses personnages. Le marché étranger eut pour effet de stimuler l'activité artistique dans le port méridional de Guangzhou (Canton), où résidait Lam Qua (Guan Qiaochang/Kwan Kiu Cheong en cantonais ; 1801-1860). Il devint célèbre pour ses portraits à l'huile dans le style occidental. Dans les années 1820, Lam Qua s'était formé à Macao auprès du Britannique George Chinnery (1774-1852), probablement le seul artiste européen qui travailla en Chine pendant la première moitié du XIXe siècle.

À partir du milieu du XIXe siècle, Shanghai devint la ville dominante du bas Yangzi. Elle s'ouvrit au commerce occidental après le traité de Nanjing, qui mettait fin à la première guerre de l'Opium de 1839-1842. Ren Xiong (1820-1857) et Ren Yi (ou Ren Bonian, 1840-1896) sont les plus célèbres artistes de l'« École de Shanghai ». Ils avaient reçu une éducation traditionnelle de lettrés pour la plupart, et respectaient les techniques et les styles des vieux maîtres. Cependant, sous l'influence des idées occidentales, leurs œuvres rompent avec la tradition en introduisant des sujets et des thèmes nouveaux, une audace inédite dans l'utilisation de la couleur et un élément de critique sociale. Ces artistes produisirent moins de paysages et plus de portraits que leurs prédécesseurs. Dans cette époque de profond changement, de transition et de contrastes, ces artistes professionnels préfiguraient les mouvements de modernisation radicaux que la Chine allait connaître au XXe siècle.

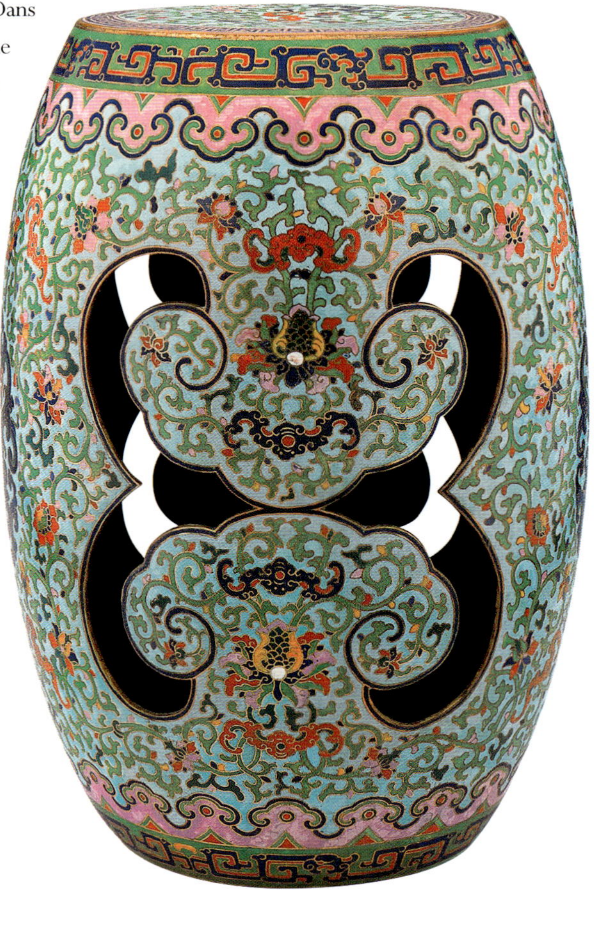

CI-DESSOUS
Cet objet en porcelaine cloisonnée de la « famille verte », en forme de fût, est un tabouret de jardin dont le type s'est répandu à la fin de l'empire. Dynastie des Qing.

DYNASTIES ET GRANDS EMPEREURS

PÉRIODE PRÉHISTORIQUE
La dynastie des Xia (v. 2050–v. 1500 av. J.-C.)
Dynastie semi-légendaire qui se confond probablement avec la culture d'Erlitou, dans la province du Henan, à la fin du néolithique

PÉRIODE HISTORIQUE
Dynastie des Shang (v. 1500–v. 1050 av. J.-C.)

Dynastie des Zhou (v. 1050–221 av. J.-C.)

Zhou occidentaux (v. 1050–770 av. J.-C.)

Zhou orientaux (v. 770–221 av. J.-C.)

Période des Printemps et des Automnes (770–481 av. J.-C.)
Au cours de cette période, la dynastie des Zhou continait à règner, mais la Chine était divisée en États indépendants, souvent gouvernés par des ducs *(gong)* ou des marquis *(hou)*, en principe soumis aux Zhou. Les souverains de l'État de Chu prirent le titre de roi *(wang)*.

Période des Royaumes combattants (453–221 av. J.-C.)
Au IVe siècle av. J.-C., les souverains de plusieurs États, dont les Qing, prirent aussi le titre de *wang*.

PÉRIODE IMPÉRIALE
Dynastie des Qin (221–206 av. J.-C.)
Qin Shi Huangdi (« Premier empereur des Qin », 247–210 av. J.-C.). *Connu sous le nom de Qin Wang Zheng (roi Zheng des Qin) avant 221 av. J.-C.*

Dynastie des Han (206 av. J.-C.–220 apr. J.-C.)
Han occidentaux (206 av. J.-C.–8 apr. J.-C.)
Gaozu (206–195 av. J.-C.)
Wu Di (141–87 av. J.-C.)
Wang Mang (interrègne de la « dynastie des Xin », 9–25 apr. J.-C.)

Han orientaux (25–220 apr. J.-C.)
Guangwu Di (25–57)
Ming Di (57–76)
He Di (88–106)
Xian Di (190–220)

PÉRIODE DE DÉSUNION (220–581)
Les Trois Royaumes (220–265)
Wei (220–264). *Souverains au nord de la Chine*
Shu Han (221–263). *Souverains de l'ouest de la Chine*
Wu (222–280). *Souverains de l'est de la Chine*

Dynastie des Jin occidentaux (265–316)
Wu (265–290)

Dynasties du Nord et du Sud (317–581)

Dynasties du Nord
Wei (Tuoba) du Nord (386–534)
Wei occidentaux (534–557)
Wei orientaux (534–550)
Qi du Nord (550–589)
Zhou du Nord (557–581)

Dynasties du Sud
Jin orientaux (317–420)
Liu Song (420–479)
Qi du Sud (479–502)
Liang (502–557)
Chen (557–589)

ÈRE DES TANG
Dynastie des Sui 581–618
Wen Di (581–604)
Yang Di (604–618)

Dynastie des Tang 618–907
Gaozu (618–626)
Taizong (626–649)
Gaozong (649–684)
Ruizong (684–690, 710–712)
Wu Zetian (interrègne de la « Dynastie des Zhou », 690–705). *Unique impératrice de Chine.*
Xuanzong (712–756)

LES 5 DYNASTIES ET LES 10 ROYAUMES (907–960)
Les Cinq Dynasties (au nord) :

Dynastie des Liang postérieurs (907–923)
Dynastie des Tang postérieurs (923–935)
Dynastie des Jin postérieurs (936–947)
Dynastie des Han postérieurs (947–951)
Dynastie des Zhou postérieurs (951–960)

Les Dix Royaumes (au sud)

ÉPOQUE DES SONG
Dynastie des Song (960–1279)

Song du Nord (960–1126)
Taizu (960–976)
Taizong (976–997)
Huizong (1101–1125)

Song du Sud (1127–1279)
Gaozong (1127–1162)

Dynastie des Liao (Khitan) 907–1119

Dynastie des Jin (Jurchen) 1115–1234

ÉPOQUE DE L'AUTOCRATIE
Dynastie des Yuan (Mongols) 1279–1368
Khubilai Khan (Yuan Shizu, 1279–1294)

Dynastie des Ming 1368–1644
Hongwu (1368–1398)
Yongle (1402–1424)

Dynastie des Qing 1644–1911
Shunzhi (1644–1662)
Kangxi (1662–1723)
Yongzheng (1723–1736)
Qianlong (1736–1796)
Guangxu (1875–1909). *Dans les faits, l'impératrice douairière Cixi gouverna pendant une grande partie de son règne.*
Xuantong (Puyi, 1909–1911)

REMARQUE AU SUJET DES TITRES DES EMPEREURS :
Depuis les Han jusqu'à la fin des Yuan, les empereurs chinois sont connus sous leur « nom de temple », c'est-à-dire le titre posthume sous lequel ils étaient vénérés dans les rites ancestraux. Ces noms comportent souvent les syllabes zu et zong, qui signifient fondateurs, ou ancêtre. Par exemple, Liu Bang, le fondateur des Han, et Li Yuan, le fondateur des Tang, sont tous deux connus sous le nom de temple Gaozu (Fondateur exalté). Les empereurs Ming et Qing sont connus sous leur « nom de règne ». Les empereurs avaient pour coutume de diviser leurs règnes en plusieurs époques dotées de noms de bon augure, pratique toujours en usage au Japon. Un souverain pouvait adopter plusieurs noms successifs au cours de son règne, mais les empereurs Ming et Qing n'utilisèrent qu'un seul nom pour l'ensemble de leur règne. Ainsi l'empereur Ming Chengzu nomma-t-il son règne Yongle (« Joie éternelle »), si bien qu'on le désigne par l'appellation « empereur Yongle ». Les trois célèbres empereurs des Ming sont désormais souvent appelés Kangzi, Yongzheng et Qianlang, plutôt que l'empereur Kangxi, et ainsi de suite.

INDEX

Les références en *italique* désignent les légendes des illustrations.

REMERCIEMENTS ET CRÉDITS PHOTOGRAPHIQUES

Remerciements

À mon épouse Ying pour tout son soutien.

Crédits photographiques

L'éditeur aimerait remercier les particuliers, les musées et les photothèques suivants d'avoir autorisé la reproduction de leur matériel. Le plus grand soin a été apporté à la mention des propriétaires de droits. Toutefois, veuillez nous excuser si vous constatez des oublis et être assuré que nous corrigerons toutes les éditions ultérieures.

AA = Art Archive, Londres
AKG = AKG-images, Londres
BAL = Bridgeman Art Library, Londres
BM = © Trustees du British Museum, Londres. Tous droits réservés.
CRP = Bureau national des reliques culturelles, Pékin
HIP Heritage Image Partnership, Londres
HKCTP = Hong Kong China Tourism Press, Quarry Bay, Hong Kong
MEAA = Museum of East Asian Art, Bath
MG = Musée Guimet, Paris
NPM = Musée national du palais, Taipei
PM = © Musée du palais impérial, Pékin
RMN = Réunion des Musées nationaux, Paris
ROM = Royal Ontario Museum, Toronto
WFA = Werner Forman Archive, Londres

(g = gauche), (d = droite), (h = haut), (b = bas)

Page 1 MG/Photo RMN - ©Jean-Gilles Berizzi ; **2** HKCTP ; **3** Scala, Florence/HIP/MEAA ; **4 et 6** BM ; **7** Corbis/Tiziana and Gianni Baldizzone ; **8** BM ; **10** MG/Photo RMN – ©Droits réservés **11** BM ; **12-13** MG/Photo RMN – ©Thierry Ollivier ; **14** CRP/Musée d'histoire, Pékin ; **15** CRP/Institut d'archéologie, Qinghai ; **16** Corbis/Asian Art & Archaeology, Inc/Institut d'archéologie, Pékin ; **17** CRP/Institut d'archéologie, Pékin ; **18** BM ; **19** Corbis/Asian Art & Archaeology, Inc ; **20** Images du domaine public/Institut d'archéologie, Pékin ; **21** BM ; **22** Images du domaine public/BM ; **23** BM ; **24** MG/Photo RMN – ©Richard Lambert ; **25** Images de Christie's, Londres ; **26** MG/Photo RMN – ©Ravaux ; **26** Corbis/ROM ; **27** Images de Christie's, Londres ; **28** Corbis/Francis G. Mayer ; **30-31** Getty Images /Image Bank/DreamPictures ; **32** Panos/Georg Gerster ; **33** Corbis/ROM ; **34** BM ; **35** Corbis/Asian Art & Archaeology, Inc ; **36** AKG/Laurent Lecat ; **37** Corbis/Keren Su ; **38**, **39** g, d et **40** Araldo de Luca, Rome ; **41** Index sas, Florence ; **42-43** CRP/Musée de la province du Hebei, Wuhan ; **43** CRP/Musée national de l'histoire chinoise, Pékin ; **44** MG/Photo RMN – ©Thierry Ollivier ; **45** CRP/Musée de la province du Hunan, Changsha ; **46** Corbis/Asian Art & Archaeology, Inc ; **47** CRP/Musée du district de Jiangchuan, Yunnan ; **48** AKG/Erich Lessing ; **49** CRP/Musée de la province du Sichuan, Chengdu ; **50** Images du domaine public/Musée de la province du Henan, Zhengzhou ; **51** Images du domaine public/Bureau des reliques culturelles, district de Xindu, Sichuan ; **52** CRP/Musée de la province du Sichuan, Chengdu ; **51** WFA/PM ; **54-55** WFA ; **56-57** CRP/Musée national de l'histoire chinoise, Pékin ; **57** CRP/Institut d'archéologie, Anhui ; **58** CRP/Bureau administratif des reliques culturelles du district d'Anxiang, Hunan ; **59** CRP/Musée de la Région autonome du Xinjiang Ouïgour ; **60** Images de Christie's, Londres ; **61** CRP/Musée de la Région autonome du Xinjiang Ouïgour ; **62** CRP/Musée municipal de Datong, Shanxi ; **63 et 64** MG/Photo RMN – ©Daniel Arnaudet ; **65** Images de Christie's, Londres ; **66 et 67** WFA ; **68** MG/Photo RMN - ©Richard Lambert ; **69** Musée municipal de Qingzhou, province du Shangdong. Photo : Administration nationale du patrimoine culturel, République populaire de Chine ; **70** g Corbis/Tibor Bognar ; **70** d WFA ; **71** Corbis/Pierre Colombel ; **72** Alamy/George Brice ; **74 et 75** HKCTP ; **76** Alamy/Fenix Rising ; **77** Alamy/Dennis Cox ; **78-79** AA/MG/Dagli Orti ; **80** BM ; **81** AA/Bibliothèque nationale de Paris ; **82** Corbis/Pierre Colombel ; **84** WFA/Michael B. Weisbrod Inc, New York ; **85** WFA/NPM ; **86** AA/Genius of China Exhibition ; **87** Corbis/ROM ; **88** BAL/Museum of Fine Arts, Boston, Massachusetts, Denman Waldo Ross Collection ; **89** MG/Photo RMN – ©Robert Asselberghs ; **90** g David Lyons ; **90** d Corbis/Lowell Georgia ; **91** WFA ; **92** Corbis/Lowell Georgia ; **93** CRP ; **94 et 95** MG/Photo RMN – ©Thierry Ollivier ; **96** WFA/Eskenazi Ltd, Londres ; **97** WFA/Musée d'art Idemitsu, Tokyo ; **98-99** WFA/NPM ; **100** WFA ; **101** BM ; **102** Corbis/Asian Art & Archaeology, Inc ; **103** MG/Photo RMN – ©Richard Lambert ; **104-105** BAL/Museum of Fine Arts, Boston, Massachusetts, Maria Antoinette Evans Fund ; **106** WFA ; **107** AA/MG/Dagli Orti ; **108** CRP/Institut d'archéologie, Région autonome de la Mongolie-Intérieure ; **109** MG/Photo RMN – ©Jean-Yves et Nicolas Dubois ; **110-111** h BM ; **111** b MG/Photo RMN – ©Thierry Ollivier ; **112-113** h PM ; **113** b Percival David Foundation of Chinese Art, Londres ; **114** MG/Photo RMN – ©Daniel Arnaudet ; **115** MG/Photo RMN – ©Jean-Yves et Nicolas Dubois ; **116** MG/Photo RMN – ©Droits réservés ; **117** g MG/Photo RMN – ©Richard Lambert ; **118-119** Photolibrary.com ; **119** d Photolibrary.com ; **120** CRP/Musée provincial du Yunnan ; **121** BAL/Collection privée/Paul Freeman : **122, 123, 124-125** NPM ; **126** BAL/Collection privée ; **127** Daitoku-ji, Kyoto ; **128-129** MG/Photo RMN – ©Thierry Ollivier ; **130-131** NPM ; **132** h AKG/NPM ; **133** BAL/Brooklyn Museum of Art, New York, Collection William E. Hutchins ; **134-135** BM ; **136** MG/Photo RMN – ©Richard Lambert ; **137** MG/Photo RMN – ©Thierry Ollivier ; **138** WFA/Christian Deydier, Londres ; **139** MG/Photo RMN – ©Richard Lambert ; **140** h et b Percival David Foundation of Chinese Art, Londres ; **141** WFA/courtesy Spink, Londres ; **142 et 143** MG/Photo RMN – ©Thierry Ollivier ; **144** BAL/NPM ; **145** BM ; **146** WFA/Collection privée ; **147** MG/Photo RMN – ©Thierry Ollivier ; **148-149** Victoria & Albert Museum, Londres/V&A images ; **150** Corbis/Asian Art & Archaeology, Inc ; **151** AKG/Collection privée/François Guénet ; **152** AKG/Bruce Connolly ; **153** BM ; **154** WFA/Collection privée ; **155** AKG/Collection privée/François Guénet ; **156** Scala, Florence/HIP/MEAA ; **157** Images de Christie's, Londres ; **158** Alamy/David Ball ; **159** Corbis/Dean Conger ; **160** g SuperStock/AGE fotostock ; **160** d Alamy/Dennis Cox ; **161** Corbis/Liu Liqun ; **162 et 163** Images de Christie's, Londres ; **164** Scala, Florence/HIP/MEAA ; **165** BAL/Collection privée/Paul Freeman ; **166** Alamy/SAS ; **167** MG/Photo RMN – ©Ghislain Vanneste ; **168 et 169** Corbis/ROM ; **170-171** Alamy/Stuart Aspey ; **172** g Alamy/Hemis ; **172** d Corbis/Eye Ubiquitous/James Davis ; **173** Alamy/Jon Bower ; **174-175** Getty images/Image Bank/Yann Layma ; **176, 177, 178 et 179** PM ; **180-181** BAL/British Library, Londres ; **182-183** PM ; **184-185** MG/Photo RMN – ©Ghislain Vanneste ; **186** BAL/Collection privée ; **187** MG/Photo RMN – ©Jean-Gilles Berizzi ; **189** BM ; **190** b Alamy/Panorama Media (Pékin) Ltd ; **191** PM ; **192-193** HKCTP ; **194** WFA ; **195** Corbis/Alfred Ko ; **196** Photolibrary.com/Jtb Photo Communications Inc ; **197** h Alamy/Felix Stensson ; **197** b Alamy/John Henshall ; **198 et 199** PM ; **200** h David Lyons ; **201** PM ; **202-203** MG/Photo RMN – ©Droits réservés ; **204** Alamy/AM Corporation ; **205** Scala, Florence/HIP/MEAA ; **206** WFA/Collection privée ; **207** MG/Photo RMN – © Ghislain Vanneste ; **208-209** Images de Christie's, Londres ; **210** HKCTP ; **211** BAL/Collection privée/Paul Freeman